La

Petit train, écomusée de Marquèze © JL. TASTET

© JL. TASTET
Maison Landaise, Écomusée de Marquèze

Table des matières

DE LIEUX EN LIEUX

Village, Mont Brun © OT Sainte-Enimie

Le Petit Futé
Landes 2003

Dépôt légal : 1er trimestre 2003

Le Petit Futé a été fondé par Dominique Auzias. Il est édité par Les Nouvelles Editions de l'Université 18, rue des Volontaires - 75015 Paris. ✆ 01 53 69 70 00 - Fax 01 42 73 15 24. SARL au capital de 600 000 euros RC PARIS B 309 769 966.

Site Internet : www.petitfute.com

EDITION

Responsable d'édition : Eric LAMARRE

Auteurs : Judith Emanuel, Michèle Brunet, Dominique Auzias, Jean-Paul Labourdette, Floriane Ravard, Christian Chardot, Valérie Bouvet.

ADMINISTRATION

Gérant : Jean-Paul Labourdette

Directeur Administratif et Financier : Gérard Brodin

Directrice des Ressources Humaines : Dina Bourdeau assistée de Sandrine Delée

Comptabilité : Isabelle Bafourd, Bérénice Baumont, Pierre-Henri Sajkiewicz

Recouvrement : Fabien Bonnan, Sandra Brijlall

Secrétariat : Sandra Morais

PUBLICITE / COMMUNICATION

Directeur Commercial : Luc Régnard, assisté d'Alain Ruiz et Michel Granseigne

Direction Régionale Bretagne : Jean-Michel Frizjer

Responsable Régional Nord : José Pereira

Régie Publicitaire Nationale

Direction : Stanislas Leblanc-Bontemps

Chefs de publicité : Pascaline Beaux, Caroline de Yrigoyen, Stéphane Bouby

Régie Publicitaire Internationale : Karine Virot

Diffusion et promotion

Direction : Christophe Didierlaurent, assisté de Carla de Sousa et Maud Ghisolfi

Responsable commercial : Xavier Thiercelin

Responsable Partenariat Presse-Médias : Jean-Mary Marchal

Magasinier : Youri Egret

Service clientèle : Nathalie Thénaud, assistée de Patricia Carvalho

FABRICATION

Direction du studio : Françoise Dekowski, assistée de Jacky Lagrave

Responsables Collection : Claire Delbos, Anthony Serex, Romain David

Assistante : Sophie Chalmin

Couverture : CDT Landes, JL. Tastet

Création maquettes, montage : Carole Crépon, Scoop communication 02 38 63 90 00

Crédit photos : CDT Landes, JL. Tastet, Jean-Paul Labourdette

Impression : Imprimerie Barnéoud Bonchamp-lès-Laval

Avertissement

Les informations contenues dans ce guide ont été recueillies entre le mois d'octobre 2002 et le mois de décembre 2003. Les renseignements concernant les coordonnées, les tarifs et les jours et heures d'ouverture sont données à titre indicatif et n'ont aucun caractère contractuel. Ils sont susceptibles d'avoir fait l'objet de modifications ultérieures pour lesquelles le Petit Futé décline toute responsabilité, en particulier toutes celles intervenues à l'occasion du passage à l'euro.

DAX Statue fontaine évoquant une légende romaine © Stéphane SAVIGNARD

Coucher
de soleil sur l'océan

Carnet de route

Océan Atlantique
Golfe de Gascogne
Pyrénées-Atlantiques
Vers Bordeaux
Vers Pau
Vers Biarritz, Espagne
Etang de Cazaux et de Sanguinet
Etang de Biscarrosse et de Parentis
Etang d'Aureilhan
Etang de Léon
Etang de Souton
Sanguinet
Biscarrosse-Plage
Biscarrosse
Parentis-en-Born
Musée du patrimoine religieux et des croyances populaires
Moustey
Pissos
Eyre
D43
D46
D626
D44
D38
D652
D42
D41
D947
D33
D6
N10
N124
N117
A63
Labouheyre
Sabres
Mimizan-Plage
Mimizan
Lespecier
Contis-Plage
Mézos
St-Julien-en-Born
Onesse-et-Laharie
Morcenx
Cap-de-l'Homy-Plage
Lit-et-Mixe
St-Girons-Plage
Linxe
Rion-des-Landes
Castets
Léon
St-Michel-Escalus
Moliets-Plage
Moliets-et-Maa
Messanges-Plage
Messanges
Azur
Vieux-Boucau Port-d'Albret
Vieux-Boucau-les-Bains
Pontonx-s.-l'Adour
Tartas
Midouze
Magescq
Soustons-Plage
Soustons
Pouy
St-Vincent-de-Paul
Préchacq-les-Bains
Mugron
Seignosse-le Penon
Seignosse
St-Paul-lès-Dax
Dax
Musée de Borda
Musée de la Chalosse
Monfort-en-Chalosse
Hossegor
Tercis-les-Bains
Saubusse
Capbreton
St-Vincent-de-Tyrosse
Adour
Brassempouy
Labenne-Océan
Labenne
Réserve naturelle du marais d'Orx
Pouillon
Pomarez
Ondres-Plage
Ondres
Bélus
Amou
Tarnos-Plage
St-Martin-de-Seignanx
Port-de-Lanne
Cagnotte
Peyrehorade
Tarnos
Biaudos
Hastingues
Bayonne
Abbaye d'Arthous
Monastère de Sorde

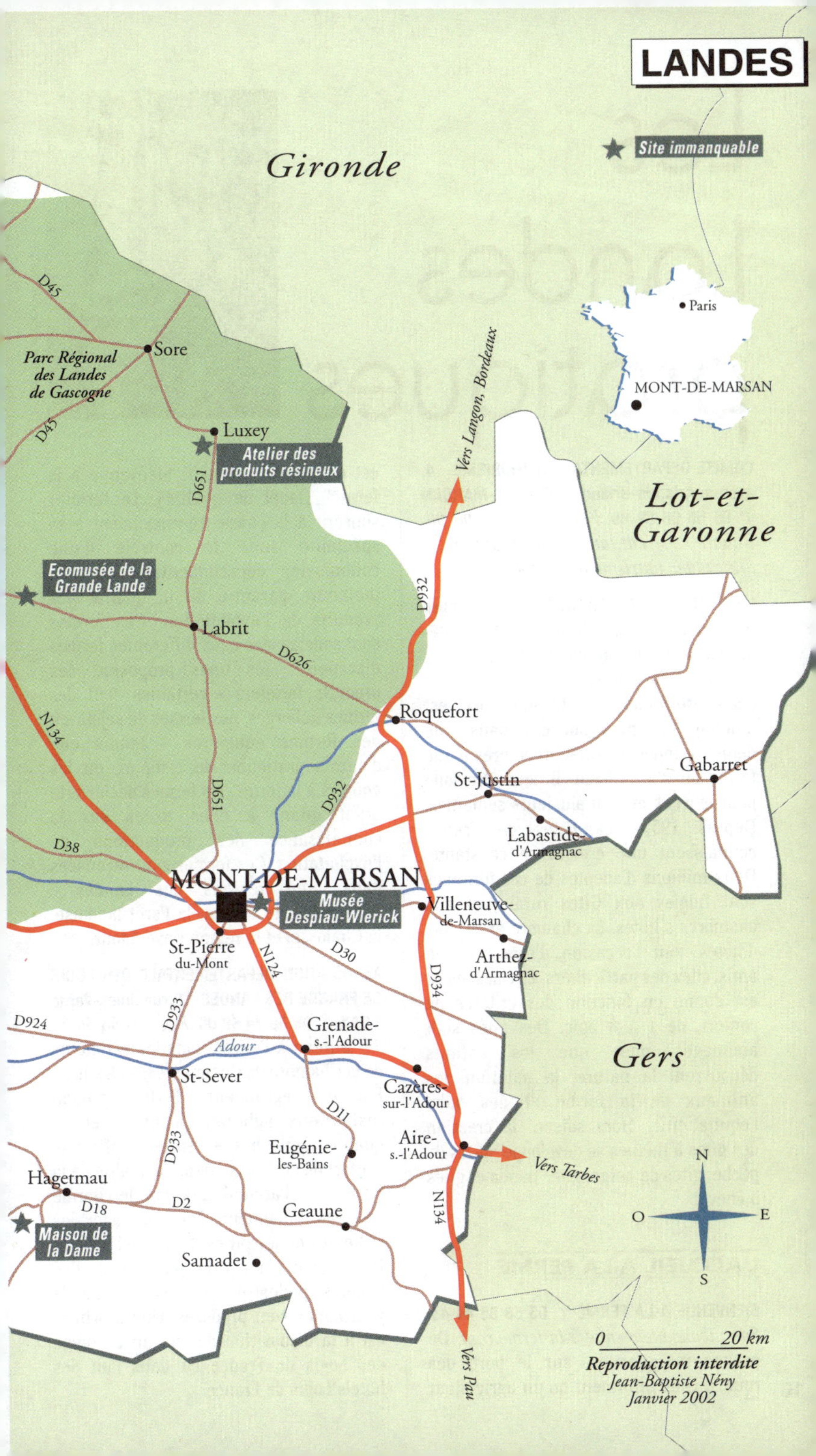
LANDES
Site immanquable
Gironde
Paris
MONT-DE-MARSAN
D45
Sore
Parc Régional des Landes de Gascogne
D45
Luxey
Atelier des produits résineux
Vers Langon, Bordeaux
D651
Lot-et-Garonne
Ecomusée de la Grande Lande
D932
Labrit
D626
N134
Roquefort
Gabarret
St-Justin
D932
D651
Labastide-d'Armagnac
D38
MONT-DE-MARSAN
Musée Despiau-Wlerick
Villeneuve-de-Marsan
St-Pierre du-Mont
D30
Arthez-d'Armagnac
N124
D934
D933
D924
Grenade-s.-l'Adour
Adour
Gers
St-Sever
Cazères-sur-l'Adour
D11
D933
Eugénie-les-Bains
Aire-s.-l'Adour
Vers Tarbes
N
Hagetmau
D18
D2
N134
Geaune
O
E
Maison de la Dame
Samadet
S
Vers Pau
0
20 km
Reproduction interdite
Jean-Baptiste Németh
Janvier 2002

Les Landes pratiques

Pins Landais et sa sève © JL. TASTET

COMITE DEPARTEMENTAL DU TOURISME 4, avenue Aristide-Briand - MONT-DE-MARSAN ✆ 05 58 06 89 89. *Fax : 05 58 06 90 90. E-mail : cdt.landes@wanadoo.fr - Site : www.tourismelandes.com.*

LES GITES DE FRANCE Chambre d'Agriculture - Cité Galliane - MONT-DE-MARSAN ✆ 05 58 85 44 44. *E-mail : tourisme.cda-40@wanadoo.fr - Site : www.résinfrance.com.* Le gîte rural est aménagé le plus souvent dans une demeure indépendante située près d'une ferme ou d'un village. Il peut être loué pour le week-end ou plusieurs semaines. Depuis 1951, les Gîtes de France connaissent une croissance constante. Deux millions d'adeptes de ces formules sont fidèles aux Gîtes ruraux et aux chambres d'hôtes. La chambre et la table d'hôtes sont l'occasion d'être reçu en amis, chez des particuliers. Le classement est donné en fonction des critères de confort, de 1 à 3 épis. Des gîtes sont aménagés pour que les enfants découvrent la nature, la natation, les animaux de la ferme et des bois, l'équitation… Hors saison, la création des gîtes à thèmes se développe : gîtes de pêche, gîtes de neige, gîtes panda et gîtes à cheval.

L'ACCUEIL A LA FERME

BIENVENUE A LA FERME ✆ 05 58 85 44 43. *Site : www.bienvenue-a-la-ferme.com.* De petites marguerites, sur le bord des routes, vous informent qu'un agriculteur est membre du réseau "bienvenue à la ferme" (label de qualité). Le fermier souscrit à la charte correspondant à sa spécialité sous le contrôle d'une commission départementale. C'est la meilleure garantie de la qualité des produits de l'exploitation. Ces fermes sont spécialisées dans différentes formes d'accueil : les unes proposent des produits fermiers - certaines sont des fermes auberges, des fermes de séjour ou des fermes équestres - tandis que d'autres pratiquent le camping ou les goûters à la ferme, les fermes découverte étant quant à elles axées sur la connaissance des productions de l'exploitation. Ces fermes sont recensées dans cinq régions des Landes : l'Armagnac, le Tursan, la Forêt landaise, la Chalosse, et la région Gave Adour.

ASSOCIATION DEPARTEMENTALE DES LOGIS DE FRANCE DES LANDES 1, rue Jules-Verne - DAX ✆ 05 58 74 58 00. *Fax : 05 58 56 24 39.* Bureau à l'étage, dans les bâtiments de la Chambre de Commerce. Les Logis de France regroupent 3 700 hôtels-restaurants adhérant à un label de qualité. Leur but essentiel : offrir le confort de l'établissement, la qualité de la table et de l'accueil ainsi que le charme de l'environnement. Faire partager les richesses du terroir est leur souci majeur. Des circuits en vélo pour tous, des balades pédestres et des week-ends gourmands sont proposés. Une brochure est à la disposition de chacun au siège des Logis de France ou dans l'un des hôtels Logis de France.

En voiture, les bons conseils de la sécurité routière !

10 REGLES ET 10 REFLEXES...

REGLE N°1 • Voyager bien préparé, c'est partir en vacances d'un bon pied...
La veille du départ, vérifiez le bon état de votre véhicule : système de freinage, direction, pneus, niveau d'eau, d'huile et de liquide de frein. Roue de secours, trousse à pharmacie et outils doivent rester facilement accessibles. " Qui veut voyager bien, ménage sa monture "...
Prenez le temps de charger les bagages en les répartissant correctement, les objets lourds en dessous pour équilibrer au mieux la voiture. Chargez le coffre au maximum. Evitez de mettre des objets sur la plage arrière. Une simple poupée peut se transformer en dangereux projectile en cas de freinage brutal !

REGLE N°2 • Voyager bien ceinturé, c'est garantir sa sécurité et préserver ceux que vous aimez...
Attacher sa ceinture à l'avant comme à l'arrière doit devenir un automatisme dès que l'on monte en voiture !.
Pour les plus petits, veillez au choix des dispositifs de retenue. Pour qu'un enfant soit au maximum protégé, son siège doit être homologué, adapté à son poids et à sa taille, correctement fixé, convenablement utilisé. Veillez au cours du voyage à ce qu'il ne se détache pas... les bonnes habitudes doivent se prendre très tôt.

REGLE N°3 • Voyager bien reposé : optez pour une conduite apaisée.
Prenez la route en forme, bien reposé (surtout pas après une journée de travail en prévoyant de faire le trajet de nuit !). Sur la route, dès que vous ressentez les premiers signes de stress ou de fatigue (raideurs musculaires, picotements des yeux, bâillements, douleurs dorsales...), arrêtez vous !. Si vous le pouvez, relayez-vous au volant et de toute façon il est conseillé de faire toutes les deux heures, une pause d'environ 1/4 d'heure !
A l'heure du déjeuner, évitez les repas copieux lourds à digérer qui amènent la somnolence et des... lourdeurs digestives peu propices à la conduite ! Avant de repartir, munissez-vous d'une nouvelle bouteille d'eau.
Prévoyez de quoi occuper les plus jeunes, histoire de ne pas subir leurs lamentations ou leurs cris, sources d'énervement.

REGLE N°4 • Garder ses distances et respecter les limitations de vitesse : deux bonnes résolutions pour rouler en toute sécurité.
On ne le répétera jamais assez : respectez les limitations de vitesse. Si elles sont ainsi imposées, ce n'est pas juste pour vous embêter ou vous retarder ! Respectez aussi les distances de sécurité, pour vous permettre d'anticiper en cas de freinage brutal.

Sur autoroute, laissez au moins 90 mètres entre le véhicule qui vous précède et le vôtre, soit l'équivalent de deux lignes d'espacement d'une bande d'arrêt d'urgence.

Sur route, "2 secondes" entre son véhicule et celui qui le précède sont nécessaires pour avoir le temps de réagir en cas de freinage brusque ou de déviation de trajectoire. Pour les calculer, il suffit de repérer un point de passage du véhicule qui vous précède (arbre, panneau...) et de vous imposer un minimum de "..1...2 se-condes" avant d'atteindre ce même point. (ou répétez deux fois "cro-co-di-le").

REGLE N°5 • Bien voir, pour conduire efficacement et en toute sécurité.
Contrôler sa vue et éventuellement porter ses verres correcteurs, c'est indispensable, tout comme de porter des lunettes de soleil adaptées à la conduite si la luminosité est importante. Mais ça ne suffit pas : les feux du véhicule doivent aussi parfaitement fonctionner et être propres. Il faut aussi qu'aucun bagage, aucune saleté n'altère la visibilité du conducteur. Pensez aux rétroviseurs, au pare-brise et à la lunette arrière.
Il est aussi prudent de vérifier le niveau du produit de lave-glace et les essuie-glaces.

On raccroche.
Non toi.
Vas-y toi.
Non toi.
Je raccroche.
A samedi.
Je t'embrasse.
Dis-le moi.
Moi aussi.
Oui ce weekend.
Tu m'entends ?
Allo?
Allo?
Allo?
Allo?
Allo?
Allo?
TELEPHONER AU VOLANT AUGMENTE LE RISQUE D'ACCIDENT.
Si chacun fait un peu, c'est la vie qui gagne.
Liberté • Égalité • Fraternité
RÉPUBLIQUE FRANÇAISE
sécurité routière
LOWE LINTAS & PARTNERS RCS Nanterre B323802876

REGLE N°6 • Celui qui conduit, c'est celui qui ne boit pas...

On en a beaucoup parlé, on en parle toujours et on continuera d'en parler, tant que l'alcool au volant continuera de tuer ! Le seuil maximum du taux d'alcoolémie autorisé par la loi est de 0,5g/l dans le sang. C'est dès le premier verre que l'alcool provoque : mauvaise estimation des distances, réduction du champs de vision, trouble de la coordination et de la synchronisation des gestes, allongement du temps de réaction... Faites attention à la prise de certains médicaments qui en augmentent les effets.
Au cours d'une visite de cave, de la découverte “d'un petit vin de propriété”, d'un déjeûner ou d'un dîner un peu “arrosé” dans un restaurant sympathique, adoptez le principe du conducteur désigné et passez le volant… pour continuer en toute sécurité. “Celui qui conduit, c'est celui qui ne boit pas”.

REGLE N°7 • Téléphoner ou conduire... il faut choisir.

Le téléphone portable peut rendre bien des services sur la route, pour prévenir les secours en cas d'accidents, rechercher un dépanneur, réserver une chambre d'hôtel, un restaurant, prévenir un ami…… Mais mal utilisé, il devient un vrai danger. L'idéal, c'est de l'éteindre quand vous êtes au volant. S'il sonne, laissez faire votre messagerie, vous rappellerez plus tard… Et si vous devez joindre quelqu'un, stationnez votre véhicule à un emplacement sécurisé avant de composer le numéro !
Le kit main libre ne résout pas le problème de la sécurité, car le conducteur reste distrait par la conversation.

REGLE N°8 • Que faire en cas de panne ?

Le moyen le plus sûr reste le recours à un spécialiste du dépannage. Si vous êtes sur l'autoroute, essayez de vous arrêter sur une aire de repos ou de sortir au péage le plus proche. Si ce n'est pas possible, garez-vous le plus à droite possible sur la bande d'arrêt d'urgence et allumez vos feux de détresse. Ne sortez pas du véhicule du côté de la circulation et restez de l'autre côté de la barrière de sécurité si vous marchez jusqu'à la prochaine borne d'appel d'urgence.

REGLE N°9 • Témoin d'un accident, que faire ?

Sur la route, allumez vos feux de détresse immédiatement pour prévenir les véhicules qui suivent et garez-vous prudemment. Mettez les passagers à l'abri, à l'extérieur des véhicules accidentés… et ne fumez pas à proximité.
Prévenez les secours au plus vite (depuis un portable, composez le 112), et attendez-les avec les victimes.
Sur autoroute, appelez d'une borne d'appel d'urgence. C'est le seul moyen d'être immédiatement localisé.

REGLE N°10 • En résumé ne jamais oublier les 10 réflexes

1 - Préparer son itinéraire en suivant les conseils de Bison Futé.
2 - Respecter le confort de tous les passagers, notamment celui des enfants.
3 - Vérifier que chaque passager a bien bouclé sa ceinture, à l'avant comme à l'arrière.
4 - Contrôler sa vitesse et maintenir les distances de sécurité sur tout le trajet.
5 - Faire une pause d'au moins un quart d'heure toutes les deux heures.
6 - Ne pas boire d'alcool avant, ni pendant le voyage.
7 - Ne pas prendre de médicaments déconseillés pour la vigilance.
8 - Ne pas faire de repas copieux pour éviter tout risque de somnolence.
9 - Ne pas utiliser son téléphone portable au volant.
10 - S'arrêter de conduire dès les premiers signes de fatigue ou de stress.

Bonne route...

Liberté • Égalité • Fraternité
RÉPUBLIQUE FRANÇAISE
sécurité routière

ASSOCIATION DES SITES ET MUSEES OFFICE DE TOURISME Place du Général-de-Gaulle - MONT-DE-MARSAN ✆ 05 58 05 87 37. Cette association a pour but de mettre en valeur les sites du département. En faisant valider leur visite, les curieux bénéficient d'un tarif réduit pour toute la famille. Voir en table des matières les sites participants.

TRANSPORTS

Par la route

A10 l'Aquitaine Paris-Bordeaux-Dax : 700 km

En train

Pour se renseigner ou réserver un billet : 08 36 67 68 69

GARE DE DAX Avenue de la Gare ✆ 05 58 58 76 69

GARE DE MONT-DE-MARSAN 15, avenue de la Gare ✆ 05 58 46 74 05

GARE DE MORCENX 1, place Jean-Moulin ✆ 05 58 04 79 04

Par les airs

AEROPORT DE BIARRITZ ✆ 05 59 43 83 83. Pour un séjour dans la partie ouest de la Chalosse, en pays d'Orthe, en côte Sud : Labenne, Capbreton, Hossegor, Seignosse, Lande Nature ou Vieille-Saint-Girons, Léon. Six vols quotidiens vers Paris.

AEROPORT DE BORDEAUX ✆ 05 56 34 50 50. Cet aéroport dessert le nord des Landes, les villes de Biscarrosse, Mimizan, Parentis-en-Born.

AEROPORT DE TARBES ✆ 05 62 32 92 22

AEROPORT DE PAU ✆ 05 59 33 33 00. Lieu d'atterrissage pour le Tursan et l'Armagnac, la partie est de la Chalosse. Sept vols quotidiens vers Paris. Sans oublier toutes les liaisons transversales reliant ces aéroports à Lyon, Marseille, Nice... Ces aéroports se situent à environ une heure des Landes.

En car

Transports urbains et régionaux de voyageurs

CARS LABARRIERE 10, rue de la Fontaine-Chaude - DAX ✆ 05 58 74 19 06. *Ouvert du lundi au samedi de 9h à 12h30 et de 14h à 18h30.* Excursions dans la région pour visiter monuments, fermes et musées.

RDTL 99, rue Pierre-Benoît - MONT-DE-MARSAN ✆ 05 58 05 66 00. La Régie départementale de transport des Landes. Des lignes régulières sont assurées dans la totalité du département et, en été, des navettes acheminent les touristes vers la plage.

Autre adresse : 11, avenue de la Gare - DAX 05 58 56 80 80/05 58 91 11 44.

MEDIAS

Presse écrite

EXPRESSIONS & SORTIES 42, allées Marines - CAPBRETON ✆ 05 58 72 60 81. Magazine gratuit de la côte sud des Landes et du nord du Pays-Basque. La petite équipe d'Expressions, très soudée, a opté pour un concept original : mettre sur le devant de la scène les inconnus de la région, et ça marche ! A chaque sortie du nouveau numéro, on se précipite dans les magasins et boulangeries pour se voir en photo ou reconnaître ses proches... Expressions & Sorties, est aussi toutes sortes d'articles pertinents sur des thèmes variés comme l'Histoire (beaucoup d'articles historiques), la culture (annonce des différents évènements artistiques), la beauté, la mode, le sport...

HEBDO LANDES Place Roger-Ducos - DAX ✆ 05 58 90 83 88. Premier réseau français de presse gratuite de petites annonces. Minitel : 3615 BONJOUR (0,34 €/min). En sus, quelques pages shopping, des informations locales et le programme des cinémas agrémentent ce petit journal. A noter, en été, le programme des manifestations en détail.

Autre adresse : 12, rue Robert-Wlérick - MONT-DE-MARSAN 05 58 06 07 52.

LE 40 2, place Hector-Serres - DAX ✆ 05 58 56 43 43. Journal gratuit de publicité et de petites annonces. Il propose offres et demandes d'emploi, locations d'appartements, de maisons... Un petit livret spécial en saison communique les activités touristiques. Paraît le jeudi.

Autres adresses : Place Charles-de-Gaulle - MONT-DE-MARSAN 05 58 85 85 85 • 21, rue Frédéric-Bastiat - MONT-DE-MARSAN 05 58 85 94 95.

JOURNAL SUD-OUEST 17, place Roger-Ducos - DAX ✆ 05 58 56 11 11. Premier grand quotidien de la région. Deuxième quotidien régional français. Il est implanté dans 8 départements. Environ 50 000 exemplaires sont vendus par jour pour deux éditions dans les Landes. Informations générales et faits divers sont les principaux ingrédients du quotidien vendu 0,70 €. Le dimanche, parution de Sud-Ouest dimanche qui regroupe 6 départements : Dordogne, Gers, Gironde, Landes, Lot-et-Garonne et Pyrénées-Atlantiques. Il est vendu avec le programme télé en couleurs et un magazine Fémina, le tout pour 1,45 €. Pages détaillées en supplément l'été avec jeux concours.

Radios

BISCARROSSE FREQUENCE GRANDS LACS ✆ 05 58 78 19 19. *89.3 kHz pour le nord des Landes et 93.8 kHz pour les plages océanes.* Durant la saison, la station se déplace à Biscarrosse-Plage pour l'émission "Humeur estivale" entre 19h et 20h, place de la Fontaine. Les infos locales sont diffusées en anglais et espagnol.

COTE SUD FM Salle des fêtes des Bourdaines - SEIGNOSSE LES BOURDAINES ✆ 05 58 49 89 01. *90.3 FM. Ouvert d'avril à décembre.* Couverture principale de Seignosse, Hossegor et Capbreton, mais aussi sur la côte de Tarnos à Vieux-Boucau. Une radio de proximité qui donne toute sorte d'informations sur la région : spectacles, concerts, expositions, météo... Des reportages en direct pour promouvoir l'image de la région. Pas de politique. La "radio patate", comme elle est surnommée à cause de ses petits autocollants publicitaires, est le labeur de deux hommes. Jean Machet, ancien journaliste d'Europe 1, et Vincent Vignalou, employé à la mairie de Seignosse, mettent toute leur énergie dans cette radio éphémère qui ne le sera peut-être bientôt plus. Ils se font aider par de nombreux bénévoles. Un beau challenge.

EUROPE 2 LANDES-LITTORAL. *90.7 FM.*

MONT-DE-MARSAN. *88.4 FM Stade municipal Barbe d'Or.*

DAX 98.1 FM Place des Oies ✆ 05 58 90 19 50. "Le meilleur de la musique" est le message essentiel de cette radio qui diffuse un maximum de musique française. Radio satellite d'Europe 2 Paris, elle procède à des décrochages locaux afin de donner des infos générales, pratiques et informatives, notamment sur les rendez-vous culturels.

FRANCE BLEU GASCOGNE 13, place Jean-Jaurès - MONT-DE-MARSAN ✆ 05 58 85 40 40 103.4 FM Rue Abbé-Bordes - SAINT-PAUL-LES-DAX ✆ 05 58 91 87 94. Radio locale du groupe Radio France, faisant partie du réseau "France Bleu". Cette radio passe en revue tout le département. Tous les événements sportifs, culturels, les infos et toute l'actualité sont proposés par une équipe de professionnels. "La Gascogne de A à Z", le jeu de 11h, entraîne à travers les régions, le "Jeu des coffres", à 10h, permet de gagner un voyage au bout du monde, et le "Challenge des collèges", à 18h, oppose les classes de 4e du département. Convivialité, humour et proximité sont les mots clés de France Bleu Gascogne sur 98.8 kHz, 100.5 kHz et 103.4 kHz.

LA VOIX DE GASCOGNE 28, boulevard Saint-Vincent-de-Paul ✆ 05 58 91 32 32. *Fréquence 94.7 FM.* Cette radio régionale est gérée par une association. Elle couvre tout le département et dépasse même les frontières du Béarn et des Pyrénées-Atlantiques pour la plus grande joie des fervents de la chanson française. 95 % d'anciens tubes et de succès récents dans notre belle langue, "la langue de chez nous" comme dirait Yves Duteil. La tranche d'âge des auditeurs se situe à partir de 40 ans, les plus anciens étant les plus fidèles. De 7h à 9h, les infos régionales, annonces de manifestations et à partir de 20h30 un jeu qui a beaucoup de succès. Pour la saison estivale, reportage en direct des arènes de Dax et Mont-de-Marsan pour la tauromachie et, tout au long de l'année, les résultats des matchs de rugby et le soutien à l'équipe féminine des "Pachy D'Herm".

Les sites immanquables

Moulin Landais © JL. Tastet

ECOMUSEE DE LA GRANDE LANDE A SABRES

Au cœur de la plus vaste forêt d'Europe, le petit train des résiniers, témoin de l'âge d'or de l'exploitation industrielle de cette forêt, conduit sur le site de Marquèze. La visite est jalonnée d'indications sur la vie quotidienne des habitants, les hiérarchies sociales et l'architecture traditionnelle avec ces bâtiments répartis sur un airial ombragé de chênes centenaires.

ATELIERS DES PRODUITS RESINEUX A LUXEY

A quelques kilomètres de Sabres, effluves de sève de pin, de térébenthine et de colophane suivent les visiteurs dans cet atelier qui, de 1859 à 1954, a traité les produits résineux de l'arbre d'or des Landes. L'atelier de distillation avec ses alambics, les magasins de stockage et les maisons ouvrières témoignent d'une activité micro-industrielle florissante jusqu'au développement des produits de synthèse. Tout est en place pour laisser la nostalgie parler à votre imagination.

DAX

Il fait bon flâner dans la première ville thermale de France sur les rives de l'Adour qui offrent d'agréables promenades autour des arènes dans le parc Théodore-Denis et dans les rues piétonnes. Musée Borda, fontaine chaude, parc du Sarrat, les bords de l'Adour, le bois de Boulogne (parcours sportif et golf), musée de l'Alat (aviation légère de l'armée de terre), promenade fluviale commentée sur l'Adour… les activités ne manquent pas. Pour la visite des thermes, voir avec l'Office de Tourisme. Pour se restaurer agréablement : La Table de Pascal, entre le Splendid et la fontaine chaude, ou El Meson et ses spécialités typiquement espagnoles, en face du marché couvert.

Près de Dax, Pouy est le lieu natal de saint Vincent de Paul (voir sur la rubrique personnages). Le berceau du saint est à visiter car c'est l'occasion de connaître les grandes dates de sa vie. La maison natale, Ranquines et la maison du boiteux où monsieur Vincent naquit en 1581.

MAISON DE LA DAME DE BRASSEMPOUY

A 10 km environ de Pomarez, ce lieu est mondialement connu pour la découverte en 1894 de la Dame de Brassempouy, premier visage féminin de la préhistoire, daté de 23 000 ans avant J.-C. Proche de Brassempouy, dans le Château de Gaujacq, une vaste demeure seigneuriale du XVIIe siècle, on visite des appartements décorés XVIIe et XVIIIe siècles, meublés, habités. Galerie à l'italienne, jardin intérieur, site gallo-romain.

PLAGES OCEANES

Le littoral borde les Landes du nord au sud. Il offre des paysages aérés, surplombés par d'immenses dunes de sable. Les plages sont des espaces que les municipalités et les associations tentent de protéger. La politique de protection de l'environnement est donc d'actualité dans les différentes communes landaises. Alors, ne laissons pas traîner nos mégots et autres déchets ! Par toute saison, l'océan doit être protégé ! Certains en font leur principal combat. C'est le cas de Surfrider Foundation créé en 1984 aux Etats-Unis par un groupe de surfeurs californiens. Après l'Australie, le Japon et le Brésil, Tom Curren, triple champion du monde de surf, fonde en 1990 la branche européenne de Surfrider Foundation. Ce sont d'abord les surfeurs, dans l'eau toute l'année, qui se sont inquiétés de la qualité des eaux, mais tout individu est concerné. L'association accueille aussi bien des non surfeurs que des amateurs ou des confirmés. Un seul but donc : respecter l'océan et son littoral. En 12 ans, la petite association a franchi la barre. Elle mène aujourd'hui diverses actions de front, toujours avec la même conviction. D'un programme éducatif (Tomy & Océane) pour sensibiliser les plus jeunes à de gigantesques nettoyages de plage, en passant par un salon dédié à la protection du littoral et de l'océan (Initiative Océan), ou par une Tournée des vagues pendant l'été pour informer le public sur les pollutions, à l'attribution de Pavillons Noirs à des sites littoraux pollués… les initiatives ne manquent pas. Il existe un délégué de SurfRider dans chaque département côtier. Antenne Surfrider Landes - Joachim Grenier : surfrider40@yahoo.fr

RESERVE NATURELLE DU MARAIS D'ORX A LABENNE

Le domaine du marais d'Orx est un véritable sanctuaire géologique qui remonte à environ 3 millions d'années. Le site intéresse Napoléon III qui le donne à son cousin, le comte Walewski. C'est le paradis de 245 espèces d'oiseaux ainsi que de mammifères rares. Désormais le site est un lieu d'hivernage privilégié ainsi qu'une étape migratoire de premier plan au niveau européen.

ABBAYE D'ARTHOUS A HASTINGUES

A 2 km de Peyrehorade, dans le cadre prestigieux de l'abbaye Sainte-Marie-d'Arthous, créée en 1160 par les Prémontrés, le Conseil Général réalise un Centre d'éducation au patrimoine, lieu de formation et centre de ressources sur le pays d'Orthe. Ce site exceptionnel accueille depuis 2002 le premier Centre d'éducation au patrimoine d'Aquitaine.

MONASTERE DE SORDE

A 5 km de Peyrehorade, ce monastère est une étape des pèlerins cheminant vers Saint-Jacques-de-Compostelle. A ne pas manquer pour sa grange batelière souterraine, unique en France. L'abbaye bénédictine est édifiée sur l'emplacement d'une villa gallo-romaine.

Les marais d'Orx © CDT Landes

CONSEILS UTILES DE L'AMI RICORE

Parce que prendre un petit déjeuner équilibré avant d'attaquer une journée pleine d'activités et de découvertes, c'est se donner les moyens d'en profiter à fond Ricoré, vous propose quelques conseils pratiques pour être au mieux de votre forme !

• Une bonne hydratation et une alimentation équilibrée, riche en minéraux et en fibres, sont en effet autant de facteurs qui nous aident à nous sentir bien. Eléments indispensables pour aider notre corps à fournir un effort physique, ils constituent souvent la clé de la réussite de nos balades et voyages !

- **Le Calcium** avant tout : il est l'élément minéral principal du corps. Notre alimentation doit nous en apporter en quantité suffisante, car le calcium est essentiel à l'élaboration et au maintien du capital osseux.

- **Le Magnésium** ensuite : il joue un rôle indispensable dans la transmission de l'influx nerveux.

- **Le Phosphore** enfin : il est étroitement lié au calcium dans la construction et l'entretien des os.

- **Les fibres alimentaires** également : elles contribuent à un bon transit intestinal, un facteur clé de bien-être surtout quand on n'est pas chez soi et que son rythme de vie s'en voit changé.

• Alliant plaisirs et bienfaits, avec son inimitable petit goût de caramel et de noisette, Ricoré participe chaque jour à préserver notre équilibre **en apportant le tonus du café et les bienfaits de la chicorée à toute la famille** (60% de chicorée et 40% de café).

- Saviez-vous par exemple qu'un **bol de Ricoré préparé avec du lait** contient 37% des apports journaliers recommandés (AJR) en calcium et 11% des AJR en magnésium et que, riche en fibres alimentaires, il contribue également à un bon transit intestinal ?

Aujourd'hui, grâce aux sticks, tout au long de la journée, en pique-nique ou pour la pause goûter, Ricoré est un véritable allié au quotidien pour tous ceux qui n'envisagent pas la forme sans le plaisir.

Nestlé
Ricoré
Avec l'Ami Ricoré, partez du bon pied !
Depuis des générations, Ricoré, juste dosage de café et de chicorée, apporte force et équilibre.
Avec les sticks Ricoré, vous pouvez désormais déguster Ricoré tout au long de la journée.
Nestlé
Ricoré

Séjours à la carte

Montaut © Jean-Paul LABOURDETTE

SEJOUR EN FAMILLE

Mimizan propose différentes visites d'environ 2h30 qui concernent le patrimoine naturel de la région et l'exploitation de la forêt. L'Office de Tourisme propose "la journée des enfants" pour ceux qui sont accompagnés de leurs parents. Il s'agit d'une sortie sur la découverte du milieu forestier sous la forme d'un jeu de piste. L'après-midi il est proposée une activité sensorielle ou artistique sur le thème de la nature et du bois.

Trois visites en forêt : Préservation de la forêt encadrée par un membre de l'union landaise de Défense de la Forêt Contre les Incendies (D.F.C.I.). Gestion et exploitation de la forêt, présentées par un sylviculteur de Gascogne : les gemmeurs font revivre leur métier en récoltant de la résine. Visites en entreprise : fabrication du parquet lambris et étapes de la transformation du bois, du sciage au vernissage. Charpentes et maisons de bois : secrets de fabrication d'habitats traditionnels. Pâte à papier : les papeteries de Gascogne font découvrir la fabrication de la pâte à papier destinée au marché de l'emballage.

Deux visites nature. Dune et forêt littorale : explication des différents écosystèmes par un technicien de l'Office National des Forets (O.N.F.). Histoire et exploitation de la forêt. Découverte des zones humides : balade au bord du lac d'Aureilhan et dans les marais pour étudier l'évolution de ce paysage, sa faune et sa flore. Sentier de l'étang de la Forge (1 km à 6 km) : ce sentier d'interprétation et de découverte est présenté à l'aide d'un topo-guide. La forêt de Gascogne, la production de bois et les sites historiques du Tuc du Sarrasin et de l'étang des Forges.

Sentier de la Malloueyre (3 km à 5 km) : ce sentier de découverte et d'interprétation promène à l'aide d'un topo-guide au cœur de la forêt dunaire. Pour tout renseignement complémentaire, s'adresser à l'Office de Tourisme de Mimizan au 05 58 09 11 20.

BALADES EN PAYS DE BORN

De Sanguinet à Mimizan, quatre lacs sont séparés du littoral par la dune. Visites commentées des rives du lac de mi-juillet à fin septembre par l'Office de Tourisme de Sanguinet et l'association des guides naturalistes. Lieux privilégiés pour découvrir la faune et la flore locales, sorties nocturnes et sorties en canoë. Les enfants et parents naviguent en toute sécurité au port miniature de Sanguinet sur des embarcations originales Brittany-Ferries, bateaux à vapeur du Missisipi… capitaine d'un Brittany Ferries, d'un vapeur du Mississippi, d'un chalutier ou d'un bateau à feu.

La Hire, bateau promenade de Dax, propose des balades sur l'Adour. Circuit commenté, repas au cours de la visite et après-midi dansant si on le désire.

SEJOUR AU FIL DE L'EAU

Les bateliers biscarrossais se faufilent dans les canaux entre lacs et marais. Renseignements au Musée des traditions et de l'histoire à Biscarrosse.

Le courant d'Huchet serpente dans un site sauvage. A Léon, en Côte Landes Nature, des barques glissent entre osmondes, hibiscus, iris, cyprès chauves, nénuphars…

Le bateau Jean-B à Capbreton propose des balades sur l'Océan ainsi que des parties de pêche. Sensation forte garantie en relevant la palangre à requins. Une pêche miraculeuse est à emporter : poissons de roche, maquereaux, congres…

Petits et grands naviguent sur des bateaux électriques à Soustons sur le lac marin ou Biscarrosse. On devient vite

PROMENADES A VELO

Les Landes pullulent de pistes cyclables. Les Offices de Tourisme tiennent à disposition des circuits balisés des idées de virées sous les pins ou le long du littoral. Circuits en famille pour les petits futés de 2 à 16 ans.

La maison de l'airial à Bias, à quelques tours de roue de Mimizan, offre un diaporama, plus de 100 essences de bois, un xylophone géant, un jeu informatique... Idées de visite : le Paradis du Papillon à Sanguinet où des centaines de papillons exotiques volent en toute liberté dans un jardin climatisé de 1 500 m², le bord du lac de Sanguinet en bateau électrique…

L'Ecomusée de Marquèze © CDT LANDES

L'ECOMUSEE DE LA MER A CAPBRETON

Des aquariums, un poste de pilotage, des fossiles, des maquettes de bateaux et une superbe vue sur la jetée, le port et les montagnes basques.

A la recherche d'un peu de fraîcheur et de sécurité quand l'océan gronde : direction les parcs aquatiques à Seignosse ou Labenne. A Labenne, c'est le paradis des enfants. Entre la pinède des singes où de terribles macaques sont en liberté, le reptilarium et le parc animalier, la journée est vite passée.

QUE FAIRE DES PETITS LOUPS EN CAS DE PLUIE ?

Pays des grands lacs : musée de l'Hydraviation à Biscarrosse, la maison de l'airial à Bias près de Mimizan où les enfants apprennent tout sur le bois en s'amusant et en jouant du xylophone géant ou avec des CD-Rom. Retour sur Biscarrosse pour déguster une énorme pizza ou d'autres spécialités italiennes aux Mille Pâtes. Les enfants y sont rois, ils ont une salle rien que pour eux avec jeux vidéo, télé, tandis qu'une baby-sitter veille sur les plus petits. Repos garantis pour les parents ! En côte sud des Landes, l'écomusée de la Mer est parfait à Capbreton : poste de pilotage, salle vidéo où sont diffusés 3 films sur la pêche à la pibale et les pêcheurs landais. Aquariums, maquettes de bateaux, squelette de baleine... Toujours à Capbreton, une partie de bowling occupe les journées pluvieuses ! A 6 km de Capbreton, à Labenne, le Reptilarium grouille d'animaux rampants dont les enfants apprennent à avoir moins peur ! A Tarnos, le royaume de Lilliput enchantera petits et grands : maquettes animées (cirque, fête foraine), modélisme, circuits ferroviaires, dioramas et une immense plate-forme pétrolière animée. Proche de Dax, à Saint-Paul-les-Dax, le plus grand complexe aquatique Calicéo offre une détente pour tous avec piscines intérieures et extérieures où il est agréable de se baigner même en cas de pluie tant l'eau y est chaude.

Chemin dans la forêt de pins © Johanna GRANAL

SEJOUR A CHEVAL

A Seignosse et à Saint-Martin-de-Saignanx, la ferme équestre de Cibade propose d'agréables escapades sous les pins ou au Pays basque. Du haut d'une élégante monture, la région se découvre autrement.

A Ondres, station balnéaire proche de Bayonne, les chevaux du centre équestre du Camp des pins attendent les visiteurs pour des balades en forêt ou au bord de l'océan. Dans le parc naturel régional des Landes de Gascogne, à Moustey, M. Taris, passionné de chevaux, a un jour imaginé d'atteler ses nobles coursiers à de belles calèches de collection pour faire visiter le riche patrimoine forestier.

A Biscarrosse, le ranch l'Eldorado, isolé dans la forêt, organise des virées accessibles à tous.

AVIS Club
Jeune
AWD NUMBER
WIZARD NUMBER
AVIS Club
Senior
AWD NUMBER
WIZARD NUMBER
AVIS Club
Business
AWD NUMBER
WIZARD NUMBER
CORSA
Art'Seine Design - AVIS SA RC Nanterre B 652 023 961 00558

Présentation des pays

Saint-Martin de Segnanx, Chevaux landais dans les marais
© JL. TASTET

Un vrai Sahara français poudré de sable blanc" disait Théophile Gautier. Terre pauvre et intrigante, ces lieux isolés, hantés de loups-garous et de sorcières, sont les Landes des temps révolus mais dont les légendes subsistent cependant. Le département des Landes, avec 9 250 km^2, est le plus étendu de France après la Gironde. Le département s'insère entre le Lot-et-Garonne et le Gers à l'est, et les Pyrénées-Atlantiques au sud.

Pour simplifier la présentation, voici les grandes régions qui composent le département.

Pays des Grands Lacs. De multitudes de lacs et étangs dans la forêt de pins font la richesse de ce pays. Y ont fleuri des stations balnéaires comme Sanguinet, Biscarrosse, Parentis et le lac d'Aureilhan qui rejoint l'océan Atlantique par le courant de Mimizan. Ce sont des paradis nautiques. On y pratique la voile, la planche à voile, la pêche et la baignade en eau douce, très appréciée par les petits.

Le pays de Born est une région située au nord-ouest du département et formant un territoire parallèle au littoral. Ce pays est doté d'une identité marquée par les Grands Lacs. C'est une terre de forêts, de lacs et de dunes.

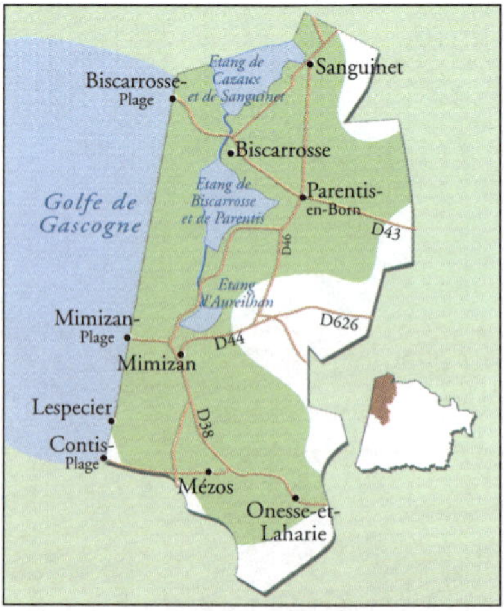

COUTUMES ET TRADITIONS

Quelques mots tirés de conservations entre Gascons :

Bonjour/au revoir : adishatz • Le beau temps : lo bèth tèmps • Le soleil : lo so • Ce matin : aqueth matin • Cet après-midi : aqueth vespe • J'ai bien mangé : qu'èi plan minjat • J'ai bien rigolé : qu'èi plan arridut • La forêt : la bosc • Les pins : los pinhs • La maison : l'oustau • L'été : l'estiu • A droite : a dreta • A gauche : a gauscha.

PARC NATUREL ET FORET

Du sable, des marécages, de vastes étendues humides et insalubres… Un paysage romantique pour le voyageur de passage, mais les hommes qui ont vécu dans ces landes, du haut de leurs échasses, ont rêvé d'un avenir meilleur. Des pionniers parvinrent à fixer les dunes et il fut alors possible de restituer des terres à la culture en creusant des fossés et en semant une espèce indigène, le pin maritime. La forêt cultivée émergea des marais, et l'homme créa le plus grand massif de résineux d'Europe. Une fois les sables stabilisés, les paysans se mirent à assainir l'intérieur de cette vaste région. L'acte de naissance d'une forêt d'un million d'hectares est alors enregistré. Sous l'impulsion d'hommes comme Desbiey, Crouzet et Chambrelent, petit à petit le drainage d'immenses territoires, jusque-là insalubres et incultes, est entrepris. Le massif forestier des Landes de Gascogne est une forêt artificielle entièrement plantée par l'homme au XIXe siècle afin d'assainir les vastes étendues de sable ou de marécages qui occupaient un triangle de près de 11 000 m^2. Napoléon III ordonne aux communes d'assainir et de boiser leurs terres en acquérant un immense domaine. En l'espace d'une cinquantaine d'années, les pins maritimes ont remplacé les paysages de landes. Cette forêt, la Pignada, magnifique forêt de pins, la plus grande forêt d'Europe, se déroule depuis la pointe des Graves, sur l'estuaire de la Gironde, jusqu'aux Pyrénées. De la sève de l'arbre d'or, de son bois, de son essence comme de sa beauté, le peuple landais a puisé toute sa richesse. Hier, avec les échassiers qui gardaient leurs moutons, les résiniers recueillaient la sève du pin avec un hapechot en faisant une petite entaille dans le tronc. Symbole des Landes, les bergers se déplaçaient dans les espaces marécageux avec les "tchanques". Les échasses étaient aussi fort utiles pour surveiller les environs en cas d'incendie ou d'apparition d'un loup. Aujourd'hui, pour faire revivre la tradition, de nombreux groupes d'échassiers animent les fêtes et donnent des spectacles. Au cœur de cette forêt a été créé le Parc Naturel Régional des Landes de Gascogne afin de développer les activités économiques et touristiques, tout en préservant les fragiles équilibres naturels et un cadre de vie de qualité.

MONT-DE-MARSAN ET BAS ARMAGNAC

C'est la plus petite région géographique des Landes, mais de Villeneuve-de-Marsan à Gabarret, le paysage et l'architecture sont plus variés que dans les trois régions précédentes. La forêt de pins disparaît peu à peu en se mélangeant aux chênes ou aux châtaigniers. En outre, c'est ici la vigne qui occupe la place la plus importante, servant à produire le vin qui sera distillé pour fabriquer l'armagnac. Dans ce secteur, de nombreuses bastides sont à visiter, notamment Saint-Justin et Labastide d'Armagnac. A Mont-de-Marsan, chef-lieu du département, sont à découvrir le Musée dans la rue, le donjon Lacataye, les arènes et les quais de la Midouze.

COTE LANDES NATURE

Cette côte va de l'embouchure du courant de Contis à celle du courant d'Huchet. Elle a conservé tout son caractère sauvage et est la moins urbanisée de toute la côte landaise. Les villages de Saint-Julien-en-Born, Contis, Lit-et-Mixe, Vielle-Saint-Girons et Léon ont gardé leur aspect traditionnel à quelques kilomètres des plages. Il en va de même pour des villages non moins charmants comme Linxe, Mézos et Castets, plus en retrait de la côte.

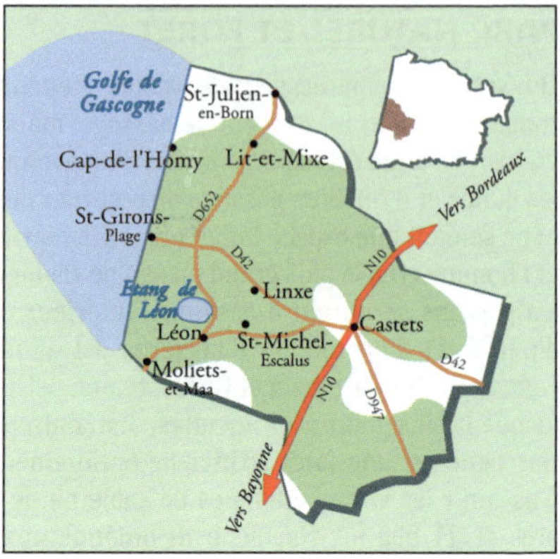

COTE SUD DES LANDES

Le littoral landais, avec ses 106 km de côtes, est le plus long d'Europe. Les plages sont un long ruban de sable sur lequel les marées, plusieurs fois par jour, rejettent des déchets en tout genre : plastique, bois... Pour lutter contre ce fléau et préserver cet environnement exceptionnel, le Conseil Général des Landes a mis en place depuis 1991, en partenariat avec les communes littorales, un plan de nettoyage unique en Europe. Le principe est simple : nettoyer tout au long de l'année l'ensemble du littoral et valoriser les déchets collectés. Si les plages sont nettoyées tous les trois jours en période estivale, le reste de l'année elles sont ratissées une fois par semaine pour la collecte des plastiques, et une fois par mois pour le ramassage du bois. Quant à la provenance des déchets, halte aux idées reçues. Si nous ne pouvons nier qu'une partie de ceux-ci proviennent des côtes espagnoles, nos voisins sont loin d'être les seuls responsables. Le bois, qui représente près de 70 % des déchets collectés sur le littoral landais, vient principalement du bassin de l'Amour, de la Nive ainsi que des rivières et des courants des côtes aquitaines ! Un meilleur entretien des abords des rivières et une bonne dose de civisme ne seraient pas de trop pour, en amont, limiter les déchets et donc réduire sensiblement le coût annuel du nettoyage des plages. Cette côte s'étire de Moliets jusqu'à la barre de l'Adour. C'est la plus peuplée. Elle abrite le plus grand nombre d'équipements touristiques et le seul port landais, Capbreton. Chaque station y cultive sa différence, Moliets et Soustons, Port d'Albret d'urbanisation récente, Vieux-Boucau et son lac marin, Ondres, Labenne et Messanges. Capbreton offre l'animation permanente de son port de pêche et de plaisance. Hossegor dissimule ses adorables villas basco-landaises sous les pins, Seignosse et ses grandes plages sont le paradis des surfeurs, ainsi que Tarnos, à la limite du Pays Basque.

SUD ADOUR

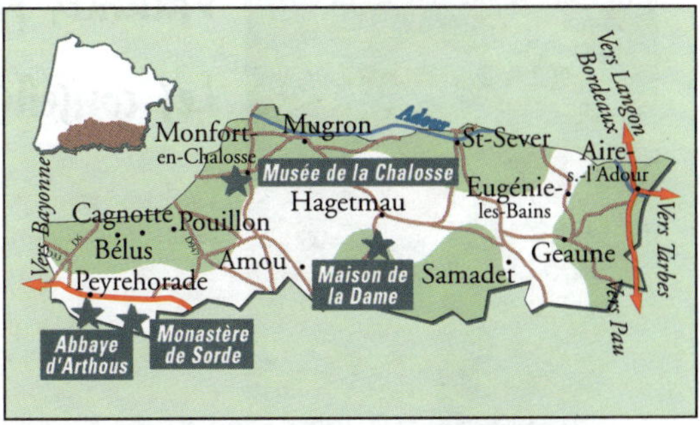

L'Adour partage les Landes en deux parties géographiques très différentes : au nord un plateau et la forêt, au sud un paysage de collines où poussent le chêne, le maïs et la vigne. C'est aussi la région la plus peuplée, avec de nombreux petits villages dispersés. Les Barthes de l'Adour (plaines inondables) sont plantées de forêts de chênes qui contrastent avec les paysages de pinèdes. Dans les Barthes de Saubusse vivent en semi-liberté les 50 derniers spécimens de poneys barthais. A Saint-Martin-de-Seignanx, la fédération départementale des chasseurs a restauré 95 ha de ces barthes pour en faire une réserve d'oiseaux. Dans ce vaste pays, l'homme a laissé des traces de son passage depuis la préhistoire. La grotte de Brassempouy a révélé la plus ancienne sculpture connue à ce jour, la Dame à la capuche. L'époque gallo-romaine est remarquable surtout à Dax. Il existe en Sud Adour une campagne authentique et idéale pour pratiquer le tourisme vert, en gîte à la ferme ou dans la petite hôtellerie. La Chalosse, avec son point culminant à 203 m, est la partie la plus vallonnée du département. Elle est située sur le piémont pyrénéen. Le contraste est frappant avec la haute Lande, le plat pays. Ici, plus de lignes droites mais des virages, plus de forêt de pins mais des champs de maïs et des élevages de canards ou de poulets, orgueils de la gastronomie landaise. Ce vaste territoire de la Chalosse s'étend de Dax, à l'ouest, à Hagetmau, à l'est.

PAYS DU THERMALISME

Les Landes sont le premier département thermal de France avec 25 établissements établis à Dax, Eugénie-les-Bains, Saint- Paul-les-Dax, Tercis-les-Bains, Saubusse et Préchacq-les-Bains. Le thermalisme est un secteur d'activité important à caractère saisonnier. L'activité thermale (soins, hôtellerie et loisirs) générant 97 millions d'euros et 12 000 emplois directs et indirects, contribue à hauteur de 25 % au chiffre d'affaires du tourisme du département. Elle est la locomotive de l'économie landaise. Les emplois induits par le thermalisme sont regroupés à 90 % à Dax et Saint-Paul-les-Dax. En 2000, 76 569 curistes ont apprécié les bienfaits du péloïde pour leurs rhumatismes et les nouvelles cures en phlébologie. Ce secteur clé de l'économie landaise, où l'eau est primordiale, a des effets induits en matière d'hébergement, de restauration, de transports et de loisirs. La plus grande partie de la clientèle est constituée de personnes dont la demande de cure a été acceptée par la sécurité sociale. Grâce au sérieux médical et à l'efficacité reconnue des soins, la notoriété du thermalisme landais va grandissant.

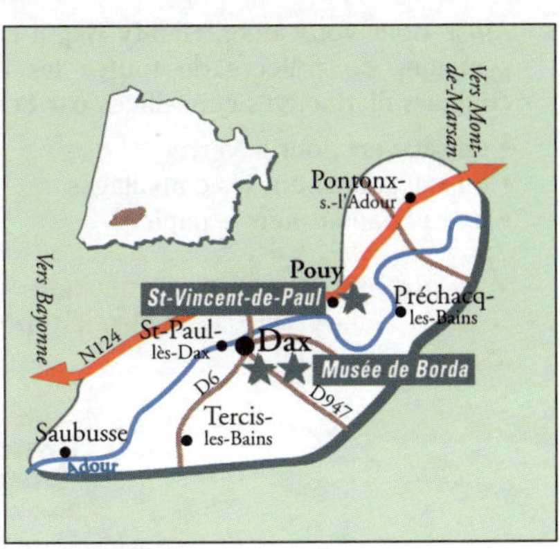

Vacances propres ! Les conseils de Handy Bag

Chaque Français produit 1 kg de déchets par jour, dont la moitié sont des emballages.

Parce qu'en vacances, jeter ses déchets dans la nature ou ne pas les trier, c'est aller contre nature, le tri sélectif vous accompagne jusque sur votre lieu de villégiature !

1 tonne de verre recyclé = **600kg de sable non prélevé sur les plages**

1 tonne d'emballages carton valorisés = **plus de 2.5 tonnes d'arbres non coupés**

1 tonne de plastique récupéré = **700 kg de pétrole brut non acheté**

Le tri sélectif est à l'origine d'un cercle vertueux :

• Collecter l'aluminium dans lequel sont emballés vos sandwichs et préparations culinaires, sert à la fabrication de cannettes et boîtes de conserve. Plus tard, 670 cannettes récupérées = la possibilité de fabriquer un vélo.

Quelques conseils :

• Jeter une boîte de thon et une bouteille de verre vides dans une poubelle classique parce qu'elles n'ont pas été lavées et les étiquettes non retirées ?

Mauvais réflexe : une boîte de conserve met 100 ans à se décomposer dans une décharge, alors que la chaleur des fours élimine la moindre trace alimentaire et brûle le papier.

• Déposer vos bouteilles d'eau, barquettes salades et flacons de crème solaire dans le même container ?
Oui, car seules 3 sortes de plastique sont utilisées dans la fabrication des emballages, et ils sont tous recyclables (hormis la plupart des sacs de grande surface et les pots de yaourts).

Ainsi, pour vous aider, **Handy Bag** a conçu une gamme de 3 sacs adaptés aux systèmes de collecte de toutes les communes françaises, et reprenant les couleurs distinctives conseillées par **Eco-Emballages :**

• un sac vert pour le verre
• un sac jaune pour les emballages
• un sac papier pour le papier

Vous pouvez alors trier vos déchets et les transporter jusqu'aux containers... Gamme Handy Bag Tri Sélectif : pour que vacances ne riment pas avec négligeance !

handy bag

PLUS FORT SUR LES POINTS FAIBLES

PIMBO, Village

De lieux en lieux

De lieux en lieux

La Bastide d'Armagnac, Place royale © JL. TASTET

AIRE-SUR-L'ADOUR

Sud-Adour

Aire se situe au sud-est du département. En 56 avant J.-C., Aire-sur-l'Adour, sous la domination romaine, porte le nom de Vicus Julii. Au IVe siècle, l'Aquitaine est divisée en trois circonscriptions, dont la Novempopulanie (province des neuf peuples) à laquelle Aire appartenait. Airc s'appelle alors Atura. Elle est la capitale du peuple des Tarusates. En 506, Alaric II roi des Wisigoths publie à Aire son bréviaire, un code inspiré du droit romain. La même année, le représentant de l'évêque d'Aire-sur-l'Adour, Marcellus, est au concile d'Agde. Après le sac de Rome en 410 par Alaric Ier, les Wisigoths s'installent en Aquitaine (418). Dans les campagnes, les populations leur allouent des terres situées sur des marges de bourgades romaines. Ainsi en périphérie du territoire aturin, ils ont créé des villages de défrichement. Aire-sur-l'Adour vit aujourd'hui grâce à quelques petites industries (bois, conserveries, aéronautique - 1er centre européen de lancement de ballons stratosphériques), mais aussi grâce à son commerce et aux services apportés au monde rural.

OFFICE DE TOURISME place du Général-De-Gaulle ✆ 05 58 71 64 70

E-mail : osti.aire@wanadoo.fr

A VOIR

LA CATHEDRALE SAINT-JEAN-BAPTISTE. Elle s'inscrit au sein d'un ensemble de bâtiments construits au cours des siècles par les évêques d'Aire. Les parties les plus anciennes de l'édifice datent du XIIe siècle. Du XIVe siècle au XVIIIe siècle, il a été profondément remanié. La façade principale se compose d'un haut mur plein, bâti en pierre à la base, puis en alternance de briques et de pierres dans les parties hautes. Elle est surmontée d'un clocher couvert en ardoise, légèrement en retrait. Le portail est un simple arc brisé, sans décoration, avec seulement deux arcatures dans les piédroits. La façade conserve la trace d'un arc brisé, muré, et seulement percé d'un oculus au-dessous duquel est placée une statue de la Vierge à l'Enfant.

L'EGLISE SAINTE-QUITTERIE. L'église du couvent de Sainte-Quitterie se situe sur la colline du Mas, au sud-ouest de la ville. Selon une tradition bien établie, le martyre de sainte

Quitterie aurait eu lieu à Aire, ce qui expliquerait la création de la crypte au XIe siècle et l'arrivée du magnifique tombeau de marbre blanc censé renfermer les reliques de la sainte. Le sarcophage est un véritable chef-d'œuvre du XVIIIe siècle. A ses côtés, on remarque quatre tombes d'enfants.

LA FONTAINE MIRACULEUSE. En 476, Quitterie, princesse wisigothe, fut poursuivie par les troupes d'Euric pour avoir refusé d'abjurer la foi chrétienne et se marier avec un prince aryen. Rattrapée au bas de la colline du Mas, elle eut la tête tranchée. Aussitôt jaillit une source aux vertus miraculeuses. Quitterie prit sa tête dans ses mains et la porta au sommet de la colline où l'on construisit l'église au XIe siècle. Patronne de l'Aquitaine, son culte y est très répandu et les pèlerins de Saint-Jacques ne manquent pas de venir se recueillir sur son tombeau. Une seconde source jaillit dans la crypte actuelle. Ces sources sont réputées pour soigner la démence, les maux de tête et les yeux.

LA HALLE AUX GRAINS. Située sur un site très ancien, le camp de Begorre ou Campbegorre, point de rencontre des Aturins, la halle aux grains prendra successivement les noms de "place des sans-culottes" pendant la Révolution, place Napoléon durant le second Empire, place Thiers à l'avènement de la IIIe République et place du Commerce depuis 1919. C'est finalement à l'architecte Faullain de Banville que l'on doit l'actuelle halle aux grains sise sur la place du Commerce, aujourd'hui lieu de rencontre des brocanteurs et antiquaires de la région. L'édifice est octogonal, surmonté d'un campanile recouvert de pierres plates du Tarn. Une œuvre d'art dans la pure tradition du compagnonnage du XIXe siècle. En 1991, le maire, Robert Cabé et son conseil municipal décident la restauration de ce bel édifice. Vidée puis rétablie dans son état d'origine, la halle aux grains retrouve tout son lustre.

MUSEE LAPIDAIRE DE L'HOTEL DE VILLE. Dans l'ancien palais épiscopal devenu l'Hôtel de Ville, la salle au pied de l'escalier d'honneur a été utilisée pour exposer quelques pièces anciennes dont des fragments de mosaïque gallo-romaine, des chapiteaux préromans, des pierres revêtues d'inscriptions et autres vestiges architecturaux.

AUX ENVIRONS

Cazères-sur-l'Adour

Créée en 1314, cette bastide offre aujourd'hui une agréable randonnée pédestre. On se promène volontiers du joli parc d'agrément à la mairie, par des rues ou des sentiers des remparts. On passe le pont de fer, près du ruisseau de Gioulé, on traverse le quartier de Capblanc en apercevant le château de Plaisance, et là seulement commence la véritable boucle de Cazères sur l'Adour et Lamensans, d'une distance de 13,5 km. Pour ceux qui ont l'âme plus historique, l'observation de l'église du XVIIIe siècle donnera satisfaction. Elle renferme un beau retable du maître-autel en bois doré et des statues anciennes.

Saint-Agnet

A visiter : la chapelle rustique Sainte-Anne. Oeuvre d'art du XVe siècle, particulièrement remarquable, elle est visible dans l'église paroissiale. Par ailleurs Saint-Agnet abrite une fontaine dont les vertus de l'eau guérisseuse des rhumatismes n'ont jamais été démenties.

Le Vignau

Un bourg qui incite à la ballade. On y découvre de charmants chemins ruraux de terre ou en cailloutés, des circuits sur petites routes vicinales sans circulation. Une randonnée pédestre s'impose !

OU MANGER ET DORMIR

Restaurant

LE MOULIN GOURMAND Route de Bordeaux - AIRE-SUR-L'ADOUR ✆ 05 58 71 84 15. *Menus de 11 € à 30 €.* A 3 km du centre-ville. Un moulin en bois accueille les vagabonds sur le vaste parking. Au milieu d'un espace fleuri, un moment de détente pour s'attabler entre amis ou en famille. Quelques délices : soupe de poisson et sa garniture, faux-filet de bœuf grillé et sa fondue d'échalotes, assiette de fromages ou dessert. Service et accueil soignés.

Hôtels-restaurants

CHEZ L'AHUMAT 2, rue Pierre-Mendès-France - AIRE-SUR-L'ADOUR ✆ 05 58 71 82 61. *Restaurant fermé le mercredi et 15 jours fin mars et début septembre. Menus de 9,90 € à 24,50 €. Chambres doubles de 29 € à 40 €. Plat du jour à 6,80 €.* Amateurs de bonne cuisine familiale, direction chez l'Ahumat. Le couple Labrouche attire les gourmets depuis des lustres. Incontournables, le confit landais à la vapeur et aux légumes du pot-au-feu, les rognons au madère, le salmis de palombe, le foie gras, les vraies valeurs du palais sont toujours sur la carte. Les vins sont essentiellement du terroir avec un clin d'œil aux madiran et tursan. Le cadre, inondé de plantes vertes suspendues, est agréable et reposant avec ses cloisons à claire-voie.

LES PLATANES Place de la Liberté - AIRE-SUR-L'ADOUR ✆ 05 58 71 60 36. *Fermé le vendredi, deux semaines fin décembre, une en octobre et une en mai. Menu ouvrier à 9,14 €. Menu de 10,50 € à 26 €. Plat du jour à 6,30 €. Chambres de 23 € à 44 €. Petit déjeuner à 4,70 €. Etape V.R.P. à 43 €. 2 étoiles logis de France.* Cet hôtel, à deux pas de tous les commerces, est dirigé par une équipe vaillante qui reçoit avec chaleur dans une salle rustique. Ici on sert des produits régionaux naturels et de qualité, comme le foie gras, les confits, les magrets et le poisson. Une terrasse permet de manger sous les platanes à la belle saison.

Hôtel

ADOUR HOTEL 28, avenue du 4-Septembre - AIRE-SUR-L'ADOUR ✆ 05 58 71 66 17. *Ouvert toute l'année sauf en novembre. Chambres doubles à 40 €. Demi-pension de 50 € à 55 €. Lit jumeau à 42 €. Petit déjeuner à 5,40 €. 2 étoiles.* Situé dans un endroit calme tout proche du centre-ville. Aucune route à proximité, et juste le fleuve pour bercer les invités. Implanté le long de l'Adour, ce complexe hôtelier de charme bénéficie d'un emplacement exceptionnel. Trente et une chambres, dont seize donnant sur l'Adour, sont de tout confort : modernes avec salle de bains ou douches, téléphone direct, t.-v. couleur via satellite, canal +, minibar. Pour la détente une piscine surplombe le fleuve. Garage et parking surveillé par vidéo.

Chambres d'hôtes

CRABOT Quartier de Guillon - AIRE-SUR-L'ADOUR ✆ 05 58 71 91 73. *E-mail : ferme.crabot@mailclub.net. Ouvert toute l'année. Chambres doubles à 31 €. Table d'hôtes à 13 €. Deux épis.* Située à 5 km d'Aire-sur-l'Adour, la ferme d'Yves et Aline est calme et harmonieusement fleurie. Du sommet de la colline, on aperçoit les Pyrénées qui semblent tout proches. Trois chambres, dont une suite familiale de deux chambres, accueillent les vacanciers. Côté cuisine on ne s'écarte pas des produits du terroir…

Camping

CAMPING LES OMBRAGES DE L'ADOUR Rue des Graviers - AIRE-SUR-L'ADOUR ✆ 05 58 71 75 10. *Ouvert de mai à la mi-octobre. Tarifs 2000 : emplacement 1 à 3 nuits de 2,74 € à 3,04 € selon la saison, par personne 2,59 € à 3,04 €.* Dans un parc ombragé au bord de l'Adour, ce camping 2 étoiles est idéal pour un séjour au calme. Il est situé à proximité du centre-ville. Jeux, animations et repas champêtres sont proposés durant la saison estivale.

AUX ENVIRONS

Ferme-auberge

FERME LE MOUREOU Route de Tursan - LE VIGNAU © 05 58 52 22 17. *E-mail : jean-luc.perrin@wanadoo.fr. Ouvert toute l'année, de préférence sur réservation. Menus de 11,43 € à 27,44 €. Menu enfant à 8,38 €.* Après une belle randonnée dans ce petit village, une halte s'impose dans l'auberge de Reine Perrin. Elle habite une ferme du siècle dernier, joliment fleurie. Dans cette maison de style régional unique, Reine n'a qu'une cuisine à la bouche : traditionnelle. On voit sortir des fourneaux : confits, magrets, garbures, rillons, civets, poules au pot, ragoûts aux olives ou foie gras maison. Pour le dessert, honneur à la non moins traditionnelle tourtière.

Chambres d'hôtes

ALVAREZ 91, chemin de Luzan - CAZERES-SUR-L'ADOUR © 05 58 71 30 67. *E-mail : riri13@free.fr. Ouvert toute l'année. Chambres doubles de 38 € à 45 € petit déjeuner compris. Table d'hôtes à 15 €. Deux épis.* Au milieu d'un jardin champêtre, se découvre une ferme landaise restaurée de 1845. Patricia propose deux chambres avec entrée indépendante, salle de bains et W.-C. privés. Sur demande, elle prépare le repas du soir dans une ambiance familiale. Comme Patricia aime prendre soin d'elle et de ses invités, elle ne cuisine qu'avec des produits bio. On en redemande…

SE DETENDRE

Nature

FERME DE LA SALIGUE La Saligue © 05 58 71 73 67. *Ouvert les jeudi, vendredi et samedi après-midi, pour les groupes toute l'année sur rendez-vous. Tarif pour la visite guidée : adulte 4,57 € et enfant 3,04 €.* Tiens, des lamas dans le terroir du Tursan ?!? Dans un milieu naturel des bords de l'Adour, on peut découvrir ce curieux animal crachant sur ceux qui ne lui reviennent pas. Une boutique propose des produits des Andes. Véronique et Frédéric Prunier élèvent aussi des labradors.

GANADERIA MICHEL Agruna © 05 58 71 76 06. *Visite sur demande pour groupe avec ou sans animation à 3,80 €. Jusqu'à 100 ou 150 personnes avec repas possible à la salle des fêtes ou à la ferme auberge Lacère.* La Ganaderia, créée en 1925 par René Larrouture, a le vent en poupe. Elle est aujourd'hui menée de main de maître par son instigateur, adulé en son temps par le mundillo de la course landaise alors qu'il raflait tous les titres de champion de France comme sauteur et écarteur. Avec son épouse Cathy Agruna, connue et reconnue dans le milieu, ils forment un couple de battants. Ils gèrent ainsi un troupeau de 120 vaches, une partie vouée à la compétition, l'autre aux spectacles taurins.

Sports

CANOE KAYAK © 05 58 71 67 88. *Ouvert toute l'année. 17 € la journée en kayak et 10 € la demi-journée.* Une descente de l'Adour en canoë-kayak ? Découvrez ce fleuve aux rives vertes et sauvages. Le franchissement de la digue procure quelques sensations fortes et permet de pagayer ensuite calmement vers Cazères et les petits villages environnants. De l'initiation mais aussi des compétitions régionales et nationales.

EMPLETTES

Produits du terroir

DOMAINE DU BALOUS Proche RN124 - Route de Subehargues - AIRE-SUR-L'ADOUR ✆ 05 58 71 88 44. Accueilli dans une maison de style par Abel Bop, c'est de l'armagnac que l'on déguste ici.

FERME DE BERGERON RN124 - AIRE-SUR-L'ADOUR ✆ 05 58 71 74 61. Ah ! les bons produits des Landes : canards et oies à foie gras entiers, conserves, pâté au foie, cou farci, magret fourré, salmis de canard, confits... Françoise et Guy découpent les canards gras. Réservation des gîtes ruraux à la ferme (avec piscine).

FERME DE POUTCHAS RN 124 - SAINT-AGNET ✆ 05 58 79 92 63. *Ouvert toute l'année. Réseau Bienvenue à la Ferme.* En bordure de la N134, se trouve cette ferme de tradition avec des bâtiments groupés autour de la maison d'habitation. Christian Doreilh pratique l'élevage et le gavage de canards. Visite et dégustation sont à l'ordre du jour. A la vente (sur place ou par correspondance) : foie gras, confits, magrets fourrés au foie gras, rillettes et pâtés au foie.

AGENDA

Le mardi de fin octobre à fin mars : marché au gras.
1er mai : fête des arsouillos (bandas avec animations dans toute la ville).
Mai : fête de la cuisine.
Juin : fête d'Aire-sur-l'Adour.
2e quinzaine d'août : fête de Crazères sur l'Adour.
Mi-août : fête du Vignau.
Début octobre : festival de théâtre. Renseignements au 05 58 71 99 77.
Octobre : championnat de France de course de vache.
Dernier samedi d'octobre : foire à la Brocante de Cazères sur l'Adour.
15 décembre : marché de Noël et ambiance dans les rues de la ville.

AMOU

Sud-Adour

Sur les rives du Luy de Béarn, Amou est classée station verte de vacances. Village fleuri récompensé de 4 fleurs, il ouvre ses cours et ses jardins sur les ruelles d'autrefois ou sur les places ombragées de platanes centenaires. La découverte de poteries du bronze final et du premier âge de fer atteste l'ancienneté de son habitat.

OFFICE DE TOURISME 90, place de la Técouère ✆ 05 58 89 02 25

Des visites guidées et éducatives sont proposées tout au long de la saison.

A VOIR

CHATEAU D'AMOU chemin de Ronde ✆ 05 58 89 00 08. *Visites guidées en juillet et la 2e quinzaine d'août de 15h à 17h sauf le lundi. Du 1er mai au 31 octobre : pour les groupes sur rendez-vous. Tarif adulte à 3,80 €.* François Mansart, architecte du Roi-Soleil, serait à l'origine du château dont les façades ont été inscrites à l'inventaire des Monuments Historiques en 1948. Au bout d'une allée majestueuse de platanes, il offre un bel exemple d'architecture classique du XVIIe siècle. Il a d'ailleurs reçu le 1er prix spécial lors du 40e anniversaire de "Vieilles Maisons Françaises". Une salle de réception dans la cour carrée est à louer.

EGLISE D'AMOU. Le premier édifice a été élevé à l'époque romane au XIIe siècle et a été remanié à plusieurs reprises, notamment au XVIIIe siècle et au XIXe siècle. A l'ouest, la tour semble dater du XIVe siècle ou du XVe siècle. Au XVIIe siècle, une chapelle Saint-Léonard abritait le mausolée des Caupenne d'Amou, seigneurs du lieu. Le mobilier (maître-autel et tabernacle) provient de l'abbaye Saint-Jean de la Castelle, près d'Aire-sur-l'Adour. C'est Mme de Pontac, fille du marquis d'Amou, qui en fit don à l'église vers 1825.

OU MANGER ET DORMIR

Hôtels-restaurants

LE COMMERCE Place de la Poste - AMOU ✆ 05 58 89 02 28. *E-mail : hotel-darracq-le-commerce-amou@wanadoo.fr. Fermé lundi et dimanche soir hors saison, 15 jours en novembre et pendant les vacances de février. Menu de 14 € (sauf le dimanche) à 40 €. Chambres doubles de 40 € à 50 €.* Qui, à Amou, ne connaît Le Commerce et la famille Darracq qui évolue avec aisance pour vous satisfaire. Cette adresse dépasse les frontières du village fleuri. La cuisine y est franche et généreuse et on en sort le ventre bien rempli avec un sentiment de satisfaction ! Outre le foie gras et le magret, le choix est varié, de la friture de l'océan aux pibales en passant par les chipirons ou les brochettes de la mer, mais aussi la viande de gibier… avec, comme il se doit, des vins gouleyants pour accompagner toutes ces saveurs.

Chambres d'hôtes

FERME DU MOULIN Route de Dax - AMOU ✆ 05 58 89 30 09. *Ouvert dimanche de Pâques, dimanches de mai, du 1er juin au 31 octobre (sur réservation). Chambres doubles à 29 € petit déjeuner compris. Menus de 13 € à 28 €. Menu enfants à 7,40 €. Deux épis.* Pierrette et Françoise invitent à une véritable dégustation de produits landais : garbure, foie gras conserve, confit, magret de canard et, sur commande, foie gras poêlé aux pommes. Dans ce cadre d'eau et de verdure, les papilles se réveillent doucement pendant que les autres sens s'apaisent. Possibilité de pêcher.

SE DETENDRE

De nombreuses activités dans la région : tennis, piscine découverte, terrains de pétanque, pelote basque, pêche, rugby, foot, basket et randonnées le long des sentiers balisés, course landaise, descente du Luy en canöe-kayak…

EMPLETTES

COOPERATIVE DES PRODUCTEURS DE FRUITS DES LANDES Amou ✆ 05 58 89 02 13. *Ouvert du lundi après-midi au samedi matin de 8h à 12h et de 14h à 19h.* Cueillette de pommes, poires et kiwis. Le plein de bonne chose pour faire des confitures et des tartes, ou simplement pour croquer à pleines dents.

AGENDA

Dimanche matin : marché fermier.

AZUR

Côte sud des Landes

Petit village où le sable fin blanc de ses rives invite au farniente. Entre lac et océan, Azur révèle une nature généreuse et une gastronomie authentique.

OU MANGER ET DORMIR

Restaurant

LE LAC D'AZUR Route de Pesquité - AZUR ✆ 05 58 48 10 15. *Ouvert tous les jours en juillet et août, et les week-ends hors saison. Menus de 13 € à 33 €. Prix moyen à la carte : 20 €.* Les frères Frèche sont installés dans ce cadre enchanteur depuis 33 ans. Les grandes baies vitrées de ce restaurant permettent d'avoir une vue reposante sur un site sauvage. Pour les saveurs culinaires, cette table délicate suggère entre autres un boudin aux pommes, une lotte braisée au noilly et un ragoût de coquilles saint-jacques.

LOU PICACHOU Azur ✆ 05 58 48 13 03. *Fermé le lundi. Ouvert de 8h30 à 1h en saison. Menus de 10,50 € à 23 €. Menu enfant à 6,50 €. Prix moyen à la carte : 18 €.* Une halte bienvenue dans ce petit restaurant dirigé par Olivier Delcroix. Un cadre relaxant dans lequel on se sent agréablement choyé. Côté cuisine rien à redire sur les spécialités régionales qui s'évadent des fourneaux. Pour ravir les papilles : des aiguillettes ou des cèpes en fonction de la saison. Le Chef sait mélanger les saveurs et conquérir les convives ! Un excellent rapport qualité/prix.

Hôtels-restaurants

L'AUBERGE DES PINS Route de Soustons - AZUR ✆ 05 58 48 01 31. *Ouvert toute l'année sauf période de Noël et Nouvel An. Hors saison, ouvert à midi, le soir sur réservation et fermé le samedi. Chambre à 36 €. Petit déjeuner à 5 €. Menus de 10 € à 30 €. Menu enfant à 8 €.* Une auberge dans sa parure landaise avec ses poutres et ses cloisons en torchis, c'est la bonne auberge familiale. On y mange une excellente cuisine, notamment anguilles persillades, foie frais aux pommes ou pigeonneaux désossés. La maison organise des banquets et des mariages.

HOTEL AUBERGE DU SOLEIL Route des Lacs - AZUR ✆ 05 58 48 10 17. *Ouvert toute l'année sauf 3 semaines en octobre et 2 semaines en février. Fermé dimanche soir et lundi hors saison. Chambres doubles de 34 € à 39 €. Menus à 11,30 € (en semaine) et à 25,50 € (week-end). Deux cheminées Logis de France.* Petite auberge classique comme on les aime. Elle a une belle réputation car "Tonton" en voisin y faisait volontiers sa cantine. Son Chef, qui a reçu le diplôme d'honneur de la Confrérie gastronomique de la Marmite d'Or, concocte une cuisine subtile et axée sur les produits du terroir. Le canard y est roi. Une halte gourmande au bouquet de classique authenticité.

Camping

CAMPING LE TUC Azur ✆ 05 58 48 22 52. *Ouvert toute l'année.* Dans ce charmant village, le camping 2 étoiles offre de sérieux atouts pour passer d'agréables vacances au calme. A proximité du lac et à 2 km de l'océan, les amoureux de la nature se baladent sur les sentiers pédestres et les pistes cyclables. Sur place on peut faire une partie de pétanque, du volley-ball ou encore du tennis de table. Les enfants s'amusent sur l'aire de jeux. Le Tuc est un camping familial où les habitués se retrouvent chaque année.

AGENDA

Mardi matin toute l'année : marché traditionnel.

BISCARROSSE

Côte Landes nature

Admirablement située à la rencontre des deux grands lacs, largement ouverte sur l'océan par une plage de sable fin qui s'allonge sur plus de 15 km, cette station balnéaire offre tous les aspects paysagers du pays de Born. Membre du Club littoral de maison de la France, ayant pour but de mener des actions communes de promotion du tourisme, cette ville jeune et dynamique est la troisième du département des Landes avec 10 000 habitants. La superficie de la commune est de plus de 16 000 ha.

OFFICE DE TOURISME 55, place de la Fontaine ✆ 05 58 78 20 96
E-mail : biscarrosse@biscarrosse.com.

Un peu d'histoire

D'importantes découvertes sous-lacustres, à Biscarrosse et Sanguinet, renseignent sur l'histoire de la région. En 35 avant J.-C., les Romains ont construit des chemins et des stations routières telles que la voie Bordeaux-Dax qui traverse Biscarrosse à l'est et passe à l'emplacement actuel des lacs. A cette période succèdent l'effondrement de l'Empire romain, l'abandon des cités et leur disparition sous les lacs. Biscarrosse serait de fondation basque. C'est au début du XIXe siècle que les hommes, là comme ailleurs dans les Landes, décidèrent de fixer les dunes par des pins et de construire une station balnéaire.

La légende de l'orme

Elle remonterait au XVe siècle : une bergère qui gardait ses moutons en attendant le retour de son fiancé fut courtisée par un Anglais qui, las de ne pouvoir parvenir à ses fins, dit l'avoir découverte avec un autre homme. Le conseil des anciens décida de la condamner à être exposée nue au pilori devant l'ormeau pendant un jour sans manger ni boire. Elle en mourut le lendemain, et les habitants eurent la surprise de voir fleurir sur le tronc de l'orme une couronne de fleurs blanches. Si certains doutent de cette histoire, une couronne blanche fleurit néanmoins tous les ans, au mois de mai au même endroit, sur le même arbre… Il aurait plus de 650 ans ! Un tableau de Philippe Long, peintre bordelais, illustre cette légende à la mairie.

Aujourd'hui

Avec le Centre d'essais des Landes et les nouvelles impulsions données à l'emploi, Biscarrosse est la capitale de l'hydraviation, une cité tournée vers l'avenir. Trois entités complémentaires composent la commune : Biscarrosse-Bourg, Biscarrosse-Lac (paradis des enfants) et Biscarrosse-Plage particulièrement fréquenté en période estivale et royaume des surfeurs.

PLAGES SURVEILLEES. *De Pâques à fin septembre.* Entre la Gironde et le Centre d'essais des Landes, 2,5 km sont surveillés avec rigueur. Quatre postes MNS sont installés autour d'un poste central. Un chef de plage C.R.S. coordonne l'ensemble. Les plages sont très propres et nettoyées toutes les nuits.

A VOIR

LE CHATEAU DE MONTBRUN. Dans la première moitié du XIVe siècle, Biscarrosse relève de la vicomté de Fronsac. Selon la tradition, le prince Noir, Edouard, à la tête de la "principauté d'Aquitaine", aurait fait construire le château de Biscarrosse. Il servait de garnison aux soldats anglais. Le château actuel, que l'on peut voir depuis la place de l'église, date du XVIe siècle. Le corps de logis à deux niveaux est encadré par deux tours en façade. Les fenêtres à meneaux du rez-de-chaussée ont été transformées au XIXe siècle, celles de l'étage sont intactes. La cour est fermée par deux bâtiments latéraux plus bas que le corps de logis. De grandes cheminées de pierre du XVIIe siècle et du XVIIIe siècle ont été conservées au rez-de-chaussée.

MUSEE HISTORIQUE DE L'HYDRAVIATION 332, avenue Louis-Bréguet ✆ 05 58 78 00 65. *E-mail : musee.hydraviation@wanadoo.fr. Fermé mardi et jours fériés de janvier à décembre. Ouvert de 14h à 18h et de 10h à 19 en juillet et août. Adulte : 4,10 €. Accès pour les personnes handicapées et non-voyants.* Unique en Europe, ce musée retrace l'épopée de vaisseaux exceptionnels : Lioré-Olivier, Dornier, Laté 631, Laté 300 "Croix du Sud", Mermoz, Paris, Guillaumet, Saint-Exupéry, associant pour toujours Biscarrosse à l'histoire de l'aéronautique. Un film vidéo, "Naissance et Crépuscule des hydravions géants" est projeté avant la visite avec un sous-titrage en trois langues. La présentation est variée : des pièces d'archives et des documents photographiques avec des moteurs, des hélices, de nombreuses maquettes, des souvenirs de grands pilotes… Sous un hall vitré sont exposés de vrais hydravions. La bibliothèque, le centre de documentation et la vidéothèque sont ouverts aux chercheurs sur rendez-vous. Un rassemblement international d'hydravions regroupe tous les 2 ans (le week-end de l'ascension) les appareils en état de vol et prouve que l'hydravion a encore un bel avenir.

MUSEE DES TRADITIONS ET DE L'HISTOIRE 216, avenue Louis-Bréguet ✆ 05 58 78 77 37. *Ouvert tous les jours de juin à septembre de 10h à 12h et de 15h à 19h. D'octobre à mai de 10h à 12h et de 14h à 18h sauf lundi et dimanche matin. Entrée : 4 €. Forfait musée + circuit : 11 €.* On découvre que Biscarrosse abrite une forêt vieille de plusieurs siècles ainsi que des lacs cachant dans leurs eaux des sites archéologiques. Entre ses planches de pin, une cabane permet de se familiariser avec l'histoire du gemmage et la vie du résinier. Outils, objets, costumes, mobilier, livres et documents anciens sont autant de témoignages pour passer un moment teinté de nostalgie. Sur réservation des promenades en barque sont organisées au fil des canaux, entre lacs et marais. Trois circuits à la découverte d'un milieu où la végétation, riche en secrets, surprend le visiteur. Le batelier connaît par cœur l'histoire des lacs et des dunes.

OU MANGER ET DORMIR

Restaurants

LE BISCANTOU 49, place des Chênes - BISCARROSSE BOURG ✆ 05 58 78 81 34. *Fermé dimanche soir, lundi (sauf en juillet août) et 15 jours en février. Plat du jour à 9,90 €. Menus de 15 € à 19,60 €. Menu enfant à 6,40 €. Prix moyen à la carte : 21 €.* Derrière Le Relais, sur la route de Parentis, Patrick Bourgouin reçoit dans un cadre chaleureux. C'est l'occasion de goûter à toute sorte de plats en toute sérénité : foie gras à la fleur de sel, brandade de chèvre au filet de canard fumé, fricassé de saint-jacques aux cèpes, daube du sud-ouest… Une suggestion : le filet de rouget à la menthe. Une cavalcade de saveurs ! Tout est fait maison, y compris les desserts : soufflé glacé aux noix et sa couverture de chocolat génoise ou nougat glacé et son coulis de fruits rouges… Un régal ! rien à redire sur l'accueil et le service.

CAMETTE **532, avenue Pierre-Latécoère - BISCARROSSE BOURG © 05 58 78 12 78.** *Hors saison, fermé le vendredi soir et samedi. Menu de 9,80 € à 21,50 €.* Une bonne petite adresse où, depuis 1943, on se régale de fruits de mer et de cuisine plutôt traditionnelle. L'accueil et le cadre sont très simples mais attachants, et d'ailleurs les habitués le savent bien et réservent, car ce n'est pas très grand.

LE GARGANTUA **126, route de Bordeaux - BISCARROSSE BOURG © 05 58 82 06 63.** *Fermé dimanche soir et lundi hors saison. Ouvert tous les jours midi et soir du 1er juin au 15 septembre. Menu de 10 € (midi) à 10,67 €. Menu enfant à 7,01 €.* "L'appétit vient en mangeant, la soif s'en va en buvant" disait Rabelais. Au Gargantua, l'offre très variée est spécialisée en grillades et cochons de lait rôtis à la broche. Le décor rustique est original : poutres en bois et tables faites maison. C'est dans ce cadre avenant que l'on consulte le menu. D'abord la suggestion du jour proposée par le Chef qui fait son marché tous les matins, ensuite les viandes assaisonnées au sel de Guérande et au poivre moulin. A goûter les croissants de gambas de l'oncle Albert, l'O.M.G. "Ouverture Macrobiotique Gargantuesque", ou le menu végétal avec son cocktail de fruits frais. Une petite liqueur de melon glacée "on the rocks" est la bienvenue pour aider à digérer ce festin.

LE MILLE PATES **Biscarrosse Bourg** © **05 58 78 12 00.** *Ouvert toute l'année et tous les jours. Pizzas de 5,40 € à 8,70 € et pâtes de 7,30 € à 12 €.* Ce qui surprend en entrant dans ce vaste établissement, c'est l'attention portée aux enfants. Ici pas de doute, les pt'its loups sont les rois. A peine arrivés, ils se voient offrir, dans une salle de jeux qui leur est réservée, une boîte de crayons de couleurs et des dessins à colorier. Décor original avec une mise en scène florentine : ruines, buste romain, colonnes, cheminée de briquettes… Côté cuisine, pizzas au feu de bois, mais aussi pâtes fraîches maison, tagliatelles, raviolis… Les desserts commentés valent le détour : coupe Vendée Globe "nous l'aurions Parlier, il a réussi son tour", ou encore la coupe Sirven "Danger ! Elfe peut faire sauter la République". Ces coupes sont servies tantôt dans un original voilier tantôt dans une coupe agrémentée d'un nounours en peluche…

LE LANDAIS **674, avenue de la plage - BISCARROSSE PLAGE** © **05 58 78 30 49.** *Ouvert de mars à mi-octobre. Fermé le lundi. Menu du jour le midi à 10 €. Menus de 15 € à 19,60 €. Menu enfant à 7 €. Prix moyen à la carte à 25 €.* A 500 m de la plage, Chantal Bressier a recréé un décor typiquement landais : des échasses, des outils et des photographies anciennes sont accrochés au mur. Traces diverses du passé historique landais. Un lieu convivial pour manger du foie frais aux pommes, du foie gras, du magret fumé, des manchons de canard, des confits, du jambon de pays… C'est une certitude, à en voir cette cuisine, Biscarrosse est dans les Landes ! Pour adoucir le palet : une tourtière aux pommes ou une crème brûlée maison.

LE RESTAUMER Biscarrosse Plage © 05 58 78 20 26. *Fermé du 11 novembre au mois de mars. Carte à partir de 12 €.* Les produits de la mer sortent tout droit de la poissonnerie maison juste à côté. Pas de doute, la fraîcheur y est irréprochable. La salle est immense et peut recevoir 250 personnes. Un festival de langoustes, cigales de mer, oursins, huîtres, moules et homards sur votre plateau. Côté poisson, un coup de chapeau au tartare de saumon, à la poêlée de coquilles saint-jacques, à tous les poissons grillés, à la paella aux fruits de mer et "à la parillada".

UNCLE SAM'S SALOON Biscarrosse-Bourg © 05 58 78 80 80. *Ouvert toute l'année uniquement le soir. Fermé dimanche et lundi hors saison. Prix moyen à la carte : 19,80 €. Spécial Kids de 5 € à 5,50 €.* Direction le musée de l'Hydraviation. Mais pourquoi Uncle Sam ? C'est l'interprétation plaisante des initiales USAm (United Sates of America), personnification du peuple des Etats-Unis. Une cheminée trône dans le saloon décoré de multiples vitrines et de 356 cadres pour s'évader vers l'Ouest et le Mexique. Le menu, présenté sous la forme de journal, annonce la couleur avec bonne humeur. Les spécialités de l'Uncle Sam's transportent agréablement nos papilles vers d'autres horizons : ceviche de saumon frais, le pavé Long Horn et, inévitablement, les hamburgers et spécialités mexicaines chilis, tacos, fajitas…

Hôtels-restaurants

LES VAGUES 99, rue des Iris - BISCARROSSE LAC © 05 58 83 98 10. *E-mail : hotellesvagues@aol.com www.lesvagues.com. Ouvert de Pâques à la mi-octobre. Menu à 16 € le soir. Menu du terroir à 20 €. Menu enfant à 8 €. Chambres doubles de 30 € à 88 €. Prix moyen à la carte : 28 €. Petit déjeuner de 5 € à 6 €.* Dans un quartier cerné par les pins, à 300 m de la plage, l'hôtel Les Vagues est un lieu de villégiature très indiqué pour combattre le stress. Sylvie et Frédéric ont su redonner vie à cet établissement. Les visiteurs qui y ont goûté reviennent volontiers et indiquent souvent l'adresse à leurs amis. Le restaurant, uniquement le soir, abonde en produits alléchants concoctés par deux Chefs inventifs : filet de sandre au brie et au miel, canard du Périgord, foie gras maison… Les chambres sont fonctionnelles avec pour certaines un balcon sur la forêt, d'autres sont communicantes, ce qui peu être pratique pour les enfants. T.V. satellite disponible.

Hôtels

LE RELAIS 216, avenue du Maréchal Lyautey - BISCARROSSE BOURG © 05 58 78 10 46. *E-mail : hotellerelais-biscarrosse@wanadoo.fr. Ouvert toute l'année. 24 Chambres de 40 € à 57 €. Petit déjeuner à 6 €. Soirée étape à 50 €.* Entre mer et lacs, le grand hôtel de Sébastien Giudicelli se situe juste en face du terrain de pétanque, à 200 m de l'église. Chaque chambre est équipée d'une salle de bain, complète, de W.-C. privés et d'une télévision couleur. L'hôtel est équipé d'un bar, d'une terrasse couverte, d'un jardin en façade, et de trente places de parking. Un excellent rapport qualité prix.

HOTEL LE SAINT-HUBERT Biscarrosse Bourg © 05 58 78 09 99. *Ouvert toute l'année. Chambres de 40 € à 61 €.* A proximité du lac Latécoère et à 500 m du centre-ville, cet hôtel de charme est un havre de paix. Les chambres, de tailles et catégories différentes, sont bien agréables pour y poser ses valises. Elles sont confortables avec salle de bains, télévision satellite, minibar et vue sur le parc fleuri de l'hôtel ou sur la forêt. Accueil pour handicapés et parc de jeux pour enfants. Ici c'est calme et détente assurés. En plus, l'accueil est des plus convivial.

Chambres d'hôtes

LA VOILE 1371, avenue P.G. Latécoère - BISCARROSSE BOURG © 05 58 78 13 25. *Ouvert toute l'année. Chambres doubles à 50 € avec petit-déjeuner. Demi-pension à 80 € pour 2. Pension complète à 100 € pour deux. Table d'hôte à 11 €. Soirée étape possible.* Situées au bord du lac sud à Biscarrosse, les chambres ont vu sur le lac ou sur le port. Anne-Marie et Pierre Beaujean n'utilisent que des produits frais du terroir qu'ils achètent sur le marché. Les repas dépendent donc de la saison. Une cuisine très axée sur le canard tout de même…

Campings

CAMPING DU DOMAINE DE LA RIVE 6523, route de Bordeaux - BISCARROSSE LAC © 05 58 78 12 33. *E-mail : info@camping-de-la-rive.fr - Site Internet : www.larive.fr. Ouvert du 1er avril à fin octobre. Location de mobil-homes, cottages et chalets de 217 € à 798 € la semaine. Quatre étoiles.* Parfait pour des vacances loin des nuisances urbaines, ce camping se trouve au bord d'un lac et à quelques kilomètres de l'océan. Sur place : restaurant, superette, piscine avec toboggan, piscine couverte et animations diverses. Les emplacements sont nombreux : chalets et mobil-homes coquets à l'ombre de 15 ha ombragés.

CAMPING LES ECUREUILS 646, chemin de Navarrosse - BISCARROSSE LAC © 05 58 09 80 00. *E-mail : camping.les.ecureuils@wanadoo.fr - Site Internet : www.ecureuils.fr. Ouvert du 1er avril au 1er octobre. Location de mobil-homes, cottages ou chalets en bois de 280 à 720 €.* Un cadre de rêve pour un camping de grande classe créé sur 6 ha de cette belle forêt à sangliers et de chevreuils. D'un côté, la forêt, la pelouse, les mimosas, les palmiers et les bananiers, de l'autre, des équipements modernes réalisés avec goût. Animations musicales et sportives de toutes sortes. Un restaurant au bord de la piscine, les doigts de pieds en éventail pour déguster des spécialités du terroir. Un minigolf arboré ouvert à tous.

LE MAYOTTE Chemin des Roseaux - MAYOTTE © 05 58 78 00 00. *E-mail : camping@mayottevacances.com - Site Internet : www.mayottevacances.com. Quatre étoiles.* Bordant le lac de Sanguinet, dans une paisible forêt de pins de 12 ha, le camping Mayotte sert de cadre à des vacances au grand air où classe et nature riment joliment avec détente et loisirs. Supermarché, pizzeria, restaurant, bar, crêperie, salles de jeux, de remise en forme ou piscines et port à bateaux d'une centaine de places. Toute la journée, des animations pour petits et grands.

CAMPING MUNICIPAL LATECOERE 265, rue Louis-Bréguet - BISCARROSSE BOURG © 05 58 78 13 01. *E-mail : latecoere.biscarrosse@wanadoo.fr. Ouvert toute l'année. Location de chalets 4 personnes de 182,94 € à 426,86 € et location de mobil-homes. Trois étoiles.* Placé en bordure du lac, à 1 km du centre-ville et à 10 km de la plage, ce camping offre des prestations intéressantes pour un agréable séjour. Chalets en bois avec cuisine, chambre, salle de bains et W.-C., terrasse et jardin privatifs.

SE DETENDRE

Parc de loisirs

AVENTURE PARC 4400, route de Bordeaux - BISCARROSSE LAC © 05 58 82 53 40. *E-mail : ave.parc.biscarrosse@wanaddo.fr - Site Internet : www.aventure-parc.com. Ouvert de février à novembre. Fermé le lundi hors saison. Tarifs adulte à 18 € et enfant (de 8 à 12 ans) à 12 €.* Blotti au cœur des pins, ce parc ludique étale ses obstacles sur près de 3 ha. De branche en branche et d'arbre en arbre, les parcours présentent des difficultés croissantes et les petits Tarzan évoluent dans cet espace naturel à partir de 8 ans. L'équipement de sécurité est fourni, et le personnel, après quelques minutes d'initiation, laisse une grande liberté aux visiteurs. Plus de 70 jeux pour vivre l'aventure au cœur du plus vaste massif forestier d'Europe (ponts de singe, tyroliennes...). Un domaine accessible à tous, de 8 à 88 ans ! Restauration rapide sur place mais également possibilité de pique-niquer.

MINIPORT LES COPAINS D'ABORD Biscarrosse Lac © 05 56 72 23 28. *Ouvert d'avril à septembre le week-end et pendant les vacances scolaires (ou sur réservation). Tarif à 4,50 € par personne (15 minutes), 13 € pour 3 personnes et 16 € pour 4 personnes.* "Il naviguait en père pénard sur la grand'mare des canards"... "le miniport tient son nom de la chanson de Brassens, mais c'est aussi un état d'esprit que nous voulions donner à notre activité" confie Patrick, le capitaine de ce miniport. Six bateaux aux noms évocateurs dont deux chalutiers, La Déesse et La Petite Sirène, un bateau-pompe, le Capitaine Flam, une vedette d'exploration, l'Antartic, Explorer en hommage au commandant Cousteau, naviguent en toute tranquillité sur les 3 000 m^2 du lac. Les marins d'eau douce peuvent piloter seuls dès l'âge de 9 ans, et accompagnés dès 3 ans.

Sports

AEROCLUB DES GRANDS LACS Biscarrosse Bourg © 05 58 78 83 43. *Ouvert toute l'année et tous les jours.* Biscarrosse et son littoral vus du monde des oiseaux, c'est époustouflant ! Des baptêmes de l'air, vols moteur, leçons de pilotage, vol à voile... tout un programme à disposition.

BISCASURF CLUB © 05 58 78 83 04. *Ouvert d'avril à novembre.* Biscarrosse est un des bons "spots" de la côte atlantique par la qualité et la régularité de ses vagues. Le club propose des stages et loue le matériel. Un centre de formation fonctionne aussi l'hiver et des compétitions importantes sont organisées.

CANOE-KAYAK Biscarrosse © 06 80 63 17 38. Pour une découverte en canoë, Eric Preaux propose de jolies balades en juillet et août.

C.N.B.O. (Centre Nautique Biscarrosse Olympique) Centre Latécoère (Navarrosse en été) © 05 58 78 10 51. *Ouvert toute l'année.* Les activités sont nombreuses : des stages pour enfants et adultes, pour groupes. Location de dériveurs, optimistes, catamarans, planche à voile, canoë-kayak, régates. Formation pour permis fluviaux. En saison, le centre est une structure d'accueil permanente avec des moniteurs diplômés.

L'EPERON Route de la plage - BISCARROSSE © 05 58 78 13 64. *Ecole d'équitation toute l'année. Promenades touristiques en juillet et août.* Des chevaux et des poneys pour des stages tout niveau. Dans un manège couvert de 40 m sur 20 m et deux carrières : passage d'examens fédéraux, initiation, perfectionnement et compétition. L'école fait également pension de chevaux et poneys.

EUROPE HYDRAVION 265, avenue Louis-Bréguet - BISCARROSSE © 05 58 78 71 27. *Ouvert toute l'année. Renseignement au camping Latécoère, au chalet 11. 229 €/h/passager.* Europe hydravion est une société commerciale qui détient la seule école de pilotage d'hydravion en France, au berceau même de l'hydraviation commerciale et militaire. Des professionnels emmènent les plus téméraires au-dessus du lac de Biscarrosse. Promenade aérienne et formation.

GOLF DE BISCARROSSE 400, avenue du Golf - BISCARROSSE © 05 58 09 84 93. *Ouvert toute l'année. 18 trous par 68 de 5 202 m. Tarif public à partir de 259,16 €.* Situé à proximité de l'océan et du lac, le parcours offre deux 9 trous différents dessinés au milieu de la forêt de pins. Le parcours de ce golf est plutôt court à l'aller avec des greens de petite surface mais assez tourmentés. Le retour est plus long et plus sportif avec de larges fairways et un relief rappelant les dunes toutes proches. Côté hébergement, le Domaine du Golf de Biscarrosse propose des locations saisonnières.

HANDISKI CLUB Biscarrosse Lac © 05 56 36 21 02. *Ouvert du 15 juin au 15 septembre et de Pâques à Toussaint sur rendez-vous.* Pour les amateurs de sensations fortes. Au programme : ski nautique, parachute ascensionnel, surf, bare-foot, air-chair, ski bus, banana, tourbillons. Des stages, séminaires, stimulation de cadres sont organisés.

KARTING Chemin d'En Hil - BISCARROSSE © 05 58 78 88 50. *Ouvert toute l'année de 10h à 20h. Karts 2 temps 80 cc et minikarts 2 temps 60 cc : 11 € la série de 10 minutes, à partir de 7 ans.* Des conseilles d'Olivier Hannard, vainqueur de la finale nationale freedom, sur une piste de 800 m large de 8m. Ecole de pilotage, stages d'endurance et de vitesse pour comités d'entreprises et séminaires. Egalement vente de matériel de compétition. Après les émotions, le réconfort au bar du club-house.

RANCH L'ELDORADO Biscarrosse © 06 81 67 77 50. *Ouvert toute l'année.* A 3 km du centre-ville, isolé dans la forêt et dans un cadre magnifique au milieu des pins, les chevaux trottent vers des randonnées insolites. Aux débutants et confirmés, des plus jeunes aux plus âgés, Daniel et Virginie proposent une équitation loisir et sans contrainte.

RANDONNEES PEDESTRES © 05 58 78 42 38. *Ouvert de septembre à juin. Licence obligatoire.* Bien chaussés, suivez les randonneurs des sables pour 4 circuits de 4 à 10 km sous les pins, au bord de l'océan et autour du lac. Une liaison pédestre de Biscarrosse à Ispes, un parcours de santé de 2 km, un sentier de 11 km le long de la rive et du lac nord en direction de Sanguinet, un itinéraire de découverte de la zone littorale et de la forêt, un sentier de randonnée découverte du petit étang et des lagunes de 12 km.

SURFCASTING © 05 58 78 15 49. *Ouvert toute l'année. Pêche en mer. Formule initiation : 3h le samedi matin. Avec encadrement et matériel à partir de 16,76 €/personne.* Pêche sportive par excellence, le surfcasting fait de plus en plus d'adeptes.

TIRALO © **05 58 78 20 96.** *Renseignements à l'Office de Tourisme.* Plage centrale. Engin innovant permettant l'accès aux plages et à la baignade à toute personne à la mobilité réduite.

OU SORTIR

CASINO DE L'OCEAN - OCEANA Rue des Sables - BISCARROSSE PLAGE © **05 58 78 26 99.** *Ouvert tous les jours à partir de midi. Boule à partir de 22h. Discothèque ouverte tous les jours en saison, week-ends et veille de fête hors saison.* Le casino a été créé en 1986 et 30 machines à sous ont été installées en 1992. Le restaurant propose des petits plats de 19h30 à minuit. En hiver, le dimanche, un thé dansant anime les après-midi au piano-bar. L'été et les week-ends, la discothèque ouvre ses portes aux plus fêtards.

LE GLOBE TROTTER CAFE 374, avenue de la Côte d'Argent - BISCARROSSE PLAGE © **05 58 83 94 33.** *Ouvert toute l'année (le week-end de 10h à 5 h). Hors saison du jeudi au samedi à partir de 18h.* Thème du voyage, musique du monde, expositions, borne Internet, jeux à disposition.

EMPLETTES

LES ARTISANS DE LA LUNE Route de la Plage - BISCARROSSE BOURG © **05 58 82 85 28.** *Situé à côté du Centre Leclerc.* Impossible de louper la grande enseigne qui indique l'existence de cette grande boutique. Sur le bord de la route, on s'arrête pour jeter un coup d'œil et fouiner au milieu de tous ces objets. On y trouve principalement de l'artisanat et des produits du terroir.

LES GASTRONOMES DU SUD-OUEST Biscarrosse Bourg © **05 58 78 83 38.** De nombreuses poteries sont à la disposition des regards : des petites et des grandes, de couleurs et de formes différentes… mais pas seulement ! Christian et Virginie entretiennent la renommée des produits du terroir. Ils préparent avec grande attention des pâtés, foie gras, confits et autres délicieux mets qui font la réputation de la gastronomie landaise. On trouve aussi une belle cave de vins dont il est possible d'extraire quelques bouteilles pour les faire vieillir ou les déguster rapidement. Les Gastronomes du Sud-Ouest est une boutique authentique tenue par des gens charmants qui cultivent le sens de l'accueil.

AGENDA

Vendredi et dimanche matins toute l'année : marché du bourg.

Tous les matins du 15 juin au 30 septembre, le samedi matin hors saison : marché de la plage.

Fin mai : Bisc-Harley. Rencontre de motards, de véhicules extraordinaires et de camions américains. Animations bikers, spectacles acrobaties, stands exposants…

Mai : compétition Pro Junior Surf.

21 juin : fête de la musique.

22 juin : les feux de la Saint-Jean.

Fin Juin : Open de beach volley de Biscarrosse sur l'Esplanade de la Plage.

Début juillet : championnat de France de beach-volley. Biscarrosse devient l'un des centres d'entraînement et de compétition de beach-volley les plus importants de France, avec notamment la présence de Cécile Rigaux, championne de France et vice-championne d'Europe ayant décroché la 9e place aux J.-O. de Sydney.

Du 12 au14 juillet : fête nationale. Animations traditionnelles landaises à Biscarrosse Bourg (échassiers, banda, toro de fuego…) puis à Biscarrosse-plage grand feu d'artifice musical et nombreuses animations.

Mi-juillet : 6e Festival Rue des Etoiles. Le cirque et la danse se rencontrent au cours de 3 jours de joutes amicales autour de la bonne humeur et de spectacles gratuits ou payants permettant de découvrir la beauté des 2 disciplines.

Fin juillet : 5e championnat du monde de lancer de pignes. Il est organisé par le Star Club des Landes. Seize titres, selon les catégories d'âges, seront attribués.
Du 2 au 4 août : 1er Salon "Vin et gourmandises des Landes" de 19h à 24h boulevard des sables. Découverte gratuite des produits gastronomiques landais méconnus du grand public et nombreuses animations.
Mi-août : Semaine de la mer. Décoration de la ville, animations liées au thème de la mer et de l'eau omniprésente dans la station.
Le 15 août : cérémonie des fêtes de la mer et grand feu d'artifice musical.
Fin août : fête de la Plage.
Mi-septembre : compétition de jet Ski "Bisca Jet Free Ride Contest" à partir de 8h à la plage centrale. Contact au 06 62 59 85 49.
Fin septembre : les automnales gasconnes. Concerts, animations et repas pour découvrir les traditions de Gascogne.
Fin septembre : triathlon de Biscarrosse. Contact au 05 58 78 02 33.
Décembre : fêtes de fin d'année. Patinoire en plein air avec animations et concerts.

BRASSEMPOUY

Sud Adour

La commune est célèbre pour ses abris préhistoriques de la Grande Grotte, des Hyènes et pour sa grotte du Pape où fut découverte en 1894 la Joconde de la préhistoire qu'est la Dame de Brassempouy. Découverte par Piette et De Laporterie, cette statuette aurignacienne taillée dans l'ivoire de mammouth date d'environ 25 000 ans. C'est la plus ancienne figuration humaine artistique. On peut l'admirer au musée de Saint-Germain-en-Laye. D'autres statuettes en ivoire sont à admirer à la maison de la Dame de Brassempouy.

A VOIR

EGLISE SAINT-SERNIN. Elle est classée Monument Historique. A l'époque romane l'église avait une nef unique terminée par une abside. Au XIIIe siècle, la tour-porche a été édifiée. Cette tour a été couronnée par un clocher à flèche octogonale décorée de crochets en feuille de choux enroulées, à la fin du XVe siècle. A la même époque, on a construit une chapelle au sud et au nord. Sur les murs de la chapelle nord, on distingue les traces d'une litre funéraire avec les armoiries d'un seigneur de Brassempouy du XVIIIe siècle. Le chevet et la nef ont été voûtés d'ogives au XVIe siècle. Une des clés de la première travée de la nef porte la date de 1535.

MAISON DE LA DAME DE BRASSEMPOUY © 05 58 89 02 47. *Ouvert tous les jours (sauf lundi, d'octobre à juin) du 1er avril au 1er novembre de 15h à 18h. Du 1er novembre au 1er avril, de 14h 30 à 17h30. Tarif : 4,50 €. Enfant : 3 €.* Découverte en 1880, la grotte du Pape fut fouillée sommairement par l'archéologue landais Pierre Eudoxe Dubalen de 1880 à 1882. Reprises en 1890 par Dufour et De Laporterie, les fouilles qui ont conduit, en 1894, à la découverte de l'incomparable Dame de Brassempouy, ont été poursuivies jusqu'en 1897 sous la direction de Piette. Installée dans les vestiges du château de Poudenx, cette maison présente la copie des neuf figurines en ivoire découvertes sur le site : la Poire et l'Ebauche trouvées en 1892, la prestigieuse Dame de Brassempouy - la vraie Dame y aura sa place d'honneur en août 2001 -, le Manche de poignard, la Figurine à la ceinture, la Figurine à la pèlerine, l'Ebauche de poupée exhumée en 1894 et le Torse recueilli en 1896. Ces objets exceptionnels sont présentés en même temps que des reproductions d'autres figurines féminines découvertes en France, en Italie, en Europe centrale, en Russie et en Sibérie.

MUSEE DE LA PREHISTOIRE © **05 58 89 21 73.** *Ouvert du mardi au samedi de 14h à 18h du 26 février au 31 mai, tous les jours de 10h à 12h et de 14h30 à 18h30 du 1er juin au 30 septembre, tous les jours sauf lundi de 14h à 18h du 1er octobre au 15 décembre.*

AUX ENVIRONS

Saint-Cricq Chalosse

Ce "village fleuri" perché sur les contreforts sud de la vallée du Louts fait la fierté de ses habitants. Sa politique est axée sur l'amélioration du cadre de vie.

LE CHEMIN DE LA PREHISTOIRE © **05 58 79 81 37.** *Seulement pour les groupes et sur rendez-vous.* Située au cœur d'une région riche en sites et vestiges archéologiques, cette association convie à un fabuleux voyage à travers les temps les plus reculés de notre histoire. Sur un parcours de 1,3 km un archéologue confirmé invite à remonter le temps grâce à divers ateliers vivants : taille du silex, production du feu, construction d'un four suivant les méthodes employées au néolithique… On en arrive même à mitonner de bons petits plats comme au temps de Cro-Magnon. On découvre aussi la mode, l'artisanat de nos lointains ancêtres, leurs campements et leurs curieuses maisons sur pilotis. Bonne balade éducative en perspective pour toute la famille.

EMPLETTES

Art et artisanat

FAIENCERIE Bourg © **05 58 89 24 71.** *Tous les jours de 9h à 12h et de 14h à 19h. En hiver, il est préférable de téléphoner avant.* Valérie Santos a une imagination débordante. Cette jeune femme, sortie des Beaux-arts et formée par un membre de sa famille décoratrice à Sèvres, aime travailler la terre, uniquement dans le décor car elle ne tourne pas. Son pinceau dessine des motifs surprenants de finesse. Elle peut créer des fresques pour la cuisine, la salle de bains ou dessiner un blason sur une assiette.

Produits du terroir

DANDIEU Bourg © **05 58 89 02 08.** *Visite de la ferme, les lundi, mercredi et vendredi après-midi, en juillet août et sur rendez-vous.* Vente de conserves traditionnelles telles que foies gras, confits, rillettes, gésiers, magrets et la fameuse spécialité, la Guitteline : un magret fourré au foie gras. Celle-ci, tranchée et bien fraîche, donnera une note originale et luxueuse aux entrées. Egalement toute une gamme de recettes gastronomiques à base de produits régionaux : poulets, chapons, pintades et poules. Egalement des plats à réchauffer comme le poulet Dandieu à la basquaise ou le salmis de pintades, flambé à l'armagnac.

FERME PLAN GAGNAT Brassempouy © **05 58 89 05 68.** *Réseau Bienvenue à la Ferme.* Toute proche de la rivière et d'un plan d'eau, la ferme de Patrick Candessoussens est assez diversifiée. On y trouve des oiseaux, un lac de pêche, des kiwis, une salle de gavage et une conserverie familiale. Dégustation et vente de produits du terroir tels que foie gras de canard entier, confits, rillettes, gésiers confits, etc.

AGENDA

Eté : animation organisées par Music'arts. Cette association s'est donnée pour objectif la mise en valeur et l'animation, chaque été, du patrimoine préhistorique, historique et architectural de ce petit village (05 58 89 25 15).
24 décembre : La haille de Nadaou.

LA HAILLE DE NADAOU. Pour Noël, l'association Brachipodio continue d'explorer les coutumes de nos aïeux, remettant ainsi au goût du jour la tradition de la haille de nadaou, autrement dit celle du feu de Noël. La veille de Noël, après la messe de minuit, les coteaux de Brassempouy s'illuminent de mille feux… Tous les gens du village sont invités à allumer leur propre feu. Une façon de donner encore plus de féerie à cette jolie fête de fin d'année. Illuminer la nuit sainte pour célébrer la naissance d'un sauveur, lumière du monde. Pour ce faire, l'association a conservé des feuilles de maïs séchées, parfaites pour allumer les feux. Si vous êtes dans la région le soir de Noël, n'appelez pas les pompiers et prenez-vous plutôt au jeu !

CAPBRETON

Côte sud des Landes

Capbreton semble être le port le plus ancien des Landes. De tout temps, les Capbretonnais ont eu une vocation de marins car le site est un port de refuge naturel. A 300 m du rivage, une curiosité géologique, la faille du Gouf est une fosse marine qui pourrait atteindre 3 400 m et se rattacherait à un important réseau de failles sous-marines de formation tectonique. Déjà singulière de par sa profondeur, elle le serait aussi de par l'étroitesse de sa base qui forme un véritable canyon. Le Gouf aura ainsi joué un rôle d'attraction pour les cours d'eau, preuve en est l'embouchure de l'Adour à Capbreton, mais il a aussi la propriété de diminuer le mouvement des vagues à la surface, ce qui explique l'apaisement des flots dans cette zone, aire de repos pour les bateaux en difficulté.

OFFICE DE TOURISME Avenue Georges-Pompidou © 05 58 72 12 11

En juillet 2002 un nouveau "point office information" a été inauguré à la sortie de l'autoroute (péage de Bénesse-Maremne) en direction de Capbreton. Un halte opportune pour une demande de renseignements ou une recherche quelconque. Impossible de le louper : il s'agit d'une petite cabane en bois après le premier rond point sur la droite.

Un peu d'Histoire

Au Moyen Age les Capbretonnais harponnent la baleine dans le golfe de Gascogne, mais ils la poursuivent jusqu'à Terre-Neuve. On dit qu'un marin de Capbreton, Cabarrus, aurait conduit le premier navire ayant accosté en Amérique bien avant Christophe Colomb et aurait baptisé l'île Cap-Breton. Cette île porterait le nom européen le plus ancien de toute la géographie américaine. Henri IV, alors roi de Navarre, est venu plusieurs fois dans la station, une de ses lettres, conservée à la mairie, l'attestant. Il a connu les maisons anciennes de la grand-rue et, avec le prince de Condé, a été reçu par le sieur de Ponteils dans la Maison du Rey. Napoléon III, de passage à Capbreton, se rend compte de la difficulté d'accoster et crée l'estacade, la jetée.

Une tradition

Le grand bûcher de la Torelle, allumé chaque nuit de Noël entre la mairie et l'église, aurait pour origine une légende qui ressemble à un conte : tandis que des pillards normands s'approchaient de Capbreton, un grand feu allumé à la vue des voiles ennemies permit à la population de faire une ronde avec de grands bâtons. Les ombres portées donnaient l'illusion d'une grande foule assemblée sur la plage. Les Normands effrayés passèrent au large et attaquèrent les Bayonnais.

HANDI PLAGE Poste de secours central © 05 58 72 11 35. En liaison avec l'association Handi plage, la ville de Capbreton permet aux personnes souffrant d'un handicap de profiter des joies de l'Océan et de la baignade. Toute personne à mobilité réduite peut se présenter accompagnée ou non d'un valide à la plage centrale. Pendant la saison estivale, un handiplagiste, employé communal diplômé et doté d'un tire-à-l'eau (fauteuil flottant), est au service de ces personnes pour leur permettre de se baigner.

A VOIR

L'ECOMUSEE DE LA MER A l'étage du casino © 05 58 72 40 50. *Fax : 05 58 72 40 51. E-mail : ecomusée-capbreton@wanadoo.fr. Ouvert en juillet et août tous les jours de 9h30 à 12h et de 14h à 18h30, d'avril à septembre tous les jours de 14h à 18h, d'octobre à mars les dimanches, jours fériés et vacances scolaires de 14h à 18h. Tarifs adulte à 4,50 € et Enfant à 3 €.* Des aquariums d'eau de mer abritent une multitude de poissons tels que rascasses, daurades, bars, torpilles marbrées, hippocampes… et aussi des maquettes de bateaux, des coquillages et des fossiles marins. Tout au long de la visite, on revit l'histoire extraordinaire de Capbreton grâce à des panneaux, des photos et des commentaires. Ce musée entièrement vitré jouit d'une vue panoramique sur l'Océan et l'entrée du port.

L'EGLISE SAINT NICOLAS. Flanquée d'une tourelle cylindrique qui lui donne un aspect marginal, l'imposante église Saint-Nicolas abrite sous le porche une belle pietà en bois du XVe siècle. A découvrir plusieurs rangées de plaques commémoratives de la mort de personnalités locales : marins, notables…

PORT DE PLAISANCE DE CAPBRETON La Capitainerie Môle Sud - Quai Pompidou © 05 58 72 21 23. *E-mail : info@port-capbreton.com - Site Internet : www.port-capbreton.com.* Installé autour d'une capitainerie ultramoderne, le port a obtenu le pavillon bleu, signe de son respect de l'environnement. Il possède des installations de pointe en matière de récupération d'huile, une mini-déchetterie et des installations confortables pour les plaisanciers qui ont sur place, l'eau l'électricité et des équipements complets comprenant lave-linge, sèche-linge et cabines téléphoniques. Des régates et concours de pêche animent régulièrement le port. Avant son détournement définitif en 1578 vers la ville de Bayonne, l'embouchure de l'Adour fait naître "la Cité des 100 Capitaines" qui compte jusqu'à 8 000 habitants au XIVe siècle. De là partent des marins hardis, jusqu'en Islande et Terre Neuve, poursuivre la baleine qui fait l'objet d'un commerce fructueux avec les Britanniques. La rumeur dit que les marins capbretonnais sont les premiers, bien avant 1492, à découvrir l'Amérique. L'Ile de Capbreton, au nord de la Nouvelle Écosse peut, dit-on, en porter témoignage. Les premiers réaménagements portuaires remontent au second empire : l'estacade, les premiers alignements de quais et le percement du canal vers le lac d'Hossegor. De 1973 à 1991 se construisent peu à peu les cinq bassins existants aujourd'hui qui portent le port à sa capacité actuelle de 950 anneaux. Le vieux rêve de rendre à la cité sa vocation maritime ne cesse d'intéresser les régimes qui se succèdent, et plus encore la population locale, fière de son passé.

LES PECHEURS. Grâce à la loi Colbert, les marins-pêcheurs ont le droit de vendre directement leurs poissons au public, garantissant ainsi qualité et fraîcheur : merlans, maquereaux, anchois, thons, chipirons (petites seiches), congres, araignées de mer… les achats gardent toute leur fraîcheur dans un sac de glace pillée. Les usagers, constitués ou non en associations et clubs, font des concours de pêche, thons, chipirons, dorades et maquereaux selon les époques. Il arrive souvent qu'en toute convivialité ils dégustent ensemble leur prise sur les pontons.

OU MANGER ET DORMIR

Restaurants

L'AMAZONE Zone artisanale de Capbreton - CAPBRETON ✆ 05 58 41 04 57. *Ouvert toute l'année sauf le dimanche. Plat du jour midi et soir à 10 €.* Un établissement très simple, qui passe assez inaperçu et où se sert une cuisine traditionnelle : pieds de cochon, tête de veau, confits, mais aussi saté de poulet, crevettes ou gambas Tandoori, selon l'humeur de Laurent, cuisiner et patron… Laurent et Nathalie se servent de produits du terroir fournis par de petits producteurs landais. Les clients peuvent repartir avec du foie gras, des confits de porc, de l'autruche ou du daguet en conserve. Les plus fêtards apprécient les nombreux concerts les vendredi et samedi pendant lesquels Laurent fait goûter ses cocktails et rhums arrangés. Il leur explique alors qu'il est ancien professeur de dessin, cela expliquant les six expositions annuelles de peinture. Un lieu surprenant où culture et gastronomie se mélangent dans un décor neutre.

LA BAINE Quai de la Pêcherie - Port de plaisance - CAPBRETON © 05 58 41 09 48. *Fermé le lundi hors saison. Plat du jour à 10 €. Plats entre 7,50 € et 14 €.* Restaurant alliant produits du Midi et saveurs de Méditerranée. Un lieu de charme indiscutable où Olivier dévoile la fameuse bouillabaisse, spécialité de la maison (sur commande) : soupe et assortiment de poissons tels que lotte, rascasse, congre… Sont également à déguster divers plats provençaux, la parillada de viandes (bœuf, magret, côte d'agneau), pâtes au pistou, gniocchos, moules marinières, gambas et chipirons flambés au pastis. Tous les plats sont bien évidemment cuisinés à l'huile d'olive…

LE BATEAU IVRE Quai de la Pêcherie - Port de plaisance - CAPBRETON © 05 58 72 61 71. *Ouvert toute l'année. Menus de 15 € à 22,15 €. Menu enfant à 8 €. Tarif moyen à la carte : 30 €.* En face du port, dans un décor marin où seul le blanc et le bleu égayent les murs en pierre, une table de goût surprenante. Ce restaurant enivre l'égaré entré là par hasard. Fruits de mer, poissons, moules, mais aussi médaillon de veau fermier accompagné d'une sauce osso buco, magret de canard aux cèpes… Quelques conseils : la poêlée spéciale automne composée de foie frais poêlé, figues, pêches de vigne, raisins et châtaignes. A réveiller un mort ! Dans le menu à 15 €, les raviolis en entrée sont d'une grande saveur et le pavé de blonde d'Aquitaine au madiran fond dans la bouche. Quant aux petites pommes de terre croquantes qui l'accompagne, pas de commentaire ! Pour terminer ce repas gourmet, une suggestion : le fromage blanc au miel et aux noix.

LES BEAUX ARTS Quai de la Pêcherie - Port de plaisance - CAPBRETON © 05 58 72 32 43. *Fermé les lundi et mardi, hors saison, de Pâques à septembre le lundi. Menu-carte à 26 €. Au choix : 7 entrées, 7 plats, 7 desserts. Menu confiance à 34 €.* Une grande terrasse en face du port de plaisance, une salle égayée par des toiles colorées, de beaux couverts… Loïc maîtrise à ravir la cuisine. Les gastronomes lui font confiance et ont même inventé le menu Confiance… On met les pieds sous la table et, oh ! surprise, un menu gastronomique, d'un excellent rapport qualité/prix s'offre aux papilles. La carte affiche quelques plats pertinents : le jambon serrano et son sorbet tomate à l'huile d'olive, le cappucino de cèpes, le croustillant de crevettes, le bar rôti à la ventrèche et les fameux pigeons… La carte est travaillée selon la saison avec les bons produits du terroir. Les desserts ? Une pure merveille : parfait glacé à la nougatine, guarnara au chocolat avec sa glace au chocolat blanc… Service très attentionné de Sandrine. Amuse-bouche en entrée et au café !

LE BISTRO Place des Basques - CAPBRETON © 05 58 72 21 98. *Ouvert toute l'année. Tous les jours en juillet et août. Menu du jour à 10 €. Prix moyen à la carte : 20 €.* Une jolie terrasse agrémentée de plantes et fleurs préserve toute intimité. A l'intérieur ce n'est pas bien grand mais chaleureux. Laurent et Hélène proposent des petits plats délicieux : filet mignon de porc aux mirabelles et miel, saint-marcelin en brioche accompagné de salade, tête de veau sauce gribiche, couscous du bistrot, filet de merlu aux poivrons. Laurent, le Chef, annonce la couleur de ces menus sur un petit journal avec des recettes ! Hélène évolue en salle de façon très dynamique. Des animations se déroulent souvent ici (soirées à thème, concerts...).

LE CAFE DE LA PLACE Place de l'Hôtel-de-Ville - CAPBRETON © 05 58 72 19 93. *Pub, bar et brasserie. Ouvert à l'année. Fermé dimanche et lundi hors saison. Plat du jour et café à 11 €.* Une petite taverne charmante aux allures de pub irlandais... Pour se rassasier, des tartines grillées basques, landaises ou parisiennes (8 €) accompagnées de jambon de pays, fromage des Pyrénées ou foie gras. Divers plats comme des salades, lasagnes, carbonaras, bavette à l'échalote ou confit de canard (8 €). Que ce soit sur la petite terrasse ou à l'intérieur, un lieu de détente où ont parfois lieu des concerts. Une ambiance agréable pour boire un cocktail ou un shooter maison (vodka caramel, malabar, kiss cool...).

LA CANTINA 85, avenue Georges-Pompidou - CAPBRETON © 05 58 41 02 25. *Ouvert à l'année. Fermé 15 jours en octobre. Menus de 14 € à 22 €. Mirs moyen à la carte : 20 €.* Les amoureux peuvent tomber sur ce restaurant par hasard en se promenant le long du chenal. Une fois entrés, ils découvrent une carte bien remplie et plutôt appétissante. A l'affiche, paellas, tapas, crustacés, poissons "à la plancha", parilladas... Le décor est en briquettes et fer forgé, sevillanas et jotas, azulejos, bref, la palette ibérique qui se marie bien avec la cuisine.

LE CIGALON 22, avenue de Verdun - CAPBRETON © 05 58 41 80 52. *Fermé le jeudi sauf l'été, ainsi que 2 semaines en octobre et 2 semaines début janvier. Menu à 10 € le midi. Prix moyen à la carte : 13 €. Formule moules frites et boisson à 9 €.* Heureuse surprise que de découvrir cet expatrié belge à Capbreton. Depuis 10 ans, Christian Vandenberghe régale les touristes et les landais de pizzas, plats divers et spécialités flamandes comme le Pot'jevleesch (à base de poulet), le Gregburger (un chausson sur salade bien garni), et les inconditionnelles moules frites. Pour les fainéants, un service de livraison assure quiétude et soirée relaxante. Les autres peuvent se rassasier dans la grande salle qui abrite un trompe l'œil de la plage de Capbreton, ou sur la terrasse...

LES COPAINS D'ABORD Quai Pêcherie - Résidence Galion - CAPBRETON © 05 58 72 14 14. *Ouvert toute l'année. Fermé le jeudi hors saison. Du 1er avril au 1er septembre 7j/7. Menu à 28 €. Prix moyen à la carte : 30 €.* Frédéric Dulud sait ravir les gourmets car après quelques escapades chez de grands cuisiniers, il s'est fait à son tour un nom dans la station. Cuisine raffinée et authentique avec exclusivement les produits frais du marché : poêlée de moules, chipirons à l'ail et au persil, canard, poulet fermier, bœuf basque. La carte change toutes les saisons.

LE DAUPHIN Plage de l'Estacade - Boulevard François-Mitterrand - CAPBRETON © 05 58 72 00 66. *Ouvert toute l'année, tous les jours. Le week-end hors saison, service brasserie. Sept plats de viandes au choix de 6,09 € à 10,36 €. Tapas de 4,57 € à 6,09 €.* Face à l'Océan, à gauche de la jetée, ce resto étale sa grande terrasse. En cas de tempête il fait bon se réfugier dans la petite salle d'où le spectacle est alors grandiose. Prix à l'abri des vagues pour de grandes variétés de salades composées, 12 plats de la mer, des produits régionaux, des galettes au sarrasin, un grand choix de desserts. Une multitude de photos de bateaux échoués, de tempêtes, du gentil dauphin (clin d'œil à l'enseigne du restaurant) qui s'amuse avec un surfeur.

LE DELICE DES DEUX Quai Pêcherie - Résidence Grand Pavois - CAPBRETON © 05 58 72 12 98. *Ouvert tous les jours en saison, le week-end hors saison. Formule midi à 9 €. Menus de 12 € à 14 €.* Un minuscule restaurant idéal pour une soirée romantique. De petites bougies sont installées sur chaque table, lumière tamisée oblige… L'établissement sert des mets traditionnels, du poulet fermier rôti, des spécialités basques comme l'axoa ou le boudin basque. Un conseil : l'assortiment de tapas en entrée, copieusement servi, et la braserade aux trois viandes à cuire soi-même sur un mini-barbecue et à tremper dans de petites sauces. L'accueil est chaleureux et on se sent en intimité.

EL PASEO 77, avenue du Président Pompidou - CAPBRETON © 05 58 41 00 42. *Ouvert toute l'année. Fermé le mercredi sauf en période scolaire. Menus de 12 € à 24,40 €. Prix moyen à la carte : 23 €.* Dans un cadre original où rien n'est laissé au hasard, tout rappelle le Mexique : les ouvertures dans les portes, les couleurs vives et la décoration. Face au port, un moment agréable pour se délasser en ingurgitant fruits de mer, tapas, gaucamole maison, fajitas, paëlla… La maison propose de nombreux poissons dont des daurades à l'espagnole ou à la veracruzana, des merlus, langoustines, filet de sole, d'espadon ou pavé de requin. Le tout accompagné d'un vin espagnol castillo de soldepenas, ou de vins supérieurs A.O.C. Un tex mex qui a fait ses preuves.

L'EQUINOXE boulevard du Front de Mer - CAPBRETON © 05 58 41 05 68. *Ouvert toute l'année. Tous les midis hors saison. Tous les jours sauf le mardi en saison. Menus : 10 €, 15 € et 20 €. Tarif moyen à la carte : 13 €.* Petit établissement de 40 couverts exceptionnellement bien situé face à l'océan. Depuis 12 ans, Nath et Manu, cuisinier, ont la chance de se perdre dans cette splendide vue chaque matin ! De la petite cuisine on voit sortir diverses spécialités comme la parillada de la mer (gambas, langoustines,

moules, chipirons grillés à la plancha), des moules (à la crème, au curry, à la catalane, piquantes ou marinières), du poisson… Une ambiance conviviale dans un petit décor coloré, des murs en bois apaisants.

LE GRAND LARGE Boulevard du Front de Mer - CAPBRETON © 05 58 72 07 94. *Ouvert toute l'année sauf le mercredi. Menus de 9,20 € à 15,20 €. Menu enfant à 6,10 €. Prix moyen à la carte : 14 €.* Yves Solana, amoureux de la cuisine depuis 27 ans, a repris l'établissement en juin 2001. Patron et cuisinier hors paire, il s'est spécialisé dans les parilladas de la mer et les poissons, mais il propose aussi des pizzas et viandes. A noter le camembert chaud et sa persillade : un régal ! Un atout : la grande baie vitrée donne directement sur l'océan.

MER A TERRE Quai de la Pêcherie - Résidence Horizon Océan II - CAPBRETON © 05 58 72 11 43. *Fermé lundi et mardi. Du 1er juillet au 31 août ouvert tous les jours. Plat du jour : 8 € (sauf le dimanche), menu-carte : de 15 € à 21 €.* Raphaël et Anna sont installés là depuis peu. Ils ont eu un véritable coup de foudre pour le seul port landais et servent de la raclette, de la fondue et d'autres spécialités des Landes. Le lieu est mignon, typique, et la cuisine authentique avec des produits frais venant tout droit du port de Capbreton et, pour les produits de la terre, des fermes des alentours. L'accueil est franchement chaleureux.

LE PASTISSIMO Terrasses de l'Océan - CAPBRETON © 05 58 43 76 80. *Ouvert toute l'année sauf de mi-novembre à mi-janvier. En saison tous les jours, hors saison fermé les lundi et mardi. Menus de 11 € à 16 €. Prix moyen à la carte : 16 €.* Dans une grande salle éclairée ou sur une petite terrasse, toutes sortes de pâtes fraîches sont à déguster. Depuis 5 ans, Emmanuelle Hernandes accueille de façon conviviale les appétits affamés. Fabrice Dumont, cuisinier, fait découvrir la diversité des pâtes fraîches aux gens de passage et aux Capbretonnais : pâtes au serrano, à la pastillada, au pistou, carbonnara, aux cèpes, salades… mais pas seulement, car le carpaccio de bœuf et pour ceux qui ont encore un petit creux la crème brûlée caramélisée valent aussi le détour ! Autant avoir de l'appétit pour déguster ces plats copieux servis dans de grandes assiettes rectangulaires. Les gens du coin ne s'y trompent pas et donc, mieux vaut réserver…

LE PAVE DU PORT **Résidence Pêcherie - CAPBRETON ✆ 05 58 72 29 28.** *Ouvert toute l'année. Fermé de mi-décembre à la mi-janvier. Menus de 16,50 € et 25 €. Prix moyen à la carte : 30 €.* Cette bonne table réputée a signé la charte des restaurants de France qui met l'accent sur la qualité et l'accueil. Pierrette Rougé prépare des plats d'une grande qualité : foie de canard mi-cuit, aux chipirons en persillade, à la marmite du pêcheur, aux coquilles saint-jacques à la crème et à toutes sortes de poissons selon l'arrivage, c'est tout simplement exquis, le tout dans un décor original des années 50.

P'TIT PECHEUR **Quai Mille Sabords - CAPBRETON ✆ 05 58 41 09 26.** *Menus de 10 € à 17 €.* Tout à l'intérieur rappelle la mer et la pêche : les nappes à carreaux bleus et blancs, les tableaux, les filets de pêche accrochés au mur, les différents nœuds exposés, les figurines de marins, les bouées… même le serveur est habillé en marin ! Du fin fond de sa cuisine, Stéphane fait sortir des plats copieusement garnis : moules, assiettes du pêcheur, du matelot ou du capitaine, poissons divers fraîchement sortis de l'océan (daurades, merlus, soles, rougets…) mais aussi salades, tapas, magrets, cuisses de canard ou entrecôtes. Une atmosphère familiale juste en face du port.

LA TETRADE **rue des Pêcheurs - CAPBRETON ✆ 05 58 72 64 45.** *Ouvert toute l'année. Fermeture un mois en décembre ou janvier. Formules midi entre 8,50 € et 10 €. Menus à 15 €, 18,50 €, 25 € et 95 € pour deux. Menu enfant à 7,50 €. Tarif moyen à la carte : 25 €.*

Les deux frères Laurent et Olivier sont enfin revenus dans leur région natale. Depuis le 1er mars 2002, ils travaillent exclusivement en famille. Leurs épouses, Cathy et Agnès au service, Olivier en salle et à la gestion, et Laurent en cuisine… Bois colorés au mur, tons bleus… Plein d'idées, les deux frères proposent fruits de mer, poissons frais (rouget, bar, homard…), une grande variété d'huîtres, des parilladas, des zarzuelas… et aussi du cochon de lait, des cuisses de canard confites à l'huile d'olive. Un système astucieux d'ardoises propose des poissons frais changeant au gré des pêches. En plaisir sucré, desserts maison : pain d'épice aux noix et crème pistache, gratin de fruits aux noisettes et au miel… A l'extérieur du restaurant, vente à emporter de fruits de mer et poissons.

LA TAVERNE DU PETIT HOMME (CHEZ MINUS) Port de plaisance - Avenue Notre-Dame de Capbreton - CAPBRETON © 05 58 41 74 81. *Ouvert d'avril à octobre.* Sur le port de plaisance, du côté d'Hossegor, sous le pont enjambant le canal, surgit un chapiteau de bois, façon paillote. Sabine Castex et son équipe accueillent à la bonne franquette les amateurs de moules-frites, de sardines "à la plancha", de gambas fraîches, de salades composées et du fameux gâteau basque. C'est un endroit branché et cool, idéalement placé en face des bateaux. Une table d'hôtes est prévue pour ceux qui veulent communiquer. C'est pratique, car on peut y manger très tard.

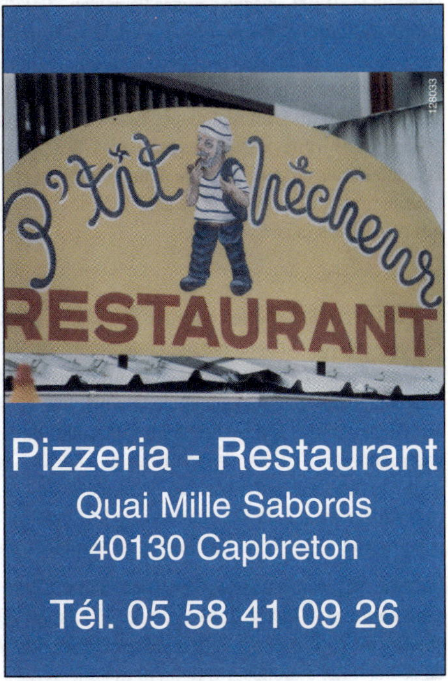

LE VIEUX PORT **71, avenue Georges Pompidou - CAPBRETON** © **05 58 72 69 57.** *Fermé lundi et mardi. Restaurant. Menus à 15 € et 19,90 €. Tarif moyen à la carte : 17 €.* Une petite salle de restaurant en face du port de Capbreton… Dans une ambiance amicale, en couple ou en famille, pas de problème, il y a des petite tables pour tout le monde. Quelques tableaux de bateaux au mur, un filet de pêche accroché au plafond, Jacques Perussault annonce la couleur : des fruits de mer, des parilladas, des poissons frais… mais de la cuisine sortent également des entrecôtes et de délicieux magrets aux pêches. Côté dessert on peu opter pour le fromage de brebis et sa confiture de cerise, ou la non moins fameuse île flottante qui coule dans la gorge !

Hôtels-restaurants

LE CAFE BELLEVUE **Avenue Georges-Pompidou - CAPBRETON** © **05 58 72 10 30.** *Ouvert toute l'année, sauf du 4 novembre au 31 décembre, et tout le mois de janvier. Soirée étape hors saison à 48 €. Menus de 15 € à 25 €. Chambres doubles de 29 € à 85 €.* Face à l'estacade, collé au casino, cet hôtel a bien du charme. Vue sur le port, terrasse au vitrage sablé, salle au décor Louis XIII, c'est bien agréable de s'y installer pour une dégustation gastronomique. Un bon moment en perspective avec un choix varié qui privilégie les fruits de mer et le poisson : duo de rougets, filet de bar et leur sauce ou filet de lotte au coulis d'écrevisses. Des spécialités : le foie gras mi-cuit, foie frais poêlé, poêlée de saint-jacques aux cèpes, civet de homard au loupiac… Belle carte de vins.

L'OCEAN **85, avenue Georges-Pompidou - CAPBRETON** © **05 58 72 10 27.** *E-mail : info@hotel-capbreton.com. Ouvert toute l'année. Menus à 14,94 € et 21,19 €, et carte. Chambres doubles de 42 € à 81 €. Petit déjeuner à 8 €. Soirées étape de 53 € à 69 €.* Dès l'entrée de ce bel hôtel 3 étoiles, royalement installé sur le port, un immense tableau donne le la. L'océan n'est pas loin et le séjour se partagera sans doute entre ces deux monstres sacrés de Capbreton ! L'entrée d'un blanc immaculé, au sol de marbre, mène sur les 2 étages de chambres confortables et très bien conçues pour 2 à 3 personnes, avec des salles de bains ultramodernes et carrelées jusqu'au plafond. Le restaurant est typique, son décor évoquant la mer. Une ambiance de vacances pour déguster par exemple l'assiette de serrano, le filet de dorade meunière, la croustade aux pommes…

Installation / Vente /
Hi-Fi / Sono
Location de matériel
STEPH SONO
Vinyls
Soirées
Organisation d'événements
steph.sono@wanadoo.fr
Zone Artisanale 40130 CAPBRETON
Tél. 05 58 72 62 46 / 06 80 04 61 82
133433

Camping

CAMPING MUNICIPAL "BEL AIR" Avenue du Bourret - CAPBRETON © 05 58 72 12 04. *Ouvert toute l'année. Trois étoiles.* Ce camping offre tout le confort avec 117 emplacements. A proximité du centre-ville, il est bien situé et l'on n'a pas trop à se déplacer pour faire les courses, se baigner ou accéder à de superbes balades.

SE DETENDRE

Courses landaises

LES ARENES. *Courses landaises tous les vendredis soirs à 21h30 en saison.*

Culture

BIBLIOTHEQUE MUNICIPALE Place Yann-du-Gouf - CAPBRETON © 05 58 72 21 61. *Fermé le dimanche. Ouvert de 14h à 18h30 et le samedi jusqu'à 17h30.* Troisième des Landes par ses fonds et ses activités, cette bibliothèque reçoit le Festival de Contes en juillet et août, et anime également les rencontres de contrebasse.

LUDOTHEQUE 6, impasse des Gravières - CAPBRETON © 05 58 72 05 21. *Ouvert mardi et vendredi de 16h à 18h30, jeudi de 14h à 18h30, mercredi et samedi de 10h à 12h et de 14h à 18h30.* La ludothèque est un espace de jeux (vidéos, jeux de société...) et un lieu de détente.

CINEMA LE RIO Allées Marines - CAPBRETON © 05 58 41 00 11. Ce bâtiment, à l'architecture typique des années, 30 constitue une réussite originale alliant culture et esthétique. Renseignements sur un répondeur interactif au 08 36 68 01 29

SADIPAC Mairie © 05 58 72 27 52. *Adhésion : 19,81 €.* Les membres de l'association "Sauvegarde et diffusion du patrimoine culturel" s'intéressent à l'Histoire et à la généalogie. A travers des visites-étude, leur but est d'établir un historique et un inventaire du patrimoine de la région, commune par commune. Réunion chaque mardi après-midi à partir de 14h30 et chaque dernier samedi du mois dans les salles municipales. Un journal périodique est édité dressant un compte rendu des visites-étude Sadipac.

Equitation

CENTRE DE LOISIRS EQUESTRE Capbreton © 05 58 41 80 30. *Sur rendez-vous, abonnement de 10h à 145 € ou 16 € de l'heure. Enfants à partir de 3 ans.* Le centre équestre de Patrick Bareyre héberge 15 à 35 chevaux à disposition des débutants ou des confirmés. Balades ou longues randonnées entre le cadre idyllique de la forêt ou de l'océan.

Parcs de loisirs

PARC DE LOISIRS DU GAILLOU Boulevard des Cigales - Route de Labenne - CAPBRETON. Plusieurs activités sont présentes sur le parc.

Promenade et pêche en mer

BATEAU JEAN B Port de pêche ponton B - CAPBRETON © 05 58 72 33 36/06 09 73 83 27. *De fin juin à début septembre. Une heure de balade à 6,09 € (gratuit pour les moins de 5 ans), tarif groupe à 4,57 €.* En cas de mauvaises conditions météo, les sorties peuvent être reportées ou annulées. Marins-pêcheurs professionnels toute l'année, Philippe et Janine Bisbau proposent une promenade d'une heure le long de la côte sud. Le bateau dispose de 50 places et correspond aux normes européennes de sécurité, avec accès aux handicapés et sanitaires. Pendant les parties de pêche (30,48 €) de 7h30 à 12 h, les amateurs de sensations fortes peuvent notamment relever la palangre à requin (peau bleue et requin taupe). Un casse-croûte est offert à bord. Sur réservation, le 15 août, cap sur Biarritz pour admirer le feu d'artifice vu de la mer. Départ à 21h et retour vers minuit : 30,48 €.

CLUB DE PECHE ET DE LOISIRS 12, avenue Brémontier - CAPBRETON © 05 58 72 83 32. *Pêche en mer de 40 à 150 €.* Bernard Desjardins et son équipe ont créé cette association pour promouvoir l'activité de la pêche en mer tout en séduisant certains pêcheurs désireux de découvrir avec eux la pêche à Capbreton. Ainsi accompagné d'un moniteur fédéral, on peut pêcher la dorade ou le thon jusqu'au bassin d'Arcachon. Une école de pêche pour les jeunes a été mise en place.

LA GRANDE TRAVERSEE. *De 10h à 13h et de 15h à minuit en saison, du quai Pompidou au quai Notre-Dame et au quartier Mille Sabord.* Embarquement sur le Boucarot (bateau passeur) et découverte d'un parc de jeux avec circuit de karting, de petits bateaux électriques, une rampe de skate board pour tous jusqu'à 22h.

PLONGEE EN EAU CLAIRE Place Lou-Chaque-Dit - CAPBRETON © 05 58 43 52 33/06 07 16 35 49. Le Scaphandre club fait découvrir les plaisirs profonds de la plongée sous-marine.

Sports de glisse

CAPBRETON SURF CLUB Front de mer - CAPBRETON © 05 58 72 33 80. *Ouvert toute l'année. Entraînement hebdomadaire pour les adhérents du club et les compétiteurs. Stages (de 107,10 € à 236,23 €) ou cours collectifs (de 33,53 € à 45,73 €) pour les 5 à 77 ans.* Sécurité et amusement sont les maîtres de mots de l'école de surf du C.S.C.

SANTOCHA LE CLUB DU SURF Capbreton © 05 58 72 48 82. Installé sur la plage de la savane à côté du C.E.R.S. (Centre Européen de Rééducation Sportive), ce club est auréolé des labels "club de surf" et "école de surf française" décernés par la Fédération Française de Surf. Multiples activités : initiation au surf, entraînement, compétition, visite d'ateliers de shape…

SURF TRIP Plage sud d'Hossegor © 06 81 90 84 12. *E-mail : julia.bruno@free.fr - Site Internet : www.surftrip.fr.* Voir Hossegor.

Sports mécaniques

CIRCUIT DE KARTING Capbreton © 05 58 41 80 09. *Ouvert toute l'année, de 10h à 12 h et 14h30 à 19h. Fermé le mardi hors saison. Nocturnes en juillet août jusqu'à 23h. Location de kartings 2t/4t. 12 € les 10 minutes. Abonnement 10x10 minutes à 100 €. Kart enfant à partir de 7 ans : 10 € les 10 minutes.* Près d'1 km de piste d'enrobé. Un système de chronométrage donne à chaque pilote des renseignements précis sur son meilleur temps au tour ainsi que sur sa moyenne.

CIRCUITS DE QUADS Capbreton © 06 03 08 03 91. Plusieurs formules : gamme loisir (9,14 €/série), gamme sport (12,19 €/série), et gamme pour les enfants dès 6 ans. Gérald Duterque pense à tout le monde…

Tennis

TENNIS CLUB Capbreton. *Ecole de tennis. 1h à 22,86 €, 2h à 38,11 € et 3h à 83,84 €. Cours particuliers à 27,44 € de l'heure.* Nathalie Tauziat est présidente de ce club.

OU SORTIR

BOWLING DU PORT Rue Maurice-Martin - CAPBRETON © 05 58 72 33 72. *Ouvert tous les jours en été. Tarif avant 20h à 4,90 € la partie/personne, et après 20h à 5,50 €. 1 € pour les chaussures.* Quilles et boules sont très bien maîtrisées par les deux frères Xavier et Christian. C'est un endroit où l'on passe un bon moment à jouer, mais aussi à déguster des petits plats comme l'une des 35 pizzas, les 14 salades ou les suggestions du jour.

CASINO DE CAPBRETON 2, rue des Corsaires - CAPBRETON © 05 58 72 13 75. *Ouvert toute l'année.* Au rez-de-chaussée, machines à sous, bar et restaurant, et à l'étage, la nouvelle salle de jeux, utilisée en saison par le casino, à la disposition de la commune pour les réceptions et autres expositions. Une salle de spectacles avec balcon, équipée de loges et de gradins rétractables, peut accueillir 400 personnes. Après les émotions fortes de la roulette anglaise et du black jack, perdants et gagnants se dirigent vers la brasserie pour y déguster quelques petits plats.

LOU BALOU Quai Mille Sabords - CAPBRETON © 05 58 41 03 26. *Ouvert de 18h à 2h toute l'année. Fermé le mardi hors saison. Planchettes de charcuterie, fromage de brebis ou foie gras de 5 € à 7 €. Verre de vin à partir de 2,50 €. Bouteille à partir de 15 €.* Balou est grand amateur de vin, et cela se voit lorsque l'on entre dans sa charmante petite cave en face du port. Apéro en terrasse ou à l'intérieur dans la salle décorée avec grande attention : tableaux divers, lumière tamisée, gadgets plus intrigants les uns que les autres, grand plafond, cave en hauteur… rien n'est laissé au hasard ! On déguste un verre de grain d'amour, un saint-emilion, un minnervois, ou un saint-julien 1993 pendant que Stéphane, alias Balou, prépare des petites planchettes de charcuterie ou de fromage de brebis avec sa confiture de cerise… Un moment de détente et un rendez-vous très prisé du tout Hossegor pour l'apéro du dimanche soir.

LE MEME PAS CAP Capbreton © 05 58 72 43 07. *Ouvert tous les jours. Le week-end et en saison de 23h à 5h, la semaine et en hiver de 23h à 4h.* Rita et son équipe dynamique animent les nuits de la côte depuis l'été 2002. Des soirées branchées dans un cadre très kitch ! Une décoration travaillée dans les moindres coins : des tables rouges à paillette, des fauteuils rouges en velours, des petites lampes qu'on se souvient avoir vu dans les films de Casanova… Un accueil très chaleureux et des soirées à thèmes. Tout y est pour passer des soirées très arrosées !

EMPLETTES

Cadeaux

L'ILE BLEUE 7bis, rue du Général-de-Gaulle - CAPBRETON © 05 58 72 32 44. Deux espaces cadeaux différents, l'un tenu par monsieur, plutôt marin avec maquettes de bateaux, phares, tableaux, étagères en forme de barques et sorcières au sourire moqueur, l'autre, à quelques mètres et tenu par madame, avec d'inoffensifs animaux de bois, beaucoup de minets, d'éléphants, de canards… des superbes meubles en palissandre, adorables sièges enfants, nounours, Pinocchio et des grenouilles ayant beaucoup de succès et ayant effectivement de l'allure avec leurs costumes.

ESPACE ARTISANAL 70, avenue J.-Lartigau - CAPBRETON © 05 58 72 01 40. *Ouvert de mars à novembre. Fermé le lundi hors saison.* Des cadeaux ? Il y en a pour tous les goûts et toutes les bourses : des vases rigolos, en grès cuit à 1°280°C, voitures, ours, éléphants en plâtre, puzzles en bois, cadres, un peu plus loin de sympathiques cocottes gourmandes "le four à vapeur des Romains", de beaux objets en cuir, etc. Un artisan expose aussi son travail à la pierre traditionnelle jaune du Périgord. Pour les gourmets on trouve également foie gras, confits, confitures, miel, paniers garnis avec du bon vin… Une cinquantaine d'artisans dont 20 potiers étalent 2 500 idées pour faire plaisir.

QUIKSILVER THE WETSUIT 36, rue Junca - CAPBRETON © 05 58 41 89 99. Pierre Agnès, ancien de l'équipe de France de surf, connaît une ascension fulgurante. En créant sa société, il intègre avec brio, dans son superbe et surprenant magasin, le concept original de la maison. Résultat : un espace clair où l'on trouve tout ce qui touche au surf.

QUIKSILVER PRO-JUNIOR. La création de cette manifestation annuelle a permis aux meilleurs jeunes Européens de se mesurer aux Australiens et aux Hawaïens. Créée sur l'initiative de Pierre Agnès, cette compétition se déroule sur la plage du Santocha à Capbreton. Un site très apprécié avec de belles vagues de sable, les beach break. Quatre épreuves au programme où s'affrontent les moins de 10 ans, les 10 à 14 ans, les continentaux et les internationaux. Au final : le titre de champion du monde junior. L'épreuve est aujourd'hui mondialement reconnue et accueille des jeunes de toute nationalité au début du mois d'août.

Produits du terroir

GOURMANDINE 81, avenue Maréchal-de-Lattre-de-Tassigny - CAPBRETON © 05 58 49 30 36. *Ouvert tous les jours de 9h à 13h et 16h30 à 20h30, sans interruption en juillet et août. Fermé de février à mi-mars.* Pas très loin du C.E.R.S., Gourmandine, comme son nom l'indique, réunit tous les bons produits du terroir. En rentrant de la plage, quel bonheur de trouver ces plats cuisinés à partir de produits frais ! Foie gras, confits et, pour rincer ces bons produits, non seulement les vins du Sud-Ouest mais aussi de bons petits crus d'Espagne.

LAGARDERE BOULANGERIE PATISSERIE 28, rue du-Général-de-Gaulle - CAPBRETON © 05 58 72 10 54. *Fermé le lundi et le dimanche après midi hors saison. Ouvert tous les jours de juin à septembre.* Depuis trois générations, la famille Lagardère fait du pain cuit dans un four à bois, mais aussi des chocolats tout simplement divins. Fins pâtissiers, ils sont aussi passés maîtres en la matière.

LA MERE MICHEL Face à la capitainerie - CAPBRETON © 05 58 72 14 88. La mère Michel vend des glaces maison aux parfums rares et étonnants. Conçus par des artisans soucieux de leur réputation, pas moins de 35 parfums de glaces inédits comme : beaujolais, tequila, confiture de lait, réglisse, lavande ou violette. On trouve aussi des douceurs sucrées et salées comme le sandwich au foie gras sur pain aux noix et aux raisins ainsi que des paninis préparés à la demande. Pour un petit creux, entre deux bains notamment, c'est délicieux…

VIVIER DE BELLEVUE Quai Pompidou - CAPBRETON © 05 58 72 10 30. Des plateaux de fruits de mer à emporter sur simple appel de 9h à 21h30, et aussi la possibilité de commander d'autres produits maison, tel que du foie gras mi-cuit, l'assiette gourmande, l'assiette de saumon marné, la soupe de poissons et des poissons cuisinés.

VIGNERON DES SABLES. C'est l'histoire d'un jeune ingénieur agricole, Nicolas Tison, qui s'intéresse à l'histoire des vins de sable de Capbreton. Apprenant qu'il existe déjà six vignobles à Messanges, Lit-et-Mixe et Vielle, il veut aussi tenter sa chance. Les premières vendanges en 1998 récompensent les efforts fournis. Aujourd'hui, le vin est issu de cépages traditionnels en Gascogne : cabernet franc et tannats. Quinze mille bouteilles de rouge, blanc et rosé dûment étiquetées "vin de sable de Capbreton" se vendent ainsi. Le meilleur compliment qu'on peut faire à Nicolas c'est de lui dire que son vin ne ressemble à aucun autre.

CAPBRETON, port de plaisance © JL. TASTET

Tuning

STEPH SONO Zone artisanale - CAPBRETON © 05 58 72 62 46. Besoin d'un autoradio, d'une chaîne hi-fi, d'un home-cinéma ? Mieux encore, envie d'organiser une soirée ? Aucun soucis, Steph s'occupe de tout ce qui est sonorisation. Il vend, loue, installe du matériel sono et hi-fi. Que ce soit dans un bar, un restaurant, une salle des fêtes, une maison privée, Steph amène, installe et ramène son matériel ! "Je me loue avec" dit-il. Une solution pratique pour ceux qui n'y connaissent rien en branchement divers et de belles soirées en perspective…

AGENDA

Mardi, jeudi et samedi toute l'année : marché traditionnel.

Tous les matins du 1er juin au 30 septembre : marché d'été, produits du terroir.

Du 13 au 19 mai : Trophée des marins

Le défi des ports de pêche français : 13e édition. Cinq jours de régates et présentation des filières de la pêche. Après Pornic et Royan, ce challenge sportif se déroule dans la ville aux 100 capitaines. 100 000 visiteurs sont attendus. Des animations (musiques, stands gourmands) réunissent tous les ports de pêche candidats. C'est l'occasion de présenter les spécificités de leur activité professionnelle, mais aussi les attraits touristiques de leur région. La filière pêche est mise en exergue à travers divers forums.

Juin : 14e Triathlon international. Fête de la mer (en hommage aux marins disparus, toute la flotte du port sort en mer et dépose une gerbe de fleurs dans l'océan).

2e quinzaine de juillet : Festival du conte dans la rue piétonne, sur le port, en bord de plage, sur la place Yan-du-Gouf. Lecture d'histoires pour petits et grands. 14e édition (05 58 05 40 35).

Début août : QuickSilver Pro-junior surf. Compétition internationale de surf avec les meilleurs juniors.

Mi-août : Festival de contrebasses. Les plus grands maestros du monde bercent les mélomanes les plus avertis (05 58 72 12 11).

Août : Déferlantes francophones. Les artistes d'Amérique du Nord (musiciens, écrivains, photographes…) investissent ville et port pendant 4 jours, les faisant vibrer aux sons et couleurs du Québec, de l'Acadie et de la Louisiane… Pas vraiment étonnant : ici l'Acadie résonne dans la mémoire collective avec les cousins de Cap-Breton, petite île de Nouvelle-Ecosse.

Début septembre : fête du chipiron. Un concours de pêche sera suivi d'une initiation de la pêche peu banale à ce céphalopode. Tous les restaurateurs du port font déguster cette spécialité.

CASTETS

Côte Landes nature

Ancien lieu de passage des pèlerins de Compostelle, cette petite commune du Marensin a tous les atouts pour séduire les estivants. Station verte de vacances et proche des plages à la fois, elle garde toute son intimité et représente le véritable carrefour de l'économie locale, forestière et industrielle. A Castets, les atouts landais sont mis en avant : on y trouve le 1er producteur français de truites mais également des producteurs de foie gras et d'asperges, et des fabricants de ruches. Rappelons ici que la production de truite landaise se classe au 1er rang français, de même pour le foie gras landais.

OFFICE DE TOURISME Place du Sablar ✆ 05 58 89 44 79

Des journées T.E.R. (Tourisme en Espace Rural) sont proposées, ainsi que des randonnées pédestres sur sentiers balisés. Se renseigner à l'Office. Très appréciées des vacanciers, ces journées constituent un véritable point de rencontre avec le milieu rural, ainsi qu'une évocation de la Lande marensine d'hier et d'aujourd'hui.

A VOIR

MUSEE DE LA VIE RURALE EN PAYS LANDAIS Bourg ✆ 05 58 57 22 13. *Ouvert en saison de 15h à 18h30. Tarifs adulte à 3,05 €. Groupes toute l'année sur réservation.* Au centre du village, derrière l'hôtel, se cache une maison typique de la 1ère moitié du XIXe siècle. En 1993 un groupe d'amoureux du passé landais s'est constitué pour sauvegarder le patrimoine rural de la région. Il a fallu des années de recherche et de travail pour aboutir à l'achat et à la restauration de cette superbe bâtisse à colombages et murs en barons. On a souhaité recréer un lieu de traditions et de témoignages d'une richesse rare, faisant revivre toute une époque à travers un cadre de vie et des objets usuels. On y découvre la vie quotidienne du paysan landais de 1850 à l'aube de la Seconde Guerre mondiale. Au rez-de-chaussée : cuisine, salle à manger, chambre et, à l'étage, un panel de vieux outils.

AUX ENVIRONS

Laluque

Autrefois marqué par l'activité forestière et l'exploitation de gisements de lignite, ce bourg doit son développement à la ligne de chemin de fer Paris-Hendaye. Fortement attachée aux traditions locales, une association du village a imaginé la création d'un musée au sein d'une maison typique.

Linxe

Petit village à mi-chemin entre la route et l'océan. Linxe et sa voisine Castets ont obtenu ensemble le label Station Verte de Vacances. Après l'exploitation de la forêt pour le goudron et la résine, Linxe s'est tournée aujourd'hui vers la production de bois (industrie et bâtiment).

OU MANGER ET DORMIR

Restaurant

LOU CUTIOT Castets ✆ 05 58 55 02 40. *E-mail : brasserie.lou.cutiot@wanadoo.fr. Fermé le lundi. Formule à 9,30 € (entrée, plat et café).* Brasserie, bar et P.M.U. Dans le centre-ville de Castets, Cathy et André reçoivent dans un décor dynamique et jeune, au milieu de nombreuses plantes vertes. Enfin un endroit où respirer… Dès 8 heures du matin, le petit déjeuner est servi dans ce cadre verdoyant. A midi, la carte offre un copieux et rapide repas. Idéal pour les pressés, mais pour les vacanciers, de nombreux et savoureux produits du terroir sont à déguster en prenant tout le temps. L'accueil est ici chaleureux.

Hôtels-restaurants

LE RELAIS LANDAIS Castets ✆ 05 58 89 40 28. *Fermé dimanche soir et entre Noël et le Nouvel An. Chambres doubles de 40 € à 60 €. Soirée étape à 42 €. Menus de 12 € à 45 €. Prix moyen à la carte de 10 à 15 €.* Au centre du village, les voyageurs découvrent un hôtel-restaurant au décor rustique : des poutres au plafond et une cheminée dans laquelle sont préparées les grillades. Elizabeth Lesbats fait savourer des plats régionaux tels que le foie frais aux pommes, la côte de bœuf au feu de bois ou les confits… Magique le crépitement du feu !

AUBERGE LES DEUX ANES Le bourg - LINXE © 05 58 42 92 08. *Ouvert toute l'année, sauf le vendredi soir hors saison. Chambres doubles de 34 € à 45 €. Menu de 10 € à 21 €. Menu enfant à 7 €. Deux cheminées Logis de France.* Brigitte excelle avec maestria à cette bonne table. Suivant la saison, elle prépare des produits frais : daurade royale rôtie au thym, marmite du pêcheur, parilla landaise avec magret, gésiers, assiette de la plage, sole grillée "à la plancha"... En dessert, le pain perdu ou la charlotte au chocolat assouvissent les gourmands. Installés dans la salle où trônent des outils du gemmage d'autrefois ou sur la terrasse ombragée, on ne regrette pas cette étape gastronomique.

Ferme-auberge

FERME AUBERGE DES TUCS (LESCA) RN10 direction Bordeaux - CASTETS © 05 58 89 41 45. *Ouvert toute l'année. Visite de la ferme et dégustation gratuite le mercredi et le vendredi matin à 10h30 en juillet et août. Repas également sur réservation. Groupe toute l'année. Menus de 13,50 € à 25 €. Menu enfant à 8,50 €.* Vente à emporter de foie gras, confits, rillettes, pâtés... mais un conseil, réservez votre table et goûtez la cuisine de terroir que Bernadette et Philippe ont préparée dans leur grange de pur style landais au milieu d'un bel airial. Au programme pour votre palais délicat : garbure, asperges, bloc de foie gras, salade landaise, magrets, cassoulet, daube de canard, pastis landais, tourtière...

Campings

CAMPING MUNICIPAL LE GALAN Castets © 05 58 89 44 79/05 58 89 43 52. *Ouvert du 15 juin au 15 septembre. Trois étoiles.* A l'ombre des pins et des chênes, loin de la foule de la côte tout en étant à 20 minutes des lacs et des plages, ce camping est le lieu rêvé pour des vacances familiales ou entre amis. Côté équipements sportifs : trois courts de tennis, un terrain de basket, deux terrains de volley, un terrain de rugby, un terrain de pétanque, une salle couverte, une aire de jeux pour enfants, une pataugeoire et un parcours de santé. Location de vélos sur place afin de découvrir la belle forêt landaise.

CAMPING MUNICIPAL DU GRANDJEAN 190, route de Mixe - CASTETS © 05 58 42 90 00. *Ouvert en juillet, août et la 1ère semaine de septembre. Réservation en mairie hors saison au 05 58 42 92 97.* Location de mobil-homes. Camping trois étoiles proche de l'océan (9 km) et du lac de Léon (6 km). Calme, à l'ombre des pins et des chênes, il comporte 100 emplacements sur 3 ha. Une aire de jeux est aménagée ainsi qu'un terrain de volley et de pétanque et deux aires pour barbecue.

SE DETENDRE

Culture

CINEMA LE KURSAAL Castets © 05 58 89 45 12. *Entrée à 4,87 € et tarif réduit à 3,81 €. Carte d'adhérent à 7,62 € (donnant droit au tarif réduit pendant un an).*

Sports

CANOE KAYAK Castets © 05 58 89 44 79. *Le matin à 9h30 et l'après-midi à 15h. 10,67 €/ personne.* Sur la rivière La Palue, évasion garantie au milieu de la forêt landaise, de 2h à 3h de détente. Point de départ au camping municipal. Au choix : canoë ou kayak. Le port du gilet est obligatoire. Le matin, simple location de bateaux et l'après-midi, initiation ou perfectionnement sur une magnifique rivière.

EMPLETTES

COPA DAX 1328, route de Bayonne - CASTETS © 05 58 89 41 71. *Ouvert de mars à juin de 9h à 19h.* Les producteurs Primland invitent à chercher directement les asperges à la coopérative. Leur grande homogénéité provient de la spécificité du terroir sablonneux du département et de l'apport bénéfique du climat océanique. Produite de manière artisanale au cœur du massif forestier, l'asperge Primland, d'une rare texture cristalline, est récoltée puis conditionnée manuellement. Une fête en l'honneur de l'Asparagus se déroule chaque année à Pontonx-sur-l'Adour le 1er mai (voir la rubrique Pontonx). Dressées sur la table, elles séduisent les gourmets, soit en entrée avec une vinaigrette, soit en sauce avec des œufs, du poisson, des crustacées, des viandes…

FERME DE CHANCHON RN10 - CASTETS © 05 58 89 40 63. *Ouvert toute l'année. Visites gratuites de la ferme du 15 juin au 15 septembre les mardis et jeudis à 17h.* Sortie Castets de la N10. Prendre zone industrielle du Frique, tout droit sur 4 km, route parallèle à la N10 direction Magescq. Au cœur de la forêt landaise, la ferme de Chanchon, qui appartient au réseau "Bienvenue à la ferme", permet de découvrir les charmes d'une ferme d'antan ! Foies gras de canard, magrets, chapons, cuisses parées, manchons, paletots, asperges, rôti de sanglier… Lors de la visite guidée et commentée, on peut voir l'exploitation, les animaux de la basse-cour, les moutons, l'élevage de sangliers et le travail aujourd'hui disparu du résinier avec ses outils et ses traditions... La démonstration de gavage des canards et la visite des différents ateliers de travail sont également instructives. Une tournée éducative et ludique se terminant par la dégustation et l'achat des produits.

VIVIERS DE FRANCE Ruisseau Poustalan - CASTETS © 05 58 56 68 68. Plus grand port d'Aquitaine avec une capacité de 12 000 tonnes de poissons, cette société s'est construite une solide réputation dans la filière truite où elle est la 1ere en France. Tous les poissons (daurades, soles, merlus, thons, rougets, turbos...) sont soumis aux sévères exigences "Viviers de France" tant en terme de goût que de traçabilité et de fraîcheur.

AGENDA

Jeudi matin toute l'année : marché traditionnel.
Fin juillet-début août : fête de Castets.

DAX

Pays du thermalisme

Dès la préhistoire Dax est fréquentée par des peuplades primitives, les Tarbelles. Ce sont les Romains qui baptisent cette cité lacustre "Aquae Tarbellicae". Cette petite ville de province construite sur les bords de l'Adour doit son essor aux vertus de ses eaux et de ses boues. Au IIe siècle on construit un temple et un pont qui fait de la cité le premier passage en aval de l'Adour, les terres marécageuses à l'ouest demeurant infranchissables. Des remparts, dont les vestiges sont toujours visibles à proximité des arènes, sont édifiés au IVe siècle, peu après la fondation de l'un des premiers sièges épiscopaux de l'hexagone. Située sur le passage des grandes invasions barbares, Dax a eu du mal à se relever de ses ruines. Après avoir été sous l'autorité des comtes de Gascogne, elle est passée sous la domination anglaise à la suite du mariage d'Aliénor d'Aquitaine avec Henri Plantagenêt qui devint roi d'Angleterre. La domination anglaise s'est exercée trois siècles durant, jusqu'à la guerre de Cent Ans. Dax a ensuite résisté aux guerres de Religion et aux troubles de la Fronde.

Cité des foires

La Cité constitue un centre important avec deux foires annuelles de 16 jours et un marché hebdomadaire créé en 1368. Dax est en fait un marché important depuis l'époque gallo-romaine, grâce à sa situation à la jonction de la riche Chalosse, terre de polyculture, et du Marensin, terre d'élevage ainsi que d'exploitation du bois et de ses dérivés. En 1894 est construit un complexe thermal, le casino et l'établissement salin thermal, qui brûlera en 1925 avant d'être rapidement remplacé par l'Atrium Casino et le Splendid. La ténacité des Dacquois s'illustre également dans la bataille que mèneront les Dacquois en votant pour Eugène Millès-Lacroix à six reprises entre 1945 et 1952. Cette année 1952, une grande crue dévaste le centre-ville. Point de convergence des routes qui vont du nord au sud, cette cité d'un peu plus de 20 000 habitants est aujourd'hui plus que jamais un lieu de séjour. Avec une fréquentation annuelle de plus de 57 000 curistes, Dax est la première ville thermale de France.

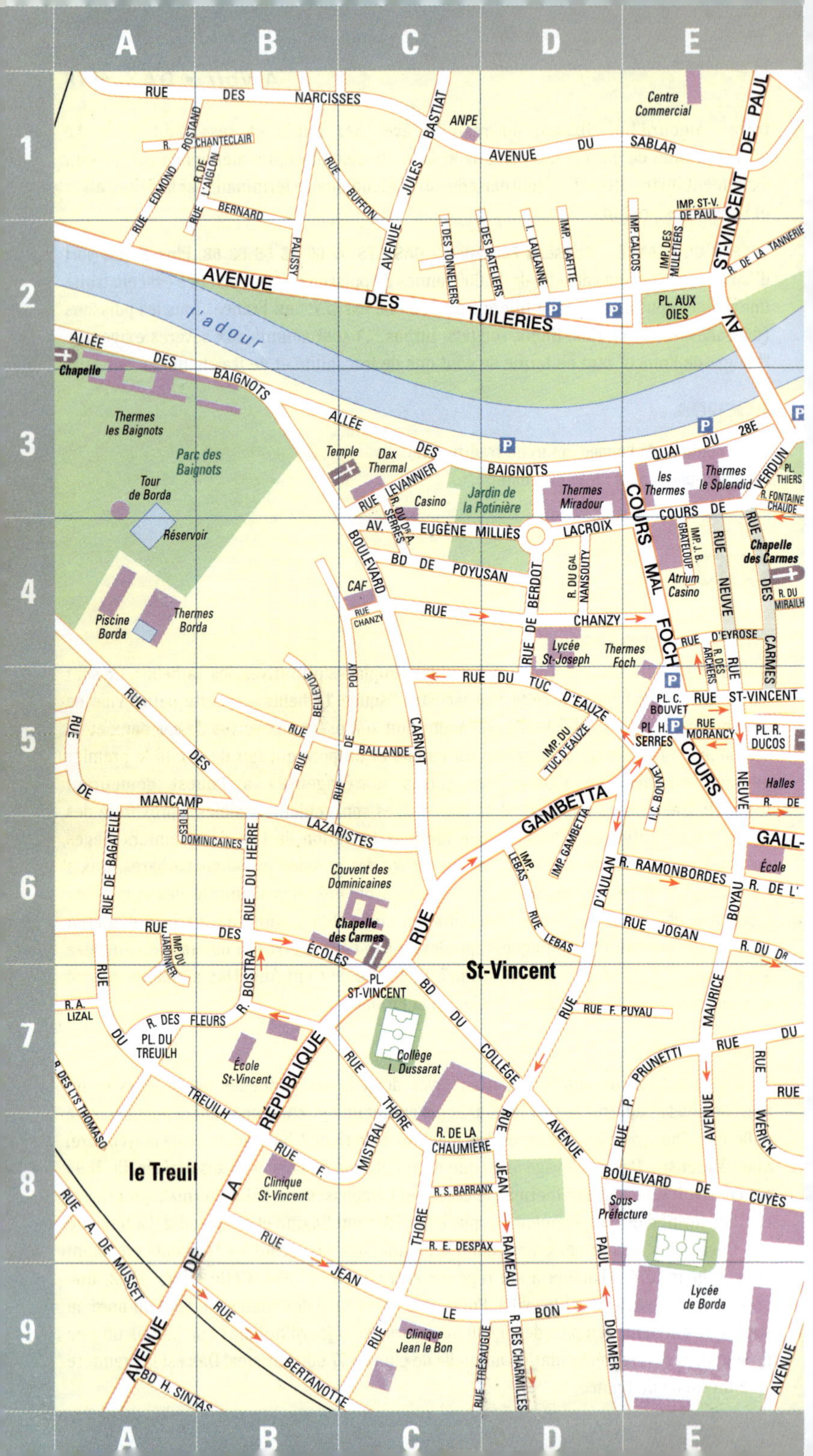

A
B
C
D
E
1
2
3
4
5
6
7
8
9
RUE DES NARCISSES
R. EDMOND ROSTAND
R. CHANTECLAIR
R. DE L'AIGLON
RUE BERNARD PALISSY
RUE BUFFON
AVENUE JULES BASTIAT
ANPE
Centre Commercial
AVENUE DU SABLAR
AV. ST-VINCENT DE PAUL
IMP. ST-V. DE PAUL
IMP. DES MULETIERS
IMP. CALCOS
IMP. LAFITTE
I. LAULANNE
I. DES BATELIERS
I. DES TONNELIERS
R. DE LA TANNERIE
AVENUE DES TUILERIES
PL. AUX OIES
l'adour
ALLÉE DES BAIGNOTS
Chapelle
Thermes les Baignots
Parc des Baignots
Tour de Borda
Réservoir
Piscine Borda
Thermes Borda
Temple
Dax Thermal
RUE LEVANNIER
R. DU Dr A. SERRES
Casino
Jardin de la Potinière
QUAI DU 28E
Thermes Miradour
les Thermes
Thermes le Splendid
VERDUN
PL. THIERS
R. FONTAINE CHAUDE
AV. EUGÈNE MILLIÈS
COURS DE LACROIX
BOULEVARD CARNOT
BD DE POYUSAN
CAF
RUE CHANZY
RUE CHANZY
RUE DE BERDOT
R. DU GAL NANSOUTY
COURS MAL FOCH
IMP. J. B. GRATELOUP
Atrium Casino
RUE NEUVE
Chapelle des Carmes
RUE DES CARMES
R. DU MIRAILH
Lycée St-Joseph
Thermes Foch
RUE D'EYROSE
R. DES ARCHERS
RUE DU TUC D'EAUZE
PL. C. BOUVET
RUE ST-VINCENT
PL. H. SERRES
RUE MORANCY
PL. R. DUCOS
COURS
IMP. DU TUC D'EAUZE
I. C. BOUVET
Halles
R. DE GALL-
RUE BELLEVUE
RUE POUY
RUE DE BALLANDE
RUE DES MANCAMP
RUE DE BAGATELLE
R. DES DOMINICAINES
RUE DU HERRE
LAZARISTES
RUE GAMBETTA
IMP. GAMBETTA
IMP. LEBAS
RUE LEBAS
RUE D'AULAN
R. RAMONBORDES
École
R. DE L'
BOYAU
Couvent des Dominicaines
Chapelle des Carmes
RUE DES ÉCOLES
IMP. DU JARDINIER
RUE JOGAN
R. DU Dr
PL. ST-VINCENT
St-Vincent
R. A. LIZAL
R. BOSTRA
R. DES FLEURS
PL. DU TREUILH
RUE DU TREUILH
École St-Vincent
RÉPUBLIQUE
RUE THORE
Collège L. Dussarat
BD DU COLLÈGE
RUE F. PUYAU
RUE P. PRUNETTI
AVENUE MAURICE
RUE DU
RUE WÉRICK
R. DES LTS THOMASO
MISTRAL
R. DE LA CHAUMIÈRE
RUE JEAN RAMEAU
AVENUE PAUL DOUMER
le Treuil
RUE F.
Clinique St-Vincent
R. S. BARRAX
BOULEVARD DE CUYÈS
Sous-Préfecture
RUE A. DE MUSSET
AVENUE DE LA
RUE JEAN LE BON
THORE
R. E. DESPAX
Lycée de Borda
RUE BERTANOTTE
BD H. SINTAS
Clinique Jean le Bon
RUE TRÉSAUGUE
R. DES CHARMILLES
AVENUE

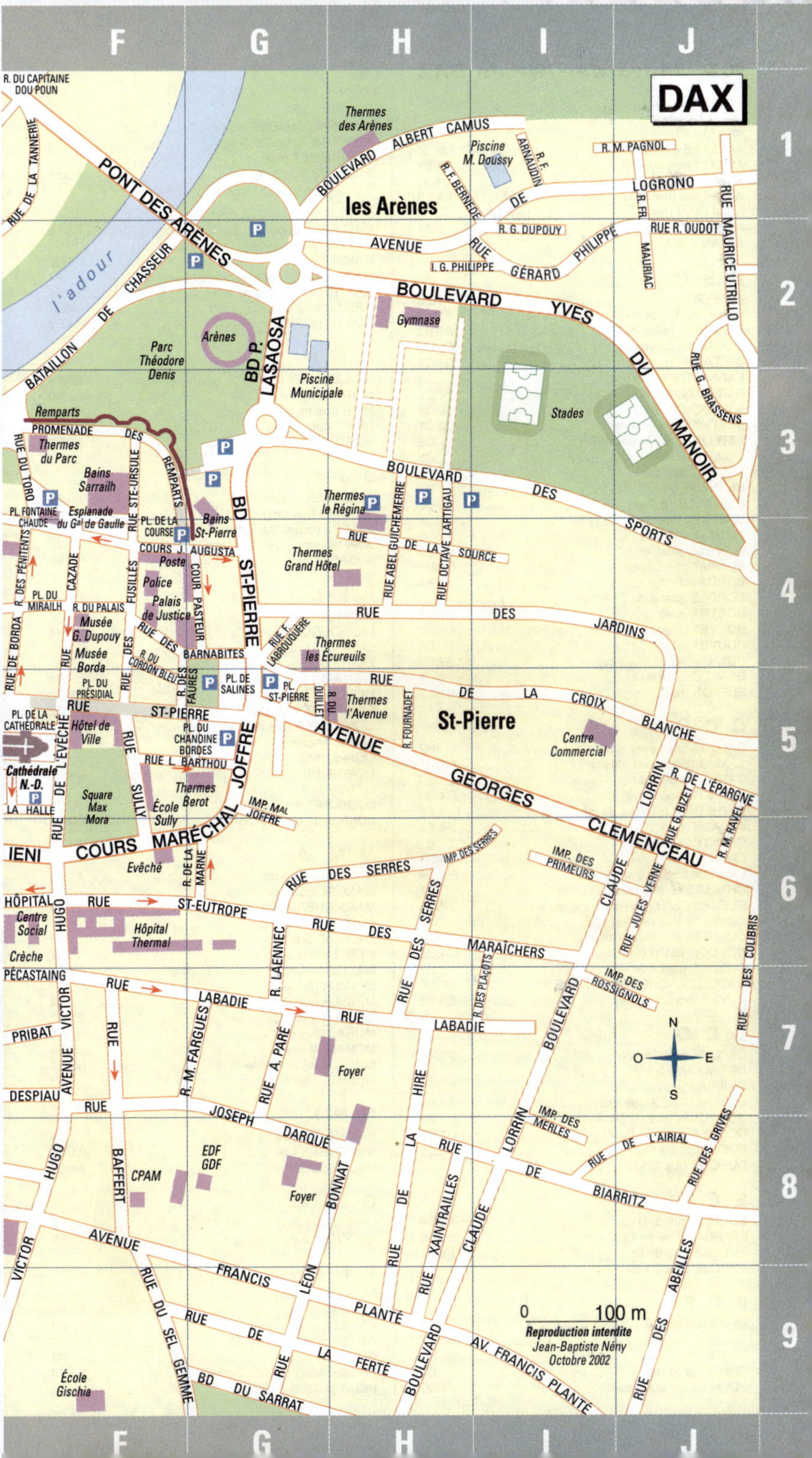

DAX
F
G
H
I
J
1
2
3
4
5
6
7
8
9
R. DU CAPITAINE DOU POUN
RUE DE LA TANNERIE
PONT DES ARÈNES
l'adour
BATAILLON DE CHASSEUR
Thermes des Arènes
BOULEVARD ALBERT CAMUS
Piscine M. Doussy
R. F. ARNAUDIN
R. F. BERNEDE
R. M. PAGNOL
LOGRONO
RUE MAURICE UTRILLO
les Arènes
AVENUE DE
R. G. DUPOUY
RUE R. OUDOT
R. FR. MAURIAC
I. G. PHILIPPE
RUE GÉRARD PHILIPPE
BOULEVARD YVES DU MANOIR
Gymnase
Arènes
Parc Théodore Denis
BD P. LASAOSA
Piscine Municipale
Stades
RUE G. BRASSENS
Remparts
PROMENADE DES REMPARTS
Thermes du Parc
RUE DU TORO
Bains Sarrailh
RUE STE-URSULE
BOULEVARD DES SPORTS
Thermes le Régina
RUE ABEL GUICHEMERRE
RUE OCTAVE LARTIGAU
PL. FONTAINE CHAUDE
Esplanade du Gal de Gaulle
PL. DE LA COURSE
Bains St-Pierre
BD ST-PIERRE
RUE DE LA SOURCE
COURS J. AUGUSTA
Poste
Thermes Grand Hôtel
R. DES PÉNITENTS
CAZADE
FUSILLÉS
Police
COUR PASTEUR
PL. DU MIRAILH
R. DU PALAIS
Palais de Justice
RUE DES JARDINS
Musée G. Dupouy
RUE DES BARNABITES
RUE F. LABROUQUÈRE
Thermes les Écureuils
RUE DE BORDA
Musée Borda
R. DU CORDON BLEU
R. DES FAURES
PL. DE SALINES
PL. ST-PIERRE
RUE DE LA CROIX BLANCHE
PL. DU PRÉSIDIAL
R. DU QUILLET
Thermes l'Avenue
R. FOURNADET
St-Pierre
PL. DE LA CATHÉDRALE
RUE ST-PIERRE
Hôtel de Ville
PL. DU CHANDINE BORDES
AVENUE GEORGES CLEMENCEAU
Centre Commercial
RUE DE L'ÉVÊCHE
RUE L. BARTHOU
JOFFRE
R. DE L'ÉPARGNE
Cathédrale N.-D.
Thermes Berot
RUE G. BIZET
R. M. RAVEL
LA HALLE
Square Max Mora
SULLY
École Sully
IMP. MAL JOFFRE
LORRIN
IENI
COURS MARÉCHAL
Evêché
R. DE LA MARNE
IMP. DES SERRES
IMP. DES PRIMEURS
RUE DES SERRES
CLAUDE
RUE JULES VERNE
HÔPITAL
RUE ST-EUTROPE
HUGO
Centre Social
Hôpital Thermal
RUE DES MARAÎCHERS
RUE DES COLIBRIS
Crèche
PÉCASTAING
R. LAENNEC
IMP. DES ROSSIGNOLS
RUE LABADIE
R. DES PLACOTS
BOULEVARD CLAUDE LORRIN
PRIBAT
VICTOR
AVENUE
R. M. FARGUES
RUE A. PARÉ
Foyer
N
O
E
S
DESPIAU
RUE JOSEPH DARQUE
RUE DE LA HIRE
IMP. DES MERLES
RUE DE L'AIRIAL
RUE DES GRIVES
RUE DE BIARRITZ
BAFFERT
EDF GDF
CPAM
Foyer
BONNAT
RUE XAINTRAILLES
AVENUE FRANCIS PLANTÉ
LEON
RUE DES ABEILLES
RUE DU SEL GEMME
RUE DE LA FERTÉ
BOULEVARD
AV. FRANCIS PLANTÉ
0
100 m
Reproduction interdite
Jean-Baptiste Nény
Octobre 2002
École Gischia
BD DU SARRAT

A A A

B B B

C C C

D D D

E E E

F F F

G G G

H H H

J J J

L L L

M M M

N N N

O O O

P P P

DAX les arènes © Stéphane SAVIGNARD

OFFICE DE TOURISME **Place Thiers ✆ 05 58 56 86 86**

Site Internet : www.ville-de-dax.fr. L'Office organise des visites en car, à la découverte du thermalisme dacquois : la fontaine Chaude et sa source de la Nèhe, la nouvelle unité de préparation de boue thermale (péloïde). On visite également le Centre Hospitalier Thermal. Départ à 14h de l'Office et Retour vers 17h. Prix : 5 €. Il existe aussi une visite du patrimoine : les arènes, les remparts gallo-romains, la fontaine Chaude, la salle de spectacle de l'Atrium et le Splendid Hôtel. Départ à 14h30 de l'Office et retour vers 16h30. Prix : 5 €. Pour ces deux visites culturelles, veuillez vous inscrire à l'Office. Une aire de stationnement pour camping-cars est à la disposition des voyageurs entre les deux ponts.

Tradition

LA TAUROMACHIE. Du Moyen Age au XXe siècle, papes, évêques, maires, ducs, maréchaux, rois, préfets et ministres essaient tour à tour de nier la tradition et de détourner les hommes du berceau pointu des cornes… en vain. Dax a fait preuve de bravoure en affrontant ces interdits et a continué à faire courir le bétail dans la rue. En 1852 apparaissent les premières courses espagnoles. Dax monte ses arènes de bois, place de la Course, dès 1878. Cette même année est également créée la "Société des Fêtes", composée de 90 personnes qui s'engagent à organiser 4 courses hispano-landaises par an. Les 2, 3 et 4 septembre 1888, "Les Fêtes de Dax" animent la ville avec 3 courses hispano-landaises et la mise à mort d'un taureau par corrida. A la fin de ses festivités, les lampions s'éteignent et la "Séville" landaise reprend son aspect habituel de ville commerçante et active. Parallèlement, la distinction entre course landaise et course espagnole se fait largement ressentir. En 1891, c'est l'événement avec l'année Toros. Avec sept spectacles taurins, Dax devient la ville taurine la plus importante de France. La corrida, avec deux élevages Navarrais, Lizaso et Carriquiri, est un triomphe, mais aux yeux de l'administration, les Dacquois dépassent les bornes : ils ont tué deux taureaux.

"*Les taureaux sont les taureaux*" !

Raphaël Milliès Lacroix, Maire de Dax, entame son combat contre la loi Grammont qui interdit toutes courses de taureaux : "… les courses de taureaux constituent pour les Dacquois un spectacle populaire dont les origines se perdent dans la nuit des temps… S'il est vrai qu'en France la loi est la loi, à Dax les taureaux sont les taureaux…" Le 1er septembre se prépare la première corrida intégrale. On craint l'interdiction et sous un grand soleil on assiste à un succès gigantesque. L'année 1894 voit la révocation de Milliès Lacroix par le Président de la République. Le maire fait ses adieux aux Dacquois après 24 années de service. Les citoyens sont indignés et c'est le début de la "révolution dacquoise" qui connaît un retentissement dans toute la presse nationale et étrangère. Le peuple dacquois aura le dernier mot en faisant des corridas une coutume respectée. Aujourd'hui, les Dacquois se regroupent dans de nombreuses pena et attendent avec impatience les corridas. Au fil du temps, quelques taureaux sont passés à la postérité, soit par leur comportement exceptionnel, soit par les blessures mortelles ou gravissimes qu'ils ont portées aux toreros. Selon un chroniqueur taurin, s'il faut plusieurs années à un torero pour devenir célèbre, quelques minutes suffisent à un taureau pour le devenir.

DAX

ıu delà d'une ville d'eau, tout un monde...

cœur des Landes, à proximité de l'océan atlantique et des pyrénées, Dax, 20 649 habitants ·t sous-préfecture des Landes, est une ville de tempérament aux chauds accents du sud, ıui marie harmonieusement traditions et modernité. Située au confluent des grands axes du sud-ouest européen (autoroute A10, aéroport de Biarritz, gare TGV), Dax bénéficie d'atouts climatiques, touristiques et économiques.

Vers un thermalisme d'avenir

Première station thermale de France, elle accueille chaque année plus de 55 000 curistes en rhumatologie et phlébologie. Ce sont les Romains qui ont su développer les valeurs curatives de la cité. Depuis, la ville a bâti sa réputation en matière de santé sur ses ressources naturelles, son eau chaude à 64° et sa boue thermale issue de l'Adour appelée le péloïde. Mais Dax construit aussi le thermalisme de demain avec la création de l'Institut Français du Thermalisme, la reprise de 5 des 17 établissements thermaux de la station par un grand groupe hôtelier, l'ouverture du casino et la mise en service de la 1ère Chaîne de Préparation de sa boue thermale (procédé pharmaceutique pour la préparation du péloïde).

Une ville d'histoire

x est aussi une ville d'histoire. De l'époque romaine, lle conserve des remparts du IVème siècle - détruits n partie au siècle dernier - une crypte archéologique et des mosaïques. Du début du siècle, elle a hérité Splendid Hôtel et de la salle de spectacles l'Atrium, véritables bijoux de l'Art Déco.

Une vraie culture festive

Dax est également une ville d'eaux aux humeurs du sud. Ville de tradition taurine, ses arènes accueillent chaque année 60 000 passionnés de tauromachie espagnole et landaise qui se plaisent à admirer le travail des plus grands toreros. A l'occasion de sa Feria en août et de Toros y Salsa en septembre, les rues de la cité thermale deviennent le théâtre de jours et de nuits de fête. La ville honore également le ballon ovale à travers son club aux couleurs rouge et blanc. Le rugby français y a de tout temps puisé de nombreux champions ! Avant tout landaise, elle conserve aussi le respect des traditions et il fait bon s'y arrêter pour une halte gastronomique. Foie gras, magrets, asperges, gibiers et autres spécialités ornent les assiettes et les étals du marché du samedi matin.

Une ville à vivre

ıaleureuse par nature, Dax est douce par vocation : dans ənvironnement urbain préservé, cette cité verte et fleurie offre aux amoureux de la nature près de 50 hectares de parcs et jardins. Le parc du Sarrat, classé parmi les Conservatoires Naturels abrite notamment un jardin botanique et une Ecole de la Nature, et une collection tionale du Lagerstroemia Indica (variété d'arbre à fleurs) ouverte sur le site de l'Unité de Préparation du Péloïde. Dans un pays de douceur et de senteurs, Dax est une ville du bon vivre.

131701

MAIRIE DE DAX

Rue Saint Pierre – BP 344 – 40107 Dax cedex

Tél. : 05 58 56 80 00 - Fax. : 05 58 74 45 22

Site internet : www.dax.fr

A VOIR

LES ARENES. Les arènes se trouvent dans le Parc Théodore Denis, le long de l'Adour. C'est le 13 janvier 1784 que s'érigent sur la place Saint-Pierre les premières arènes dacquoises. Seules arènes du XVIIIe siècle en Gascogne dont on possède une description, elles avaient été réalisées par le maître charpentier Bernard Lalanne. Avec l'obligation d'avoir des arènes en dur, un projet d'envergure voit le jour. Inauguré en grande pompe le 11 mai 1913, le monument fait rêver plus d'un aficionado : là-bas, tout au fond de l'esplanade, se dresse une importante bâtisse aux tuiles et aux persiennes rouges sur fond blanc. Là-bas, à côté de séculaires remparts romains, à côté de cet Adour majestueux se tordant comme un serpent au milieu des prairies, est bâti le vaste cirque, nouvelle merveille venant enrichir la jolie cité dacquoise. Les arènes de bois ont vécu, et celles-ci, ayant à l'époque coûté 18 293,88 €, les remplacent avec brio.

Jusqu'à 8000 personnes

Avec le début d'une guerre effroyable en 1914, les spectacles taurins ne reprennent qu'en 1920. Entre temps, les arènes sont transformées en garage de l'Armée Française et en bivouac de l'Armée Américaine. En 1932, elles sont rehaussées de 6 gradins et deviennent celles que nous connaissons aujourd'hui. Elles sont à nouveau rénovées en 2000 pour les dernières fêtes du millénaire. Actuellement, pouvant contenir 8 000 places, elles s'animent chaudement lors de la Feria et Toros y Salsa. Le patio de caballos et la chapelle des toreros sont des lieux émouvants lors du recueillement des toreros, et où les matadors sollicitent la protection de la vierge avant le face-à-face avec l'animal. Les arènes de Dax ont été les premières en France à posséder une infirmerie avec service chirurgical d'urgence. Des courses landaises, où écarteurs et sauteurs rivalisent de courage, ont également lieu dans les arènes.

LA CATHEDRALE SAINTE-MARIE. Sur le premier édifice du XIe siècle effondré au XVIIIe siècle, fut reconstruite l'actuelle cathédrale dans un style classique néo-grec qui conserve de son passé l'exceptionnel portail à trumeau, classé grâce à la ténacité de la Société de Borda en 1884.

LA CHAPELLE DES CARMES 11, rue des Carmes © 05 58 90 00 38. *Ouvert d'avril à novembre tous les jours de 14h à 18h, sauf dimanche et jours fériés. Billet groupé des trois sites : Musée de Borda, crypte et chapelle : 3 €. Gratuit pour les scolaires, étudiants et jeunes jusqu'à 18 ans.* Ce site, aménagé dans l'ancien Couvent des Carmes, accueille des expositions temporaires consacrées à l'art moderne. Le peintre contemporain, Léon Gischia, né à Dax en 1903, est représenté grâce à la donation des tableaux faite à la ville par l'épouse du peintre.

CRYPTE ARCHEOLOGIQUE 27, rue Cazade © 05 58 74 12 91. *Départ de la visite guidée au musée de Borda à 16h.* Elle renferme les fondations d'un temple romain datant du IIe siècle. Autour de celui-ci on découvre une enceinte rectangulaire dont trois côtés seulement sont connus.

L'EGLISE DE SAINT VINCENT DE XAINTES. L'église primitive est remplacée par une autre aux environs de 500. Détruite à son tour, une cathédrale est construite en 960. En 1592, démolie, l'église est remplacée par le bâtiment actuel inspiré du plan de Saint-Pierre de Montrouge à Paris. Lors de travaux, des sarcophages alignés les uns à côté des autres sont découverts, ce qui semble indiquer une origine Mérovingienne. L'un deux est attribué sans certitude à saint Vincent et placé comme maître d'hôtel. Mais ce n'est qu'en 1892 que des fouilles ont révélé la "cella" d'un temple antique. Il est aujourd'hui restauré et placé dans le chœur.

LA FONTAINE CHAUDE. La fontaine Chaude, ou source de la Nèhe, a été construite au début du XIXe siècle sur l'emplacement supposé des anciens thermes romains, en plein cœur de la cité. Sa façade, un portique formé de trois arcades reposant sur des piédestaux entre lesquels coulent les neufs robinets à tête de lion, masque un bassin à ciel ouvert.

OBSERVATOIRE **Rue Pascal-Lafitte © 05 58 56 14 47.** *Site Internet : www.urworld.compuserve.com/homepages/dupouyphilippe. Ouvert les vendredis soirs à 21h.* Ce passionné consacre une bonne partie de son temps à ce monde fascinant. Informaticien à E.D.F. le jour, la tête dans les étoiles la nuit, sa plus grande récompense fut la découverte d'une comète dans la nuit du 7 au 8 mai 1997. Celle-ci porte le nom de Meunier-Dupouy car ils sont deux amateurs à l'avoir repéré en même temps.

PARC DU SARRAT **Rue du Sel-Gemme © 05 58 56 85 03.** *Fermé en décembre et janvier. Visites guidées mardi, jeudi et samedi à 15h30. Tarif : 3,50 €.* En flânant dans le parc du Sarrat, on découvre, sur plus de 3 ha, 1 245 arbres de 27 familles différentes et 200 espèces d'arbustes. Le recensement d'une espèce rare de fougère, "l'ophioglosse des Açores", a permis de classer ce site parmi les Conservatoires Naturels. Depuis 1989 le parc est classé Monument Historique.

REMPARTS GALLO-ROMAINS. Edifiés au IVe siècle, ils constituaient une enceinte de 4 m d'épaisseur et d'une dizaine de mètres de hauteur. Se développant sur un périmètre de 1 465 m, ils étaient dotés de 46 tours rondes et de 4 grandes portes. Lors de la démolition des remparts, au XIXe siècle, divers objets ayant servi de remplissage pour leur construction y furent découverts (exposés au musée de Borda). Aujourd'hui une toute petite partie est visible dans la cité dans le parc Théodore Denis et place Saint-Pierre.

LE TROU DES PAUVRES. Près du Jardin de la Potinière. Situé sur les berges de l'Adour, les malades sans ressource venaient s'y baigner pour profiter de la boue chaude et bienfaisante. A l'origine elle naissait spontanément près des émergences d'eaux chaudes qui étaient périodiquement submergées au moment des crues du fleuve. Le limon se déposait dans ces cavités lors du retrait des eaux. C'est sur ce principe naturel qu'ont été établis les bassins de culture de boue dans les années 1960, puis en 2000, pérennisant ainsi scientifiquement ce don de la nature.

MUSEE DE L'ALAT **58, avenue de l'Aérodrome © 05 58 74 66 19.** *Musée de l'Aviation Légère de l'Armée de Terre. Ouvert tous les jours de 14h30 à 17h30 sauf dimanche et fêtes. Visite guidée les mardis et vendredis. Prix adulte : 5 €.* Unique en Europe, ce musée abrite une des plus belles collections d'avions et d'hélicoptères de combats anciens : le Stampe SV4, Sikorski H19 et l'étonnante "Banane volante" de Vertol qui voisinent avec l'Alouette II armée de missile, le Dauphin expérimental ou le Mi 8 russe.

MUSEE DE BORDA **27, rue Cazade © 05 58 74 12 91.** *Ouvert tous les jours sauf mardi, dimanche et jours fériés de 14h à 18h. Entrée : 2 €.* L'entrée payante du musée donne droit à la visite guidée de la Crypte (départ à 16h devant le musée). L'hôtel particulier Saint-Martin d'Agès du XVIIe siècle abrite ce musée. Mazarin et Anne d'Autriche y demeurèrent en 1660. Créé en 1876, il doit son nom au chevalier Jean-Charles de Borda (voir rubrique "enfants du pays"). On peut admirer des vestiges archéologiques, notamment préhistoriques et gallo-romains, des statuettes du trésor des halles, des mosaïques, stèles votives et objets domestiques.

MUSEE GEORGETTE DUPOUY **25, rue Cazade © 05 58 56 04 34.** *Ouvert tous les jours de 14h à 18h30. Entrée : 2 €.* Soixante toiles signées de ce peintre née à Paris, d'origine flamande et décédée à Dax, sont exposées. Elles ont fait le tour du monde de 1930 à 1988 aux côtés des plus grands noms de la peinture contemporaine : Chagall, Corot, Dali, Miro, Picasso, Renoir… La peinture de Georgette Dupouy s'inspire des impressionnistes, avec parfois des accents surréalistes et fantastiques, mais toujours aux tonalités poétiques. Tous les 15 jours, un jeune talent est mis en valeur dans ce musée, et tente ainsi sa chance.

Vers un thermalisme d'avenir

Les richesses thermales ne valent que si l'on sait s'en servir. Le thermalisme aborde aujourd'hui une nouvelle phase de son développement avec la mise en place de formations validées par l'université, le renforcement de la recherche fondamentale et appliquée, l'industrialisation de l'exploitation de la ressource et des établissements, ainsi que l'évolution des produits proposés aux curistes.

La légende du chien de Dax

Le thermalisme s'épanouit dans la cité après qu'un centurion basé dans la ville se soit débarrassé de son vieux chien impotent en le jetant dans l'Adour. A son retour, il le retrouve en pleine forme. C'est peu prêter aux peuplades primitives de la région qui, sans doute, exploitèrent les vertus bienfaitrices de ces richesses présentes depuis des milliers d'années. L'eau chaude provient de couches géologiques profondes qui enrichissent en sels minéraux (sulfate de calcium et de magnésium, chlorure de sodium) une eau d'origine météorique. Cette eau a parcouru de longues distances pendant plus de 3 000 ans pour parvenir à la basse vallée de l'Adour où elle rejaillit en de nombreux griffons.

TERDAX, LE PELOIDE CERTIFIE. Une chaîne dédiée à la préparation de la boue, première mondiale en la matière, fait l'objet de toutes les attentions depuis 1986, date à laquelle la régie municipale, gestionnaire de la ressource, a entamé ses recherches pour homogénéiser le péloïde tout au long de l'année, en améliorer la qualité et le mettre en sachet.

ACCOR, LA NOUVELLE LOCOMOTIVE THERMALE. Le Splendid, fleuron de l'hôtellerie régionale, est un bâtiment art déco construit par André Granet en 1930 et inscrit à l'inventaire des Monuments Historiques en 1991. Ce luxueux hôtel a retrouvé son lustre sous l'impulsion du groupe Accor à qui la ville de Dax en a confié l'exploitation, de même que l'ensemble des équipements de la compagnie thermale. Etablissements avec piscines thermales et traitement de boue. Spécificité : rhumatologie et phlébologie.

GROUPE THERMES ADOUR. Depuis plus de 30 ans ce groupe soulage de plus en plus de curistes. Des techniques de soins parmi les plus efficaces en rhumatologie et phlébologie, l'expérience, la qualité des établissements thermaux… cette entreprise familiale a le vent en poupe. Un véritable empire avec le Grand Hôtel, hôtel Régina et les nombreuses résidences.

GROUPE THERMES ADOUR **Saint-Paul-les-Dax (autour du lac de Christus).** L'avantage des thermes à la campagne tout en étant proche de la ville. Au choix : l'hôtel du lac et ses thermes intégrés, le gigantesque complexe aquatique "Calicéo" et des résidences. Le groupe Thermes Adour est un groupe familial développé autour d'une seule ressource : l'eau. A l'activité thermale est rapidement venu s'ajouter l'hébergement. De la commercialisation d'eau en bouteille à la création d'un espace de remise en forme aquatique, le groupe ne recule devant rien pour les bienfaits de l'eau. Thermes Adour, ce sont 900 chambres sur Dax et Saint-Paul-les-Dax pour 20 000 curistes par an. Parmi les projets figure la création d'un espace de remise en forme aquatique à Toulouse.

HOPITAL THERMAL **Rue Labadie ✆ 05 58 91 48 11.** *Ouvert du 27 mars au 22 décembre.* Créé au XIIIe siècle, sous le nom de Saint-Eutrope, le rôle de l'hôpital était de recevoir des orphelins ou des sans abris. Au XVIIe siècle, saint Vincent de Paul apporte quelques modifications. Entre 1851 et 1893 et grâce à des lois d'assistance, l'hôpital s'agrandit. Aujourd'hui il reçoit les curistes bénéficiant d'un accord de cure avec hospitalisation, d'où l'encadrement par un personnel médical et para-médical.

AUX ENVIRONS

Oeyreluy

Harmonieux village résidentiel de l'arrière-pays dacquois et excellente halte gastronomique. Une halte s'impose pour découvrir l'église et son portail pré-roman du XIe siècle. En ce terroir de la meilleure qualité de la vie, s'inspire une douce promenade sur les bords des rives fraîches du Luy : gentillesse du précautionneux instant landais et beauté des lieux.

Saint-Jean-de-Lier

Au Pays de la Hire, en 1833, la grotte des fées est découverte par des carriers qui exploitent la butte rocheuse du Tuc du saumon. Aujourd'hui la caverne est une vaste salle de 36 m sur 13 m desservie par deux énormes entrées de plus de 6 m de hauteur.

Saint-Pandelon

Au sud de Dax, sur les bords du Luy de France, se découvre un véritable village à la campagne. Deux châteaux se font remarquer dont celui de Ducros, visitable sur rendez-vous ou lors de la journée du Patrimoine.

Tercis-Les-Bains

Station thermale ouverte toute l'année, Tercis est spécialisée pour les cures des voies respiratoires, la rhumatologie, la stomatologie et la dermatologie. Le village dispose, outre du confort moderne, de soins particuliers comme les douches pharyngiennes, filiformes, insufflations tubaires et manuluves.

OFFICE DE TOURISME ✆ **05 58 57 82 08**

SOURCES THERMALES. Les fontaines thermales de Tercis ont un débit de 350 000 litres par jour et une température de 37,5°C. Elles ont des propriétés diurétiques, antitoxiques et antiseptiques. Au XVIIIe siècle la princesse Marie-Anne de Neubourg, veuve de Charles II roi d'Espagne, fit de nombreux séjours à Tercis.

SITE GEOLOGIQUE DE TERCIS. Les affleurements calcaires de Tercis sont connus depuis 150 ans. Ils se situent au lieu-dit "Mur de Bédat", sur la rive gauche de l'Adour. Une partie du site géologique a été exploitée par la société Calcia pour les Ciments Français. Le site de Tercis a été choisi comme Point Stratotype Global. Le terrain est ainsi pris comme coupe de référence mondiale. Les affleurements de Tercis exposent des calcaires fossilifères de la fin du Secondaire et ont permis une meilleure connaissance de certaines limites d'étages comme pour le Campanien et le Maastrichtien, les deux derniers étages du Crétacé (Secondaire). Ils sont liés à des déformations plissées et faillées au front de la chaîne des Pyrénées. Les eaux chaudes remontant le long des failles sont exploitées pour le thermalisme. La coupe de Tercis est une donnée précieuse à étudier pour que l'on comprenne un jour les extinctions de la faune et notamment celle des dinosaures entre le Secondaire et le Tertiaire. Très peu de sites dans le monde possèdent un passage aussi complet entre le Secondaire et le Tertiaire. De nombreux silex taillés ont été retrouvés à Tercis. C'est un site géologique majeur.

OU MANGER ET DORMIR

AMPHITRYON **38, Cours Galliéni - DAX © 05 58 74 58 05.** *Ouvert du lundi au dimanche. Menus à 18 € et 34 €. Carte à environ 33,50 €.* Le chancelier fondateur de la confrérie du foie gras des Landes, Eric Pujos, mène l'entreprise familiale tambour battant. Renommé pour ces mets délicats, les amateurs de bonne chère apprécient sa cuisine spontanée et imprévisible, mélangeant les saveurs du Pays Basque et des Landes. On peut doublement revenir souvent varier les plaisirs puisque la carte change 5 fois par an. La salle de restaurant aux murs blancs, aux nappes raffinées bleues et blanches, un bouquet de fleurs sur chaque table, donne une ambiance de symphonie pastorale.

LE BISCAI **154, avenue Saint-Vincent-de-Paul - DAX © 05 58 74 18 59.** *Fermé samedi soir et dimanche. Plats à emporter et toasts pour réception. Menus du jour à 9,90 €, café et 1/4 de vin compris. Menus de 14,50 € à 23 €. Menu enfant à 5,35 €.* C'est dans un cadre chaleureux que Josy reçoit pour faire apprécier sa cuisine traditionnelle, travaillée avec des produits du terroir : assiette landaise au foie gras, brochettes de cœurs, confits et magret de canard grillé ou aux poires, omelette aux cèpes, cuisses de grenouilles à la persillade, tourtière… Dès les premiers rayons de soleil, le patio ombragé offre un agréable intérêt.

CHEZ ERIC **70, cours du Maréchal-Joffre - DAX © 05 58 90 20 00.** *Fermé le dimanche, les jours fériés, le lundi soir et trois semaines en février. Menus de 10 € (le midi) à 25 €. Prix moyen à la carte : 20 €.* Chez Eric, on ne connaît pas la nouvelle cuisine. Ici on découvre les traditions culinaires de la région : sauces à base de réduction de jus de viande, entrées qui sont de véritables plats, desserts maison… mais Chez Eric c'est aussi une équipe soudée, avec comme objectif le seul plaisir de satisfaire et de surprendre. Carte simple et complète. Au service, Nicolas sait guider les choix difficiles. Tous les midis, on trouve un plat du jour ou un poisson selon les arrivages.

LE FAIR PLAY **3, boulevard Paul Lasaosa - DAX © 05 58 74 01 00.** *Ouvert du lundi au samedi de 9h à 2h. Menu du jour à 10 € (entrée, plat, dessert). Menus de 19 € à 25 €. Prix moyen à la carte : 20 €. Restaurant ouvert le soir sur réservation.* A l'ombre ou au soleil, sur la terrasse ou dans la grande salle au calme, il fait bon déguster une entrecôte landaise recouverte d'une tranche de foie frais poêlée. Kinou, le Chef, réserve bien d'autres gâteries : gambas à la plancha ou à la crème flambée au whisky, cabillaud, saumon, magret de canard, foie gras… L'été, les salades, avec 6, 9 ou 12 ingrédients au choix, ravissent les dames et demoiselles. Siège de l'U.S.D., ce bar-restaurant est souvent le lieu d'une 3e mi-temps endiablée. Entre le stade et les arènes, Jeff et Thierry reçoivent des séminaires (showroom disponible) et des banquets. Au moment des fêtes : un des rares endroits pour déjeuner loin de l'agitation tout en s'imprégnant de l'ambiance. Dès la sortie des arènes, le Fair Play est tout simplement pris d'assaut. Un apéro maison est offert sur présentation du guide Petit Futé 2003.

LA GUITOUNE **place Roger Ducos - DAX © 05 58 74 37 46.** *Fermé en févier. Ouvert tous les midis sauf dimanche et lundi. Plats de 5 € à 9,15 €.* Sous les Halles. Un grand moment de la vie dacquoise le samedi. L'occasion de casser la croûte entre amis : omelette aux asperges ou aux champignons, huîtres… Tous les prétextes sont bons pour se retrouver autour d'un verre de tariquet.

RESTAURANT DU BOIS DE BOULOGNE **Allée du Bois de Boulogne - DAX © 05 58 74 23 32.** *Ouvert du lundi au dimanche. Congés annuels en février. Menus de 17 € à 29 € vin compris.* Dans son cadre de verdure, une bonne adresse pour les amateurs de produits frais. La grande terrasse permet de profiter de ce cadre enchanteur aux beaux jours, le long de l'Adour. Vincent est un amoureux de tauromachie. Pas étonnant donc de trouver des produits du terroir où "l'Espagne pousse un peu sa corne" comme chante Nougaro. A savourer : l'heureux mariage entre plats espagnols et landais, foie gras de chalosse, œuf cocotte bilbaïno, chulettillas de canard "à la plancha"… Tapas au comptoir, salon de thé l'après-midi. Petite astuce : en cas d'inondation de l'accès par l'Adour (ce qui arrive souvent en hiver), prendre la route des Thermes de Borda. Le restaurant se situe 300 m plus loin, juste en face du centre aéré des Petits Lanots.

LE SOUS BOIS **70, avenue Saint-Vincent-de-Paul - DAX © 05 58 56 24 51.** *E-mail : jerome.menautat@wanadoo.fr. Menus de 18,50 € à 35 €.* Dans un cadre reposant et agréablement fleuri, les visiteurs sont bercés par une douce musique d'ambiance dans une salle climatisée. A chaque saison ses spécialités et ses saveurs ! Un service stylé ainsi qu'une carte créative composée de spécialités régionales variant au gré des saisons : tartare de saumon, croustillant de magret de canard, terrine de foie gras, sauté de sanglier aux marrons, tartellette de rouget au pistou, paupiette de raie au chou… Le Chef, Jérome Menautat, déborde d'originalité et régale les fines bouches.

LA TABLE DE PASCAL **4, rue de la Fontaine-Chaude - DAX © 05 58 74 89 00.** *Fermé dimanche, lundi midi, en février et mars. Plats entre 11 € et 14 €, et entre 12 € et 23 € à la carte.* Typique bistrot de style 1900 avec une carte variée s'affichant sur de grandes ardoises accrochées au mur et de longues banquettes rouges tandis que des noms de rues à la parisienne égaient les murs. Pascal, qui été à la bonne école avec Cousseau et Dutournier, régale d'une cuisine fondée sur des recettes de grand-mère comme on les aime : œuf cocotte au foie gras, pot-au-feu, foie de veau persillade, aiguillette de canard farcie au foie gras…

TAVERNE KARLSBRAU **11, avenue Clemenceau - DAX.** *Ouvert du lundi au samedi. Fermeture annuelle du 21 juin au 20 juillet. Formule à 9 € (le midi en semaine) et à 22 €.* Une chaude ambiance de taverne telle qu'on la connaît en Alsace pour ce numéro 1 de la choucroute dans la région. Son secret consiste depuis 19 ans à acheter sa choucroute chez le meilleur charcutier de Strasbourg, mais au cœur du sud-ouest on ne peut pas faire l'impasse sur les produits du terroir : salade landaise, foie gras de canard à l'ancienne, tournedos de magret de canard au poivre vert et confit de canard. En été, des brochettes de magret de canard et de cœurs d'aiguillettes sont aussi incontournables, tout comme l'inimitable cassoulet maison. Lorsque le temps redevient un peu frisquet, le bäckeofe servi en terrine remplit l'estomac.

AU POINT DU JOUR **Oeyreluy ✆ 05 58 57 81 01.** *Fermé le mercredi et la 1ère semaine de février. Menus de 11 € (en semaine) à 31 €. Menu enfant à 7 €. Tarif moyen à la carte : 30 €.* Serge et Valérie Labeyrie s'occupent depuis 6 ans de ce petit restaurant traditionnel. Décoré, aéré, avec de grandes ouvertures, les gourmands voient posées devant eux des assiettes plus appétissantes les unes que les autres. Pour les curieux, la composition de canard est une assiette qui reprend les différentes façons de travailler le canard. A la carte, des spécialités régionales comme le foie gras mi-cuit en terrine, les confits… A noter que la carte change toutes les saisons, produits frais oblige !

Cuisine d'ailleurs

EL MESON **18, place du Marché-Couvert - DAX ✆ 05 58 74 64 26.** *Fermé dimanche, samedi midi, du 20 août au 1er septembre et du 24 décembre au 3 janvier. Plats de 9 € à 15 €.* Un petit tour jusqu'à la frontière toute proche direction l'Espagne. Au bar, sur les tabourets bleus, les incontournables tapas, mais aussi paellas maison, daurades, merluza "à la plancha", côtes de bœuf juteuses et persillées, parilladas, chipirons poêlées, homards à pêcher soi-même et poissons grillés… Une carte bien garnie de whiskies, bières et vins.

LA GAZELLE D'OR **avenue Eugène Millies Lacroix - DAX ✆ 05 58 74 19 19.** *Ouvert du mercredi au dimanche. Menu du jour de 6,86 € à 9,45 €. Tarif moyen à la carte : 15,24 €.* Derrière une petite vitrine, on découvre vite une ambiance marocaine traditionnelle. Un endroit pour déguster des spécialités diverses. Des plats faits maison par un Chef rompu à ce type de gastronomie et un cadre oriental particulièrement soigné font de cette adresse un lieu très apprécié par les Dacquois et par les touristes thermaux de passage. L'après-midi on peut également goûter au fameux thé à la menthe en croquant dans une pâtisserie maison.

MARAKHECH LE GRAND SOLEIL **88, avenue Francis-Plante - DAX © 05 58 74 02 78.** *Fermé dimanche soir hors saison. Menus de 16 € à 23 €. Prix moyen à la carte : 20 €. Chambres d'hôtes de 30 € à 60 €.* Dans le quartier du Gond, ce restaurant sert les spécialités orientales traditionnelles. Fabrice et William reçoivent comme au Maroc, avec chaleur et gentillesse. On ne s'étonnera pas de voir le couscous roulé à la main tenir la vedette, mais méchouis, tagines, pastillas et brochettes valent aussi le déplacement. On apprécie le grand choix d'entrées et les salades géantes. Un conseil, mieux vaut garder de la place pour les desserts. On arrose toutes ces délicatesses avec une sélection de grands vins maghrébins et français. Service en terrasse et salons pour les groupes. Des chambres d'hôtes de style landais sont à louer.

SENOR PANCHO **28, avenue Saint-Vincent-de-Paul - DAX © 05 58 56 04 31.** *Du mardi au vendredi soirs et midis. Menu de 14 € à 18 € et menu enfant à 5,35 €.* Antonietta et sa petite famille font découvrir leur cuisine mexicaine authentique ans un décor tout aussi dépaysant. Cocktail à base de tequila, fajitas de poulet, salade de cactus, chili con carne, tacos de bœuf, de blé, de maïs… A noter la dizaine de variétés de bières, les vins mexicains, les digestifs et les cocktails maison. Une grande salle, tout aussi typique, accueille les groupes à l'étage.

Hôtels-restaurants

AUBERGE DES PINS **86, avenue Planté - Quartier du Gond - DAX © 05 58 74 22 46.** *Fermé vendredi soir (sauf de juin à septembre inclus) et du 15 décembre au 15 janvier. Quatorze chambres de 37 € à 46 €. Menus de 10 € à 20 €. Carte 22 €. Petit déjeuner à 4,80 €.* Idéal pour séjourner sereinement et à petits prix dans la cité thermale, dans le cadre d'une maison de style basque, bien équipée, avec ses chambres néo-rustiques modernes et claires. Véranda, terrasse sous les platanes, bassin à poissons, autant d'agréments prolongés par une table de tradition régionale : axoa d'Espelette, merlu koskera, zikiro d'agneau et entrecôte aux cèpes.

CALYPSO **27, boulevard Saint-Pierre - DAX © 05 58 74 05 55.** *Fermeture annuelle en janvier. Forfait pour curiste de 20 jours en pension complète à 312 €. Chambres doubles de 32 € à 37 €. Petit déjeuner à 5,50 €. Soirée étape de 45 € à 47 €. Menus de 13 € à 25 €. Plat du jour à partir de 7 €.* Le Chef, inventif, travaille à merveille les produits locaux : foie gras, magret et poissons. Il cultive les spécialités basco-landaises : soupe de poissons, garbure, omelette aux cèpes, truite forestière, meunière ou chasseur, merlu koskera… Les desserts sont maison, et pour arroser tous ces plats, un vin du pays de Chalosse. Le bar, décoré de magnifiques photos de voyages, témoin des nombreux périples des propriétaires Natacha et Thierry, est le lieu de rendez-vous des joueurs de tarot et de belote.

LES CHAMPS DE L'ADOUR **5, rue Morancy - DAX © 05 58 56 92 81.** *Fermé dimanche soir et lundi soir. Chambres doubles de 38 € à 41 €. Petit déjeuner à 5 €. Menus à 20 € le dimanche. Plat du jour à 8 €.* Les maîtresses de maison de cet établissement proche de la cathédrale proposent de jolies chambres coquettes et dotées de tout le confort : T.-V. canal satellite, téléphone et fenêtres à double vitrage. En toute simplicité, ces dames jouent sur les compositions et les couleurs, en mettant en exergue légumes et crudités. La carte change au gré du marché et des saisons et, pour accompagner ces compositions subtiles, il y a de subtils vins biologiques. Le message de cette douce table est, on l'aura compris, la nature, la liberté et la découverte des saveurs oubliées comme nous les apprécions.

JEAN LE BON **14, rue Jean-le-Bon - DAX ✆ 05 58 74 29 14.** *Fermeture annuelle du 15 décembre au 5 janvier. Chambres doubles à 38 €. Petit déjeuner à 5 €. Menus de 11 € à 38 €.* Retiré du centre-ville, dans un quartier calme et résidentiel mais à la fois proche des commerces, cet hôtel est une étape de choix. Une piscine chauffée, avec massage sous l'eau et bain bouillonnant, est à disposition des corps courbaturés. Le mariage d'un Landais avec une Espagnole donne un agréable accent à la cuisine : un cocktail de saveurs fondées sur les riches produits du Sud-Ouest. Réserver pour les repas de famille, d'affaires ou pour les communions.

LOUSTALOT **60, place Maréchal-Joffre - DAX ✆ 05 58 74 04 13.** *Ouvert toute l'année. Chambres doubles de 20 € à 22 €. Petit déjeuner à 4 €. Menu de 9 € à 26 €. Plat du jour à 7 €.* Cette étape fondée en 1933 sur les berges de l'Adour (dans le Bas Sablar après avoir traversé le pont) marie un cadre chaleureux à une cuisine de qualité. Les produits frais du marché prennent ainsi des allures insolites et délicieuses à l'image des coquilles saint-jacques aux bolets, des anguilles persillées et autres fameuses spécialités landaises. La carte des vins chante les bons crus du terroir : madiran, tursan et la réserve du patron. Le week-end laisse place à des soirées spéciales toute l'année. C'est chaud !

LE SAINT-CHRISTOPHE **1389 route de l'Etoile - TERCIS-LES-BAINS ✆ 05 58 57 80 05.** *E-mail : aubergesaintchristophe@yahoo.fr - Site Internet : www.auberge-saintchristophe.com. Fermé dimanche soir et en janvier. Chambres doubles de 27 € à 35 €. Soirée étape à 38 €. Petit déjeuner à 4,50 €. Menus de 9,50 € à 23,50 €. Menu enfant à 6,20 €. Prix moyen à la carte : 32 €.* Accueil agréable dans ce petit établissement dirigé par Marie-Hélène Larrodé. Des spécialités comme les escargots à l'ancienne, la garbure, la soupe de poisson ou le foie gras frais au raisin. Une table de choix où l'on trouve aussi des anguilles, de l'alose, des pibales, des cèpes, de la morue landaise, du magret, du confit de canard maison… le tout accompagné d'une cave très variée et dans un cadre calme et apaisant.

Hôtels

THERMES DE L'AVENUE **17/19, avenue Clemenceau - DAX ✆ 05 58 56 35 00.** *E-mail : thermes.avenue@wanadoo.fr.* Cet hôtel familial et les thermes ont été rénovés récemment. L'établissement est situé en centre-ville avec un parking privé. Il propose des séjours de remise en forme ou des séjours touristiques.

Ferme-auberge

FERME DE THOUMIOU **380, chemin de Thoumiou - SAINT-PANDELON ✆ 05 58 98 73 41.** *Ouvert le week-end du 1er mars au 15 juin et du 15 sept au 20 décembre et l'été tous les jours sauf mercredi soir et dimanche soir. Réservation obligatoire. Prix moyen entre 12 € et 26 €. Menu enfant à 7 €. Réseau Bienvenue à la Ferme.* A 5 km au sud de Dax, dans une ancienne étable de style landais, Chantal et Johany Gervreau mettent l'eau à la bouche avec leur garbure, foie gras frais mi-cuits, magrets, confits, veaux fermiers, bœuf de chalosse, poules farcies, et desserts maison. Si l'on a envie de se refaire le repas à la maison, il suffit d'acheter des conserves, confits ou produits frais. Chantal et Johany sont aussi producteurs et éleveurs de bovins et de canards gras. Ils font visiter leur ferme à la demande.

Chambres d'hôtes

VILLA CANTELUTZ 14 route Val d'Adour - SAINT JEAN DE LIER © 05 58 57 21 58. *Ouvert toute l'année. Chambres doubles à 46 € petit déjeuner compris. Soirée étape à 34 €. Menu à 14,50 €.* Marie-Christine Campet habite une maison d'architecte située dans un petit village de chalosse à 600 mètres des berges de l'Adour et à 4 km des thermes de Préchacq les bains (15 km de Dax). Les chambres ont été rénovées en 2002, divers salons avec T.-V., lecture, véranda et salle de billard. Agréable parc arboré et accueil personnalisé. Un lieu de nature où est proposée une cuisine familiale faite avec des produits du terroir : garbure landaise, jambon maison, marbré de foie gras aux pommes…

Studios

THERMES LES ARENES Boulevard Albert-Camus - DAX © 05 58 56 01 83/05 58 56 52 51. *Ouvert de fin février à fin novembre. Chambres à 44 €. Petit déjeuner à 5 €. Menus de 14 € à 27 €. Plat du jour à 12 €.* Un lieu privilégié pour être choyé. Etablissement thermal moderne et climatisé, situé sur les berges de l'Adour et relié par ascenseur à l'espace thermal, il s'agit d'un ensemble de 200 studios entièrement équipés. Le restaurant Espace Thermal est ouvert à tous. Vincent Lassalle, le jeune Chef, remplit sa salle de curistes, bien sûr, mais aussi de nombreux gourmets qui viennent ici savourer des plats très étudiés.

Camping

HOTEL DE PLEIN AIR LES CHENES Bois de Boulogne © 05 58 90 05 53. *Ouvert de la mi-mars au 4 novembre. Mobil-home de 213,40 € à 288,10 €, pour curistes de 163,12 € à 221,02 €. Quatre étoiles.* Au cœur du bois de Boulogne, le camping Les Chênes est judicieusement implanté : proche du centre-ville et non loin de l'Adour.

SE DETENDRE

Balade

CROISADOUR © 05 58 74 87 07. *Les dimanches, départ à 10h et retour à 18h, 37 € repas compris. En semaine croisière à 15h, 12 €.* Bateau promenade qui relie Dax à Port-de-Lanne, en pays d'Orthe, ou Saubusse. Un repas et un après-midi dansant sont prévus. Ambiance chaleureuse à bord ainsi qu'à l'auberge Chez Maria à Port-de-Lanne lors de l'étape gastronomique.

LE PETIT TRAIN DAX TOURISME Place de la Fontaine-Chaude © 05 58 58 11 11. *Départ à 15h30, 16h30, 17h30 et 18h30, tous les jours d'avril à octobre. Adulte 5 € et moins de 12 ans 2,50 €.* Le long d'un périple de 12 km le petit train de Dax serpente dès les beaux jours pendant 1h dans les rues de la ville. Rendez-vous place de la Fontaine-Chaude.

Sports

DAX LA SPORTIVE. Une trentaine d'associations sportives dont trois clubs omnisports. Ce n'est pas par hasard si, à travers l'U.S.D., club phare créé en 1904, le rugby a pris de l'essor. On n'y trouve que de grands noms : Albaladéjo, Dourthe (père et fils), Lescarboura, Bérot, Rodriguez, Bastiat, Lacroix, Magne, Ibanez… Le sport joue à plein son rôle social et éducatif grâce à l'investissement de centaines de bénévoles et au financement de la Ville qui y consacre 2,30 millions d'euros par an, soit près de 6 % de son budget.

UNION SPORTIVE DACQUOISE 3, boulevard Paul-Lasaosa - DAX © 05 58 90 45 45. *Siège ouvert du lundi au vendredi de 15h à 19h.* L'U.S.D. est devenue le point de ralliement de la cité. Diverses sections sont proposées, bien sûr le rugby mais aussi l'athlétisme, le badminton, le basket, le cyclisme, le golf, le judo, le ski, le volley-ball…

SOCIETE HIPPIQUE NATIONALE Route de Tercis - DAX © 05 58 74 29 05. *Fermé dimanche et lundi, jours consacrés aux stages et aux sorties.* Ecole française d'équitation, sports et loisirs, et enseignants diplômés. Avec ses 23 chevaux (dont 9 de propriétaire), son manège couvert et ses deux carrières extérieures, jeunes et adultes reçoivent une préparation préparant aux concours nationaux. Une particularité : apprentissage de la monte en amazone.

Tradition

La corrida mode d'emploi

"Ils sortent d'où ces acrobates avec leur costume de papier, je n'ai jamais appris à me battre contre des poupées" dit Francis Cabrel dans l'une de ses chansons. Si vous désirez assister à une corrida, il est nécessaire d'en connaître tous les rites. Elle commence par le paséo avec le traditionnel défilé des banderilleros, des picadors, des toreros et de toute la "cuadrilla" au service de chaque matador. Le taureau sort du toril, les couleurs du ruban qu'il porte indiquant son parc d'élevage et son propriétaire, puis viennent les différentes phases : le premier tercio où le torero torée avec la cape en de nombreuses figures, la phase des piques afin de diminuer les capacités physiques de l'animal, le deuxième tercio où le torero affronte le taureau à corps découvert avec deux banderilles, délicat exercice d'une grande élégance, le toreo de muleta (étoffe rouge repliée sur un bâton) aide le torero à tuer le taureau et vient donc la mise à mort. A la fin de la corrida, les chevaux traînent le cadavre de l'animal hors de l'arène : c'est el Arrastre. Pour réserver des places de corrida, se renseigner à la régie des fêtes au 05 58 90 99 09.

LOUS GOUYATS DE L'ADOU Rue Aygue-Rouye © 05 58 74 42 21. Nom des échassiers qui animent l'esplanade de l'Hôtel de Ville deux fois par mois de mars à novembre. Ils perpétuent la tradition avec des spectacles lors des ferias, pendant les marchés nocturnes et les journées artisanales. Des formations "échasses" sont proposées toute l'année, à partir de 6 ans.

REGIE DES FETES Place de la Fontaine-Chaude - DAX © 05 58 90 99 09. Pour ne rien rater des spectacles, pièces de théâtre, courses landaises, corridas des ferias et de Toros y Salsa, réserver ses billets ici.

SOCIETE DE BORDA 27, rue Cazade - DAX © 05 58 90 85 99. *Ouvert le mercredi et le vendredi de 14h à 17 h. Adhésion : 30,48 € l'année pour recevoir le bulletin de la Société de Borda.* Le président, le docteur Jean Peyreblanques, a donné un nouvel essor à la recherche régionale. C'est la mémoire vivante de la région. Elle propose de nombreuses activités, un bulletin trimestriel ainsi que des réunions mensuelles gratuites et publiques dans les différentes communes du département, mais également des sorties ou excursions, des publications d'ouvrages régionaux inédits, des colloques et des congrès centrés autour d'un thème.

OU SORTIR

L'ATRIUM **Cours Foch - DAX © 05 58 90 99 09.** En 1929, Eugène Milliès-Lacroix, maire de l'époque, confie aux architectes Granet et Expert la réalisation du casino. Ils venaient de créer la salle Pleyel à Paris et le paquebot Normandy. Pour l'inauguration, mille personnes assistent à l'opéra de Gounod, Mireille, mais l'architecture est mal adaptée à la région et la construction souffre très vite du climat océanique. Les travaux de restauration débutent par la salle de spectacles. Ce nouvel ensemble est inscrit à l'inventaire des Monuments Historiques depuis 1986. L'Atrium accueille des conférences "connaissance du monde", des galas de danse, des pièces de théâtre, des concerts…

CASINO **8, avenue Eugène-Milliès-Lacroix - DAX © 05 58 58 77 77.** *Ouvert tous les jours de 11h à 3h, les week-ends et veilles de fêtes de 11h à 4h.* Les petites pièces tintent dans les trente machines à sous installés dans une vaste salle de 500 m² qui surplombe l'Adour. Le Casino de Dax accueille une foule de manifestations : concerts, spectacles, dîners… Un restaurant Soleil Safran est ouvert à tous et propose une cuisine attractive. Ce restaurant climatisé avec une terrasse sur l'Adour à la belle saison convient merveilleusement pour organiser des réceptions.

Bar

L'ATHMOSPHERE **6, place Fontaine-chaude - DAX © 05 58 74 09 92.** *Ouvert de 8h à 2h du matin. Fermé dimanche et jours fériés. Brasserie uniquement le midi. Menu à 11,50 €. Tarif moyen à la carte : 14 €.* Un lieu branché où les Dacquois peuvent s'essayer à "l'after work". Sortis du travail, les voilà attablés devant tapas et apéro en écoutant une musique variée et non commerciale. L'esprit "lounge" rattrape la cité dacquoise…

BAR DU PALAIS **9, rue Saint-Pierre - DAX © 05 58 74 73 08.** *Ouvert de 7h à 18h. Plats entre 7 € et 11 €.* Un des lieux incontournables du centre-ville. Face à l'Hôtel de Ville, le petit déjeuner en terrasse vaut le détour. Des plats du jour copieux et un service rapide. La large terrasse, fréquentée toute la journée par une clientèle hétéroclite, est plutôt attrayante.

CHARLY'S BAR **6, cours Julia-Augusta - DAX © 05 58 90 29 44.** *Ouvert du lundi au samedi de 18h à 5h.* Etablissement convivial, où un grand comptoir fait le tour de la salle. Il n'est pas rare de voir le personnel de l'administration postale se retrouver ici pour échanger des anecdotes de travail, assis en haut de grands tabourets.

DARRIGADE **46, cours Galiéni - DAX © 05 58 74 06 08.** *Ouvert du lundi au samedi de 8h30 à 2h et le dimanche de 8h30 à 14h.* Non loin de la cathédrale, il fait bon se prélasser sur une petite terrasse. Des consommations classiques pour le bonheur de chacun.

PUB 29 **29 , Avenue Georges-Clemenceau - DAX © 05 58 90 83 53.** *Ouvert de 18h à 2h du matin, le week-end de 15h à 2h. Fermé le mardi.* Ce pub est le rendez-vous de la population dacquoise en manque de divertissements. Entre amis il est possible de se réunir autour d'une bonne partie de billard français ou anglais, de visionner des vidéos sur grand écran ou bien encore de mettre à l'essai ses talents de chanteurs lors du traditionnel karaoké du vendredi soir.

SAX Y ROCK **5, avenue Milles-Lacroix - DAX © 05 58 56 21 82.** *Fermé le dimanche.* La salle est intime avec des petites lumières tamisées et on s'installe en toute confiance pour déguster des bières. Qu'elles soient brunes, blondes, blanches, elles ont toutes quelque chose à faire découvrir. Sur la carte, elles sont qualifiées de féminines et fruitées et leurs noms sont plus qu'évocateurs : pécheresse, faro, krick cerise-framboise, Lucifer diabolique, fin du monde… Côté ambiance, c'est jazzy le lundi soir et rock le samedi.

Discothèques

CLUB RETRO LE RICHELIEU **13, avenue Victor-Hugo - DAX © 05 58 90 49 49.** *Ouvert de 21h30 à 5h sauf le lundi et mardi. Entrée avec une consommation à 8 €.* Intégré à l'hôtel-restaurant, le Club Richelieu accueille dans les anciennes écuries du relais de poste une clientèle locale, des curistes à la recherche de divertissements et des amoureux de danses rétro. A partir de 2h du mat, toutes sortes de musiques pour tous les goûts.

LE CRAMAIL **Heugas © 05 58 57 67 77.** *Ouvert les vendredis, samedis et veilles de fêtes de 21h30 à 5h. Entrée avec une consommation à 8 €.* On s'éclate au Cramail, à 10 minutes de Dax, et les noctambules de 20 à 40 ans s'y côtoient. Danser donne faim et soif, mais pas de problème : au rez-de-chaussée on se régale avec des tapas et à l'étage la bodega.

EMPLETTES

Cadeaux

BIJOUTERIE LASSALLE **32, rue Neuve - DAX © 05 58 74 29 38.** Jean Lassalle, depuis 27 ans, s'est spécialisé dans la création à base de pierres précieuses. Si les femmes sont séduites par le charme sensible des pierres fines, les messieurs ressortent une Gucci au poignet. L'expert peut transformer vos bijoux et d'excellents conseils vous seront prodigués. Egalement présentes de grandes marques comme les médailles et croix Arthus-Bertrand, Chimento…

BIJOUTERIE RIVIERE D'OR **1, rue de la Fontaine-Chaude - DAX © 05 58 56 19 69.** Des bijoux anciens finement travaillés, rares et intemporels, qui ont l'avantage d'afficher des prix souvent inférieurs aux bijoux actuels. Rivière d'Or rachète également pierres précieuses et pièces d'or, assure les transformations et créations personnelles ainsi que les recherches particulières. Les bijoux contemporains sont aussi à l'honneur, tout or ou ornés de pierres précieuses : émeraudes, saphirs, rubis proviennent de lointaines provinces, et les diamants peuvent être montés et sertis à la convenance.

Informatique

ORDIMAG **27, avenue Victor Hugo - DAX © 05 58 56 21 40.** *Ouvert du lundi au samedi toute l'année.* Leader de la micro informatique sur le département des Landes, Ordimag est aussi présent sur Mont-de-Marsan (1 bis place Raymond Pointcarré, anciennement place de la Tannerie - 05 58 85 29 70) depuis plus de 10 ans. Possibilité d'acheter du matériel

informatique : ordinateur et accessoires. Réparation toutes marques. Assistance sur site. Conception et étude de parc. Financement de solutions informatiques. Pour ceux qui voudraient enfin s'y mettre, un ordinateur complet (processeur 1 200 MHz, mémoire 256 Mo, disque dur 20 Go, CD, modem, windows XP, suite bureautique, écran 17 pouces) est disponible à partir de 749 €.

Optique

OPTIQUE OPTICIA 54, rue Neuve - DAX ✆ 05 58 56 07 76. *Ouvert du lundi au samedi.* Sur la place de la cathédrale c'est ici que l'on peut en toute tranquillité faire confiance à une équipe de professionnels. Un choix varié de montures est proposé à des prix abordables, mais aussi des marques prestigieuses : L.A., Eyeworks, Olivier Peoples, Paul Smith, Dolce Gabana et autres… La compétence et le sérieux vont de pair avec la gentillesse de l'accueil dans cette boutique lumineuse et moderne.

ROCHETTE OPTIQUE 13, rue des Carmes - DAX ✆ 05 58 74 02 50. *Ouvert du lundi après-midi au samedi toute l'année.* Serge Rochette a repris l'affaire familiale en 1975. Avant lui, son père et son grand-père ont exercé le même métier. Cette petite boutique de la rue des Carmes en a vu passer des paires d'yeux depuis 1918 ! Aujourd'hui on y trouve des lunettes de vue bien sûr, mais aussi de soleil, ainsi que des lentilles et des produits d'entretien. Il y a des lunettes de marque, comme des Ray-Ban, Dior, Face à Face Cazal, Laguiole, Lee Cooper ou Kinto, mais Serge Rochette est aussi le seul sur Dax à vendre des lunettes Maui Gim. Ce sont des lunettes de soleil à verre polarisant et à haute protection. Une petite marque qui monte… Il propose également à ses clients des lunettes percées en file de titane, c'est à dire sans bordure. Elles peuvent être de forme traditionnelles ou en formes découpées au laser. On se retrouve alors avec des lunettes en cœur, en poisson… selon l'imagination !

Produits gourmands

LA BOUCHERIE AIME 3, avenue de la IVe-République - DAX ✆ 05 58 74 24 37. Pour Michel Aimé, père fondateur de la célèbre "Association des producteurs de bœuf de Chalosse", "Le bœuf de Chalosse est un animal exceptionnel par sa qualité, issu de la race limousine croisée de blonde d'Aquitaine. Il est nourri à l'ancienne et engraissé pendant 6 à 8 mois, à l'étable, de foin et de maïs. L'association a plus de 10 ans et le label est là pour attester sa qualité. Michel Aimé a reçu la Légion d'Honneur pour ce nouveau millénaire.

CHARCUTERIE JUNCA 22 bis, place de la Fontaine-Chaude - DAX ✆ 05 58 74 06 72. Charcutier-traiteur depuis 1949, la maison s'est spécialisée dans le foie gras et tous les produits dérivés du canard. D'origine du Sud-Ouest garantie, les foies gras sont préparés de manière classique et originale : foie gras entier en boîtes rectangulaires ou en bocaux, mais aussi au jus de truffes ou au sauternes. A découvrir la spécialité Roger Junca, le foie gras de canard mi-cuit sous vide, pouvant se conserver deux mois et s'accommoder d'une sauce aux raisins ou au sauternes. Ce travail a été récompensé par de nombreuses médailles d'or à Foie Gras Expo et au Salon de l'agriculture, au Concours Général de Paris. Des plats du jour du lundi au samedi sont à emporter.

LAURE SIRET - 32, avenue Saint-Vincent-de-Paul ✆ 05 58 56 02 64. L4S, perdre les formes en gagnant la forme ! Entre la digipuncture, méthode adaptée à notre mode de vie moderne, et l'acupuncture pratiquée depuis plus de trois mille ans en Chine, il n'y a qu'un pas… Laure aux doigts de fée stimule avec talent les points d'acupuncture spécifiques qui aident à devenir et surtout à rester mince.

LES MADELEINES DE DAX 6, rue de la Fontaine-Chaude - DAX ✆ 05 58 74 26 25. Comme la madeleine de Proust, celle de Dax est devenue une institution dans cette mignonne petite boutique au charme désuet du début du siècle, avec son décor intérieur un zeste rétro. Maison fondée en 1906, elle a du succès cette fameuse madeleine Cazelle, et il faut dire qu'elle est fraîche, faite tous les jours sur place, avec des produits naturels et sélectionnés. Expéditions sur demande vers tous les pays.

CONFISERIE LUTINE 7, rue des Pénitents - DAX ✆ 05 58 74 70 37. Franchir la porte de cette escapade gourmande c'est faire fi du régime, mais le chocolat à toutes les qualités d'une bonne santé, alors ! Depuis 28 ans, la maison Lutine régale les gourmets avec les spécialités dacquoises comme le Pavé de la fontaine, les Vagues de l'Océan, les Floquins, le Haricot dacquois et surtout les fameuses Boues de l'Adour.

LA FERME DU VIEUX MOULIN 355, route Pays-Dacques - BENESSE-LES-DAX ✆ 05 58 98 70 75. *Goûters à la ferme à 6,10 € sur réservation de mars à octobre.* Sylviane et Pierre Darricau font découvrir leur paradis : élevage de canards, conserverie familiale et séchoir à saucissons. Les sucrés ou salés ont rendez-vous de 15h à 18h avec les produits de la ferme. A emporter : le saucisson de canard, les magrets, les confits et les pâtés, le foie gras. A Dax, le samedi matin, au marché, sur la place Roger-Ducos.

PATISSERIE BANCEL 16, rue Saint-Vincent - DAX ✆ 05 58 74 25 40. Une étape raffinée, au cœur des rues piétonnes. On y découvre de nombreuses spécialités maison :

petits-fours, chocolats, tartes et autres douceurs. Un moment de délicatesse pour les gourmands gourmets, installés dans le salon de thé où il est agréable de se reposer. L'accueil est très prévenant.

AGENDA

Le samedi et le dimanche matin : marché au gras, produits fermiers, vêtements…

Mi-mars : carnaval dans toute la ville avec défilés de chars, bals, animations…

Fin avril : 4e Salon du livre. Rencontres, lectures, expositions, spectacles, calligraphies, pliages…

Fin mai : 3e Festival de la comédie. Expositions et conférences autour de la comédie (05 58 56 80 07).

Début juin : fête de Saint-Jean-de-Lier.

24 juin : feux de la Saint-Jean sur les berges de l'Adour, grillades, orchestres.

Fin octobre : 11e Festival d'art sacré avec concerts, expositions et conférences (05 58 90 99 09).

Mi-décembre : marché de Noël au Sablar avec l'arrivée du Père Noël, artisanat, producteurs, artisans, diverses animations (clowns, orgue de barbarie, chorales, contes et chansons).

Mi-août : les ferias de Dax. Le taux d'adrénaline monte à mesure que s'approche la feria. Les Dacquois et tous ceux qui y ont déjà goûté deviennent fébriles. Dès que l'édile de la cité thermale donne le signal de l'ouverture, elle fait place à une immense explosion de joie qui s'amplifie durant six jours et six nuits. Les festayres dansent, chantent et boivent. La fête, vue de l'extérieur, peut paraître à certains une bien étrange tradition. C'est une très ancienne histoire intimement liée à un culte, celui du toro, qui apparaît à Dax dès le Moyen Age. En 1894, un toro s'échappe des arènes et est mis à mort dans une rue de la ville baptisée depuis la rue du Toro. Les fêtes durent 6 jours et plongent la ville dans une ambiance particulière. Les bandas sillonnent les rues, et les corridas rythment la vie des Dacquois.

Second week-end de septembre : depuis 1995 les bénévoles de la régie des fêtes ont imaginé une nouvelle manifestation autour des corridas qui clôturent la saison taurine. C'est le temps du festival Toros y Salsa durant lequel, le soir, les plus grands musiciens latino-américains se produisent en plein air, aux portes des arènes, succédant ainsi aux meilleurs matadors. Installés à proximité de la scène, les casetas des penas, cafetiers et restaurateurs, servent à manger et à boire durant une bonne partie de la nuit.

EUGENIE-LES-BAINS

Sud Adour

Les sources thermales d'Eugénie faisaient partie autrefois de la commune de Saint-Loubouer. En 1861, la commune d'Eugénie-les-Bains, composée de la réunion des communes d'Espérons et d'une partie de Damoulens et de Saint-Loubouer, a été créée sous le parrainage de l'Impératrice Eugénie. Les vertus des eaux sulfatées calciques et sodiques étaient connues des romains mais la première installation thermale date du XVIe siècle. En 1962, la Chaîne thermale du soleil rachète la station et entreprend sa rénovation. En 1975, Michel Guérard arrive dans la commune. Eugénie est alors bien lotie dans le secteur thermal et gastronomique. En 1995, Les jardins d'Eugénie viennent encore embellir le premier village minceur de France. Maigrir de plaisir dans les lieux magiques de Michel et Christine Guérard. Ils conjuguent avec brio la grande cuisine gastronomique (3 toques Michelin) et la cuisine basse calorie. Ils jouent d'autre part un rôle important dans la dynamisation économique du Tursan, en particulier par leur implication dans la renaissance du vignoble.

OFFICE DE TOURISME 147, rue René Vielle ✆ 05 58 51 13 16

Site Internet : www.ville-eugenie-les-bains.fr.

AUX ENVIRONS

Buanes

Ancienne bastide fondée en 1346, Buanes conserve les traces avec la chapelle seigneuriale devenue l'église du bourg. Le mégalithe de Naoutet, dolmen détruit en 1945, et le moulin d'Agos, propriété de Mademoiselle Labarrère, gouvernante de l'historien académicien Pierre Gaxotte, sont d'autres curiosités.

OU MANGER ET DORMIR

L'AUBERGE DES TROIS PINS Eugénie-les-Bains ✆ 05 58 51 18 86. *Chambres de 55,50 € à 87,50 € en pension complète.* Jean-Charles Larbre sait profiter de la richesse d'Eugénie-les-Bains pour accueillir les curistes. Il leur propose un menu minceur établi pour chaque patient par une diététicienne. L'occasion de redécouvrir les vrais saveurs. Sans beurre ne veut pas forcément dire sans goût, bien au contraire. Tous les aliments sont riches en saveurs culinaires et en vitamines, il suffit de les exploiter comme il se doit. Pour les autres, le menu traditionnel permet de découvrir les produits de la région : confit évidemment ou tourin des Landes, un potage à base de tomates et d'oignons. Quand ce n'est pas Michel Guérard qui réinvente tous les jours la cuisine minceur, c'est Christine qui met sur pied des places fortes pour le bien-être et la quiétude.

LA FERME AUX GRIVES 111, rue des Thermes - EUGENIE-LES-BAINS ✆ 05 58 51 19 08. *Fermé lundi et mardi (sauf en août et jours fériés). Chambres doubles de 280 € à 470 €. Menu-carte à 39 €.* "L'histoire s'est faite en cheminant et, depuis toujours, les routes créent des liens entre les choses." Cette phrase d'un historien poète retrouve ici tout son sens. Une auberge, propriété des Guérard, comme on en trouve uniquement dans nos mémoires d'enfants. Ce nouveau millénaire conjugue si bien le passé et le présent dans ce lieu hors du temps.

LES PRES D'EUGENIE 334, rue René-Vielle - EUGENIE-LES-BAINS ✆ 05 58 05 06 07. *Fermé le mercredi (sauf en août et jours fériés). Chambres doubles de 235 € à 300 €. Menus de 115 € à 150 €.* Dans la belle bâtisse d'époque, au-dessus des salons de réception, une douzaine de chambres dont 3 suites ont investi les 3 étages de l'auguste demeure. Christine Guérard signe une atmosphère raffinée et simple à la fois. Michel Guérard, l'homme-orchestre, réserve aux gourmets une parenthèse intemporelle, un moment d'anthologie, loin des modes et des clichés.

LA MAISON ROSE **Eugénie-les-Bains.** *Chambres de 75 € à 160 €.* Délicieuse petite maison au décor jaune soleil et aux volets blancs, elle aussi signée Michel Guérard. Dans le parc des thermes, cette belle demeure à l'harmonieuse simplicité est une exquise halte champêtre. Quelques beaux meubles réchauffent les lumineux salons, la tisanerie se pare d'odeurs d'herbes et d'épices suaves. Les chambres et les vastes suites-studios ouverts sur la rustique prairie invitent au farniente.

LE COUVENT DES HERBES **Eugénie-les-Bains © 05 58 05 06 07.** *Chambres doubles de 280 € à 360 €.* Dans le parc, non loin des Prés d'Eugénie, le couvent des Herbes est une belle bâtisse du XVIIIe siècle aux colombages azurés de bleu. Les chambres ont des doux noms de ritournelles : Mâtines, Rosa la Rose, Jardin Secret… Comment ne pas tomber sous le charme ! Propriété bien sûr de Michel Guérard.

Chambres d'hôtes

MAISON MATILON **Buanes © 05 58 51 12 82.** *Fax : 05 58 51 12 82. Fermeture annuelle en janvier. Fermé le dimanche (table d'hôtes uniquement). Chambres doubles de 35 € à 46 €. Table d'hôtes à 17 €. Trois épis.* Les chambres sont soigneusement décorées, et elles ont vu sur les champs et les bois des alentours… le tout dans une belle maison du XVIIIe tenue par Nicolas et Georgette Goudine. Le séjour et les terrasses donnent sur un parc arboré. Pour une détente complète, un petit plouf dans la piscine. Confits, terrines, magrets de canard, fromages du terroir, vins fins de la région font de cette table d'hôte un rendez-vous délicieux.

SE DETENDRE

LA FERME THERMALE D'EUGENIE. *Ouvert tous les jours de 9h à 19h30 ainsi que le dimanche matin. Pension complète pour une personne avec cure de 1 849,08 € à 2015,24 € selon la saison.* Dans son habit rural, élégant et naturel du XVIIIe siècle landais, la Ferme thermale propose pour une cure thermale un rituel médicinal dont la trame, héritée des cultures gréco-latine, celte et orientale de l'eau, marie les douces vertus des plantes à celles, profondes, de sources minérales thermales millénaires agréées par l'académie de médecine. Michel Guérard reçoit près de 5 000 curistes par an. La ferme traite la rhumatologie, les maladies métaboliques, l'urologie et la gastro-entérologie.

PORTRAIT DE MICHEL GUERARD. L'homme orchestre des Prés d'Eugénie, auréolé d'étoiles, de toques, de décorations, ce virtuose aux mille talents se renouvelle sans cesse. Dans un mélange de majesté et de simplicité, le décor et la cuisine signés Christine et Michel Guérard ne peuvent laisser indifférent. Quelques mots du parcours époustouflant de Michel Guérard : Chef pâtissier au Crillon puis au Lido, il intègre le restaurant Pot-au-Feu à Asnières. Résultat : il obtient 3 étoiles au Michelin. C'était dans les années 1977. Depuis, cette grande toque de génie est devenue un chef d'entreprise hors pair.

OU SORTIR

SALLE DE SPECTACLE D'EUGENIE. Vastes et magnifiques salles, confortables et modulables, équipées de moyens techniques audiovisuels performants pour accueillir curistes et accompagnants, et offrir mille distractions. Tournois palpitants et parties endiablées de bridge, tarot, belote… Pour les fêtes et les grandes occasions, repas dansants, dégustation de carcasses grillées de canard, soirées karaoké, lotos… Projections cinématographiques et télévisuelles mondiales.

EMPLETTES

FERME DU MOULIN DE LABAT Eugénie-les-Bains © 05 58 51 14 83. A l'entrée du village thermal d'Eugénie-les-Bains, Jocelyne et Michel Dufau reçoivent les curieux dans leur conserverie familiale. Un parc ombragé rend le cadre agréable. Les deux Landais élèvent et gavent des canards avec du maïs grain, mais aussi des poulets de fermes, des volailles et des vaches blondes d'Aquitaine. On peut donc remplir son coffre de foie gras entier de canard, magrets séchés et fumés, magrets fourrés au foie gras, confits, pâtés, rillettes, cous farcis, gésiers ou poulets prêts à cuire.

FERME PEYRAOU Chemin de Moutera - EUGENIE-LES-BAINS © 05 58 51 16 02. *Ouvert mardi et jeudi après-midi, samedi sur rendez-vous. Réseau Bienvenue à la Ferme.* Située à 1,5 km d'Eugénie-les-Bains, la ferme de Thierry Dupouy est perchée en haut d'une colline. C'est une vieille bâtisse avec cour intérieure. Thierry organise des visites de sa ferme. On y découvre des cultures de maïs, céréales et agrumes. Parfait pour ceux qui ont une petite baisse de régime. Ils repartent avec des citrons, mandarines ou oranges…

AGENDA

Mercredi matin du 7 mars au 28 novembre : marché traditionnel, produits du terroir.
Octobre : Lire au village. Renseignements au 05 58 44 50 01/05 58 44 40 95. Ce salon se déroule sous les arcades. On peut se procurer toutes sortes d'ouvrages ou de tirages inventifs que l'on ne trouve pas chez tous les libraires. Parmi les éditeurs qui exposent, les plus attachants sont souvent les plus petits qui proposent des œuvres atypiques. Comme au bon vieux temps, café littéraire et débats à thèmes.

GAUJACQ

Sud Adour

Construit sur un site gallo-romain, Gaujacq garde quelques vestiges de sa citadelle féodale. Le château de Sourdis, de la fin du XVIIe siècle, témoigne des splendeurs de son époque. Au village, l'église du XIIe siècle, et, au nord, la fontaine de Salin.

A VOIR

LE CHATEAU DE GAUJACQ © 05 58 89 01 01. *Visites guidées en juillet août, tous les jours de 10h à 12h et de 14h à 18h30. Entrée à 5 € et double visite avec planétarium à 8 €.* C'est l'unique château de ce type en France. Sa forme est à la fois inspirée des villas gallo-romaines et de la Renaissance italienne. Classé Monument Historique, demeure seigneuriale du XVIIe siècle bâtie par un lieutenant général des armées du roi Louis XIV située en un lieu habité depuis l'âge de bronze, l'endroit raconte 4 000 ans d'histoire. L'architecture est insolite car elle s'organise autour d'un jardin intérieur entouré par une galerie à l'italienne. A découvrir l'harmonie intacte des appartements des XVIIe et XVIIIe siècles, meublés et habités, décorés de boiseries et de panneaux peints. Depuis le jardin d'agrément on jouit d'une vue admirable sur les Pyrénées, la Rhune jusqu'au pic du Midi de Bigorre.

LE PLANTARIUM © 05 58 89 24 22. *E-mail : plantarium@thoby.com - Site Internet : www.thoby.com/francais/plantar. Ouvert tous les jours de l'année de 14h30 à 18h30. Fermé le mercredi hors saison. Entrée à 5 € et double visite avec le château à 8 €.* Ce plantarium a été conçu exclusivement pour la conservation végétale, l'expérimentation, l'hybridation, et la multiplication pour la production des plantes de la pépinière botanique. Une exposition de camélias en mars en charme plus d'un. En toutes saisons, à découvrir sa très grande richesse végétale, dans sa succession de chambres, et son tracé mixte formel planté à l'anglaise. Sa pergola de 90 m abrite plusieurs collections nationales : glycines, hostas, hortensias, cryptomerias, pieris, camélias... Plus de 3 300 variétés différentes en 380 genres et la possibilité d'acquérir bon nombre de spécimens. Possibilité d'acheter des plantes et de demander des conseils aux spécialistes.

EMPLETTES

FERME DECOUVERTE DU HAURON © 05 58 89 03 69. *Ouvert du 1er avril au 31 octobre tous les jours de 14h à 18h. Hors saison et groupes sur rendez-vous.* Dans ce coin de Chalosse proche du château de Gaujacq, les reines de cette ferme sont des ratites à longs cous, des autruches. Ces oiseaux se déclinent dans nos assiettes en terrines, daubes, filets, rôtis et autres rillettes. Elevées en totale liberté, elles se nourrissent principalement d'herbe, de luzerne et d'orge. A partir de ces charmantes demoiselles on confectionne également des produits inattendus : sacs d'une solidité surprenante et aux couleurs vives, ceintures, œufs décorés, plume décor... A découvrir aussi des vaches blondes d'Aquitaine et des canards gavés "façons grand-père".

A l'issue de la visite, une dégustation des produits est offerte.

AGENDA

Avril : mosaïques sur pot.

Mi-mai : 19e Rassemblement national des pépiniéristes collectionneurs dans le château et le plantarium. Vente et exposition de plantes de toutes catégories, au grand public avec 40 exposants de toute la France (05 58 89 24 22).

Juin : Hortensias-Hosta à la pépinière du château, présentation botanique d'hortensias et d'hostas.

1ere quinzaine de juin : une collection de cannes anciennes. 300 parmi les plus belles sur une collection de 700, présentées et commentées par les collectionneurs (05 58 89 01 01).

2e quinzaine d'août : fêtes locales.

Du 1er juillet au 30 septembre : Epices et parfums. Découverte de l'univers du parfum, matières premières (épices, herbes, fleurs). Le 5e sens est en alerte.

Début octobre : Rassemblement national des pépiniéristes collectionneurs.

GEAUNE

Sud Adour

Petit bourg très mignon avec sa place carrée à arcades éminentes. Bastide créée en 1318 aux termes d'un contrat de paréage entre le seigneur local et le représentant du roi d'Angleterre, Édouard II. Celui-ci, d'origine génoise, baptise la ville Genoa, plus tard Geaune. Lauréate du concours régional du Sud-Ouest, elle se remarque par la perfection de son plan : 24 îlots quasi carrés avec la place en son centre. Le plan ne néglige ni les arcades de la place, ni l'église d'un gothique languedocien de 1452. Cette bastide a conservé beaucoup de charme et a été restaurée avec intelligence, les quelques éléments de modernisme apportés n'occultant en rien sa symétrie et lui conférant au contraire beaucoup d'allure. Les murailles sont détruites au XVe siècle et un couvent d'Augustins est construit le même siècle. En 1957 est créée la cave des vignerons de Tursan.

SYNDICAT D'INITIATIVE INTERCOMMUNAL DU TURSAN 4, place de l'Hôtel de Ville © 05 58 44 50 01

A VOIR

COUVENT DES ERMITES DE SAINT-AUGUSTIN. Il a été créé en 1401 par Raymond-Bernard de Castelnau. Il devint lieu de sépulture des Castelnau. Jean de Castelnau avait été tué devant Tunis et enterré dans un couvent des Augustins à Catane. Pour obtenir le retour de ses cendres, Raymond-Bernard s'engagea à construire un couvent des Augustins à Geaune. Montgomery, en 1569, lors des guerres de Religion, saccagea le couvent sauf la chapelle où étaient enterrés les Castelnau car ils s'étaient convertis au calvinisme. L'église fut détruite à la Révolution. Il ne reste aujourd'hui que le clocher et quelques belles sculptures.

LA TOUR DES AUGUSTINS. Classée Monument Historique, cette tour gothique, exhaussée d'une flèche à crochets, est la mémoire du passé des Augustins. Renseignements au Syndicat d'Initiative.

LA MAISON DES VIGNERONS Geaune © 05 58 44 51 25. *E-mail : info@vlandais.com.* Lieu convivial ouvert toute l'année. Visite des chais et sensibilisation à la dégustation tous les jeudis d'avril à septembre sur rendez-vous.

Un peu d'histoire

Tout en étant pays de polyculture, l'exploitation se consacre au vignoble, grâce à la fertilité du sol et au climat tempéré. Le vin de Tursan se négociait au XIIe et XIIIe siècle à Cordoue, Séville, Valence et s'exportait en Angleterre. Du XVe au XVIIIe siècle, c'est par milliers de barriques que le vin de Tursan est embarqué à Bayonne ou Boucau à destination d'Amsterdam, Rotterdam ou Hambourg. Dans l'attente de leur embarquement sur les navires de commerce, les fûts de chêne, contenant les précieux chargements, étaient stockés dans les entrepôts du port à même le sable, en maintenant ainsi une température particulièrement propice à la conservation et au bon vieillissement du vin. C'est cette expérience, prenant racines dans cette profonde tradition, que les Vignerons Landais ont souhaité mettre en œuvre depuis. Après un long déclin au XIXe siècle, les viticulteurs obtiennent au XXe siècle l'appellation de "Vin Délimité de Qualité Supérieure".

Technique

Le sable procure une stabilité de la température et une humidité parfaite. Les barriques, placées 4 mètres dans le sable, sont exposées tout au long de l'année à une température avoisinant les 15°C, et une hygrométrie de l'ordre de 75 %. Les barriques ainsi exposées se comportent relativement bien. Les conditions particulières de l'enfouissement (obscurité totale, température et humidité constante) leurs permettent d'offrir au vin un boisé spécifique. Les échanges entre le bois, le vin et l'air ambiant sont plus modérés, et ainsi le vin garde sa fraîcheur et son fruité. Avec la maîtrise de la durée de vinification, les vignerons sont aujourd'hui en mesure de prévoir la date à laquelle le meilleur équilibre sera obtenu entre le fruité naturel du vin de Tursan, le boisé de la barrique et la maturation du vin.

Il existe d'autre part, une Commanderie des Chevaliers du Tursan qui procède aux intronisations des postulants selon un cérémonial d'une étiquette et d'une solennité plaisantes. Fondée le 16 août 1963, la Commanderie des Vins de Tursan est liée à un serment dont le texte a été rédigé par le doyen Cazaunau, curé de Geaune. En voici la teneur : "Je jure sur la grappe de défendre, faire connaître et illustrer le vin de Tursan, de lutter contre ceux qui voudrait le combattre et contre ceux qui en abusent. J'en userai jusqu'au plaisir et jamais jusqu'à l'ivresse, afin que notre joie demeure.".

AUX ENVIRONS

Lauret

Le village de Lauret se situe sur les hautes collines landaises. De là un panorama exceptionnel se dévoile au visiteur. Il aperçoit Méroles, point culminant à 234 mètres.

Payros-Cazautets

Petite commune qui abrite une ancienne église du XIIe siècle. L'édifice est idéalement située au sommet d'un promontoire qui offre un beau panorama.

Pimbo

C'est la bastide la plus ancienne des Landes. Il s'agit d'une forteresse érigée au XIIIe siècle à l'extrémité du village sur une hauteur, entourée d'un fossé dont seul l'un des 2 ouvrages en forme de croissant subsiste.

L'EGLISE. En 778, de retour d'Espagne, Charlemagne fonde l'ancien monastère bénédictin Sainte-Marie de Pendulo, remanié au XIIe siècle. L'imposante collégiale a gardé son aspect militaire et défensif du Moyen Age. Il subsiste également dans l'abside centrale une frise à coquille, témoignage de l'ancienne étape vers Saint-Jacques de Compostelle. Il eut à subir les dévastations des protestants en 1569. Par temps clair une magnifique vue s'offre sur la chaîne des Pyrénées.

OU DORMIR

Chambres d'hôtes

VOIZE Pimbo © 05 58 44 46 92. *Ouvert toute l'année. Chambres doubles à 35 € petit déjeuner compris. Table d'hôtes à 14 €. Trois épis.* Au sein du village, Nathalie et Jean-Luc Lendresse mettent à la disposition des visiteurs deux chambres bastides avec sanitaires privés et W.-C. séparés. Les hôtes disposent aussi d'un garage privé, d'un jardin et d'un salon de jardin ainsi que d'un barbecue. Les propriétaires sont également producteurs de foie gras d'oies et de canards. Ca tombe bien, les invités ne rateront pas le repas du soir…

CAMPING MUNICIPAL Geaune © 05 58 44 50 27. *Ouvert du 1er avril au 31 octobre. 1,60 €/personne et 0,80 € pour les enfants de moins de 7 ans. Véhicule : 0,80 €. Caravane : 3,20 €. Tente : 1,60 €. Deux étoiles.*

EMPLETTES

FERME DE CHAY Lauret © 05 58 79 90 39. *Ouvert tous les jours de l'année. Réseau Bienvenue à la Ferme.* Alain Dastugues peut se vanter d'habiter une des fermes les plus haute des Landes ! Ses vaches blondes d'Aquitaine et ses canards gras ne se lassent pas de la vue sur les Pyrénées… Au milieu d'un paysage de carte postale, cette conserverie familiale propose foie gras entier de canards et d'oies, magrets fourrés au foie gras, cous farcis, rillettes, pâtés, confits… Egalement vente par correspondance au marché de Grenade-sur-l'Adour et aux salons gastronomiques des terroirs Landais. Une fois par an l'agriculteur descend da sa colline pour présenter ses produits au salon de l'agriculture à Paris. Des chambres d'hôtes sont également disponibles.

CHATEAU DE PERCHADE Perchade - PAYROS-CAZAUTETS ✆ 05 58 44 50 68. Dans les coteaux argilo-calcaires du vignoble renommé du Tursan, une halte au château de Perchade permet la dégustation de grands crus. Denise, Alain et Christian Dulucq entretiennent autour du château un vignoble de 20 ha et 8 cépages. Chais et caveau de dégustation dans un délicieux panorama au milieu d'orchidées. Les amateurs peuvent s'acquérir de Château de Perchade blanc, rosé ou rouge, de Gascon de Dulucq blanc, rosé ou rouge, de vins de pays des Landes blanc moelleux Symphonie et d'Arc en ciel blanc, rosé ou rouge.

FERME DU PLECHOT Pimbo ✆ 05 58 44 49 32. Par Samadet ou par la N134 Aire/Pau, à proximité de l'église de Pimbo et du jardin botanique, trône cette ferme tenue par Corinne Boulin. Membre de Tradition paysanne du Tursan, elle fait visiter son élevage de vaches, poulets et remplit les paniers de bonnes choses de la ferme comme foie gras de canard, confits, magret fourré au foie gras, cou farci…

GRENADE-SUR-L'ADOUR

Sud Adour

Cœur du pays de l'opulence gasconne, Grenade-sur-l'Adour évoque la gastronomie. Fondée par les Anglais en 1322, cette bastide est attachante. Du pont de l'Adour on découvre le charme des vieilles maisons aux balcons de bois. De ses origines, la cité conserve sa place quadrangulaire encore pourvue de cornières au sud et à l'est. La rue des capucins est bordée d'anciennes maisons dont les galeries donnent à l'arrière sur le fleuve.

OFFICE DE TOURISME Place des Déportés ✆ 05 58 45 45 98

E-mail : ot@tourismegrenadois.com - Site Internet : www.tourismegrenadois.com.

PETIT MUSEE DE L'HISTOIRE LANDAISE ✆ 05 58 76 05 25. *Ouvert du mardi au samedi de 14h30 à 18h du 1er avril au 30 octobre. Hors saison et jours fériés il faut téléphoner avant.* Mises en scène des Landes en 1900. Exposition d'objets ruraux. Visite commentée sur demande.

AUX ENVIRONS

Fargues

Restauré en 1976, ce village, présente un ensemble mégalithique avec les pierres de Puzacq, Loustau et Gachot. L'histoire raconte que les vieux chênes sont les enfants de celui de Ranquines, près de la maison de Saint Vincent de Paul.

Larrivière

De nombreuses curiosités : des menhirs du IIe millénaire avant notre ère, le mégalithe majestueux de Guillay classé Monument Historique, le camp romain de Thun, ouvrage stratégique et magnifiquement bien conservé, la chapelle Notre-Dame du Rugby, décorée de maillots, de chaussures à crampons…

CHAPELLE NOTRE-DAME-DU-RUGBY. *Ouvert tous les jours.* De l'autre côté du pont de Grenade, la chapelle est sur un site de peuplement et de défense qui remonte au moins à l'ère mégalithique. C'est sur l'idée originale de l'abbé Devert que ce lieu est devenu le "temple de l'ovalie" en 1967. Des travaux extérieurs et intérieurs ont été menés pour permettre d'admirer les nombreux maillots de joueurs sur les murs et d'amusants vitraux comme celui représentant l'Enfant Jésus passant le ballon à sa mère ! Emouvant le livre d'or où les joueurs laissent leurs prières.

Saint-Maurice-sur-l'Adour

Fondée au XIIIe siècle, cette ancienne bastide anglaise déroule ses doux coteaux verdoyants jusqu'aux rives de l'Adour. Ce village révèle une église du XVIe siècle et le château de Lobit aux chênes plusieurs fois centenaires. La douceur de son climat et la qualité de son environnement sont autant d'invitation à la découverte.

OU MANGER ET DORMIR

Restaurants

PAIN ADOUR ET FANTAISIE Place des Tilleuls - GRENADE-SUR-L'ADOUR © 05 58 45 18 80. *Fermé dimanche soir, lundi et mercredi midi. Menus de 30 € à 82 €. Menu enfant à 12,10 €. Prix moyen à la carte : 54 €.* Sur la charmante place du village, un hôtel de caractère se blottit sous les arcades. Dans ce cadre enchanteur, des chambres douillettes : Clair de lune, Poisson de lune, Retour du Nil… comme autant d'invitations à une détente romantique. Côté gastronomie, le charme continue sur la terrasse suspendue au-dessus de l'eau. Dans la salle, le bois blond du mobilier réchauffe les cœurs. Un décor reposant aux douces tonalités. Sur la carte bien fournie, des mets savoureux : le pigeonneau rôti aux fines ravioles de morilles, l'agneau de lait des Pyrénées, la lasagne de foie gras grillé à la graine de sésame, jus de canard aux girolles…

RESTAURANT CHEZ JEAN-JACQUES BERNADET 6, place des Tilleuls - GRENADE-SUR-L'ADOUR © 05 58 45 19 02. *Fax : 05 58 45 11 48. Fermeture annuelle la 1re quinzaine de janvier. Fermé dimanche soir, lundi et jeudi soir. Menus de 11,43 € à 33,54 €. Carte 20 €.* Une table traditionnelle de qualité sur la place des Tilleuls. Jean-Jacques Bernadet propose de visiter la région à sa manière, avec la Grande assiette du Noble landais, le carpaccio de magret de canard vinaigrette balsamique, dos de merlu et gambas à la crème de vin blanc, escalopes de foie gras chaud aux pommes… Belle carte de douceurs, avec la tourtière landaise aux pommes en chaud-froid à l'armagnac et le flan maison caramélisé aux amandes grillées.

Chambres d'hôtes et gîte

DOMAINE MYREDE Grenade-sur-l'Adour © 05 58 44 01 62. *Fax : 05 58 44 01 62. Fermeture annuelle de la Toussaint à Pâques. Deux chambres de 50 € à 57 €. Carte bancaire non acceptée. Trois épis.* Dans le parc de 12 ha de ce manoir restauré (datant du XIVe siècle), des chênes séculaires font les guets depuis bien longtemps. Repos sur la terrasse, grillades au barbecue ou détente et évasion dans la bibliothèque. Les chambres, confortables, possèdent des sanitaires privés. L'appartement est en plus équipé d'une cuisine et d'un séjour.

TROUILH Saint-Maurice-sur-l'Adour © 05 58 71 08 68/05 58 85 44 44. *Ouvert toute l'année. Chambres doubles de 42 € à 48 €. Table d'hôtes sur réservation à 15 €. Trois épis.* Dans un cadre champêtre arboré, une ferme de caractère restaurée pointe le bout de son nez. En poussant la porte d'entrée, on fait la connaissance de Nadine qui présente trois chambres décorées avec goût, dont une suite pour 4 personnes. Pour un plus grand confort, les chambres sont équipées de sanitaires privés et disposent d'une entrée indépendante.

EMPLETTES

FERME DE LAGAYE 290, chemin de Lagaye - FARGUES © 05 58 03 51 96. *Ouvert toute l'année et tous les jours.* Serge Lamothe propose une visite de sa ferme au milieu de ses oies et canards. Comment fabrique-t-on le foie gras ? Plus de secret sur la production de foies gras d'oies et de canards, confits, pâtés au foie gras et rillettes que l'on peut déguster pour en saisir toutes les saveur.

FERME DE POURRION 2176, route de Turson - LARRIVIERE © 05 58 45 45 86. *Ouvert toute l'année et tous les jours. Réseau Bienvenue à la Ferme.* Une ferme typique des Landes, tout ce qu'il y a de plus classique. Isabelle Saint-Genez s'occupe des visiteurs qui découvrent des palmipèdes près au gavage. Petit plus : en cas de petit creux, la maîtresse de maison confectionne également des tourtières et des pastis landais.

AGENDA

Lundi matin : marché traditionnel de Grenade-sur-l'Adour.
D'octobre à mai le 1er samedi du mois : marché de pays de Grenade sur l'Adour.
Juin : fête de Grenade-sur-l'Adour.
Fin août : fête de Larrivière.
Mi-septembre : fête de Saint-Maurice.

HAGETMAU

Sud Adour

L'origine du nom Hagetmau vient de "Fayet Mau" (mauvais hêtre). Située sur les bords du Louts qui furent habités dès l'époque préhistorique, "la Perle de la Chalosse", aujourd'hui station verte de vacances, s'est développée autour du tombeau de saint Girons, évangélisateur de la Chalosse et martyr au Ve siècle. Charlemagne, au retour de son expédition d'Espagne, y fonda une abbaye. Cette ville de 4 500 habitants est moderne et dynamique, la 1ère ville du département à avoir été câblée. Circuit futé : crypte Saint-Girons, classée à l'inventaire des Monuments Historiques. Saint Girons, évangélisateur de la Chalosse, y a été enterré. A découvrir également les 250 ha complantés des cépages Cabernet, Tannat, Egoidola pour l'élaboration de vins rouges riches et puissants sans oublier l'Arribola, exclusif à la Chalosse et qui produit un vin d'un caractère unique.

LES LACS D'HALCO. A l'écart du centre-ville en pleine nature. Le centre équestre La Cavale organise promenades et cours d'équitation. Pédalos et pêche. Chef-lieu de canton de 18 communes, Hagetmau possède sa propre télévision locale. Ville dynamique aux nombreux espaces verts, elle a été récompensée par trois fleurs dans le concours de villes fleuries. La commune a par ailleurs aménagé de nombreux équipements dont la Cité verte, cité de sports et de loisirs sur 25 ha, pour accueillir de plus en plus de stagiaires venus du monde entier afin de préparer à Hagetmau des championnats ou des stages de sélection. C'est un véritable produit économique et touristique qui a été créé.

Capitale européenne du siège

D'autre part, Hagetmau génère 2 600 emplois répartis dans la production de sièges et de meubles, l'agriculture et l'agroalimentaire, le bâtiment, le commerce et le tourisme. L'industrie de l'ameublement est née d'opportunités locales. Elle occupe des effectifs importants répartis sur un certains nombre d'entreprises en s'adaptant tant bien que mal à une conjoncture structurellement difficile dans ce secteur d'activité. Les établissements Capdevielle à Hagetmau occupent plus de 500 personnes. Cette vie économique très riche permet des investissements importants qui font de la ville un lieu chaleureux et hospitalier.

OFFICE DE TOURISME DU CANTON D' HAGETMAU Place de la République © 05 58 79 38 26

E-mail : tourisme.hagetmau@wanadoo.fr. L'Office de Tourisme propose diverses animations : vacances à la ferme de 15 jours réservées aux enfants de 8 à 12 ans, séjours à thème chez l'habitant avec hébergement, restauration et visites pour groupes de 25 personnes. Originaux, ces stages pour apprendre à cuisiner le canard gras, en séjours de 2 nuits et 3 jours. A vous les confits et le bon foie gras maison. Le 1er mai : randonnée pédestre ou V.T.T. (25-45 km), séjour de 2 nuits et 1 jour. Douze kilomètres de sentiers pédestres ont été aménagés sur la commune.

A VOIR

LA CRYPTE DE SAINT-GIRONS. *Ouverte de 14h30 à 17h30 le samedi. De 15h à 18h tous les jours, sauf le mardi en juillet et août.* La crypte classée à l'inventaire des Monuments Historiques est située sur le trajet du chemin de Saint-Jacques-de-Compostelle. Elle se présente aujourd'hui comme un rectangle terminé en chevet polygonal à trois pans sensiblement égaux. On y accède par 2 escaliers latéraux de 15 marches, bâtis dans l'épaisseur des murs. Le centre en dalles de pierre est cerné aux angles par 4 colonnes de marbre formant dais. C'est là que se trouvait le tombeau de saint Girons, objet de culte et de vénération de la part de nombreux pèlerins. C'est le décor sculpté des chapiteaux qui retient surtout l'attention dans la crypte.

AUX ENVIRONS

Doazit

Village natal du savant chimiste Jean d'Arcet, Doazit possède trois clochers dont l'église romane d'Aulès, inscrite aux Monuments Historiques ainsi que le château privé de Foix de Candale de la fin du XVIe siècle. Doazit a entrepris une politique de production privilégiant la qualité. Résultat, le petit bourg héberge deux fabricants de foie gras dont le plus décoré sur le plan national : 17 fois médaillé d'or.

CHATEAU DE CANDALE. Les seigneurs de Doazit sont connus depuis le Xe siècle. Au XIIIe siècle, le château pour lequel Odon de Doazit rend hommage au roi d'Angleterre devait se situer à l'emplacement de la motte, près de l'église Notre-Dame. La lignée des barons de Doazit s'éteint au milieu du XVe siècle. Gaston de Foix, possesseur du fief voisin de Mus, achète en 1439 une partie de la seigneurie. Au XVIe siècle, Jacques de Foix-Candale construit le château actuel. Le corps de logis est flanqué de pavillons carrés plus élevés d'un demi-étage. La façade principale est ouverte au sud sur une cour bordée de communs et fermée par un portail à pilastres.

Poudenx

Entouré de hautes collines et de panoramas majestueux, le bourg de Poudenx, décoré de la récompense "village fleuri", se visite en toutes saisons.

OU MANGER ET DORMIR

Restaurant

LES ARCADES 1, avenue Victor-Hugo - HAGETMAU © 05 58 79 30 77. *Ouvert tous les jours sauf le lundi soir. Plat du jour à 11 €. Menus de 15 € à 28 €. Prix moyen à la carte : 24 €. Menu enfant à 7 €.* Au cœur du centre-ville, à deux pas de la mairie, ce resto, comme son nom ne l'indique pas forcément, est branché "spécialités espagnoles". Sur les vitres, des peintures représentent la région : échassiers, basket, toros… Ainsi on déguste des chipirons "à la plancha", l'assiette de la mer (gambas, noix de saint-jacques, saumon fumé, avocats), la parrillada des Arcades "à la plancha" tout comme là-bas, le lomo pimientos à l'ail, les anchois marinés, l'omelette à l'espagnole… La fameuse paella est à commander.

Hôtel-restaurant

LE JAMBON 245, rue Carnot - HAGETMAU ✆ 05 58 79 32 02. *Fermeture annuelle fin octobre et début novembre. Fermé le dimanche soir. Chambres de 38 € à 92 €. Soirée étape à 42,68 €. Menu à 9,90 € en semaine et le midi. Menus de 17 € à 27 €. Carte 38 €. Petit déjeuner à 6 €.* Les chambres soignées et parfaitement insonorisées possèdent des lits de grandes dimensions, de belles salles de bains immaculées avec des toilettes privées, un minibar, la télévision et le téléphone. Le chef de cet établissement, Philippe Labadie, fait partie de cette race de plus en plus rare de cuisinier pour qui la passion de la perfection est une seconde nature. En exemple : assiette des 3 foies en harmonie, pigeonneaux rôtis aux langoustines ou ses cailles dodues. En dessert le soufflé chaud au Grand Marnier Caprice d'Eve ou le croquant aux 2 chocolats arrosé de son coulis de framboises ou encore la tourtière landaise accompagnée d'une très raffinée glace à l'armagnac. Cet hôtel renommé est doté d'une piscine.

Camping

CAMPING Cité verte - HAGETMAU ✆ 05 58 79 79 79. *Ouvert du 1er juin au 30 septembre. Quatre étoiles.* Ce camping bénéficie de toutes les activités de la Cité verte. Chaque emplacement de 100 m² minimum est délimité par une haie de lauriers pour conserver l'intimité de chacun. Il comprend un sanitaire individuel complet avec douche, lavabo, W.C., et un espace repas avec évier, terrasse éclairée, prise eau et électricité pour les caravanes.

SE DETENDRE

Pour un contact nature de plus en plus apprécié, de nombreux circuits pédestres ont été aménagés : les sentiers des Meuniers (deux circuits proposés au départ du centre-ville, l'un de 4,5 km et l'autre de 2 km) et les chemins du lac d'Halco, 1,8 km et 12 km sur le site du lac d'Agès.

COMPLEXE SPORTIF INTERNATIONAL DE LA CITE VERTE ✆ 05 58 05 77 50. Equipée par la commune, cette cité verte s'étend sur 25 ha. Elle propose sur le site des pavillons d'hébergement et un restaurant. Cité de sports et de loisirs qui accueille de nombreux stagiaires sportifs venus du monde entier pour préparer des championnats ou des stages de sélection, les installations sportives sont ici multiples, avec 7 terrains de rugby et de foot dont 5 éclairés, une piscine olympique couverte, une piste d'athlétisme en synthétique, un practice de golf + 1 parcours de 9 trous, un sauna... bref il y en a pour tous les goûts. Plus d'excuse pour rester inactif devant la télé.

LA PECHE ✆ 05 58 79 32 77. Pour taquiner les poissons des environs, la société agréée "La Gaule hagetmautienne" permet à tous les pêcheurs de pratiquer leur sport favori. Le lac d'Agès, 65 ha, situé dans un écrin de verdure où abondent gardons, tanches, carpes...

PISCINE COUVERTE ✆ 05 58 79 79 79. Deuxième bassin olympique couvert d'Aquitaine. Piscine olympique couverte avec bassins ludiques : banquette hydromassante, bain bouillonnant, pataugeoire, petite rivière et toboggan.

LES LACS D'HALCO. La ville a su rendre au site dit des "lacs d'Halco" son passé prestigieux, en accueillant un hôtel-restaurant trois étoiles gastronomique. Dans ce merveilleux endroit, il est agréable de faire des randonnées, du pédalo, de pêcher ou de monter à cheval.

EMPLETTES

FERME HILLOUCAT CHRISTIAN LABAT Doazit ✆ 05 58 79 81 15. *Visite tous les jours de 9h à 12h et de 15h à 19h. Pour les groupes il faut prévenir.* Dans le département, surtout en Chalosse, le foie gras évoque à la fois la fête et la convivialité mais aussi et surtout les merveilleux produits du terroir. Christian Labat, le gaveur-conserveur le plus médaillé de France (17 médailles), l'a bien compris. Il démontre la qualité de son produit. Installé sur sa propriété de 25 ha de maïs, il élève, gave et transforme canards et oies.

FERME DU LUY Poudenx © 05 58 79 04 66. En venant d'Hagetmau, on rejoint Poudenx par le D56. La ferme se situe non loin du Luy. On peut s'approvisionner en foie gras entier de canard, confits et plats cuisinés. La ferme a une vue panoramique et peut héberger dans ses chambres d'hôtes. On profite ainsi de sa piscine.

LABEYRIE Route de la gare - HAGETMAU © 05 58 79 32 37. D'avril à octobre il est possible de visiter le pavillon du foie gras.

MIEILLERIE DE TOUYET © 05 58 79 56 55. *Ouvert de mars à octobre.* De vrais producteurs invitent à une dégustation de nombreuses variétés de miel. Miel d'acacia au goût très doux, bon adoucissant pour les bronches, miel toutes fleurs qui plaît beaucoup aux enfants parce qu'il se tartine bien, miel de châtaignier, le compagnon idéal de l'hiver en cas de toux, miel de forêt (Bourdaine), laxatif au goût de caramel, miel de tilleul apaisant et riche en arôme, miel de bruyère, landais par excellence et préconisé pour les problèmes urinaires. Le miel s'accommode aussi parfaitement avec les recettes salées comme le magret au miel.

AGENDA

Mercredi toute l'année et samedi matin : marché au gras d'Hagetmau.
Février : Carnaval d'Hagetmau.
1er mai : 1er mai Nature avec découverte d'Hagetmau et de son canton à travers plusieurs parcours balisés (15, 25, 35 ou 45 km) à pied ou à V.T.T.
Mi-juin : fête de Doazit.
Fin juillet : Les 5 Jours d'Hagetmau au cous desquels toute la ville est en liesse pendant 5 jours et 5 nuits pour la feria avec novilladas, course landaise, bandas et spectacles musicaux. "Aficion" avec ses Novilladas, Hagetmau s'est hissée à la 1ere place taurine. Renseignements au 05 58 79 38 26.
Fin juillet, début août : feria du foie gras. Christian Labat, notre médaillé, bon vivant avant tout, a fait le pari d'organiser sa première feria du foie gras en 1999. Pourquoi cette feria du foie gras ? Pour réunir en toute convivialité le maximum d'amis. Pendant les deux jours se succèdent expositions de produits artisanaux et régionaux (vins et armagnacs), animations par des bandas et courses landaises. Parmi la foule, entre autres, du beau monde politique, sportif et tauromachique.
1er dimanche d'août : fête d'Hagetmau.

HERM

Village du Marensin, proche de Dax et de l'océan, station verte de vacances très recherchée pour son calme.

SYNDICAT D'INITIATIVE Les Jardins-de-la-Mairie © 05 58 91 99 94

E-mail : herm@artiland.com.

A VOIR

L'église du XIVe siècle, de style roman. Dans la cour arrière de la maison du Sergent, trône un chêne dont on fait remonter l'origine à 600 ou 700 ans. A 1,30 m du sol, le tronc mesure 6,35 m. Pour soutenir ses plus longues branches, ont été judicieusement placés, au début du XXe siècle, trois piliers en béton.

LES PACHYS D'HERM © **05 58 91 80 90.** *E-mail : pachys_d_herm@hotmail.com.* Herm est la capitale du rugby féminin. Ici les jeunes femmes ont saisi du ballon ovale en 1989. Rugby féminin et rugby masculin cohabitaient alors au sein d'un même club. Depuis 1993, l'un et l'autre forment deux entités différentes. L'équipe féminine a dépassé en notoriété son homologue masculine. Sous le maillot bleu et blanc, aujourd'hui quelques 55 joueuses sont licenciées, 11 d'entre elles sont internationales, et, avec l'équipe de France, ont remporté en 1999 le championnat d'Europe. Le budget annuel du club avoisine 77 000 euros, soit 60 fois moins que le Stade Toulousain ! Deux entraînements et une séance de musculation : c'est le programme hebdomadaire des joueuses d'Herm. L'équipe compte plusieurs étudiantes, des salariées au centre de rééducation de Capbreton, une vendeuse à Décathlon, ainsi que des saisonnières. Rares sont celles qui vivent en permanence à Herm... Elles disposent déjà d'un beau palmarès : championnes de France 1992, 1996, 1997 et 2001, et vice-championne de France 1995, 1999 et 2000 !

LE RUGBY FEMININ. Les premières traces de rugby féminin retrouvées datent du début du XXe siècle. Les demoiselles des années 1920 pratiquaient un autre sport similaire : la Barette. La Fédération retrouve également des preuves de matchs féminins en 1908, 1924 et 1928. Les premières équipes officielles de rugby féminin sont fondées en 1965 par de jeunes femmes étudiantes qui, au départ, voulaient lutter "contre la faim dans le monde". En 1970 se crée l'Association Française de Rugby Féminin (A.F.R.F.), et le premier championnat de France voit le jour en 1972. Il se déroule en 2 divisions à partir de 1988.

OU MANGER ET DORMIR

HOTEL DE LA PAIX 128, avenue de l'Océan - HERM © **05 58 91 52 17.** *Fermé dimanche soir et lundi soir hors saison. Chambres doubles de 38 € et 45 €. Menu de 10 € (en semaine) à 34 €. Deux cheminées Logis de France.* Dans ce joli village fleuri, l'Hôtel de la Paix porte bien son nom, tout d'abord par son emplacement reposant et par son accueil chaleureux. Dans la salle rustique "Les Gourmandises", le festival de saveurs peut commencer. A l'affiche, une assiette d'aiguillettes aux foies de canard poêlé, le magret royal (foie de canard, cèpes), l'estouffade d'escargots au roquefort et la jambonnette de canards aux baies roses. Appétissant tout ça non ? Allez, un petit dessert pour terminer en beauté : tarte aux pommes au gratiné d'amandes, coupe frou-frou et gratin de fruits de saison. Salle pour séminaires et traiteur.

LA BERGERIE 150, chemin de la Bergerie - HERM © **05 58 91 52 28.** *Fermé du 24 décembre à mi-janvier. Une cheminée Logis de France. Chambres doubles de 36 € à 42 €. 41 € en demi-pension. Menu du jour à 11 € et menu à 23 €. Carte.* Situé à 500 m de l'axe routier Bordeaux-Bayonne, la Bergerie est réputée comme une des meilleures tables du pays dacquois. Mme Puyobrau se plie en quatre pour recevoir admirablement ses gourmands. Dans une salle très simple, sont servies des assiettes bien remplies de bons produits du terroir, essentiellement le roi canard dont il faut savourer le succulent foie frais aux raisins et qu'il faut commander deux jours à l'avance. Les chambres de cet établissement sont très calmes et confortables, bref votre séjour se déroulera comme dans un rêve en pleine nature.

Chambres d'hôtes

LA MAMOUNIA 138, rue Jean-Labroirie - HERM © **05 58 91 50 30.** *Ouvert du 1er avril au 15 septembre. Chambres doubles à 46 € petit déjeuner compris. Deux épis.* Christine Dagouassat a emménagé dans une maison de style andalous. Elle propose deux chambres de deux personnes avec accès indépendant et salle d'eau privée. A apprécier la fraîcheur du matin en prenant le petit déjeuner au milieu d'un jardin très fleuri . Etablissement agréé Gîtes de France.

LE TOY 1284, route de Carrouès - HERM © 05 58 91 55 16. *Ouvert du 1er mai au 30 octobre. Location maison de 260 € à 420 €.* A 4 km de l'axe Bordeaux-Bayonne, prendre la sortie de Castets-Dax et suivre la direction de Herm. Site chargé d'histoire. Deux maisons sont à louer avec une ou deux chambres dotées de tout le confort. L'une d'elles, très typique, a été aménagée en annexe du four à pain. Vingt-cinq emplacements de 400 m^2, des sanitaires, une aire de jeux pour les enfants et un coin barbecue. Vincent, président du syndicat d'initiative du village, dévoile tous les bons plans pour réussir votre séjour.

Camping

CAMPING LES ACACIAS Route de L'Hippodrome - HERM © 05 58 91 88 48. *Ouvert d'avril à septembre. Tarif : 1,82 € par personne et 1,21 € par enfant jusqu'à 5 ans.* Agréablement séparé par un petit ruisseau, ce camping offre confort, ombre, calme, repos, animations dans un cadre naturel au cœur de la forêt landaise, et, pour un peu d'exercice, un parcours pédestre.

EMPLETTES

ASPERGES FRAICHES Au Baume © 05 58 91 55 83. Pierre Loubère propose des asperges tout juste sorties de la terre sablonneuse, prêtes à la consommation, fraîches ou à mettre en conserve. Il vend également des canards entiers. A vous le bon foie gras, le magret et les aiguillettes.

CHAMPILAND Avenue Joseph-Lacoste - HERM © 05 58 91 53 82. *Ouvert de 8h à 18h.* Champiland, filiale du groupe France champignons, installée au cœur de la forêt landaise, commercialise tous les champignons sauvages frais, grâce à un important réseau de ramasseurs répartis dans le monde entier, et cultive des pleurotes dans ses serres depuis de nombreuses années. Son produit de prédilection demeure, à partir du mois d'août et jusqu'au mois de décembre, un des champignons les plus appréciés dans la région, le cèpe, destiné aux restaurateurs mais aussi à la grande distribution et aux marchés.

HOSSEGOR

Côte sud des Landes

L'hypothèse la plus probable sur la signification de la station est la suivante : "Hosse" qui veut dire fosse et "Gort" signifiant grande en gascon. Hossegor au début du XVIIe siècle a pour cœur un lac d'eau douce, occupant l'ancien lit de l'Adour lorsqu'il se jetait plus au nord à Vieux-Boucau. La Cité du soleil se développe autour de ce prestigieux lac devenu marin. Soumis au jeu des marées, le lac respire et vit. De superbes villas basco-landaise fleurissent sur ses rives. Dès 1910, les bords du lac accueillent des hôtes prestigieux comme Paul Marguerite, Maurice Martin, Paul Valéry, J-H Rosny, André Gide, Paul Claudel et Francis Jammes. Maurice Ravel dirigera des concerts privés dans de riches villas hossegoriennes et plus récemment Francis Cabrel y composa "Hors Saison". Célébrités, artistes et grands couturiers se croisent à Hossegor (devenu le Saint-Tropez de la Côte d'Argent) sur les courts de tennis et sur les greens d'Hossegor auxquels François Mitterrand témoigna sa fidélité jusqu'à la fin de sa vie.

L'ESPRIT DU SURF. Grâce aux pionniers comme Basse, Sarthou, Dabbadie et Chevalier, la station balnéaire s'est dotée d'une solide réputation en matière de sports de glisse. Un loisir créateur d'emplois : sur ses 2 500 habitants, plus de 300 bénéficient d'un emploi directement lié au surf. Hossegor accueille en 1980 les championnats du monde amateurs, avant de réunir le gotha international du surf à l'occasion du désormais traditionnel Rip Curl Pro, et depuis septembre 2002, de la seule étape du W.C.T. le QuickSilver Pro. Créée en 1964 au Pays basque, la Fédération Française de Surf s'est implantée à Hossegor.

L'OSTREICULTURE. On ne s'attend pas à trouver des huîtres dans le lac d'Hossegor, et pourtant ! Des travaux pour le percement d'un canal reliant le lac à l'Océan s'achevèrent en mars 1876, et depuis, le lac marin se mit à vivre au rythme des marées. "L'Ostrea Edulis", la fameuse huître plate, disparaît dans les années 1900. En 1920, l'ostréiculture réapparaît sur le lac. Cette fois ce sont des restaurateurs qui donnent l'impulsion : Naverre, Vergez (le Rond-Point), Cotis (Huîtrières du Lac), Valentin (Pavillon Landais) et Pontet venu du Cap-Ferret. Ils élèvent l'huître creuse, l'espèce "Crassostrea Gigas" portugaise soit Angulata, destinée essentiellement à la restauration. Liée à l'hôtellerie, l'ostréiculture vit des années de vaches maigres jusqu'au remembrement de 1992 attribuant six concessions à l'entrée du lac (les seuls dans les Landes) là où les parcs subissent le mieux le brassage de l'océan. En 1996, une station d'épuration est mise en place et les huîtres se font une place au soleil. Elles sont en vente sur place au fond du lac et sur les marchés de la région. Chacune des concessions produit en moyenne 18 tonnes d'huîtres par an, de quoi approvisionner régulièrement les restaurants du coin !

OFFICE DU TOURISME Place des Halles ✆ 05 58 41 79 00

E-mail : hossegor.tourisme@wanadoo.fr.

AUX ENVIRONS

Angresse

Ce petit village de 1 100 habitants a très certainement été habité par des hommes préhistoriques. Près du pont, on a découvert 19 haches de l'âge de bronze qui sont conservées au musée de Mont-de-Marsan.

OU MANGER ET DORMIR

Restaurants

BISTROT DE LA HULOTTE 371, avenue du Touring-Club - HOSSEGOR CENTRE ✆ 05 58 43 52 53. *Ouvert de début février à fin novembre. Menu à 7 € en semaine le midi, menu enfant à 6,50 € et menus de 15,90 € à 25 €. Prix moyen à la carte : 15 €.* On apprécie une restauration de qualité dans ce bistrot où se côtoient fruits de mer, poissons et viandes. Le choix est varié avec le menu spécial Hulotte où sont proposés au choix 3 entrées, 3 plats et 3 desserts. Le menu à 25 € avec huîtres ou saumon, demi-homard reposant sur un lit de pâtes fraîches et un dessert, est tout aussi savoureux. A noter une petite terrasse intime face à l'entrée du bistrot où l'accueil est des plus chaleureux.

LA CREPERIE BRETONNE Avenue Paul Lahary - HOSSEGOR CENTRE ✆ 05 58 43 88 15. *Ouvert de 7h à 2h du matin tous les jours en saison et de 8h à 23h hors saison. Fermé le mardi sauf vacances scolaires. Petit déjeuner de 4,45 € à 5,95 €. Menus de 8,40 € à 12,95 €. Tarif moyen à la carte : 13 €.* Depuis plus de 10 ans, Brigitte et Jean-Claude Potereau, et aujourd'hui leur fille Stéphanie, donnent toute leur énergie à leur établissement qui dispose d'une terrasse couverte l'été. La "Crèpe", re-décorée en janvier 2002, ressemble à un chalet ou à un pub irlandais. Des murs en bois et de la clarté sur lesquels les curieux observent des photos d'époque de la région. Dans une ambiance conviviale, Stéphanie conseille les galettes au blé noir, les moules ou les salades composées qui font fureur ! A noter : une crème caramel hors du commun et des suggestions à l'ardoise différentes chaque semaine (tartare au bœuf, choucroute…).

DEGUSTATION DU LAC 1830, avenue du Touring-Club - HOSSEGOR LAC ✆ 05 58 43 54 95. *Ouvert de fin mars à fin septembre. Fermé le mardi hors saison. Service continu de 12h à 22h. Assiettes de fruits de mer de 10 € à 16 €. Menu enfant à 7 €.* Même si les vrais amateurs de

fruits de mer s'y pressent, on vous garantit une place en terrasse ou dans la coquette salle à tout moment de la journée et de la soirée. A vous les spécialités de poissons ("à la plancha" : soles, merlus, parillada ou une superbe dorade) et surtout les fruits de mer dans lesquels la maison excelle depuis 40 ans. Devant le lac marin, c'est un endroit paradisiaque pour les yeux et pour vos papilles délicates avec ses produits frais garantis. Longue vie à Marianne et son équipe.

MAR Y SOL   Place des Landais - HOSSEGOR PLAGE © 05 58 43 57 38. *Ouvert toute l'année.* La famille Tessier au complet sait recevoir sur sa grande terrasse extérieure. Donnant directement sur l'océan, c'est l'endroit idéal pour déguster de vraies galettes au sarrasin et des crêpes au froment. Elles sont tournées sur bilig (plaque ronde en fonte) et préparées artisanalement au fur et à mesure de vos commandes. A déguster suivant l'appétit, les Modestes, les Prospères, les Sans Façon et les Plantureuses avec un choix varié en garniture. Plus rafraîchissantes, les salades puis les crêpes sucrées, gaufres et coupes glacées. Bon rapport qualité/prix pour cet emplacement estival. En cas de mauvais temps, une grande salle accueillante permet de bénéficier du spectacle des vagues.

LE PARASOL   303, avenue de la grande Rue - HOSSEGOR © 05 58 43 51 35. *Fermé le mercredi hors saison. Menu du jour à 10,70 € le midi et menu à 17,50 €.* Que de couleurs chaudes pour cette grande maison en bois ! Sur le bord de la route menant à la plage centrale, on ne peut pas manquer le Parasol. Les Bousquet ont décoré avec goût la salle de restaurant. Les panchos et couleurs vives annoncent la tendance de la carte. Quelques notes sud-américaines pour ces plats qui flirtent avec des mets traditionnels ou classiques, et des recettes mexicaines comme les fajitas. On peut aussi déguster des gambas, chipirons et crevettes à la plancha, des poissons ou magrets de canard… Les assiettes sont aussi copieusement servies que joliment présentées. Tout pour avoir l'eau à la bouche et repartir le ventre bien plein…

Hôtels-restaurants

AMIGO 579, boulevard de la Dune - HOSSEGOR PLAGE © 05 58 43 54 38. *Ouvert du 1er avril au 1er novembre. Chambres en basse saison de 33,53 € à 45,73 € et en haute-saison de 42,68 € à 64,02 €.* Situé à 50 m de la plage, l'hôtel Amigo est une étape agréable. Douze chambres confortables pour passer un séjour à fleur d'océan. Pour se restaurer c'est plutôt l'ambiance espagnole avec choix infinis de tapas chaudes ou froides, des patatas à la riojana, des fèves au jambon, du chorizo cular ou de la salade à la morue… Pour engloutir toutes ces bonnes choses, rien de tel qu'un petit coup de sangria ou de ce fameux rioja ou navarra, à moins que vous désiriez goûter le txakoli, vin blanc basque légèrement pétillant. Olé ! Si vous optez pour un plat plus consistant, choisissez un grand grill "à la plancha" : aiguillettes de canard, boudin basque et lomo sont au programme.

LES HUITRIERES DU LAC 1187, avenue du Touring-Club - HOSSEGOR LAC © 05 58 43 51 48. *Ouvert toute l'année. Fermé le dimanche soir et le lundi toute la journée, hors saison et 3 semaines en janvier. Menus de 18,30 € à 32 €. Chambres doubles de 57,50 € à 82 €. Petit déjeuner à 7 €.* Trônant sur le lac marin depuis 1892, cet hôtel-restaurant tenu par Céline et Laurent est une institution dans la station balnéaire. Les 8 chambres sont équipées de salle de bains, douche, téléphone et T.-V., certaines ayant vue sur le lac. Les spécialités culinaires sont ici le bar en croûte de sel, les fameux plateaux de fruits de mer, les recettes traditionnelles du pays : foie gras aux raisins… Le soleil domine partout dans la salle de restaurant avec sa vue imprenable sur le lac et la forêt des alentours. Un cadre de rêve pour déguster une cuisine bien faite et plutôt élaborée.

HOTEL DE LA PLAGE Place des Landais - HOSSEGOR PLAGE © 05 58 41 76 41. *Ouvert toute l'année. Chambres doubles de 48 € à 107 €. Une suite avec jacuzzi à 137 €. Etape V.R.P. à 53 €. Menu du jour à 12 €. Menus de 15 € à 28 €.* A l'abri des nuisances des voitures, juste bercé par le doux bruit des vagues, cet établissement refait à neuf a changé de direction. Françoise Raymondis, depuis début le 1er juin 2001, accueille dans cet endroit privilégié. A déguster une cuisine de tradition élaborée par le Chef Frédéric. Des recettes de grand-mère à la gastronomie régionale, les vœux de chacun sont réalisés. Ne pas manquer la spécialité de la maison, le méli-mélo, un assortiment de poissons au foie gras. Tout est réuni pour passer un agréable moment, soit sur la terrasse, soit dans la salle aux baies vitrées offrant une vue sur l'océan. Les chambres vastes et aérées sont modernes avec de petits balcons, la plupart donnant sur la façade océane. Très romantique tout ça !

LACOTEL **Avenue du Touring-Club - HOSSEGOR LAC © 05 58 43 93 50.** *E-mail : lacotel@wanadoo.fr. Ouvert toute l'année. Chambres doubles de 49 € à 85 € par jour selon la saison. Demi-pension de 48 € à 66 €. Pension de 64 € à 83 €. Petit déjeuner à 7 €. Formule à 11 €.* Cet hôtel bénéficie d'une situation tout à fait exceptionnelle, quasiment seul dans une nature sauvage et à l'abri des regards indiscrets. Devant la piscine a été installée une barrière naturelle où s'égayent pins et verdure. La salle de restaurant est tout aussi agréable, belle, sobre et entièrement vitrée. Les chambres sont ultramodernes, nettes et fonctionnelles, avec un balcon sur le lac ou la piscine.

LE PAVILLON BLEU **1053, avenue Touring Club - HOSSEGOR LAC © 05 58 41 99 50.** *E-mail : pavillon.bleu@wanadoo.fr. Ouvert à l'année. Restaurant fermé un mois à partir du 29 décembre, ainsi que dimanche soir et lundi hors saison. Chambres doubles sur trois étages de 80 € à 121 €, demi-pension de 80 € à 99 € et pension complète de 105 € à 124 €. Menus de 29 € à 49 €. Tarif moyen à la carte (vin compris) entre 50 € et 60 €.* Sur le bord du lac, une nouvelle adresse gastronomique. Avec la volonté d'être reconnu par ses pairs, le Chef Claude Labescat revient dans son Sud-Ouest natal proposer une bonne table qui mérite le détour. Avec une pointe d'originalité, il sait séduire les gourmands et gourmets : déshabillé de homard en rissole de cèpes sur un risotto d'épeautre ou ravioli de foie gras frais grillé en jambon de pays pour ne citer qu'eux… Avec une vue imprenable sur le lac, Jenny et Teddy, directeurs de l'établissement depuis juin 2001, entendent bien combler l'absence de table de haute qualité dans la région.

LE ROND POINT **866, avenue Touring Club - HOSSEGOR CENTRE © 05 58 43 53 11.** *E-mail : siverfav@club-Internet.fr. Ouvert toute l'année. Douze chambres de 38,15 € à 41,20 €. Petit déjeuner à 5,50 €. Demi-pension à 40 €. Menu du jour à 10 €. Menu gastronomique à 16,30 €. Tarif moyen à la carte : 18 €.* Un cadre très convivial où se retrouvent les amoureux de pétanque (siège du club de pétanque d'Hossegor), de rugby ou de pelote… Nombreuses spécialités : plats régionaux comme la garbure, l'axoa ou le confit de canard, grillades à la plancha, poissons de saison et aussi fruits de mer. Joël Vergez est également producteur d'huîtres et vend au détail (4,60 € la douzaine en moyenne). Il s'agit d'une activité familiale depuis 1904, et dans la salle de restaurant une photographie de l'arrière grand père de Joël est accrochée au mur. Son père et sa mère ont fait construire l'établissement en 1968, et pas de soucis, ses enfants Thomas et Elodie semblent sur la bonne voix pour perpétuer la tradition.

Salons de thé, glaciers

LE BREMONTIER 530, avenue Touring Club - HOSSEGOR CENTRE © 05 58 43 50 33. *Ouvert toute l'année et de 8h à 1h du matin en saison. Fermé de décembre à février en fonction du temps.* Depuis 1945 la famille Dupin rythme la vie d'Hossegor en proposant petits déjeuners, glaces, thés, chocolats et cafés dans un cadre très simple.

MARCOT 495,avenue Touring Club - HOSSEGOR CENTRE © 05 58 43 52 15. Pour les plus branchés, la terrasse en face de la place de la mairie est un lieu stratégique pour prendre son petit déjeuner. On y voit passer tout le beau monde d'Hossegor et c'est aussi l'occasion d'être vu. Pour les plus discrets, l'intérieur offre un cadre agréable, qui, bien qu'il ait vieilli avec l'établissement âgé de près de 40 ans, n'a perdu aucun charme. A l'heure du thé on s'y prélasse sur des canapés confortables. La serveuse réserve un accueil chaleureux et l'ambiance est parfaite pour se plonger dans un livre devant un cocktail maison.

Chambres d'hôtes

L'OCEANIADE 22, rue Jean-Lartigau - HOSSEGOR © 05 58 72 41 40. *Chambres doubles de 40 € à 46 € petit déjeuner compris.* A 800 m de la plage, un jardin en pente douce descend jusqu'à la rivière. Les chambres disposent d'une terrasse et donnent sur ce paysage enchanteur. Relaxation assurée. Micheline Mallet agrémente le séjour de toutes sortes de petites attention : location de vélo et sens de l'hospitalité. Une belle halte romantique.

TYBONI 1831, route de Capbreton - ANGRESSE © 05 58 43 98 75. *Ouvert toute l'année. Chambres doubles de 45 € à 60 € petit déjeuner compris selon la saison. Réserver à l'avance pour l'été. Trois épis.* A 3 km du centre d'Hossegor. De belles chambres avec confort, sanitaires privés. Cuisine à disponibilité des hôtes. Certaines donnent sur le jardin et la piscine… D'autres ont une belle vue sur le plan d'eau et l'étang. Toutes sont fortes agréables et calmes. Un accueil chaleureux de Bab et Bernard Boniface. Les vacanciers se sentent chez eux.

Camping

CAMPING MUNICIPAL LA FORET Avenue de Bordeaux - HOSSEGOR © 05 58 43 75 92. *Ouvert du 1er au 31 octobre. 73 emplacements. Forfait journalier : 15,54 €. Trois étoiles.* A 1 km environ du lac et du centre-ville, à 2 km de l'Océan, ce camping, à la fois proche de la foule et retiré au calme, dispose de tout pour passer un séjour agréable. Des jeux sont à la disposition des enfants (tennis de table, terrain de pétanque, balançoires…). Un car gratuit fait la navette plusieurs fois par jour pour rejoindre le centre-ville et la plage du 15 juin au 15 septembre.

SE DETENDRE

Culture

CINEMA REX Avenue de Paris - HOSSEGOR CENTRE © 05 58 43 96 20

Parcs de loisirs

DOMAINE DE MAREMNE Route de Saubion - ANGRESSE © 05 58 43 60 67. *Ouvert du 1er avril au 30 octobre tous les jours de juin à septembre de 10h à 21h. Tarifs : adultes 6 € et enfants à partir de 4 ans 4 €.* Quelque 25 chevaux et poneys, de différentes races, des chèvres, des porcs noirs de Gascogne, porcs basques, cochons, canards, poules, dindons, coqs, oies et vaches… l'Arche de Noé du pays tyrossais en quelques sortes. Les visiteurs peuvent pique-niquer sur des aires aménagées, jouer au minigolf, les enfants s'amuser sur une aire de jeux ou se perdre dans un labyrinthe de maïs ou encore monter un poney. Produits du terroir sur place.

Sports

CESTA PUNTA Jaï Alaï - Sporting Casino - HOSSEGOR. Pendant l'été se déroule un tournois international de Cesta Punta (type de pelote basque) au Jaï Alaï. Son but est plus de promouvoir ce sport peu connu en dehors du sud-ouest. L'hiver, les épreuves du championnat de France se tiennent régulièrement sur le fronton devant le Sporting. A noter que le club élite d'Hossegor est champion de France 2002. Un mérite qui revient aux deux joueurs vainqueurs 2002, Pierre Brodes, 34 ans, et Rémy Lignau, 24 ans. Renseignements à la mairie au 05 58 41 79 10.

GOLFPLAY 65, avenue de la Gare - HOSSEGOR © 05 58 43 40 34. *Ouvert tous les jours sauf mardi et dimanche après midi. En été, tous les jours de 10h à 12h et de 15h à 20h.*

En face de la poste, avant de se rendre au golf d'Hossegor, un tour dans cette boutique s'impose. Toutes les grandes marques s'y trouvent à des prix très intéressants : Callaway, Cleveland, Ping, Mizuno... Des spécialistes donnent de bons conseils, entre autres Caroline Bordier (HCP 8) qui, à 16 ans, a gagné un pro am avec Ballesteros, trois fois championne P.A.C.A. et deux fois championne Vallescure. Parés pour fouler le green en vrai pro !

GOLF D'HOSSEGOR 333, avenue du Golf - HOSSEGOR © 05 58 43 56 99. *Ouvert toute l'année. Hors saison fermé le mardi, sauf jours fériés et vacances scolaires. Cotisation à l'année par personne : 907,01 €. Pour un couple : 1349,08 €. Abonnement hebdomadaire de 167,68 € à 228,66 € selon saison.* Dix-huit trous. Restaurant, club-house, hôtel de 9 chambres réservées aux golfeurs et à leurs amis. Créé en 1930, c'est le plus ancien golf landais au passé prestigieux. Le champion basque Olazabal ou encore Jean Van de Velde ont frappé leurs premiers drives sur ce green. Son tracé mesure 6 003 m. Il longe jusqu'au trou 5 le ruisseau du Bourret qu'il faut même franchir sans y envoyer sa balle. D'après les puristes, c'est l'un des 5 plus beaux parcours de France. Tous les ans, le 1er week-end d'août, il accueille l'une des plus grandes compétitions amateurs, le grand prix des Landes d'Hossegor.

HOSSEGOR SURF CLUB 22, impasse de la Digue-Nord - HOSSEGOR © 05 58 43 80 52. *Ecole de surf et bodyboard. Cours collectifs à partir de 24,39 € (minimum 2h). Stages mi-temps 2h par jour sur 5 jours à partir de 121,94 € du lundi au vendredi. Stages surf et bodyboard 6j/6 nuits avec hébergement à partir de 472,56 € hors saison, pour 5 h de surf par jour.* Grâce à la volonté d'anciens surfeurs d'Hossegor et des environs, l'Hossegor Surf Club est né en 1994. Premier club des Landes et deuxième de France avec 300 licenciés, son objectif est de promouvoir le surf chez les jeunes. Sous la direction de moniteurs diplômés, les surfeurs en herbe apprennent efficacement les joies de la glisse.

SURF TRIP Hossegor © 06 81 90 84 12. *Fax : 05 58 41 91 06. E-mail : julia.bruno@free.fr. Site Internet : www.surftrip.fr. Sur réservation toute l'année. Séjours de Pâques à Toussaint. Cour collectif (1h30) à 35 € (6 à 8 personnes), cour particulier à 50 € et stage de 5 jours à 130 €. Séjours à la carte d'une semaine (hébergement en camping + cours) à 190 €. Location de surf ou body-board à 15 € par jour ou à 50 € par semaine.* Bruno, originaire d'Hossegor, pratique le surf et le body-board depuis 20 ans. Diplômé du Brevet d'Etat, il assouvit sa passion en transmettant les sensations de glisse mais aussi en faisant découvrir la région landaise. Son apprentissage concerne également la connaissance du milieu, de l'environnement et de la météo, indispensables aux surfeurs. Stages tous niveaux à partir de 6 ans sur Hossegor, Seignosse et Capbreton en fonction des vagues. Si les conditions sont mauvaises, le stage peut être remboursé, repoussé ou remplacé par du quad ou du karting... Les séjours sont adaptables en fonction du budget (devis gratuit) et différents choix d'hébergements (du camping à l'hôtel en passant par la villa ou le studio), avec suppléments demi-pension ou pension complète, sont proposés... Des séjours à l'étranger sont également possibles tout au long de l'année.

TENNIS CLUB D'HOSSEGOR **Parc des Sports - Avenue Edmond-Rostand - HOSSEGOR © 05 58 43 53 54.** *Ouvert toute l'année. Terre battue 10 € à 11,50 € l'heure et Mateco de 8,50 € à 10 € l'heure.* Installé au stade municipal, il possède des équipements variés : un club-house, sept cours en terre battue dont deux couverts et éclairés, sept courts Mateco et un fronton pour faire du mur. Le tournoi de la ville se déroule chaque année pendant la 2e quinzaine d'août et rassemble 800 participants.

OU SORTIR

LE BAR BASQUE **20, place des Basques - HOSSEGOR PLAGE © 05 58 43 87 79.** *Ouvert à l'année. Tous les jours en saison.* Décoration refaite l'été 2002 pour ce petit bar charmant. Petits déjeuners, tapas, apéro... En sortant de la plage ou après le resto, toutes les occasions sont bonnes pour se retrouver au Bar Basque.

LE BLUE BAR **48, place des Landais - HOSSEGOR PLAGE © 05 58 43 53 26.** *Ouvert à l'année et tous les jours en saison.* Le jour, une équipe dynamique sert petits déjeuners, salades ou sandwiches. Le soir, le Blue Bar accorde la musique aux clients. Un disc-jokey satisfait les adeptes de musique électronique.

LE CASABLANCA **85, place des Landais - HOSSEGOR PLAGE © 05 58 43 57 20.** *E-mail : contact@casahossegor.com - Site Internet : www.casahossegor.com. Ouvert de 18h à 2h du matin en saison et de 10h à 2h les vendredi et samedi hors saison.* Si le bruit des vagues, la crème solaire et le sable vous soûlent un peu, rendez-vous au Casablanca. Pas besoin de prendre l'avion pour le Maroc, c'est l'endroit qui bouge près de la plage. Depuis 1984, Jean-Louis Bianco invite les amateurs de bonne musique en organisant entre autres des concerts de salsa, un défilé de mode.... Des Antilles au Brésil, de Cuba à l'Asie et à Hawaï, on sirote toutes sortes de cocktails exotiques.

LE HAVANA CAFE **31, avenue Paul-Lahary - HOSSEGOR CENTRE © 05 58 43 51 30.** *Ouvert tous les jours de 9h à 2h du matin en saison, du jeudi au samedi hors saison.* Au cœur du centre-ville, ce lieu est sans doute l'un des plus branchés. En buvant un cocktail à base de rhum comme le mojito, une des spécialités maison, on se laisse porter vers la Caraïbe au son de cette musique latino-américaine enchanteresse. Un cadre fait de couleurs chaudes et d'un esprit tout aussi bouillant lors des soirées à thème organisées par Tony et Alain.

L'OMBRIERE **436, avenue Touring-Club - HOSSEGOR CENTRE © 05 58 48 68 87.** *Ouvert de 7h à 2h du matin en saison, de 10h à 21h lundi et mardi hors saison, et de 10h à 2h du jeudi au dimanche hors saison.* Pierre-Marie et Laurence Lacroix ont repris L'Ombrière en juin 2002 et lui ont vite donné une note personnelle. Petits déjeuners toute l'année, sandwicherie l'été… Des tableaux de Craven aux murs, peintre de Capbreton, aux soirées "années 80" : les dés sont jetés ! L'été, les folles nuits commencent par un concert, puis Laurence, disc-jokey pendant 15 ans et notamment au Caesar à Bordeaux, donne le rythme ! Autour d'un cocktail maison (6 €), la chaleur monte rapidement. Alternative idéale pour écouter une musique non électronique et se défouler.

LE ROCK FOOD **Place des Landais - HOSSEGOR PLAGE © 05 58 43 43 27.** *Ouvert de 9h à 2h du matin en saison.* Rendez-vous des surfeurs qui connaissent bien Roland Cauladie, lui même surfeur et patron du bar. La température atteint souvent des degrés insoutenables. Seule solution pour se rafraîchir : monter sur le bar ou avaler un cocktail fulgurant pour ne plus penser à la chaleur !

LE SEASIDE **704, avenue Grande-Dune - HOSSEGOR PLAGE © 05 58 41 91 01.** *Ouvert à l'année. Tous les jours en saison.* Avant d'arriver à la plage centrale, un bar branché avec une petite terrasse. Petits déjeuners, petites faims et restauration… Pendant que le service du soir se termine, les premiers verres se croisent pour une nuit endiablée… Rien à redire du sens de la fête de Patrick, ancien patron du Café de la Poste en centre-ville !

SPORTING CASINO **119, avenue Maurice-Martin © 05 58 41 99 99.** *Ouvert tous les jours à partir de 10h.* Repris par le groupe Lucien Barrière, le Sporting Casino est un lieu de détente : tennis, piscine, minigolf au rez-de-chaussée, machines à sous et restaurant grill au 1er étage. Nombreuses animations dont les matchs de cesta punta au Jaï Alaï (prononcer rail alail). Le 2e étage accueille tous styles de manifestations : réceptions, spectacles…

EMPLETTES

Cadeaux

LABA LABA **Avenue Paul-Lahary - HOSSEGOR CENTRE © 05 58 41 71 78.** *Ouvert tous les jours d'avril à septembre, nocturnes en juillet et août.* Toutes sortes de petits objets ramenés personnellement par Anne et Hélène d'Inde ou Indonésie… Les cinq sens sont en éveil dans cette petite boutique décorée avec soin : de la vue à l'odorat avec les bâtons d'encens qui enivrent l'atmosphère, en passant par l'ouïe avec les musques indiennes dont raffolent Hélène, ou le touché en tâtant les petites figurines… tout y est, y compris de très beaux tissus et objets d'art. Rien de tel pour se plonger dans une ambiance mystérieuse.

OIHALA **596, avenue du Touring-Club - HOSSEGOR CENTRE © 05 58 43 83 42.** *E-mail : OïhalaHossegor@aol.com.* Toute la tradition de ce beau Pays basque dans cette boutique avenante. Le linge basque avec ces dessins agrémentés de nouveaux coloris chatoyants égayeront votre table et étonneront vos invités, les essuie-mains ronds ont beaucoup de succès, le linge et la vaisselle sont très variés. Des articles pyrénéens bien chauds (style polaire), des tee-shirts imprimés esprit B.-D., et bien sûr le traditionnel béret ainsi que beaucoup d'autres cadeaux.

O'NEILL 51, rue de la Paix - HOSSEGOR CENTRE © 05 58 41 90 77. *Ouvert toute l'année et tous les jours en saison.* Pour les joies de la glisse, vous trouverez en exclusivité tous les articles de la collection. C'est au début des années 50 que le surfeur californien Jack O' Neill a créé la première combinaison "néoprènes et lycra" ! A découvrir une nouvelle collection sportswear dans les gammes homme, femme, enfant, mais également des chaussures ainsi que de nombreux accessoires en couleurs…

RIP CURL PRO SHOP 412, avenue du Touring-Club - HOSSEGOR CENTRE © 05 58 43 93 94. *Ouvert toute l'année. Tous les jours de 9h à 20 h sans interruption en saison.* Dans cette boutique les nouvelles collections Rip Curl homme, femme, enfant, bagagerie… mais aussi les marques HIC, Kanabeach, DSO, Oakley, Reef et autres. Une équipe dynamique conseille sur les produits, les vagues à venir et les spots du moment. La société Frog's Rip Curl, créée en 1985 par François Payot alors capitaine de l'équipe de France de surf, bien dissimulée sous les pins à Hossegor, possède là une usine de 1 000 m² avec 200 employés à temps plein. La première filiale s'ouvre aux U.S.A. en Californie et la deuxième à Hossegor. Depuis 1987, Frog's a apporté une valeur ajoutée à son activité en fabriquant des combinaisons, des accessoires et des montres sous licence Rip Curl.

ZONE ARTISANALE Soorts Hossegor. De nombreuses marques de surf sont installées à Soorts et disposent de magasins d'usines. Les articles, de second choix ou des collections précédentes, sont souvent moins chers. Une grande braderie se déroule dans toute la zone artisanale durant un week-end du mois de mai. Même les Espagnols viennent alors choisir chaussures, lunettes, combinaisons de ski ou tee-shirts dégriffés !

Produits du terroir

LE FOURNIL D'ANGRESSE 18, rue Haou - ANGRESSE © 05 58 43 86 08. *Ouvert tous les jours sauf le mardi.* L'artisan fabrique son pain au levain avec une farine moulue à la meule de pierre et sale au sel de Guérande. De surcroît il cuit au four à bois. Que de douces saveurs montent aux narines ! M. Dutirou est dans le pétrin du soir au matin. Il est également maître dans la pâtisserie régionale au pur beurre. Les fougasses salées sont succulentes… Un grand parking accueille les gourmands. Pendant que vous y êtres, faites aussi le plein de vitamines, un étal alléchant de fruits et légumes se trouve juste en face.

POISSONNERIE CAPA **523, avenue du Touring-Club - HOSSEGOR-CENTRE ✆ 05 58 41 72 91.** *Ouvert toute l'année.* Mme Caparros propose des tapas de la mer, des plats cuisinés maison, un arrivage quotidien de poissons de ligne de la Criée d'Arcachon et Saint-Jean-de-Luz. Dégustation "à la plancha" de moules et gambas. Bar à huîtres et préparation de plateaux de fruits de mer sur commande. Sous les halles du marché d'Hossegor, de juin à septembre, un autre local de la poissonnerie où vous retrouverez les produits frais de l'Océan.

AGENDA

Janvier : Ronde des sables. Compétition de Motocross sur la plage centrale d'Hossegor.
Fin avril : festival Rip Curl de cerfs volants (9e Rip Curl). Puriste, sportif, artiste ou érudit, l'adepte du cerf-volant exprime une richesse d'imagination.
Début mai : 24h de pêche surf casting. Quelque 250 pêcheurs vivent au rythme de la compétition (05 58 41 79 00).
Mi-mai : surf Billabong Pro Junior sur les plages (05 58 41 79 00).
Lundi, mercredi et dimanche matin du 1er juin au 30 septembre : marché d'été.
Juin, juillet et août : pelote basque, cesta punta et chistera, au Jaï Alaï, au sporting Casino.
Début juillet au Sporting Casino : Salon du livre. Afin de donner une image culturelle à la station balnéaire, les organisateurs organisent leur 4e Salon du livre. Le but de cette manifestation est de satisfaire les passionnés de toutes sortes d'ouvrages avec des conférences, dîners-débats, et rencontre d'auteurs (05 58 41 99 99).
A partir de la seconde quinzaine de juillet et jusqu'à fin août : tous les mercredis se déroulent les Musicales d'Hossegor au Sporting Casino. Hervé Hennequin, organisateur et choriste, séduit les plus érudits.
Début août : Quiksilver Pro Junior.
Fin août : Rip Curl Pro masculin. W.Q.S. compétition des meilleurs surfeurs du monde.
Fin août : Boegitas en la playa. Pour la 3e fois consécutive et à l'initiative de Jean-Louis Bianco, patron du Casa, la place des Landais accueille des concerts salsa pendant trois jours. Tous les bars de la ville s'installent sur la place. L'ambiance est garantie.
Fin septembre-début octobre : QuickSilver Pro. Seule étape du W.C.T., championnat du monde de surf avec les 44 meilleurs mondiaux. En 2002, Kelly Slater a fait sa réapparition sur les vagues d'Hossegor.
Fin septembre-début octobre : championnat du monde surf casting.
Fin octobre : Les Ephémères à Hossegor. Festival de sculptures sur supports éphémères (sable, papier, glace, feu...).

Le surf casting

Tout bon pêcheur de surf casting qui se respecte doit avoir un sens aigu de l'observation. La pêche en bord de rivage ne s'improvise pas. L'état de l'Océan, calme ou agité, sa couleur claire ou foncée, la direction et la force du courant, il faut tout étudier avant de lancer sa ligne. Conseil d'un adepte : toujours s'établir sur une bosse de sable, appelée dans le jargon défense contre la mer ; c'est plus sûr lorsqu'on lance la ligne dans une baïne ou quand les vagues viennent casser en bord de plage. Si les mouettes ne sont pas loin, c'est bon signe : le poisson est là. Elles repèrent les bancs de poissons, les anchois par exemple, et, en dessous, il y a des bars. En revanche, par temps calme, les soles et les turbots sont plus fréquents. Bonne pêche !

LABASTIDE-D'ARMAGNAC

Bas Armagnac

Fondé en 1291 par Bernard IV, comte d'Armagnac sur le territoire de la vicomté de Juliac, Labastide-d'Armagnac est certainement l'un des villages landais les plus attachants car il a su conserver son charme médiéval. Fondée en 1291 par le Comte d'Armagnac, la bastide n'a pratiquement pas changé depuis. La place royale en est l'éclatante démonstration avec ses arcades et ses passages couverts. La légende raconte que c'est en admirant cette place que Henri de Navarre eut l'idée de faire construire, sur ce modèle, l'actuelle place des Vosges à Paris. La bourgade est située au cœur de l'Armagnac, région de transition entre la forêt landaise et le Gers. Labastide vit de l'agriculture mais surtout de l'eau-de-vie, l'armagnac. Cet alcool, "l'or gascon", est de renommée mondiale et fait la richesse de ce territoire. Sur la route, des panneaux indiquent les propriétés, domaines et châteaux qui vendent de l'armagnac.

Comment déguster l'armagnac ?

Il s'agit d'un digestif et donc un alcool à boire en fin de repas. Pourquoi ? Parce qu'une longue expérience permet de conclure que ces eaux-de-vie vieillies dans le bois de chêne et imprégnées de tanin favorisent remarquablement la digestion à condition de les boire en petite quantité (3 centilitres suffisent, ce qui correspond en alcool pur à un verre de vin de 12°). Pour réussir une dégustation, il faut toujours ouvrir la bouteille à l'avance, ou, mieux encore, le servir dans des verres ballon au début du repas et le laisser reposer. Lorsque qu'on le boit après le repas, il dégage tous ses parfums et arômes.

OFFICE DE TOURISME Place Royale © 05 58 44 67 56

E-mail : tourisme@labastide-d-armagnac.com

Evocation historique

Chaque année 120 Labastidiens et leurs amis présentent sur la place Royale le thème des évocations historiques. On passe ainsi du XVIIe siècle au Moyen Age ou du second Empire au début du siècle. Plusieurs personnages d'un jour défilent sous les yeux des visiteurs : porteuse d'eau et pages précèdent troubadours, jongleurs et cracheurs de feu, au milieu de danses, sketches mais aussi d'attelages et d'animaux. A 19h30, avant le spectacle, dîner aux chandelles sous les arcades (service en costumes d'époque) et à 22h30 le spectacle peut commencer…

A VOIR

LE CHATEAU DU PRADA. "C'est une grande bâtisse carrée à 2 pavillons et à grande grille avec cour d'honneur, communs et jardins qui offrent un aspect imposant et froid" dira l'écrivain Barbey d'Aurevilly. Il a été construit en 1764 par l'architecte Victor Louis. Ici vécut "l'ange blanc", veuve de J.-F. Rufin de Bouglon, l'égérie de Barbey d'Aurevilly - celui que Lamartine appelait "le duc de Guise de la littérature" - qui écrivit là Le Chevalier des Touches et Le Prêtre marié.

ECOMUSEE DE L'ARMAGNAC Château Garreau © 05 58 44 88 38. *Ouvert tous les jours de 9h à 12h et de 14h à 18h. D'avril à novembre ouvert le dimanche à 15h. Du 1er novembre à fin mars ouvert de 14h à 18h. Tarif adulte à 4 €, couple à 6,50 € et gratuit pour les moins de 10 ans.* L'écomusée de l'Armagnac est consacré aux arts et traditions populaires de la région. Des visites sont proposées pour les groupes de plus de 10 personnes. Excellente initiative pour découvrir les chais, puis le musée du Vigneron installé dans une grange gasconne du XVIe siècle avec de nombreux outils d'autrefois. Plus loin, le parcours conduit les visiteurs à la distillerie et à la collection d'alambics. Deux expositions également au programme de cette enrichissante visite : l'une sur le floc de Gascogne, l'autre sur la culture du cèpe. Ne pas manquer la dégustation gratuite d'armagnac ou de floc, avec modération bien sûr. Ensuite une balade est recommandée dans les bois et autour des étangs.

LE MUSEE DES BASTIDES © 05 58 44 81 42. *Ouvert de mai à septembre, tous les jours de 10h30 à 12h30 et de 14h30 à 18h30. Tarifs individuels : 3,05 €.* En 1223, Raymond VII, Comte de Toulouse, fonde la 1ère bastide à Cordes, en Albigeois. Ainsi commence la grande aventure des bastides qui durera 150 ans. On découvre dans cet original et premier musée entièrement consacré au phénomène de la bastide l'histoire des nouvelles villes du Moyen Age, celle de leur création, de leur peuplement et des enjeux politiques dont les bastides étaient les pions.

NOTRE DAME DES CYCLISTES. *Visite d'avril à octobre de 14h30 à 18h. En juillet août : de 10h à 12h et de 14h30 à 18h sauf le lundi. Entrée gratuite.* A 2 km du village, à Geou se trouve cette célèbre chapelle construite sur les ruines d'une villa gallo-romaine datant du IVe siècle. A l'arrivée, le portail en fer forgé en forme de grand-bi (la première bicyclette) rappelle que ce n'est pas une église comme les autres. C'est grâce au curé de la paroisse, l'abbé Joseph Massie passionné de la petite reine, qu'est né ce lieu typique. Tombé sous le charme de cet édifice, il pense aussitôt à imiter ses amis italiens en faisant de la chapelle de Géou le lieu de pèlerinage des cyclistes français. Pas moins de 400 maillots sont exposés et sur les murs sont affichés les chemisettes d'André Darrigade, Eddy Merckx, Richard Virenque et Lance Armstrong. Luis Ocana s'est marié dans la chapelle et ses obsèques y ont également eu lieu.

AUX ENVIRONS

Betbezer-d'Armagnac

Sur un circuit de randonnée riche de paysages variés et de châteaux légendaires, Betbezer, "belle vue" en Gascon, s'offrent la visite de l'église du village, le caveau des Vicomtes de Juliac, la traversée de la propriété viticole du château à l'histoire mouvementée, la descente vers le petit vallon de Lapouchette et son étang pour arriver au château de Paguy, domaine viticole d'armagnac, ferme auberge et de séjour.

Escalans

Plusieurs curiosités dans cette petite commune : une allée bordée de chênes, d'acacias et de châtaigniers, la traversée d'une plaine agricole avec la vue sur le château de Caumale, la pittoresque église d'Escalans, une ancienne voie ferrée aménagée surplombant un superbe plan d'eau, un vieux chemin ombragé, une piste cailloutée grimpant jusqu'à Richez et le panorama sur les coteaux boisés du Gabardan.

EGLISE SAINT-JEAN-BAPTISTE. Le chevet du XIIe siècle, se compose d'une abside construite en moyen appareil et de deux absidioles. L'absidiole nord a été remplacée au XVIe siècle par une chapelle rectangulaire. L'abside principale conserve une arcature retombant sur dix colonnettes engagées. A la fin du XVe ou au début du XVIe siècle une tourelle d'escalier à l'angle sud-ouest et le portail au décor appartenant au gothique flamboyant ont été édifiés.

EGLISE SAINT-MIREILLE. Située à quelques kilomètres au nord du bourg, elle a été construite, semble-t-il, à la fin du XVe siècle et se compose d'une nef unique terminée par un chevet à cinq pans. Le mur occidental est encadré par deux contreforts reliés par un arc en briques. Cet arc devait former une bretèche défendant la porte. La porte a été murée au XVIIIe siècle lorsque le portail fut ouvert au sud.

LA GANADERIA DE BUROS © **05 58 44 92 50.** *Suivre la direction château de Buros (4 km de Gabarret). Sur réservation d'avril à octobre. Visite guidée le jeudi à 14h30. Tarifs adulte à 5,79 € et enfant à 3,81 €.* Jean Barrère, écarteur pendant dix ans, partage sa passion d'éleveur pour la course landaise. Plusieurs distractions comme l'observation des animaux en toute sécurité dans la nature. La visite, qui dure environ 1h30, se termine par la "galerie du souvenir". On peut aussi passer une demi-journée sur le site en se restaurant et ainsi assister à une démonstration de course landaise dans les arènes, ainsi qu'à des jeux taurins. Des soirées à thème, des séminaires, des banquets et des mariages sont organisés avec possibilité d'avoir recours à un traiteur.

Estigarde

Une attraction dans ce village : la source bouillonnante de l'Arbout. Elle possède une force ascensionnelle telle qu'elle renvoie les pierres jetées ! Selon la légende, l'église y perdit l'une de ses cloches…

Le Frêche

C'est au lieu-dit Beyries que François 1er s'est marié avec Eléonore de Castille, sœur de Charles Quint, au couvent des Clarisses en 1530. Il reste au Frèche le clocher de l'église Saint-Pierre et les vestiges du couvent des Clarisses et du manoir des templiers de Tampouy. A voir la mignonne petite chapelle de Saint-Vidou. Depuis ce village on a une jolie vue sur le vignoble armagnacais et la chaîne des Pyrénées.

Mauvezin-d'Armagnac

Le château de Briat est construit vers 1540 par la famille Albret. Pendant la bataille de Coutras, Henri IV a la vie sauve grâce à M. de Matines, et pour le remercier le roi lui offre ce château. L'église de Mauvezin d'Armagnac qui date de 1026, est pillée et incendiée en 1569, puis en 1652, pendant la Fronde. Elle est reconstruite au XVIIIe siècle.

OU MANGER ET DORMIR

Chambres d'hôtes

CHEZ JEANINE TARDIT Rue de la Chaussée - LABASTIDE-D'ARMAGNAC © **05 58 44 87 33.** *Chambres doubles à 50 € petit déjeuner compris.* Une maison du XVIe siècle près de la place Royale, restaurée, ne manquant pas de caractère et décorée à l'ancienne avec des meubles d'époque. "Un raffinement qui plait aux gens" affirme Jeanine… Sans parler de l'accueil bon vivant.

AUBERGE SAINT-VIDOU Le Frêche © **05 58 45 24 09.** *Fermé le dimanche soir et lundi toute la journée. Menus à 19 € et 36 €, menu enfant à 6,50 €. Prix moyen à la carte : 20 €.* Adorable auberge de 1836 où Aline Dumont excelle avec maestria. Il y a 30 ans, sa passion est née des quatre générations de femmes qui l'ont précédée. Depuis des lustres donc, la sauce aux cèpes de grand-mère, le magret aux figues, le foie grillé à l'orange, la matelote d'anguilles et la tourtière sont de pures merveilles. Uniquement des produits frais pour cette cuisine traditionnelle dans toute sa noblesse. C'est la rigueur que s'impose Aline depuis 1975 !

DOMAINE DE PAGUY Betbezer-d'Armagnac ✆ 05 58 44 81 57. *Chambres et gîtes ouverts toute l'année. Ferme-auberge ouverte de juillet à septembre, sauf mercredi. Chambres doubles de 38 € à 46 €. Menus de 16 € à 28 €. Carte 19 €. Carte bancaire non acceptée.* Une belle demeure du XVIe siècle réaménagée et re-décorée par Albert et Paulette Darzacq. Des chambres spacieuses et agréables pour un repos de seigneur. Piscine pour se rafraîchir. Visite et dégustation des chais d'Armagnac possible. Côté cuisine, les papilles sont satisfaites avec garbure, foie gras frais aux pommes et aux raisins, confits de canard, poule au pot farcie…

Gîte

DOMAINE D'ESPERANCE Mauvezin d'Armagnac ✆ 05 58 44 68 33. *E-mail : info@esperance.com.fr - Site Internet : www.esperance.com.fr. Gîte pour 4 personnes. Hors saison 195 €/semaine. Vacances scolaires 235 €/semaine. Juin et Septembre 275 €/semaine. Juillet et Août 395 €/semaine. Forfait week-end 145 €. Ecole de cuisine.* Déployé sur 94 m², le gîte se situe sur un site ouvert, en bordure du vignoble et des bois. La vue sur la vallée de la Douze et le calme en font un cadre exceptionnel pour un repos bucolique. Le Concours Général Agricole 2002 a décerné la médaille d'or pour le vin blanc la "Cuvée d'or" 2001 au Domaine d'Espérance, qui assure aussi des cours de cuisine. Six fois par an, des séminaires de cuisine sont organisés pour neuf personnes. Les cours, donnés par le Chef Natalia Arizmendi, se déroulent du lundi après-midi au vendredi soir dans la cuisine du domaine. Le matin, cours théoriques du Chef, et l'après-midi, préparation du dîner du soir.

SE DETENDRE

FERME EQUESTRE DE MANCIOUS Escalans ✆ 05 58 44 95 71. *Ouvert toute l'année sur réservation.* A 2 km de Gabarret, la ferme de Mancious se situe sur un airial de 8 ha. Agréables promenades, randonnées autour de l'étang et dans la forêt de chênes. Des stages sont organisés par des accompagnateurs compétents.

EMPLETTES

Produits du terroir

DOMAINE DE LUQUET Place Royale - LABASTIDE-D'ARMAGNAC ✆ 05 58 44 81 24. *Ouvert toute l'année.* Une jolie boutique trône sur la royale place du village. René Escoubet, héritier d'une longue lignée de viticulteurs, gère avec mesure ses stocks en privilégiant le vieillissement pour permettre aux armagnacs de développer leurs arômes de pruneau, vanille et fruits confits, caractéristiques du terroir. A déguster modérément.

FERME DE LABOUC Labastide-d'Armagnac ✆ 05 58 44 82 32. Une très vieille ferme typique avec colombages. Accueilli par Michel et Pascal Clavé, découvrez leur domaine : vignes, maïs grain, des vaches allaitantes, un vieil alambic armagnacais, chai de vieillissement et des pruneaux. A noter qu'ils ont été récompensés par la médaille d'or en 1997 au concours général de Paris et par la médaille d'argent en 1998. Dégustation de vieux armagnacs millésimés, floc de Gascogne A.O.C. blanc ou rosé, vin blanc des sables-fauves, eau-de-vie de folle-blanche et une petite délicatesse à croquer, des pruneaux à l'armagnac.

FERME DE POMMERON Route de Cazaubon - LABASTIDE-D'ARMAGNAC ✆ 05 58 44 86 04. *Ouvert toute l'année.* Dans cette ferme ancienne, vente directe de produits du terroir. Chez les Labourse : foie gras entier de canard, confits, canard en gelée, cous farcis, magret fourré au foie gras, mais aussi des confitures.

CHATEAU DE JOUTAN Betbezer-d'Armagnac © 05 58 44 81 58. *Ouvert toute l'année et tous les jours.* A 3 km de la chapelle de Notre-Dame des Cyclistes, Agnès et Michel Plouvier Erreur! Argument de commutateur inconnu.produisent de l'armagnac et des flocs de Gascogne rouges et blancs. Dans un château du XVe siècle, à grand passé historique, les viticulteurs mènent la danse. Au programme : visite et dégustation. Egalement vente par correspondance.

LE MOULIN BLEU Route de Roquefort - ESTIGARDE © 05 58 44 89 20. *E-mail : lemoulinbleu@wanadoo.fr. Ouvert du 5 février au 20 octobre.* Cette ferme piscicole appartient au réseau Bienvenue à la Ferme. Amateurs de pêche, bonjour ! Daniel Verdier accueille familles et groupes au moulin d'eau en fonctionnement. On peut y pique-niquer, se servir du barbecue ou faire un minigolf, mais surtout, les passionnés peuvent pêcher la truite sans permis de pêche. Egalement livraisons de poissons vivants et conserve de poissons d'eau douce.

DOMAINE DE MAOUHUM Le Frêche © 05 58 45 24 98. La ferme de Jean-Claude Lasseignou est de style armagnacais. Sur rendez-vous, ce connaisseur fait visiter le chai de vieillissement en faisant déguster de vieux armagnacs millésimés et du floc de Gascogne A.O.C. blanc et rouge. Les produits de ce domaine se trouvent également à la maison du Paysan à Vielle-Saint-Girons sur la côte landaise. Beau point de vue sur les Pyrénées.

CONFISERIE DE GASCOGNE LES FLOQUINS Saint-Vidou © 05 58 03 89 56. Tapie derrière l'auberge Saint-Vidou, passion et tradition culinaire sont à l'origine de la création de cette confiserie : les flocquins. Depuis 5 ans, cette douceur, dont la recette est jalousement préservée par des cordons bleus, est enfin partagée avec le grand public. C'est un grand honneur aujourd'hui d'accompagner un café avec cette confiserie du terroir, un mélange délicat d'amandes, de pruneaux et d'armagnac.

AGENDA

Lundi matin toute l'année : marché au gras.

Mai : foire aux chevaux à Escalans. Foire départementale à la Ganaderia de Buros.

Avant dernier week-end de juin : fête patronale de la Saint-Jean avec course landaise formelle et feux de la Saint-Jean.

Début juillet : fête de Benquet.

14 juillet : exposition artisanale. Quarante artisans d'art exposent leurs réalisations sous les couverts de la place Royale avec des animations dans l'après-midi.

Début août : Peintres dans la rue. Quelques artistes privilégiés s'installent sur la remarquable place Royale de la Bastide pour dévoiler leur talent le temps d'un week-end.

Mi-août : la Bastide en fête (sous réserve l'évocation historique, se renseigner au 05 58 44 67 56).

Mi-août : fête d'Escalans.

Début septembre : fête de Labastide-d'Armagnac.

Fin septembre : l'Armagnac en fête. Grande animation autour de l'Armagnac. A midi, apéritif en musique et repas champêtre sur les barriques, Place Royale : 15 €. Toute la journée, marché aux armagnacs, animations diverses, expositions d'ouvrages. Renseignements et réservations au 05 58 44 67 56.

Mi-octobre : l'Escoube Sou. Fête des vendanges sur la place Royale avec animations autour des métiers liés à l'armagnac, au floc de Gascogne, aux vins et aux traditions culinaires, dîner sous les arcades…

Début décembre : marché de Noël. Une trentaine d'artisans exposent leurs travaux, et des producteurs locaux font déguster leurs produits.

LABENNE

Côte sud des Landes

Labenne en Côte Sud est le paradis des enfants. En effet, on dispose d'un choix imposant pour occuper les petits. Tout d'abord, environ 1h30 pour saluer les terribles macaques à la pinède des singes. Ensuite, dans un autre univers, le reptilarium avec serpents et crocodiles du Nil. Pour rester dans le règne animal, une visite s'impose au parc animalier afin de rencontrer kangourous, petits singes, autruches, cerfs, daims… Il y a aussi un espace où les enfants peuvent donner à manger à des poules, cochons, chèvres et ânes. Un moment de détente aquatique ? Direction Aquatic-Landes, route de la plage. C'est un véritable espace de sensations avec toboggans, piscine à vague, pataugeoire et un minigolf aquatique… Pour terminer cette journée, pourquoi pas une balade autour des marais d'Orx, territoire géologique et réserve naturelle, lieu privilégié pour busards des roseaux, hérons, aigrettes, rapaces, tortues d'eau, ragondins…

OFFICE DU TOURISME Place de la Mairie ✆ 05 59 45 40 99

A VOIR

PARC ANIMALIER ✆ 05 59 45 43 93. *Direction Labenne-Océan. Ouvert tous les jours de 10h à 19h, du 1er avril au 30 septembre. Fermé du 15 novembre au 31 janvier.* Crée en avril 1998, ce parc abrite de nombreux types d'animaux : lémuriens avec leurs petits sous le ventre, guanacos, nandous, lièvres de Patagonie, mouflons, cerfs, daims, zèbres, marabouts, aras, perroquets… tout ce petit monde vit en parfaite harmonie sous les pins. Plus loin, un petit parc à kangourous et une mini-ferme avec poules, coqs, ânes, chèvres, moutons et cochons, auxquels les enfants peuvent donner à manger.

LA PINEDE DES SINGES Route du Lac-d'Yrieux ✆ 05 59 45 43 66. *Ouvert du 1er mai au 30 septembre de 10h à 12h et de 14h à 18h, en juillet août 19h.* Des macaques de Java en toute liberté, dans une magnifique forêt de pins. Un parcours qui fait également découvrir des daims, cochons, chèvres naines, qui ont d'avantage le sens de l'hospitalité que les macaques. Pas la peine, toutefois, d'approcher de trop près le troupeau de pélicans roses vers la sortie du parc : une femme s'est vu prendre en chasse par ces charmants animaux !

LE REPTILARIUM RN10 ✆ 05 59 45 67 09. *Ouvert 7j/7 de 9h à 12h et de 14h à 19h de juin à mi-septembre. Tarifs adulte à 6 € et enfant à 5 €.* Depuis le 12 juillet 2000, le reptilarium a ouvert ses portes aux visiteurs. Guy, Désiré et Pascal Camacho, 3e génération d'une famille passionnée par les animaux exotiques, font découvrir plus de 50 espèces de reptiles vivants quelque peu inconnus, effrayants pour certains. Les approcher est le meilleur moyen d'apprendre à connaître les espèces protégées comme les pythons, anacondas, boas, caïmans, caméléons, serpents thaïlandais, crocodiles du Nil, tortues. 700 m² de visite sur deux niveaux. A noter que certains hôtes de ce reptilarium sont demandés pour le jeu Fort Boyard…

AUX ENVIRONS

Orx

Espace de rencontre entre l'élément naturel et l'humain, le Domaine d'Orx, classé Réserve Naturelle, permet de réaliser des travaux de restauration et d'aménagements écologiques et hydrauliques et d'étudier la faune. Mais Orx révèle également une belle église romane qui intéressera les curieux. Inscrite à l'inventaire des Monuments

Historiques et récemment restaurée, elle conserve dans l'abside du XIIe siècle, trois ouvertures percées dans un contrefort, avec voussures et chapiteaux malheureusement dégradés.

LA MAISON DU MARAIS D'ORX © **05 59 45 42 46.** *Accès gratuit au site. Ouvert d'octobre à mars de 9h à 12h et de 14h à 17h. Le week-end de 14h à 17h. D'avril à juin de 10h à 12h et de 14h à 18h. Le week-end de 14h à 18h. De juillet à septembre tous les jours de 10h à 13h et de 14h à 19h.* Le domaine du marais d'Orx est un territoire géologique dont la création remonte à environ 3 millions d'années. Jusqu'au milieu du XIXe siècle, les multiples tentatives d'assèchement n'ont pas abouti malgré les efforts fournis sous Henri IV. Les travaux ne sont entrepris qu'à partir de 1850, grâce à Napoléon III qui s'intéresse au site et le donne à son cousin, le comte Walewski, fils naturel de l'empereur Napoléon Ier et député des Landes. La maison du marais d'Orx a pour vocation de rassembler toutes les infos indispensables à la découverte d'un site redevenu le territoire sauvage d'autrefois. Des centaines d'oiseaux rapaces, cigognes, spatules (emblèmes du marais), mais aussi des mammifères rares comme le vison et les vaches highland vivent en parfaite harmonie dans une nature protégée. Ce site appartient au Conservatoire du Littoral depuis 12 ans. Deux caméras permettent d'observer, de découvrir ou de chercher en direct, de près et sur écran, chaque moment de la vie du site sans déranger les animaux.

OU MANGER ET DORMIR

Hôtels-restaurants

HOTEL RESTAURANT EL RANCHO 14, avenue Jean-Lartigau - LABENNE © **05 59 45 69 58.** *Ouvert toute l'année. Fermé le samedi midi. Chambres doubles de 32 € à 36 €. Menus de 11 € à 23 €.* A la sortie de Labenne vers Capbreton, cet établissement, tenu par Daniel et Lucien Mazzucotelli depuis janvier 2002, est une halte parfaite pour passer des vacances agréables. Situé non loin du Pays basque et à 5 minutes des plages landaises, il permet de découvrir la région. En cuisine, le Chef concocte des spécialités traditionnelles et régionales. Une terrasse permet de manger dehors aux beaux jours.

Restaurant

LA TORTUE BLEUE Place des Landais - LABENNE © **05 59 45 67 27.** *Ouvert du vendredi soir au dimanche midi de Pâques à mi-juin. Tous les jours pendant l'été. Buffet de fruits de mer à volonté pour 25 € + carte et menu.* En voilà une bonne idée ! Les adeptes des fruits de mer sont ravis. Ils peuvent manger à n'en plus pouvoir huîtres, crevettes, clams, tourteaux, palourdes, coques, langoustines, moules, paella, soupe de poisson, hors d'œuvre… Autant dire qu'ils repartent rassasiés. Une petite carte propose également des poissons et des viandes à la plancha : sole, daurade, magret, entrecôte… le tout à déguster sur une terrasse agréablement fleurie ou dans un intérieur joliment décoré. Accueil très décontracté de Daniel et Pilar Ponge.

Chambres d'hôtes

CASCAIL 15, allées du Dauphiné - LABENNE ✆ 05 59 45 49 21. *Ouvert d'avril à octobre et sur réservation. Chambres doubles de 50 € à 56 € petit déjeuner compris. Table d'hôtes : 20 €. Trois épis.* Chantal et Renée accueillent dans leur villa à proximité de la plage. Une chambre agréable et confortable est équipée d'une salle de bains et de W.-C. privés. Pour les enfants ou des amis, une seconde chambre est disponible. On peut se relaxer dans le petit salon, prendre son petit déjeuner en terrasse ou dans le jardin… Tout ce qu'il faut pour ne penser à rien !

SANCHEZ Quartier Hayet - ORX ✆ 05 58 77 90 79. *Chambres doubles à 44 € petit déjeuner compris. Table d'hôtes à 16 €. Trois épis.* A 15mn des plages de Capbreton et d'Hossegor, Lucette invite à la détente dans sa maison de style landais. Installée sur un parc de 3 ha, elle permet de se dégourdir aisément les gens dès le réveil. Les enfants peuvent s'agiter et courir… On s'endort dans deux chambres avec une salle d'eau et des W.-C. privés. Pour ceux qui le souhaitent, un salon privé est à leur disposition.

Camping

CAMPING LE BOUDIGAU Labenne-Océan ✆ 05 59 45 42 07. *Ouvert début mai à fin septembre. Location à la semaine : chalet de 198,17 € à 640,24 € selon la saison. Forfait emplacement 1 ou 2 personnes + voiture de 9,90 € à 19,81 €. Quatre étoiles.* Sous les grands pins, à 500 m de l'océan, ce camping convient parfaitement pour un séjour de détente avec piscines, jeux pour enfants et minigolf. Un animateur propose des soirées à thème, randonnées vélo, folklore…

CAMPING LA MER 38, avenue La Plage - LABENNE ✆ 05 59 45 42 09. *E-mail : campinglamer@wanadoo.fr. Forfait journalier de 8,80 € à 18,30 € pour deux personnes. Mobilhome quatre places de 210 € à 515 € selon la saison.* Philippe Bernat-Salles et Luis Do Souto se sont installés en pleine forêt, sous les pins et les chênes verts, pour se sentir vraiment en vacances. Gardiennage, bar restaurant, espace barbecue, piscine, jeux… tous les éléments sont réunis pour un séjour agréable.

CAMPING SYLVAMAR Avenue de l'Océan - LABENNE ✆ 05 59 45 75 16. *Ouvert du 1er mai à fin septembre. Location de mobil-homes et de bungalows. Quatre étoiles.* Situé dans une forêt de 15 ha de pins et de chênes, ce lieu de vacances offre des emplacements supérieurs en superficie à la norme des quatre étoiles. Les derniers chalets ont été travaillés afin de respecter l'architecture typique des maisons landaises. Piscine, aire de loisirs, amphithéâtre de 600 places et bar restaurant.

SE DETENDRE

AQUATIC LANDES Route départementale © 05 59 45 60 40. *Ouvert de fin mai à début septembre, tous les jours, de 10h à 20h. Prix : 8,99 €. A moins d'un mètre, c'est gratuit...* Ce parc aquatique propose une alternative à la plage quand l'océan est de mauvaise humeur. Ici, en toute sécurité, plusieurs activités sont possibles : piscine à vagues, toboggans, super kamikaze de 12 m et rivière rapide à bouées. Point important, les arrivées des toboggans sont toutes équipées d'hydrofreins pour amortir les chocs.

CENTRE EQUESTRE © 05 59 45 45 54. *Ouvert toute l'année.* En selle dans ce centre équestre, Fabienne Le Dez, monitrice diplômée d'Etat et guide de tourisme équestre, organise des randonnées et, durant l'été, des stages avec hébergement pour les 6-18 ans. Elle privilégie la qualité et le respect : apprendre à respecter le cheval et la nature dans ce cadre unique sous les pins et à deux trots de l'océan. Des compétitions de horse-ball, treck et poney-game animent la vie du club.

EMPLETTES

LES POTERIES DU SOLEIL RN10 © 05 59 45 49 44. De la poterie artisanale entièrement fabriquée par Marc et Didier, des objets d'ici ou d'ailleurs, et le plaisir de voir l'artisan tourner la faïence. Ce sont plus de 150 pièces par jour qui sont tournées et modelées, selon la commande ou la créativité du moment, entre les mains de Marc, potier depuis l'âge de 15 ans. Autrefois le potier était payé à la pièce, et ce rythme de travail en série est conservé pour garder une production artisanale dans la tradition.

AGENDA

De fin juillet à début septembre se déroule le tournoi de pelote basco-landais. Les confrontations et associations entre joueurs basques et landais donnent à cette compétition un piment particulier.
Mardi et vendredi matin en juillet et août : marché sous les pins. 60 exposants se réunissent. A l'honneur, les bons produits du terroir.
Mi-août : foulée labennaise. Plus de 400 participants se donnent rendez-vous chaque année. Des circuits sont proposés pour adultes et enfants.
Fin-août : fête d'Orx.

LABOUHEYRE

Parc naturel des Landes

Labouheyre est la ville de Félix Arnaudin (voir la plaque commémorative sur sa maison natale). Au croisement de la RN10, cette ville de 2 816 habitants vit au rythme tranquille de la Grande Lande et de la forêt. Très implantée et diversifiée, l'industrie de transformation du bois de pin des Landes produit du contreplaqué, du bois de construction et de sciage, du lambris, du parquet et du bois pour palettes et pour la menuiserie.

MAIRIE SERVICE TOURISME © 05 58 04 45 00

A VOIR

LE CLOCHER DE L'EGLISE. Du XVe siècle, il s'agit de l'une des anciennes portes des remparts de la bourgade et de son château. Au XIXe siècle la tour a servit de support au télégraphe système Chappe.

Félix Arnaudin

Cet homme de lettres doit être surtout considéré comme le chantre et premier ethnologue de la Grande Lande qu'il a parcourue inlassablement à pied et à bicyclette pendant près de 60 ans. Il fut le témoin de la grande mutation que connut le département après la plantation de la forêt de pins. Derniers témoignages d'un monde voué à disparaître et dont il a toujours gardé la nostalgie. De nombreux clichés ont été reproduits et plusieurs de ses écrits, contes et légendes, ont été publiés comme : Au temps des échasses, Paris, 1928 ; Chants populaires de la Grande Lande et des régions voisines ; Lande d'autrefois…

AUX ENVIRONS

Lüe

Lüe signifie "Lune" en Gascon. Un village aux belles maisons à colombage. A voir l'église qui serait l'œuvre des Chevaliers de Malte. La forêt invite à la promenade vers l'entrée du hameau isolé de Cantaure.

Solferino

La célébrité de cette petite commune est due au domaine agricole expérimental, créé par Napoléon III en 1857. La commune se constitue en 1863. Aujourd'hui le domaine reste le dernier exemple conservé de l'ex-patrimoine impérial de France. L'architecture du centre du vieux bourg et de nombreuses fermes de sa périphérie datant de la même époque, restent des curiosités bien visibles.

OU MANGER ET DORMIR

Restaurant

AUBERGE LANDAISE Lüe Bourg © **05 58 07 06 13.** *Ouvert toute l'année sauf le mois d'octobre et 3 semaines en janvier. Fermé dimanche soir et lundi. Menu ouvrier à 9,50 € et menus de 17 € à 30 €. Prix moyen à la carte : 12 €.* Plaisante auberge landaise comme son nom l'indique, très typique. Située à 6 km de l'A10 et à 30 km des plages, elle vaut le détour pour se régaler et savourer les fameux produits du terroir. Le Chef, Raphaël Berthet, mitonne de bons petits plats. A goûter absolument : le salmis de palombe, le civet de sanglier ses diverses spécialités très raffinées. Une salle rustique climatisée accueille les nombreux gourmets. Pratique avec un vaste parking.

Ferme-auberge

LA PETITE FERME IMPERIALE Le Taston - SOLFERINO © 05 58 04 22 37. *Fermé le lundi. Menus de 18 € à 25 € et menu enfant à 7 €. Réservation obligatoire.* On pourrait croire qu'Isabelle Bailly a une vie d'impératrice, mais non ! Elle habite simplement une ferme du second empire créée par Napoléon III en 1861. Au beau milieu des pins sur un airial de chênes de 4 ha, Isabelle sait faire plaisir à ceux qui s'aventurent chez elle : coqs au vin, poules au pot, canards en sauce, oies en civet, pâtisseries et confitures maison... Tout est réuni pour passer un bon moment de gastronomie. En repartant, on peut jeter un coup d'œil aux volailles élevées en plein air. Pour retrouver les saveurs landaises, on peut acheter des poulets et canards prêts à cuire, des légumes de saison du jardin avec lesquels la gérante fait la cuisine mais aussi des conserves et des plats cuisinés. Egalement vente sur les marchés et par correspondance.

Hôtel-restaurant

LE BREMONTIER 184, impasse Gare - LABOUHEYRE © 05 58 07 01 13. *Fermé dimanche soir, lundi, du 15 septembre au 8 octobre et du 15 février au 8 mars. Chambres doubles à 27,45 €. Petit déjeuner à 4,60 €. Menu du jour à 10 € avec 1/4 de vin et café compris. Menus de 15 € à 29 €. Menu enfant à 5,50 €. Prix moyen à la carte : 10 €.* A 300 m de la gare, Jean-Michel et Béatrice Berthet gèrent l'affaire familiale depuis 6 ans. Un lieu de retrouvailles où se dégustent salmis de palombe, civet de chevreuil, salade landaise et brochettes de cœur de canard. Une gastronomie régionale qui s'accompagne systématiquement de gâteaux maison.

Chambres d'hôtes

LOU PITARRAY Quartier Médous - LUE © 05 58 07 06 23. *Ouvert toute l'année. Chambers doubles : 39 €. Trois épis.* C'est le calme assuré chez France Lamou ! Une maison de maître sur un airial ombragé de chênes et en bordure de forêt. On retrouve les vrais valeurs. Deux chambres doubles sont équipées de salle d'eau et W.-C. privés. On prend son petit déjeuner dans un salon particulier ou dans le jardin, au calme...

L'OUSTAU Quartier Baxentes - LUE © 05 58 07 11 58. *Ouvert du 15 mai au 15 septembre. Chambres doubles à 45 € petit déjeuner compris. Trois épis.* A l'écart du village, l'occasion de dormir dans une belle maison de caractère en pierres de garluche. Les chambres y sont spacieuses, personnalisées et avec vue sur le parc. Elles disposent de salle d'eau et W.-C. privés. Un airial de chênes typique des Landes et un parc de 3 ha redonnent le goût de la nature aux citadins. On se mettrait presque à envier Guy et Patrica, les charmants propriétaires...

Gîte

DOMAINE DU PARC DE PEYRE Route de Solferino - LABOUHEYRE © 05 58 07 10 10. *Ouvert de juin à septembre. Quatre à cinq places de 179,11 € à 323,17 €. Aire naturelle de camping à 5 € par personne.* Ce domaine, situé sur la route de Solferino et sur un airial de majestueux chênes, abrite des gîtes forestiers, une aire de camping et des équipements de loisirs. Les vacances s'annoncent bien. De la détente au programme mais aussi un peu de sport avec court de tennis, terrains de volley, de basket, de boules...

EMPLETTES

FERME LA CLOSERIE Lüe © 05 58 07 15 78. Dans une jolie ferme entourée de chênes, Gilbert Metzler présente ses salles de gavage, sa conserverie familiale et, pour les plaisir des papilles, fait déguster son foie gras. On y trouve aussi du pâté et de la galantine au foie, des confits, des gésiers, des rillons de canard et de la daube de canard.

FERME DE CANTELOUP Lüe © 05 58 07 09 59. *Ouvert toute l'année, tous les jours. Réseau Bienvenue à la ferme.* La propriété de Jean-Pierre Champion se situe au bourg. C'est une ferme d'élevage en système extensif. On y trouve des races anciennes et de nombreux produits comme de la charcuterie traditionnelle : pâtés, saucissons, chichons, jambons, viande de veau, génisse, porc… On peut les déguster, les acheter sur place ou par correspondance, ou les trouver sur les marchés.

AGENDA

2e lundi de mars et de juin, 3e lundi de septembre et décembre : foires. Ces quatre foires annuelles perpétuent la tradition séculaire des foires de Labouheyre qui furent célèbres dans le passé. Elles existaient déjà sous les Romains, sous le nom "d'emporium".
Jeudi matin : marché traditionnel de Labouheyre.
Mardi et vendredi du 3 juillet au 28 août : marché d'été de Labouheyre.
Mi-septembre : fête de Labouheyre.

LAUREDE

Pays du thermalisme

"Lourède" en gascon signifie lauriers. Le village a su conserver son caractère. Dominant l'Adour, c'est la patrie des frères Darracq, écarteurs, et de Paul Daverat (1855-1890), célèbre torero landais qui rénova les règles de la course landaise et contribua à lui donner son aspect actuel. Une stèle, œuvre de Cel le Gaucher, a été érigée en son honneur sur la place du village.

A VOIR

EGLISE. Laurède était le siège de l'ancien archiprêtré d'Auribat. L'église Saint-Jacques appartient au gothique tardif des XVe et XVIe siècles. A l'intérieur les frères Mazzetty ont œuvré et ont réalisé le maître-autel du chœur en marbre, ainsi que ceux des deux chapelles latérales (dédiées à la Vierge et à saint Michel). Ils ont également effectué la décoration du chœur en stuc. Le portail classique de pierre à l'entrée doit dater d'environ 1700.

LE PORT. Il connaît un trafic dense au XVIIe siècle. On y faisait transiter des vins de Chalosse et du Béarn jusqu'à Bayonne avec des gabares, ces bateaux à fond plat. Il subsiste toujours un entrepôt, celui de Larribere. L'activité de ce port a cessé au XIXe siècle. A Laurède, le château Castetmerle fut détruit à la Révolution. Il en reste une motte et un pin parasol. Ce dernier signifiait que l'on se trouvait sur une terre de franc-alleu, c'est-à-dire sur un domaine libre.

LA MAISON CAPCAZALIERE PEYNE © 05 58 97 95 33. *Ouvert de Pâques à la Toussaint samedi, dimanche et jours fériés de 15h à 18h. Le reste de l'année, visite sur demande.* Construite vers 1600, contemporaine d'Henri IV, la maison Peyne, à Laurède, est un témoin majeur de ce patrimoine. Les extérieurs et décors intérieurs sont inscrits à l'inventaire supplémentaire des Monuments Historiques. L'intérieur est très riche en éléments décoratifs (hautes cheminées de pierre sculptée, escalier à balustres et boiseries en chêne, carrelages…) et a été conservé tel qu'il était à l'époque de la construction. Le beau mobilier provincial des XVIIe et XVIIIe siècles, les peintures anciennes et l'atmosphère très particulière de la demeure font de cette visite un moment rare.

Les maisons capcazalières

"Capcazal" désignait autrefois, en Chalosse, une demeure et un domaine établis sur un lieu d'occupation et de mise en culture extrêmement ancien. Les propriétaires des Capcazaux jouissaient de privilèges particuliers : liberté complète face au système féodal, droits de propriété sur les bois communaux…

OU MANGER ET DORMIR

Ferme-auberge

FERME AUBERGE HAZA Saint-Aubin-La-Peyrade ✆ 05 58 97 72 35. *Ouvert du 1er juin au 10 septembre et le reste de l'année sur réservation. Menu de 12,30 € à 23 €. Menu enfant à 7,60 €.* Danièle et Bernard Justes invitent les gourmands dans leur ferme pour déguster des côtes de canard grillées aux cèpes - ils ont d'ailleurs obtenu le 1er prix Chaudrons d'Aquitaine, Bordeaux 1996 - mais également du foie gras entier d'oie et de canard, des magrets, des confits ou de la salade landaise et de la poule au pot dont le roi Henri raffolait. Cette conserverie familiale fait partie des Paysans de Chalosse, et c'est un vrai régal de manger des produits du terroir chez des gens accueillants.

EMPLETTES

Produits du terroir

VERGERS D'ESTIENNE Laurède ✆ 05 58 97 71 94. *Vente directe à la ferme tous les jours de 17h à 20h. Visite gratuite de la ferme et dégustation le mercredi à 17h.* Claude Carrincazeaux a replanté des arbres fruitiers en Chalosse car il avait la nostalgie des bons fruits d'antan, très sucrés, "des fruits à goût" comme il dit. Cet agriculteur est amoureux de la nature, producteur de maïs, éleveur de vaches laitières, gaveur de canards gras en hiver, et en été récolteur de pêches et d'abricots, mais aussi de savoureux melons et fruits rouges. Retrouvez ces bons fruits sur les marchés : Mont-de-Marsan le mardi et samedi matin, Morcenx, Montfort le mercredi matin, Saint-Paul-les-Dax le jeudi matin et Tartas, Dax, Mont-de-Marsan le samedi matin.

AGENDA

Juillet : fêtes locales.

LEON

Côte Landes nature

En site inscrit et classé, le village offre de belles maisons anciennes à l'architecture typique de la région du Marensin. De nombreuses balades à pied, au cœur de la réserve naturelle ou la descente en barque du Courant d'Huchet, permettent de découvrir un environnement naturel exceptionnel.

OFFICE DE TOURISME Place de la Poste ✆ 05 58 48 76 03

A VOIR

LE COURANT D'HUCHET Lac de Léon ✆ 05 58 48 75 39. *Promenade en barque de Pâques à fin septembre. Sur réservation. Trois balades à 10h ou 14h30 durant 2 à 3h (aller et retour) de 9,90 € à 16,76 €.* La nature est reine dans ce lieu magique. L'exutoire de l'étang de Léon chemine à travers les dunes, les bois et les marécages, et la présence de nombreuses libellules sont un signe de non-pollution. Petite rétrospective du courant : en 1920, les premiers bateliers, tous pêcheurs professionnels sur le lac de Léon, proposent les premières promenades. En 1930 un syndicat des bateliers regroupant une dizaine de membres se forme. Après 1960 le tourisme prend de l'essor et la batellerie se modifie. Gemmeurs, étudiants et jeunes en manque d'emploi prennent le relais des pêcheurs qui se font rares. Classé site protégé en 1932, le courant d'Huchet devient réserve naturelle en 1982.

LA RESERVE NATURELLE. Elle est formée par le lac de Léon et le courant d'Huchet. Le magnifique lac de Léon a une superficie de 339 ha. Au sud-ouest, il se déverse par le courant d'Huchet dans l'océan, à Moliets. Le courant mesure 8 km du lac à l'Océan.

OU MANGER ET DORMIR

Restaurant

BODEGA CERVANTES Place de la Mairie - LEON ✆ 05 58 49 22 23. "Qui vient ici, revient..." nous fait part le maître des lieux, Bernard Canton. Tout respire l'Espagne toute proche, avec tapas, parillada de poissons, piquillos, chipirons, gambas, paella et chuleta de bœuf. Vous trouverez aussi des assortiment de poissons et de viandes cuits "à la plancha", souvent autour d'un groupe flamenco ou gipsy, en sirotant de la sangria ou un rioja, mais également des plateaux de fruits de mer, sur commande.

Hôtels-restaurants

HOTEL DU CENTRE Grand-Rue - LEON ✆ 05 58 48 74 09. *Hôtel-restaurant. Ouvert toute l'année. Service continu du 1er juillet au 31 août de 12h à 23h. Dix chambres de 27 € à 36 €. Menus de 9,20 € à 22,20 €.* Situé au bourg, cet hôtel-restaurant, revêtu de sa parure landaise, est charmant. Il dispose d'une grande salle claire et chaleureuse. Le Chef y fait une cuisine traditionnelle, mais prépare aussi des pizzas. Une terrasse aux beaux jours permet d'être au centre de ce joli petit village.

HOTEL DU LAC Berges du Lac - LEON ✆ 05 58 48 73 11/05 58 49 23 80. *Site Internet : www.hoteldulac-leon.com. Ouvert de mars à octobre. Chambres de 40 € à 58 €. Petit déjeuner à 5 €. Menus de 11,20 € à 27,50 € et menu enfant à 6,10 €.* Escale reposante à souhait, et donnant directement sur le lac. Dans la salle fleurie, de la cuisine landaise essentiellement : gratin de poisson, anguilles et canard. Côté douceur, vous pourrez choisir un pastis servi généralement avec une crème anglaise. Pour une bonne digestion, possibilité de réserver une des quinze chambres dans ce paysage bucolique. Elles sont de tout confort et certaines donnent sur le lac.

Chambres d'hôtes

AU GAT Léon ✆ 05 58 48 77 73. *Ouvert toute l'année. Chambres doubles : 43 € petit déjeuner compris. Deux épis.* La demeure de Gisèle Martinez est située à 3 km du bourg, sur un bel airial où quelques chênes séculaires sourient aux pins de la forêt toute proche. Une belle maison où les vacanciers apprécieront non seulement la qualité de l'accueil mais surtout la piscine privée, idéale pour un rafraîchissement pendant les chaleurs de l'été. Deux chambres avec salle d'eau privée et W.-C. communs raviront les familles. Une cuisine est à leur disposition, ainsi qu'un barbecue. Les petits déjeuners sont servis sur la terrasse vitrée et couverte. L'intimité est assurée par une entrée indépendante.

Camping

CAMPING LOU PUNTAO Au bord du lac - LEON ✆ 05 58 48 74 30. *E-mail : camping.lou-puntaou@wanadoo.fr - Site Internet : www.lou-puntaou@wanadoo.fr. Ouvert de début avril à fin 30 septembre. Hors saison, pour deux personnes : 10,67 €. Quatre étoiles.* Ce camping jouit d'une atmosphère paisible. Son bois de chêne apporte une ombre rafraîchissante, tandis que ses piscines et ses animations assurent un séjour réussi et confortable. En camping ou en location, grand choix d'emplacements. La proximité du lac est propice à la planche à voile, au dériveur, à la pêche ou tout simplement à la baignade et au farniente.

SE DETENDRE

CINEMA Grand-Rue © 05 58 48 72 20

Sports

CENTRE NAUTIQUE Léon © 05 58 48 78 80. Fondé en 1964, il compte une cinquantaine d'adhérents qui pratiquent le nautisme pour le plaisir et se mesurent régulièrement lors de régates sur les plans d'eau de la région. Le lac de Léon est un site idéal pour le nautisme par sa superficie et sa forme circulaire, par sa bonne ventilation et par la facilité de la mise à l'eau. L'école de voile propose des cours particuliers et des stages tous niveaux, ou encore la location de matériel allant de la planche à voile au catamaran en passant par l'optimiste.

CHEZ GISOU Lac de Léon © 05 58 49 21 64. *Ouvert d'avril à septembre. 5,33 € et 10,67 € la demi-heure.* Location de pédalos et de bateaux électriques sans permis.

GOLF MINIATURE Berges du lac © 05 58 49 21 63. *Ouvert d'avril à septembre. Nocturnes jusqu'à minuit en juillet, août.*

LE MOULIN DE LA GALOPPE Saint-Michel-d'Escalus © 05 58 48 71 16. *Ouvert de mars à fin octobre de 9h à 19h et en juillet août de 9h à 20h. Entrée à 2 € et gratuite jusqu'à 12 ans.* Agréable promenade dans un site fleuri autour du moulin et des étangs. Les pêcheurs à la truite seront ravis car, grâce à du matériel fourni à l'entrée, ça mord presque à tous les coups ! Quand la nasse est pleine, une promenade dans ce cadre naturel s'impose pour saluer daims et cygnes…

AU PONT NEUF Route de Linxe - SAINT-MICHEL-D'ESCALUS © 05 58 48 75 07. *Rendez-vous au pont neuf de juin à septembre. De 9h30 à 20h. Balade en canoë kayak (2h30) à 11,50 €.* Dans un cadre verdoyant naturel, une découverte sous forêt galerie, une promenade sur La Palue, petite rivière, à bord d'un canoë-kayak. Quelques recommandations : activité réservée aux personnes sachant nager, être courtois avec les pêcheurs, conserver le gilet de sauvetage en permanence, porter des shorts, maillots de bain et prévoir des vêtements de rechange. On aperçoit souvent des hérons, écrevisses, loutres, canards sauvages…

EMPLETTES

Produits du terroir

FERME PITCHOUNE Route de Dax © 05 58 48 76 65. *Tous les jours sauf le dimanche de 10h à 12h30 et de 15h à 19h30.* Denis Laffond reçoit les familles et leurs enfants pour observer des animaux en liberté. En repartant de cet endroit charmant et typique, il est possible d'emporter des produits traditionnels tels que des confits, du foie gras, des pâtés et des volailles fermières (poulets, pintades, pigeons, canards) commandés la veille.

AGENDA

Mardi matin toute l'année : marché au gras.
Tous les jours du 15 juin au 15 septembre : marché forain.
Fin juin : fête du lac.

LEVIGNACQ

Parc naturel des Landes

Pays de forêts aux senteurs de résines et de bruyères, Lévignacq révèle son église du XIVe siècle : la nef, avec son plafond en chêne, à la merveilleuse ornementation picturale, classée Monument Historique. Le promeneur, épris de calme et de solitude, se fond dans la nature accueillante et découvre au hasard un vieil airial, une ancienne bergerie et une cabane de résinier, autant de signes d'un passé proche. Un joli village plein de quiétude.

INFORMATIONS MAIRIE © **05 58 42 82 37**

A VOIR

EGLISE. Inscrite à l'inventaire des Monuments Historiques, elle date du XIVe siècle. Les deux archères du clocher attestent sa fortification. Derrière la porte d'entrée, on voit la nef avec son plafond en chêne et à merveilleuse ornementation picturale. Ce travail de décoration a été réalisé entre 1713 et 1715 par Fautier, peintre de Bordeaux. Une importante restauration a été opérée en 1975.

AUX ENVIRONS

Lesperon

Pays de forêts aux senteurs de résines et bruyères, et aux traditions toujours vivaces. L'église est ornée d'un clocher massif armé de meurtrières et percé de mâchicoulis. Halte gastronomique réputée, Lesperon offre tout de même quelques curiosités à découvrir : le lavoir, le kiosque et la fontaine qui témoignent du passé.

OU MANGER ET DORMIR

LES GENETS DU VIGNACQ **Lévignacq** © **05 58 42 48 00.** *Fermé dimanche soir et une semaine en octobre. Chambres doubles à 43 €. Petit déjeuner à 6,10 €. Soirée étape à 43 €. Menu du jour à 10,50 € (le midi en semaine). Menus de 16 € à 27 €. Prix moyen à la carte : 22 €.* Situé face à l'église, en centre bourg, Jean-Marc Jean a remis l'établissement à neuf en mai 2001. Il dispose de six chambres avec salle de bains, W.-C., télévision, et d'une chambre équipée pour handicapé. Elles sont toutes de style à la fois landais et moderne. Au restaurant sont servis des poissons en fonction des arrivages, et une cuisine traditionnelle, magrets et confits, ainsi que des desserts variant selon les saisons.

AUX ENVIRONS

Hôtel-restaurant

LE RELAIS PARIS-MADRID Lesperon © 05 58 89 60 16. *Fermé du 6 janvier au 20 mars. Chambres doubles de 50 € à 60 €. Petit déjeuner à 7,50 €. Menus de 14 € (le midi) à 40 €. Menu enfant à 7 €. Prix moyen à la carte : 37 €. Prendre la sortie 13 de l'A10.* Jean-Claude Lenormand tient un établissement atypique. Fort de ses 35 ans de vie à l'étranger, il a donné une note très personnelle à cet hôtel-restaurant. S'y retrouvent des couleurs d'Asie, d'Afrique… Une certaine vision du monde. Un lieu insolite pour déguster des spécialités régionales, comme le foie gras maison, et des desserts maison comme le fondant au chocolat ou la crème brûlée au gingembre. Jean-Claude s'attache tout particulièrement à la qualité des produits cuisinés. Il achète des canards landais, de la viande chez son boucher à Bordeaux, et propose aux enfants un vrai menu dans lequel ils peuvent choisir autre chose qu'un bifteck !

Chambres d'hôtes

GONON 162, allées Bruyères - LESPERON © 05 58 89 65 54. *Ouvert toute l'année. Chambres doubles à 45 € petit déjeuner compris. Trois épis.* Gilles et Nicole ont le sens de l'hospitalité. Leur grande maison se situe à 800 m du village et 20 mn des plages. A l'orée des bois de pins, Morphée n'a aucun mal à bercer les visiteurs qui se sont installés dans l'une des trois chambres de la vaste demeure. Au réveil, les traits à peine tirer, ils sont conviés à prendre le petit déjeuner sur une grande table commune.

AGENDA

Mars : fête de Lévignacq.
Mi-juillet : fête de Lesperon.

LIT-ET-MIXE

Côte Landes nature

Avant la Révolution Lit-et-Mixe se composait de deux communes bien distinctes : Lit signifie rivage ou littoral. Comme beaucoup d'autres villages côtiers, il était très marécageux. Mixe plus au sud, était un ancien poste militaire placé sur une des principales routes de l'Empire romain. Actuellement Lit-et-Mixe ne forment plus qu'un pour des commodités économiques et administratives. Au Moyen Age, le village était une étape du périlleux voyage des pèlerins à travers les Landes sauvages sur le chemin de Compostelle. C'est aujourd'hui un charmant et coquet village situé à la lisière d'une immense forêt de pins de 10 850 ha bordée par la côte océane sur 11 km.

OFFICE DE TOURISME Rue de l'Eglise ✆ 05 58 42 72 47

E-mail : ot.litetmixe@wanadoo.fr.

A VOIR

MUSEE DES VIEILLES LANDES Place de l'Eglise ✆ 05 58 42 85 77. *Ouvert tous les jours en juillet août de 10h à 12h et de 16h à 18h30 (sauf les dimanches). Entrée gratuite.* A proximité de l'Office de Tourisme, ce musée retrace la vie des Landes au siècle dernier (période de 1850 à 1950) au travers de nombreux outils, vêtements et vieux métiers représentés par des personnages en situation.

OU MANGER ET DORMIR

Restaurant

L'ESTANQUET 37, route du Gemié - LIT-ET-MIXE ✆ 05 58 42 83 97. *Fermé le lundi et d'octobre à mars. Menus de 13 € à 18 €. Carte 20,50 €.* Situé sur la route de Saint-Girons, cette belle demeure landaise à colombages trône dans un environnement verdoyant. Le cadre typique avec cheminée, bar et chaises rétro, mais surtout la cuisine est régionale, simple et familiale. Redécouvrez les saveurs d'autrefois : en vedette la soupe paysanne, le jambon de pays poêlé aux oignons, cuisse de canard confite, pain perdu… Réservation souhaitée en été. Aux beaux jours, service sur la terrasse ombragée et jeux d'enfants.

Hôtel-restaurant

CLUB ATLANTIQUE Route des Lacs - LIT-ET-MIXE ✆ 05 58 42 88 34. *Site Internet : www.clubatlantique.com. Ouvert de mars à novembre. Location de cottages. Hors été, réservation obligatoire pour la restauration. Conditions particulière pour groupes.* Entouré de forêts de pins qui sont l'emblème et la raison même du département des Landes, le Club Atlantique accueille dans une ambiance familiale. L'hébergement en cottages d'une à trois pièces correspond à un niveau de confort très correct. Restaurant bar au bord de la piscine. Nombreuses activités sur place et à l'extérieur. Etape groupes, banquets, mariages, repas d'affaires…

Chambres d'hôtes

CASTETS 202, chemin du Bosquet - LIT-ET-MIXE ✆ 05 58 42 83 94. *Fax : 05 58 42 83 94. Ouvert toute l'année. Deux chambres de 65 € à 75 €. Carte bancaire non acceptée. Trois épis.* Cette maison récente, située dans un parc boisé et fleuri, peut accueillir une famille de quatre personnes dans deux chambres jumelées. L'intimité est assurée avec des entrées indépendantes. Terrasse et salon de jardin sont à disposition. Rose-Marie et Philippe, les propriétaires des lieux, ne se situent qu'à 7 km de la plage. La forêt et les pistes cyclables toutes proches occuperont aisément les sportifs et les dégourdis.

Club Atlantique
Route des Lacs - 40170 LIT-ET-MIXE
Tél. 05 58 42 88 34 - Fax 05 58 42 88 95
149764

Campings

CAMPING L'UNIVERS Route des Lacs - LIT-ET-MIXE ✆ 05 58 42 83 37. *Ouvert du 1er juin au 15 septembre. De 9,14 € à 17,53 € pour deux personnes par nuit. Chalets pour quatre personnes de 160,06 € à 289,63 €. Quatre étoiles.* Lieu en pleine nature où tout est pensé pour que le séjour soit agréable : des emplacements de 100 m² bien délimités par des haies, ombragés par de grands chênes, et avec des sanitaires confortables et fonctionnels. Des loisirs familiaux sportifs et variés : 2 courts de tennis, 2 piscines, 1 pataugeoire pour enfants, golf miniature, aire de jeux, salle pour enfants et espace gym dans une ancienne grange. Dans une ancienne maison de maître, bordé de ruisseaux, ce camping est situé dans le bourg, les commerces étant donc à proximité et la plage à cinq minutes en voiture.

CAMPING LES VIGNES Route des plages du cap de l'Homy - LIT-ET-MIXE ✆ 05 58 42 85 60. *Ouvert du 1er avril au 15 octobre. De 10,51 € à 19,05 € par jour selon les prestations et les saisons.* Situé dans une pinède semi-ombragée de 15 ha, ce camping comporte 420 emplacements grand confort et propose de nombreuses animations en juillet et août. A 5 km du cap de l'Homy, une magnifique plage, il est équipé d'une piscine, d'une pataugeoire, d'un espace aquatique avec glissades et toboggans, d'une aire de jeux pour enfants, d'un boulodrome, d'un terrain multisport, et d'un espace T.-V. Pour se balader dans la forêt environnante, des V.T.T. sont à louer.

SE DETENDRE

FERME EQUESTRE BENESSE VIEUX ✆ 05 58 42 72 54. *Ouvert toute l'année. Promenade à cheval d'une heure pour 14 € dégressifs selon le temps passé. Hébergement à la ferme de 34 € à 49 € par jour.* Sur la route d'Uza, Marie José Vauthier accueille tout le monde pour des balades à cheval dans la superbe forêt, et propose des stages d'équitation pour enfants.

EMPLETTES

Cadeaux

LE TIRE-BOUCHON Lit-et-Mixe. Sur le bord de la route direction Linxe, une belle boutique en bois perdue au milieu des fleurs. Décoration artisanale, fleurs séchées, bouquets, lampes, cadeaux en pagaille, vins… on est obligé de trouver quelques chose à son goût.

Club Atlantique
Route des Lacs - 40170 LIT-ET-MIXE
Tél. 05 58 42 88 34 - Fax 05 58 42 88 95

Produits du terroir

DUBERTRAND BOUCHERIE CHARCUTERIE 91, avenue de la Côte-d'Argent ✆ 05 58 42 83 05. Des plats cuisinés et des conserves cuisinées à l'ancienne : foie gras, boudin landais, bœuf en daube et confiture de pastèques sont mitonnés par cette bonne maison.

LA FERME DE NINOU ✆ 05 58 42 76 78. Une balade dans les environs est l'occasion de découvrir cette petite conserverie familiale. Marie France et Gérard Napias élèvent des poulets fermiers, des canards, des oies... Ils affichent avec fierté la traçabilité de leurs bêtes qui assure la qualité de leurs produits. Les visiteurs peuvent ainsi repartir le panier bien rempli : confits, pâtés et bien sûr foie gras, mais aussi des asperges. Fraîcheur et authenticité sont ici des maîtres mots. Ces délices sont à déguster sur place ou à la maison...

AGENDA

Tous les matins du 1er juillet au 31 août : marché saisonnier.
Mi-juillet : fête de Lit-et-Mixe.

LUXEY

Parc naturel des Landes

Vaste commune essentiellement forestière et agricole au bord de la petite Leyre. Elle est au Moyen Age l'un des fiefs de la famille d'Albret. On y trouve de belles maisons et des bergeries du XVIIIe siècle. L'une d'entre elles, datant de 1772, est particulièrement remarquable. Vers le milieu du XIXe siècle, Luxey se signalait par son commerce de grains, miel, laines, peaux et par de nombreux marchés.

INFORMATIONS MAIRIE ✆ 05 58 04 70 70

SYNDICAT D'INITIATIVE DES VALLEES DE LA LEYRE Moustey ✆ 05 58 07 70 00

A VOIR

LES AMIS DE LA MAISON DE L'ESTUPE HUC ✆ 05 58 04 70 70. *Ouvert du 1er juin au 1er octobre tous les jours de 10h30 à 18h30. Le reste de l'année sur rendez-vous. Entrée adulte à 3,81 € et enfant de 7 à 12 ans à 1,52 €.* En partant d'une invention locale, avec les plus récentes techniques audiovisuelles, la maison de L'Estupe-huc invite à découvrir les moyens de combattre le feu, si redouté en haute Lande. Trois vidéogrammes sont projetés en cours de visite. Une borne interactive complète l'ensemble et renforce l'action pédagogique orientée avant tout sur la prévention des incendies de forêts. L'Estupe-huc signifie "éteins le feu", inventé par un sylviculteur luxois en 1934. C'est un appareillage manuel utilisé pour chercher et extraire l'eau du sol qui devait servir à éteindre le feu. Conservatoire du feu et de la sagesse des forestiers, la Maison de l'Estupe-huc a été créée pour que personne n'oublie que l'imprudence en forêt est dramatique, mais aussi pour fixer les racines landaises et proposer à tous un projet porteur sur le passé et les coutumes. Deux niveaux d'exposition regroupent les moyens inventés par l'homme pour lutter contre l'incendie. Les conseils de prévention et d'entretien exposent les fameux Estupe Huc, la tour de guet, les camions et les pompes d'aujourd'hui.

ATELIERS DES PRODUITS RESINEUX Luxey. *Ouvert tous les jours d'avril à octobre. Ouvert hors saison samedi après midi à partir de 14h, dimanche et jours fériés à partir de 10h. En saison tous les jours à partir de 10h. Tarifs adulte à 3,87 € et enfants à 2,28 €.* Cet atelier a été fondé en 1859 par des propriétaires-négociants. A partir d'alambics distillant la résine de "l'arbre d'or", les ateliers de la région landaise diffusent colophane et essence de térébenthine sur tout le pays. Autour de cette activité, toute la région se développe, avant de s'éteindre en 1954, à l'arrivée des résines de synthèse. Ce deuxième site de l'écomusée se veut le reflet des mutations, tant sur le plan des paysages que sur celui des coutumes et des relations sociales et économiques. Le lieu s'impose ainsi à travers un ensemble de bâtiments aujourd'hui inscrits à l'inventaire des Monuments Historiques. Les barriques de résine chargées sur quelques bros, l'alambic et la haute cheminée dominant les toits témoignent de cette ancienne prospérité.

AGENDA

2e jeudi de chaque mois : marché.
Dernier week-end de juillet : fête des paloumayres (chasseurs de palombes).
Mi-août : festival Musicalarue.

Musicalarue

Le festival se déroule à la mi-août. Concerts, danse, théâtre, spectacles tout-terrain se succèdent dans la bonne humeur pour tous les publics et tous les arts de la rue. Tous les soirs, de nombreux artistes transforment alternativement les rues et les places du petit village en vaste music-hall et en piste de cirque. C'est un véritable tourbillon de jeux, de lumières et de musiques autour d'un bon repas et dans une ambiance de cabarets. Côté musique, c'est sur du rythm'n'blues, flamenco, jazz manouche, rock musette qu'on se laisse bercer. Tous les artistes sont logés chez l'habitant, et ainsi la chaleur de l'accueil fidélise les troupes d'années en années. Renseignements au 05 58 08 05 14 ou sur le site Internet www.musicalarue.com.

MAGESCQ

Côte sud des Landes

Le nom du village porte le nom d'un ruisseau qui se jette dans le lac de Soustons. Ce bourg était autrefois un relais de poste, et aujourd'hui il est la capitale de l'asperge du Marensin.

OFFICE DE TOURISME Place de l'Eglise © 05 58 47 76 24

A VOIR

FERME DE PUYOBRAU 2695, route de Dax - MAGESCQ © 05 58 47 71 83. *Visite guidée sur demande. Tarifs à 3 € par enfant et 5 € par adulte. Réseau Bienvenue à la Ferme.* Geneviève Dubuc dévoile sa ferme de sélections avicoles de races anciennes et de reproduction. Autrement dit on peut observer de tous petits poussins en passe d'éclore ou âgés d'à peine un jour, ainsi que leur aînés déjà beaucoup plus agiles… Visite donc des couveuses et poussinières, et observation des reproducteurs dans les volières, le tout le long d'un parcours arboré.

OU MANGER ET DORMIR

Restaurants

LE CABANON 1129, avenue des Landes - MAGESCQ ✆ 05 58 47 71 51. *Congés de mi-septembre à mi-octobre. Fermé dimanche soir et lundi hors saison. Menus de 23 € à 54 €.* Chaleur d'une petite auberge landaise à colombages et classe des grandes maisons. Dans un ballet impeccable, les serveurs veillent au bien-être du début à la fin de cette parenthèse gastronomique. Le Chef, Claude Bories, propose un festival de saveurs, une euphorie nourricière au cours de laquelle les grillades sur braise et les plats cuisinés à l'ancienne fascinent les inconditionnels. Soulevons discrètement le couvercle d'une casserole pour le fumet délicat d'un tournedos de canard au foie gras et aux truffes ou d'une selle d'agneau du Pays basque, rôtie avec sauce basilic. La carte des desserts est tout aussi subtile. Mention toute particulière pour l'extraordinaire choix d'alcools, le péché mignon de la maison, de whiskies et de pastis faits maison, sans oublier les nombreux vins.

LA GRANGE AUX CANARDS 1129, avenue des Landes - MAGESCQ ✆ 05 58 47 71 51. *Fermé dimanche soir et lundi.* Même menu qu'au Cabanon. Un simple couloir avec des outils anciens sépare la Grange aux canards du Cabanon. La même ambiance subtile y règne avec une cuisine soutenue par une fidélité régionale : foie frais, magret et brochettes de cœur sont toujours appréciées, accompagnées des même vins qu'au Cabanon. Chaleur, raffinement, art du beau et du bon ! Une belle trilogie synonyme de bien-être. Rare de nos jours…

Hôtel-restaurant

LE RELAIS DE LA POSTE RN10 - MAGESCQ ✆ 05 58 47 70 25. *Fermé du 11 novembre au 21 décembre. Fermé lundi soir et mardi hors saison. Menus de 46 € à 65 €. Prix moyen à la carte : 80 €. Chambres doubles de 96 € à 230 €.* C'est en 1952 que Bernard Coussau s'installe au village. Son fils Jean a repris Le Relais avec brio. Durant 15 ans de complicité entre père et fils, l'établissement a été distingué par deux étoiles au Michelin, et ceci depuis 30 ans. Autre distinction par Le Club des fourchettes de la côte basque, après de nombreuses dégustations effectuées au cours de l'année par le club gourmand, dans les meilleurs restaurants landais et basques. La fête du palais naît ici de petits et grands plaisirs, ceux que procure la classique cuisine d'un terroir qui n'est pas reniée chez les Coussau. Une mise en bouche avec les asperges vertes et blanches des Landes rôties, fins copeaux d'Ibaïona ou poulardes des Landes en deux cuissons aux légumes d'hiver, ou encore une subtile salade de foie poêlé aux girolles et truffes de la Saint-Jean. Les chambres offrent des prestations de qualité : téléphone direct, T.-V. et minibar. En été, piscine et tennis privés.

Chambres d'hôtes

LE CASSOUAT Magescq ✆ 05 58 47 71 55. *Ouvert toute l'année. Chambres doubles à 47 € petit déjeuner compris. Trois épis.* Marlène sait accueillir ses hôtes comme il se doit. Une maison contemporaine et confortable, un parc de 10 ha et un plan d'eau avec pédalos et canards. Idéal pour les amateurs de pêche : le ruisseau regorge de poissons. Deux des quatre chambres offrent la possibilité de cuisiner et le gîte rural peut accueillir de deux à quatre personnes.

SE DETENDRE

KARTING DES PINS Route de Léon - MAGESCQ ✆ 05 58 47 77 66. *Ouvert toute l'année de 11h à 19h. En juillet et août de 11h à 21h. En hiver, le samedi et dimanche, ouvert de 11h à 18h.* Le circuit de Magescq, d'une longueur de 900 m et de 7,50 m de large, est homologué par FDK/FFSA. Après quelques tours de circuit, une pause s'impose au bar.

QUAD Route de Léon © 05 58 47 76 04. *Ouvert toute l'année de 11h à 19h. Fermé le mardi. En juillet et août ouvert 7j/7 de 11h à 21h. Tarif : les 10 minutes 50 cc : 7,70 €.* Dans un cadre boisé de 3 ha, sur une piste de 820 m x 5 m, des quads de 50 cc, 80cc ou 325cc. Pour les enfants, piste à partir de 4 ans.

EMPLETTES

Cadeaux

ART EGYPTIEN Route de Léon - MAGESCQ © 05 58 47 71 45. *Ouvert en été de 14h à 20 h. Fermé dimanche et jours fériés. Hors saison, visite de la galerie sur rendez-vous.* Avis aux fans de l'art égyptien. Une visite de la galerie de Michel Perpigna s'impose. L'artiste dévoile avec passion cette exposition insolite. Des sculptures, lampes, miroirs, déesses, dieux, prénoms, hiéroglyphes, papyrus, mais aussi des peintures des Landes et d'ailleurs. Sûr de trouver ici un cadeau original.

BERTAILS PATRICK Entre Magescq et Soustons © 05 58 47 70 07. *Ouvert de 9h à 12h et de 14h à 19h. Fermé le dimanche. En juillet et août ouvert tous les jours.* Cet artisan travaille le liège avec une aisance étonnante. Cet arbre, roi dans les Landes, a donné à la région une belle prospérité.

Produits du terroir

COPAL LA MARENSINE Avenue de la Chalosse - MAGESCQ © 05 58 47 70 41. Depuis 6 ans, la COPAL commercialise les asperges par le biais de Primland. Ces asperges, savoureuses et délicates, sont conditionnées sur place avant d'être expédiées en Allemagne et aux quatre coins de France. La grande saison de l'asperge bat son plein de mars à juin. Un cabas vite remplis avec ces délicieuses asperges à la Coopérative des producteurs d'asperges des Landes.

CONSERVATOIRE AVICOLE DU PUYOBRAU Route de Dax - MAGESCQ © 05 58 47 71 83. *Ouvert tous les jours de 10h à 19h. Entrée adulte à 5 € et à 3 € pour les enfants. Pour les groupes il faut téléphoner.* Dans un parc arboré, ombragé et fleuri, ce conservatoire permet de retrouver tout ce qui faisait le charme et la richesse des fermes d'autrefois. A découvrir plus de 120 races anciennes en voie de disparition : la poule, le coq, le canard, le pigeon frisé, paon ou maillé rouge, la pintade toute de bleu vêtue, l'oie et ses petits. On apprécie ici la façon dont sont élevés les petits de toutes espèces ! Vente de sujets vivants.

AGENDA

Jeudi matin toute l'année : marché traditionnel.
Fin juin : fêtes.

MEES

Pays du thermalisme

Le célèbre poète Pierre Benoît a résidé dans la maison des Glycines qui se trouve au bourg. Son ami Emile Despax lui rendait souvent visite. Il s'y inspira pour trouver le titre du recueil de poésies qui lui valut le prix de l'Académie Française en 1905.

SYNDICAT D'INITIATIVE 884, avenue Emile-Despax © 05 58 97 48 69

E-mail : mees.espaces-naturels@wanadoo.fr.

A VOIR

EL CORTIJO 1011, route de Constantine ✆ 05 58 97 50 90. *7,50 € par personne le mercredi pendant l'été. Accueil de groupes sur réservation.* L'Andalousie à 5 minutes de Dax c'est possible en assistant aux spectacles de dressage de chevaux réalisés en costume de corrida sur une musique flamenco. La visite du domaine offre également un dépaysement total : écuries entièrement décorées d'azulejos (céramiques sévillannes) et abritant les chevaux andalous et portugais d'Héléna Gayral, un manège couvert de 800 m^2, des arènes, un bar andalou et une salle de réception.

LES TOURBIERES DE L'ESTANQUE. *Visites guidées du 1er octobre au 30 avril mercredi à 14h30 et à 16h (rendez-vous au Syndicat d'Initiative). Du 1er mai au 30 septembre mardi et mercredi de 14h30 à 16h (rendez-vous sur le site). Tarifs : 2,28 €.* Dans le cadre d'une convention de gestion entre la commune de Mées, l'Office National des Forêts des Landes et Espaces Naturels d'Aquitaine, les tourbières de l'Estanque sont désormais protégées. La tourbière est un écosystème aquatique particulier. Celle de l'Estanque est active et produit encore de la tourbe. Cet endroit est un aperçu de ce que les Landes étaient avant l'arrivée des pins. Très éducatif, un sentier de découverte permet d'admirer d'un côté une plante carnivore protégée, la drosera appelée aussi rosée du soleil ou oreille du diable selon les légendes, et de l'autre une faune et une flore remarquables : criquet ensanglanté, lézard vivipare, araignée plongeuse. De quoi faire frémir certains !

MESANES 808, route de Constantine ✆ 05 58 97 48 87. *E-mail : mesanes@wanadoo.fr. Ouvert toute l'année d'avril à octobre, hors saison le mercredi et le week-end sur rendez-vous. Tarifs adulte à 4.57 € et enfant à 3,05 €. Anniversaire pour enfants sur réservation 15 jours à l'avance (7,62 € par enfant).* Considérés comme "le cheval du pauvre", Papillon, Félicien et les autres prouvent ici qu'ils ne sont pas si bêtes que ça. Ici justement, sur le dos de ces doux compagnons, des balades enrichissantes sont prévues. Les ânes sont attelés à des voitures de 3 ou 6 places. Des pique-niques et anniversaires pour enfants sont organisés avec goûter, animations, jeux et promenades avec les ânes. Une boutique propose des souvenirs, cartes postales et produits au lait d'ânesse. L'âsinerie (endroit où on élève un âne) dont l'objectif est éducatif avant tout, permet de travailler avec handicapés et personnes âgées. Sur le site, face à la piscine, un bungalow est à louer.

OU SORTIR

LA GUINGUETTE Mées. Discothèque où sont organisés certains après-midi des "thés dansant" et "bals rétro".

LE MANZANA Route de Bayonne ✆ 05 58 97 48 91. *Discothèque. Fermé du 2 au 19 août. Tous les jeudis à 21h, les vendredis à 21h30, les samedis à 22h30 avec soirée années 80 et les dimanches à 15h30 avec orchestre.*

EMPLETTES

Produits du terroir

ELEVAGE DE CHEVRES ANGORA Petit Laluque ✆ 05 58 97 58 62. *Visites guidées lundi, mercredi, vendredi à 14h30 et 16h. Tarifs adulte à 4 € et enfant à 2 €.* Véronique et Serge Ducasse proposent de décoller pour un petit coin d'Australie afin de découvrir non pas des kangourous, mais un élevage de chèvres angora de race australienne. Au cours de la visite guidée, entre chèvres et chevreaux, on découvre les différentes étapes du travail de cette fibre naturelle de prestige, douce et résistante, pur mohair. Pelotes de laine, pulls et couvertures sont en vente sur place.

AGENDA

Début mai : 3e salon "Les Tourbières en fêtes". Ce salon est consacré à la connaissance du monde végétal carnivore, à la protection de leur biotope et à la présentation des milieux humides.
Début juillet : fêtes.

MESSANGES

Côte sud des Landes

La commune s'étend sur 3 400 ha de forêt de pins. L'étang de Moisan, au sud de Messanges, est le vestige du port actif avant le détournement de l'Adour. Son nom viendrait de celui du navire échoué lors du retrait des eaux lorsque fut établie la nouvelle embouchure de l'Adour. Le GR8 passe devant deux étangs, à visiter à vélo ou à cheval. Deux circuits pédestres ont été aménagés.

OFFICE DE TOURISME Route des lacs - MESSANGES ✆ 05 58 48 93 10

E-mail : ot.messanges@wanadoo.fr - Site Internet : www.ot-messanges.fr.

OU DORMIR

Campings

LES ACACIAS Route d'Azur - MESSANGES ✆ 05 58 48 01 78. *E-mail : lesacacias@lesacacias.com. Ouvert du 1er avril au 31 octobre. Tarifs : forfait 1 à 2 personnes à 8,53 €. Chalets, bungalows, mobil-homes et caravanes à louer.* Niché entre Messanges à 3 km et Vieux-Boucau à 2 km, ce camping familial est propice au calme et à la détente. L'océan est à 2 km et les commerces sont tout proches.

CAMPING LE VIEUX PORT Route des lacs - MESSANGES ✆ 05 58 48 22 00. *E-mail : levieuxport@wanadoo.fr. Mobil-home de 6 personnes, chalet pour 4, 6 ou 8 personnes.* En bordure de l'océan, ce camping a un accès direct à la plage, soit à pied ou par un petit train qui parcourt le territoire de 40 ha du vieux port. Sur place, on trouve toutes les prestations d'un centre commercial : restaurant, journaux, tabac et autres boutiques, ainsi que de vastes sanitaires. Pour la détente, un parc aquatique avec 6 bassins dont un couvert, 2 toboggans et autres activités sportives.

CAMPING D'ALBRET PLAGE Messanges ✆ 05 58 48 03 67. *E-mail : albretplage@wanadoo.fr. Ouvert de mi-mars à fin octobre.* Détente et nature au programme de ce camping situé à 3 km de Messanges, à 1 km de Vieux-Boucau et à 300 m de la plage. Pratique, car à la fois près de l'océan et de tous les commerces. Côté animations sur le terrain : en journée volley-ball, pétanque et ping-pong, et en soirée repas champêtre une fois par semaine. De nombreuses activités aux alentours comme le surf, la voile, l'équitation…

RESIDENCE ARTS ET VIES Quartier nature - MESSANGES ✆ 05 58 48 96 00. *E-mail : tlafitte@artsvie.asso.fr - Site Internet : www.artsvie.asso.fr. Ouvert toute l'année. Deux pièces pour 4, 6 et 8 personnes.* Implantée dans un domaine boisé de 6 ha en plein cœur de la forêt landaise, Arts et Vies est une association culturelle de voyages et de loisirs ouverte à tous. Des logements confortables, de plain-pied avec une terrasse et entièrement équipés, assurent un dépaysement et une autonomie des plus agréable. Située à 1,2 km de la plage, cette résidence est idéale pour un séjour réussi. Un complexe sportif est à la disposition des vacanciers avec deux courts de tennis, une piscine avec solarium et bassin pour les petits, ping-pong, billard, bibliothèque, aire de jeux et un jeu d'échec géant. Accueil de séminaires et congrès en période de basse saison.

SE DETENDRE

FERME EQUESTRE DE LA PRADE Route de Moliets - MESSANGES © 05 58 48 55 29. *Ouvert toute l'année. Leçons 16 € de l'heure et 28 € pour deux heures.* Dans cette ferme, il y a 20 chevaux et poneys sur place destinés à l'apprentissage avec une monitrice diplômée d'Etat. La promenade est possible aussi (d'une ou deux heures ou pour la journée, un week-end, selon la saison). Des hébergements sont proposés dans des dortoirs avec sanitaires pour 12 à 15 personnes.

PISCINE MUNICIPALE Quartier Moïsan - MESSANGES © 05 58 48 98 90. *Ouvert en juin et septembre de 13h à 18h30, fermé le lundi. En juillet et août de 10h30 à 19h30. Tarifs adulte à 3,81 € et enfant à 1,52 € (moins 14 ans).* Pour les grands il y a un grand bassin pour faire trempette lorsque l'océan est de méchante humeur, et pour les petits une pataugeoire... ainsi tout le monde est content !

TENNIS. Deux courts de tennis sont à votre disposition. Vous adresser à l'Office de Tourisme.

EMPLETTES

Artisanat

LA POTERIE DU HERON Messanges © 05 58 48 93 65. *Ouvert en saison de 10h à 19h, sinon sur rendez-vous.* Les Jarlov sont artistes avant d'être commerçants. A eux deux, ils ont plusieurs cordes à leur arc : lui crée de la céramique décorative selon une technique originale, le Raku, originaire du Japon ancien et liée à la philosophie zen, se singularisant par son mode de cuisson un peu brutal, ainsi que des aquarelles aux couleurs fortes, elle, Ulla son épouse, est également attirée par la céramique et la magie du tour ou celle du feu.

Produits du terroir

LE VIN DE SABLE. Originaire de Capbreton, ce vin-de-sable a étendu son vignoble au début du XIVe siècle vers le nord, après une importante tempête qui déplaça l'embouchure de l'Adour. Après le détournement du fleuve vers Bayonne, le lit de l'Adour s'assèche et les vignes sont plantées sur les dunes en clayonnage. Toutefois, le vignoble diminue à la fin du XIXe siècle, avec l'apparition de maladies, au bénéfice de l'exploitation de la forêt. La production était sur le point de disparaître lorsqu'en 1973 un groupe de vignerons de Messanges et Lit-et-Mixe crée un syndicat de défense du vin-de-sable. Actuellement, ce vin est cultivé sur le terroir dénommé Les Sables de l'Océan dont la responsable est la dynamique Any Thevenin qui conseille pour emporter vin blanc, cruchen, vin rouge au domaine Malecarre.

AGENDA

Mercredi et samedi matin du 1er juillet au 31 août : marché saisonnier (produits de terroir).

MIMIZAN

Côte Landes nature

Mimizan, récompensé de quatre fleurs au concours des villes fleuries, est partagé entre Mimizan bourg et Mimizan-Plage. Le courant de Mimizan part du lac d'Aureilhan et se jette dans l'océan à Mimizan-Plage. Un monument sur la dune Nord de Mimizan-Plage commémore le souvenir d'un exploit : la traversée de l'Atlantique Nord par les 3 aviateurs,

Assolant, Lotti et Lefèvre. Ils se sont posés à Mimizan le 16 juin 1929. Le secteur de la communauté de communes de Mimizan constitue un pôle majeur pour le bois. En effet, le territoire s'est forgé un savoir-faire particulier en matière industrielle. Le début de l'industrialisation remonte aux années 20 lorsque les propriétaires forestiers décidèrent de fonder les Papeteries de Gascogne. L'exploitation de l'arbre d'or deviendra une industrie puissante et diversifiée à la suite des grands incendies de 1949. Aujourd'hui, toute une panoplie d'activités est axée sur la filière forêt, bois et dérivés depuis la préparation des sols et la sélection des essences de pin maritime jusqu'aux modes de transformation ultimes les plus variés. Une papeterie est installée à Mimizan et fabrique du papier kraft frictionné, c'est à dire pour l'essentiel du papier d'emballage.

OFFICE INTERCOMMUNAL DU TOURISME Avenue Maurice-Martin © 05 58 09 11 20
E-mail : o.t.mimizan@wanadoo.fr - Site Internet : www.mimizan-tourism.com. L'Office de Tourisme propose diverses animations : suivre les circuits de visite en forêt et en entreprise, partager avec les enfants "le matin des petits forestiers" accompagnés d'une animatrice, participer à un jeu de piste, flâner le long des pistes cyclables et des sentiers de découverte thématiques… Plus de 40 km à travers les pins, le long du lac, dans les villages…

A VOIR

LE CHATEAU DE WOOLSACK. Ne se visite pas car propriété privée. Invité à une partie de chasse aux sangliers, le duc de Westminster, séduit par la beauté du lac de Mimizan-Aureilhan, résolut d'y construire un rendez-vous de chasse. Ainsi fut édifiée vers 1910 cette belle demeure de style Tudor avec vastes écuries, dépendances et chenil pour une importante meute. Elle devint le point de ralliement des grands du royaume : Charlie Chaplin, Winston Churchill et la non moins célèbre Coco Chanel. C'est dans les années 20 et 30 que Winston Churchill vint régulièrement dans les Landes, s'adonnant à son plaisir favori, la peinture. Un incendie ravagea en 1946 cette demeure, devenue aujourd'hui propriété du groupe Gascogne.

LA MAISON DU PIN Route de Labouheyre © 05 58 07 49 23. *Ouvert durant les vacances de Pâques et du 18 au 30 juin et du 1er au 15 septembre les jeudis et vendredis de 15h à 18h. Du 1er juillet au 31 août, du lundi au samedi de 15h30 à 19h. Entrée adulte à 1,52 €.* Le massif des Landes de Gascogne a une histoire qui vous est ici confiée. Des panoramiques et des explications sur la fabrication des produits du pin : pâte à papier, charpente, écorces, produits dérivés de la résine… Des jeux pour découvrir la faune et la flore de la forêt landaise.

LE MUSEE DU VIEUX BOURG Rue de l'Abbaye © 05 58 09 00 61. *Ouvert du 15 juin au 15 septembre du lundi au samedi de 10h30 à 19h. Visites hors saison : s'adresser à la mairie (05 58 09 44 44). Entrée adulte à 1,52 € et gratuite pour les enfant de moins de 14 ans.* Le musée retrace l'histoire de la commune. Ouvert depuis 1980, il présente aux visiteurs tout ce qui a pu marquer l'histoire de la ville, par des documents, des cartes et des objets : outillage préhistorique, céramiques… C'est le point de départ des deux circuits pédestres. Au musée on peut voir une salle dédiée au gemmage. Ce travail du pin est exécuté par d'anciens gemmeurs les jeudis à 10h de juin à septembre, à la forêt domaniale de Mimizan au lieu-dit "Leslurges".

LES PAPETERIES DE GASCOGNE © 05 58 09 90 00. Les visites de l'usine sont possibles en été. Se renseigner à l'Office de Tourisme. Production de papier Kraft naturel destiné aux applications industrielles, à l'emballage et au conditionnement, avec le papier frictionné, brut d'un côté et lisse de l'autre.

AUX ENVIRONS

Aureilhan

Au bord d'un lac dans un site classé, ce village propose une palette d'activités. Deux plages sont aménagées et surveillées sur le lac. Le sentier pédestre conduit le long des rives du lac et de sa flore bien particulière ainsi que la piste V.T.T. qui se prolonge jusqu'à Pontenx-les-Forges (7 km).

Bias

Le bois et la forêt sont à redécouvrir. On les voit différemment après une halte dans ce petit village : visite de la Maison de l'Airial, ballades au travers des zones humides de l'étang du Vieux Bourg... Les Landes, le plaisir des grands espaces et de la quiétude à parcourir à son rythme.

LA MAISON DE L'AIRIAL © **05 58 09 37 73.** *Ouvert durant les vacances de Pâques, du 18 au 30 juin et du 1er au 15 septembre mardi et mercredi de 15h à 18h, et du 1er juillet au 31 août du mardi au dimanche de 10h à 12h30 et de 15h à 19h.* La particularité de ce village est son vaste airial planté de chênes, où son église a été reconstruite au centre du village, après avoir fui, au siècle dernier, l'invasion du sable et de l'eau. Le site a été rehaussé par la présence de la maison d'accueil du touriste, superbe maison landaise traditionnelle du pays de Born. C'est une maison dédiée au bois sous toutes ses formes pour, sentir, toucher, écouter, assembler et construire. Un diaporama, plus de 100 essences de bois à découvrir et des échantillons à identifier. Un xylophone géant pour jouer avec les sons du bois, des CD-Rom et des jeux informatiques.

Pontenx-Les-Forges

Les forges de Pontenx sont les plus anciennes du département. Elles ont été crées avant la Révolution. On trouve du fer sous le sable des Landes. Les forges s'installaient sur un ruisseau pour avoir une force motrice et laver le minerais.

Saint-Paul-en-Born

A Saint-Paul-en-Born, des vestiges gallo-romains ont été mis à jour en 1977. On a acquis la certitude que l'antique Ségosa, que certains situaient à Mimizan, se trouvait à Saint-Paul en Born.

EGLISE. La chapelle Saint-Michel de Paynsas est devenue l'église paroissiale en 1678. L'église au petit porche semble dater de la fin du XVe siècle. Le toit pyramidal rappelle les toits des églises des alentours (Pontenx les Forges, Aureilhan).

LA FERME DU BORN © **05 58 07 45 32.** *E-mail : clos.fr@worldonline.fr. En juillet et août ouvert tous les jours de 10h à 12h30 et de 15h à 19h30, en avril, mai, juin et septembre ouvert le mercredi, samedi et dimanche après-midi de 15h à 18h. Tarifs adulte à 4,50 € et enfants à 3 €. Pour les groupes, ouvert tous les jours sur réservation.* Véritable parc de découverte sur 14 ha, permettant promenade libre ou guidée et découverte de l'étang sauvage avec ses nombreuses espèces de canards, poules d'ornement du monde entier, et du marécage où évoluent des daims et des mouflons. Une visite guidée des productions de la ferme s'organise tout au long de la semaine. Un jour, observez le travail de l'apiculteur et le monde fascinant des abeilles, l'autre jour l'art de la viticulture. On peut visiter les élevages, les ateliers de gavage et la conserverie de canards. Toutes ces démonstrations sont suivies d'une dégustation. Vente de produits sur place. Ces amuse-gueules mettent en appétit, et l'auberge à côté de la ferme propose des spécialités landaises.

OU MANGER ET DORMIR

Restaurants

LE BISTROT DE LA MER Mimizan-Plage © 05 58 09 08 56. *Fermé le dimanche soir et lundi. Six menus de 12,30 € à 26 €. Menu enfant à 8,50 €.* De délicieux produits de la mer se révèlent dans ce vaste restaurant. Deux grandes salles, l'une très éclairée et l'autre préservant toute intimité entourée d'une discrète palissade blanche en bois. Dans cette ambiance jaune et bleue, on déguste le menu pêcheur où trônent des gambas "à la plancha" ou des poissons grillés ou encore l'incontournable plateau de fruits de mer. La maison propose aussi de la cuisine du terroir avec foie gras de canard grillé et sauce framboise ou magret aux framboises.

LA PALANGRE 30, rue de Bel-Air - MIMIZAN PLAGE © 05 58 09 36 02. *Ouvert toute l'année. Menus de 10 € (le midi en semaine) à 24,39 €.* Un restaurant aux allures de poissonnerie. Un décor marin pour déguster toutes sortes de mets de l'océan : casserons façon pibale, filet de barbecue aux groseilles… Une atmosphère détendue.

LA TABLE DE LA FERME Mimizan-Plage © 05 58 09 27 81. *Fermé le mardi soir et mercredi. Plat du jour. Menus de 12,50 € à 28 €. Menu enfant à 7,50 €.* Dans la rue piétonne, à quelques mètres de la plage, on ne trouve pas une ferme avec veaux, cochons et poulettes, mais les produits du terroir que ces bêtes-là procurent. On s'installe sur la terrasse ou côté jardin : la spécialité de la maison est la tradition. On déguste ici des plats de nos grands-mères issus de nos campagnes profondes. Ainsi les saveurs d'antan sont à l'honneur avec un bon pot-au-feu, des tripes en hiver, au printemps l'omelette aux asperges, la côte de bœuf, le canard sous toutes ses formes, le cassoulet à la landaise, le ris de veau… Pour les enfants le menu se compose d'un vrai steak tendre et délicieux. "Les steaks hachés, c'est bon pour le Mac Do", avoue le patron !

LE VAUCLIN 2, avenue de Bayonne - MIMIZAN © 05 58 09 15 09. *Ouvert toute l'année. Fermeture annuelle 15 jours en octobre et 15 jours en mars. Fermé dimanche soir et lundi hors saison. Menus à 11 € (le midi) et 22 €. Prix moyen à la carte : 22 €.* Au cœur du centre-ville, Philippe Biron sait conquérir les palais les plus délicats. Ce Chef a fait son apprentissage chez Raymond Oliver, chez Philippe à Bordeaux et au Crillon à Paris. Installé à Mimizan, il s'est spécialisé dans la cuisine du Sud-Ouest qu'il interprète d'une manière subtile, par exemple le mille-feuille de foie gras chaud aux framboises et les poissons cuisinés de façon raffinée. Tout un programme ! Un cadre reposant pour cette halte gourmande, ainsi qu'un accueil très plaisant.

LE TROPICANA 407, route de Dubord - AUREILHAN © 05 58 09 47 84. *Ouvert toute l'année. Tous les jours de juin au 15 septembre, hors saison le vendredi, samedi et dimanche. Menus de 8,99 € à 11,43 € + carte.* A quelques pas du lac, le Tropicana est un lieu convivial, dans un cadre tropical, entouré de palmiers et agrémenté d'une musique douce très exotique. Berny et Thierry proposent des spécialités cuisinées maison : soupe de poisson, moules, paella, pizzas, de copieuses et rafraîchissantes salades... Le soir en salle, grand choix de grillades, apéri-huîtres, carte et menus, excellent rapport qualité/prix. A ne pas manquer : le jeudi, le Tropicana se travestit aux couleurs du Maroc, du Mexique, de l'Espagne des Antilles et il est prudent de réserver. Les banquets de classe, dîners romantiques et autres repas entre amis sont fréquents. La piscine est à consommer sans modération et gratuitement pour les clients. Un minigolf et un tennis en supplément.

Hôtels-restaurants

AU BON COIN DU LAC Mimizan © 05 58 09 01 55. *Fermé dimanche soir et lundi hors saison. Fermeture annuelle du 1er au 28 février. Quatre chambres doubles de 76 € à 99 €. Petit déjeuner à 10 €. Menus de 25 € à 54 €. Carte 55 €. Trois étoiles.* Au bord du lac, c'est le rendez-vous des locaux. Une jolie maison paisible sur le lac, comme un luxueux rendez-vous de pêche, très agréablement décoré dans un style rustique modernisé, salle de restaurant stylée, chambres agréables, lumineuses et très confortables, dans un calme absolu. La cuisine de Jean-Pierre Caule est justement réputée, à tarifs élevés, jouant sur les fondements traditionnels pour exprimer des saveurs authentiques : marmite de chipirons façon pibale, sole soufflée aux langoustines, barigoule d'artichauts aux cèpes et escalope de foie gras, gratin de fraises aux orangettes.

L'ATLANTIS 19, rue de l'Abbaye - MIMIZAN © 05 58 09 02 18. *Logis de France deux cheminées. Ouvert de début mars à fin novembre. Chambres doubles de 34 € à 80 €. Demi-pension de 38 € à 65 €. Petit déjeuner à 6 €. Menus du restaurant L'Abbaye de 17 € à 24 €. Menu enfant à 8 €.* Idéalement situé entre plage, lac et forêt, au calme et à proximité du centre-ville, cet hôtel propose plusieurs formules d'hébergement à la carte et un ensemble de services, sports et loisirs très complet. Côté jardin, une superbe piscine agrémentée de palmiers et son coin salon extérieur, le solarium et la salle de musculation, plus loin un bain bouillonnant. Les chambres sont de tout confort avec douches, bains, T.-V. satellite, téléphone direct. Le restaurant affiche des spécialités landaises et des produits de la mer.

Chambres d'hôtes

AU CHEOU **Mimizan © 05 58 09 18 97.** *Ouvert toute l'année. Chambres doubles de 32 € à 35 € petit déjeuner compris. Deux épis.* En bordure de la forêt, se dresse une charmante maison dans un airial ombragé. José et Maïté proposent deux chambres de deux personnes, l'une donnant sur une terrasse, équipées de salle de bains et de W.-C. privés. Un coin cuisine permet de se faire un peu à manger. Une terrasse couverte permet de déguster le fruit de son labeur…

LE TI'RESTO **1518 route des Lacs - AUREILHAN © 05 58 09 48 62.** *E-mail : dog-gai-love@wanadoo.fr. Ouvert midi et soir sur place ou à emporter. Menu à 12 € et menu enfant à 4,50 €.* Absolument incontournable ! Le Together est un endroit enchanteur. Le devant de la demeure ne laisse rien supposer, mais une fois entré, on ne veut plus en sortir : une salle de restaurant aux couleurs provençales, un petit salon ocre très moderne et une salle à manger aux couleurs marines. Rien de kitch là-dedans, mais du goût, tout simplement du goût ! Chaque chambre a un thème précis : jungle, rose… Toute la maison a été entièrement rénovée. Elle parait neuve et enchante les esprits les plus déprimés ! Une féerie de couleurs pour un accueil agréable et une cuisine délicieuse : confit, magret…

Campings

CAMPING CLUB MARINA **Plage sud - MIMIZAN PLAGE © 05 58 09 12 66.** *Ouvert du 15 mai au 15 septembre. Prix du forfait journalier : 30,48 € pour trois personnes. Location de chalets et mobil-homes. Quatre étoiles.* Village familial et sportif, dans le cadre privilégié d'une pinède de 9 ha, le camping Club Marina Landes est situé à 500 m d'une immense plage de sable fin. Il est doté de tout le confort : 2 piscines chauffées, 1 bassin pour enfant, 2 tennis, 1 minigolf, terrains de volley, de basket et de pétanque, des salles de jeux et d'animation.

LE CAMPING DE LA PLAGE **Boulevard de l'Atlantique - MIMIZAN PLAGE © 05 58 09 00 32.** *E-mail : contact@mimizan-camping.com. Ouvert du 1er avril au 30 septembre. Location de chalets, mobil-homes. Trois étoiles.* A 700 m de la plage, ce camping offre des emplacements ombragés, des aires de jeux, des animations diverses, pour se balader et pour se restaurer.

SE DETENDRE

Pêche

AAPPMA **Rue de l'Abbaye © 05 58 09 21 98.** *Permanence en juillet et août de 10h à 12h tous les lundis (cabane des aiguillons, au bord du courant).* Pour taquiner les jolis poissons en eau douce : le lac d'Aureilhan, le ruisseau des Forges, au bord du courant de Mimizan et l'étang de Bias. Renseignements chez M. Bergeret.

LA PINASSE © 05 58 09 21 98. *En juillet et août tous les jours.* Une autre façon de pêcher, mais en mer sur une pinasse (bateau à fond plat et à rames) ou simplement glisser au fil de l'eau. Les jours et horaires de sorties sont fonction de l'état de la mer et du coefficient de marée.

LE ZEPHIR II © 06 07 78 37 80. *En juillet et août tous les jours. Promenade : 15,24 €.* En toute sécurité, un professionnel propose un baptême de mer ou de pêche sur épaves avec matériels fournis à bord du Zéphir II.

Sports

CENTRE EQUESTRE LE MARINA **Mimizan-Plage © 05 58 09 34 25.** *Ouvert toute l'année. Matin de 8h30 à 13h et de 16h à 22h. Fermé le mardi hors saison.* Ce centre équestre propose des cours et des promenades sur la plage ou en forêt. Des randonnées de 4 à 7 jours. Un poney club pour les moins de 6 ans, promenades en main. Pour les 6 ans et plus, initiation et perfectionnement. Des stages et des week-ends sont organisés avec hébergement. Ce centre propose également des descentes de la Leyre dans le parc naturel régional des Landes.

CERCLE NAUTIQUE **Quartier Woolsack - MIMIZAN PLAGE © 05 58 82 41 82.** *Ouvert toute l'année. Hors saison fermé mercredi matin, samedi matin et dimanche après-midi, en saison ouvert tous les jours. Location de barques, avirons et kayaks à 7,62 € pour 1h.*

Canoë 2/3 personnes à 10,67 € et barques électriques à 9,14 € la demi-heure. Ce cercle nautique propose plusieurs activités : aviron, canoë kayak et wave ski. Des leçons et stages pour adultes et enfants sont suggérés par des moniteurs brevetés d'Etat. La journée rivière est possible tous les jours à 10h. Ce cercle dynamique ne compte pas ses efforts pour faire découvrir les plaisirs nautiques.

ECOLE NICOLAS CAPDEVILLE Plage Sud - MIMIZAN PLAGE © 05 58 09 78 16/06 20 52 57 40. *E-mail : Ncap2@aol.com. Ouvert du 15 juin au 15 septembre tous les jours.* Nicolas Capdeville, champion du monde de bodyboard, fait profiter de son talent. Location de matériel, leçons et stages pour adultes et enfants. Moniteurs brevetés d'Etat.

MAEVA SURF CLUB Mimizan-Plage © 05 58 82 44 42. *E-mail : maeva.surf-club@wanadoo.fr. Ouvert toute l'année. Tous les jours de mi-juin à mi-septembre. Hors saison du mardi au dimanche. Tarif à 22,86 € de l'heure.* Mimizan est connu pour ses champions de surf, de bodyboard et de longboard. Pour s'initier à ces sports, des stages s'y déroulent encadrés par des professionnels compétents, comme Cédric Dufaure, champion de France de bodyboard. Vous être sûrs d'être en de bonnes mains pour découvrir le monde de la glisse ou pour vous perfectionner. Le matériel est fourni (planches, combinaisons, palmes…).

SKI SUR AIGUILLES DE PIN. *Ouvert en juillet août de 9h à 12h. Prêt de matériel et parcours gratuit.* Michel Letoqueux est un animateur peu banal. Seul en forêt, il gère la station de ski la plus originale de France : à 500 m de l'océan, une étonnante piste de 700 m, recouverte d'aiguilles de pin. Pas de canon à neige, ni d'après-ski, ni de bousculade, ici on glisse à son aise et en short. Mimizan a inventé la montagne à la plage, le domaine skiable à la mer ! Pratique pour s'entraîner pour les prochaines vacances d'hiver. Renseignements à l'Office de Tourisme au 05 58 09 11 20.

EMPLETTES

Cadeaux

GARDEN CENTER Mimizan. Impossible de passer devant cette jolie vitrine sans y jeter un œil. On y trouve des objets de décorations diverses, des luminaires, des bougies, et beaucoup de couleurs pour ceux qui veulent trouver ou se faire un cadeau.

Produits du terroir

LES RUCHERS DU BORN Saint-Paul-en-Born © 05 58 07 40 74. *E-mail : bernard.berque@wanadoo.fr.* Sur la D626, à côté de Mimizan, Bernard Berque fait visiter la miellerie le samedi sur rendez-vous. A découvrir, à travers une ruche vitrée, le monde fascinant de ces petites abeilles. Vente sur place de huit variétés de miel (bruyère, tilleul, acacia…), pollen, gelée royale.

AGENDA

Toute l'année le vendredi matin : marché au gras, traditionnel.
Jeudi matin du 15 juin au 15 septembre : marché saisonnier.
1er mai : fête de la mer. Corso fleuri avec défilé de chars, bandas, bénédiction de la mer.
Week-end de juin à la Pentecôte : triathlon international.
1er mercredi en juillet et en août : feria andalouse.
Juillet et août : espace jeux gratuit en plein air à Mimizan-Plage.
Mi-juillet : fête du cinéma.
Mi-octobre : Forest Cup. 5e trophée des entreprises et des écoles du bois.
Décembre : marché de Noël.

L'Airial

On parle souvent d'airial dans les Landes. Egalement dénommés "écarts", souvent éloignés des villages, ils identifient le lieu de vie de la société agro-pastorale traditionnelle. Des maisons et bâtiments d'exploitation, posés sur une pelouse plantée de feuillus en constituent le paysage caractéristique. Marquèze à Sabres, site de l'écomusée de la Grande Lande, témoigne remarquablement de cette architecture et de la vie paysanne du XIXe siècle.

MOLIETS-ET-MAA

Côte Landes nature

Le terme de Moliets dérive de "mole" la meule, tandis que Maa veut dire mer. Moliets-et-Maa conserve divers atouts naturels. Le courant d'Huchet (voir sur la rubrique Léon pour plus de précisions) longe la commune au nord. Habilement guidé par les bateliers, on découvre de superbes galeries formées de façon spectaculaire par les saules, les aulnes et les chênes pédonculés qui s'emmêlent artistiquement. A quelques centaines de mètres du bourg, on découvre divers étangs. Tout d'abord un étang de faible étendue dont la bordure ouest accroche le regard à cause de la symétrie sans égale que lui oppose la barrière des pins. Puis l'étang de Laprade (classé en 1964), jalousement préservé, plus étendu, repose dans un site inviolable aux rives difficilement accessibles, de 900 m de long et qui se déverse dans le courant de Messanges. La plage de Moliets à 3 km du bourg, est grandiose, avec ses dunes énormes et sa vue sur l'océan. On aperçoit par temps clair la Rhune et quelques 300 km de Pyrénées françaises et espagnoles.

OFFICE DE TOURISME Rue du Général-Caunègre ✆ 05 58 48 56 58

E-mail : moliets.tourisme@wanadoo.fr. Se renseigner sur les sentiers de la réserve d'Huchet ainsi que sur le tracé du GR8 qui arrive de la chapelle de Maa, emprunte la piste cyclable et rejoint l'étang de Laprade. De petits livrets réalisés par l'O.N.F. sont en vente. Ils ont pour but de sensibiliser les gens à la nature.

OU MANGER ET DORMIR

Restaurants

LA CAVE AUX MOULES Camping Saint-Martin - MOLIETS-ET-MAA © 05 58 48 54 05. *Ouvert à partir de mi-mai. Service de 12h à 15h et de 18h à 23h. Carte de 5,18 € à 7,32 €.* Une petite cabane en bois non loin de la plage. La cave est réputée pour ses fameuses moules des bouchots de Charron et dix recettes à toutes les sauces sont servies copieusement. Les amateurs de ces mollusques s'y retrouvent depuis des lustres et, qu'ils y aillent en amoureux ou entre amis, ils savent qu'ils ne seront pas déçus. Ambiance de plage et accueil convivial pour cette table de qualité.

LE GRILL Camping Saint-Martin - MOLIETS-ET-MAA © 05 58 48 55 52. *Ouvert de mi-juin à début septembre. Menu landais à 13,11 € et menu enfant à 5,79 €.* Au-dessus de la cave aux moules, le grill étale sa terrasse fleurie. On y déguste le gratin de légumes sorti tout droit du jardin ou presque. On prend le temps de faire de vraies frites maison et de préparer un demi-poulet fermier ayant gambadé en toute liberté. Un grand choix de grillades également, et cette salade catalane aux anchois de Collioure et oignons frits. Un régal devant les plats authentiques servis par cette cantine de luxe comme l'appellent les plus fidèles, c'est tout dire ! La maîtresse de maison met en appétit avec des peintures murales plus vraies que nature, faites maison aussi.

LA PAELLA Camping Saint-Martin - MOLIETS-ET-MAA © 05 58 48 59 00. *Ouvert de Pâques à fin septembre. Menu : 13 €, 15 €. Menu enfant : 7 €.* A côté du camping Airotel Saint-Martin, on savoure une paella très appétissante sous une tonnelle très fleurie, mais aussi des formules parmentier, les spécialités de la maison "les patates chaudes en folie" servies en terrine de terre cuite accompagnées de salade verte : la jurassienne, la fruits de mer, la basquaise, la landaise… L'Espagne n'est pas très loin et dans les assiettes également on trouve des tapas, poissons cuits "à la plancha" mais également de la viande avec magret, tranches de lomo aux piments, le tout arrosé de vins du Gers ou de Bordeaux. Un endroit très recommandé.

RESTAURANT DU GOLF DE LA COTE D'ARGENT Moliets-et-Maa © 05 58 48 54 55. *Ouvert toute l'année à midi. Formule Golf à 12,50 €. Prix moyen à la carte : 27,50 €.* Dans le club-house ou sur la terrasse, suivant le temps, le golfeur se restaure rapidement d'une entrée, d'un plat et d'un dessert. Après l'effort le réconfort, avec des plats plus élaborés dont quelques spécialités landaises comme le délice de la Chalosse, l'incontournable foie gras, l'assiette gourmande ou le magret.

Hôtel-restaurant

HOTEL DE L'OCEAN Avenue de l'Océan - MOLIETS-ET-MAA © 05 58 48 51 19. *Ouvert toute l'année. Fermé le mardi. Chambre doubles de 25 € à 40 €.* Tout proche de la plage, au bord de la dune, cet établissement est une étape très calme bercée par le bruit des vagues. Sur l'une des deux grandes terrasses extérieures on mange des petits plats. Les chambres avec douche et salle de bains sont totalement indépendantes avec une sortie sur le parvis.

Campings

AIROTEL SAINT MARTIN Avenue de l'Océan - MOLIETS-ET-MAA © 05 58 48 52 30. *E-mail : contact@saint-martin.fr. Ouvert de Pâques à mi-octobre. Forfait emplacement de 16 € à 35 €. Location mobil-homes, chalets : 68,60 € pour deux nuits hors saison, et de 350 € à 770 € la semaine en juillet et août. Quatre étoiles.* Derrière la dune, avec accès privé et direct à la plage, ce camping est parfaitement situé. Les 18 ha sous les pins offrent un vaste emplacement pour chaque hébergement, les mobil-homes sont spacieux, les farés et cottages confortables. Ici pas question de s'ennuyer, les restaurants, le shopping, le marché, la plage, tout est sur place et surtout les trois piscines dont une couverte et chauffée hors saison. Pas très loin, les lacs pour la voile et la pêche, le golf de Moliets, l'équitation, et les balades en vélo.

LES CIGALES Camping Saint-Martin - MOLIETS-ET-MAA © 05 58 48 51 18. *Ouvert du 1er avril au 30 septembre. Emplacement de 9,70 € à 16,15 €. Location de mobil-homes quatre personnes de 370 € à 500 €, bungalow six personnes de 380 € à 440 € selon la saison. Trois étoiles.* A 300 m de l'océan, un parcours piétonnier est prévu jusqu'à la plage. Ce camping de 23 ha accueille les amoureux de grands espaces et de calme. Tous les commerces et les différents services sont soit sur le camping (tennis, minigolf ouvert jusqu'à 23h en saison, parc de jeux, restaurant pizzeria…) soit à quelques pas (équitation, golf, tir à l'arc, pêche, voile…).

SE DETENDRE

GOLF INTERNATIONAL DE LA COTE D'ARGENT Rue Mathieu-Desbieys © 05 58 48 54 65. *Ouvert toute l'année. 18 trous par 72 de 6 100 m.* La Fédération Française de Golf a choisi Moliets pour implanter son centre national d'entraînement. Ce golf public est classé dans le top 50 des meilleurs parcours d'Europe. Links en bordure de plage et en partie dans la forêt de pins, c'est un parcours technique aux bunkers redoutables taillés dans la pinède, au milieu des ajoncs et des genêts. L'hôtel du Golf, sur le site même, est ouvert toute l'année.

SURF MAA SURF SHOP **Centre Commercial Gourbets ✆ 05 58 48 55 69.** *Ecole de surf. Stages pour vacanciers (5 jours) : 129,58 € matériel compris.* Hervé Cancouet possède une boutique à Moliets où il vend du matériel de surf. C'est aussi la base de son école qui est ouverte de Pâques à octobre pour les vacanciers. C'est le point de ralliement des surfeurs licenciés du coin. Hervé et son équipe organisent une compétition au profit de la Surf Rider Foundation pour la défense de la nature et de l'océan, excellente initiative que l'on ne peut qu'encourager.

TENNIS CLUB-HOUSE GOLF ✆ 05 58 48 54 65. Pour évoluer dans votre sport préféré, 16 courts dont 2 couverts sont à votre disposition. Centre international de stages, de l'initiation au perfectionnement. Stages enfants à partir de 4 ans.

OU SORTIR

DISCOTHEQUE LE GREEN **Rue Bastide ✆ 05 58 48 55 90.** *Ouvert de 23h à l'aube en saison.*

EMPLETTES

Produits du terroir

LE PAIN A L'ANCIENNE **Centre Commercial Airotel Saint-Martin ✆ 05 58 49 18 23.** *Ouvert du 1er avril à septembre, en saison tous les jours de 6h à 23h.* Avant ou après la plage, cet endroit est inévitable. Une ribambelle de viennoiseries, tartelettes, gâteaux basques, pastis et de fameuses tourtières aux pommes, crème amande, armagnac, ou pommes pruneaux ou encore, plus original, poire chocolat. L'artisan boulanger travaille devant le public. Du bon pain de toutes sortes également : aux noix, bio, boule de campagne… Quelques tables sont installées pour y déguster des salades.

AGENDA

Mardi, jeudi et samedi matins : marchés en saison.
Tous les vendredis en haute saison : marché artisanal nocturne.
Début juin : 9e festival de cerf-volant avec démonstration, expositions, chars à cerf-volant, vols en équipe. Renseignements au 05 58 48 56 58.
Juillet et août : tournois de beach-volley à la plage centrale.
Mi-août : fêtes.
Fin juin-début juillet : Roller Aquitaine. Démonstration, concours de sauts, slaloms, prêt de matériel gratuit.

MONT-DE-MARSAN

Bas Armagnac

Mont-de-Marsan, capitale du pays landais, est à la fois proche de la campagne, de la forêt, de la mer et de la montagne. Elle apparaît parfois un peu sévère par ses fonctions administratives, mais plaisante par sa végétation, sa vocation gastronomique et ses festivités traditionnelles. La cité aux trois rivières (le Midou et la Douze, dont la réunion forme la Midouze) offre au regard des promeneurs comme un écho à la collection du musée Despiau-Wlérick des sculptures dans la rue, témoignage de l'attachement profond de la ville à la sculpture.

La ville hier

Au XIIIe siècle, Mont-de-Marsan devint un port et une plaque tournante du commerce aquitain avec les blés de Gascogne, les seigles et produits résineux des Petites Landes, les vins de Tursan, les armagnacs. Remplies de ces marchandises, les gabares voguaient vers Bayonne où elles les échangeaient contre du sel, de la morue, des sardines, des laines d'Espagne, des draps et des fromages de Hollande. Ce trafic prit de l'importance au XVIe siècle, et un véritable port naquit, entouré de sa propre enceinte fortifiée. Après ces années prospères, l'arrivée du chemin de fer concurrença durement la batellerie et le port mit fin à son activité en 1903. Dans la première moitié du XIXe siècle, Mont-de-Marsan affirme sa vocation administrative et tertiaire : siège de la préfecture, du palais de justice, de la gendarmerie et de la prison. Dans la seconde moitié du siècle, la ville reste à l'écart de la révolution industrielle mais profite de "l'arbre d'or" (le pin). En 1946, la ville confirme sa fonction militaire avec la création d'une base aérienne qui devient l'une des plus importantes de France.

LA BASE AERIENNE. L'aviation dans la préfecture landaise ne prend réellement son essor qu'à partir de 1912, à l'occasion des démonstrations des aviateurs Laboucher et Laffargue. En 1928 est alors fondé l'aéro-club des Landes, œuvre d'un petit groupe d'hommes : MM. Farbos, Despruneaux, Labarbe et Lacoste. L'aéro-club est le premier véritable symbole de la tradition aéronautique montoise. Le beau rêve prend fin en 1958, au cours d'une violente tempête qui anéantit l'aéro-club et tire un trait sur l'aviation civile de Mont-de-Marsan. Dès 1964, la mise en place de la force aérienne stratégique impose une protection géographique qui ne permet plus le survol d'avions de tourisme. C'est le colonel Rozanoff qui prend le commandement du C.E.A.M. de Mont-de-Marsan en novembre 1945, avec l'intention de réaliser de vastes projets. Le nouveau C.E.A.M. peut désormais assurer sa mission essentielle qui est d'expérimenter tous les matériels aériens récemment conçus par l'industrie aéronautique française.

LES FEMMES ET L'AVIATION MONTOISE. Les aviatrices ont laissé une trace dans l'histoire de l'aviation montoise. Notamment la première, Adrienne Bolland, qui contribue, dans les années 20, à la naissance de l'aéro-club. Cascadeur aérien de renommée internationale avec un record de 221 loopings consécutifs, elle précède Hélène Boucher, une jeune parisienne venue s'installer à Mont-de-Marsan afin de décrocher, à 21 ans, son brevet de pilote. Elle excelle en acrobatie aérienne, notamment dans le très renommé meeting de Villacoublay, mais aussi en course de vitesse où elle est considérée comme un mythe vivant. C'est Andrée Dupeyron qui, un peu plus tard, part à la conquête du record mondial de distance en ligne droite, un record qu'elle battra avec 4 369 km parcourus.

La ville aujourd'hui

Capitale du pays landais récompensée de quatre fleurs au concours de fleurissement (meilleur jardinier de France), la cité aux trois rivières rayonne entre la montagne, l'océan, la campagne et la forêt de pins. D'aspect un peu sévère de par ses fonctions administratives, elle tire un caractère aimable de sa végétation méridionale, de sa vocation gastronomique et de ses festivités. De nombreuses rues piétonnes, des espaces verts et des parcs aménagés font le bonheur de près de 30 000 Montois. Tous les trois ans, "Mont-de-Marsan sculpture" est organisé par la ville.

OFFICE DE TOURISME Place du Général-Leclerc © 05 58 05 87 37

E-mail : tourisme@mont-de-marsan.org. L'office propose des visites guidées de la ville de 3 € à 4,60 €. D'agréables promenades en barque sont proposées sur la Douze et la Midouze. Pour admirer intelligemment les sculptures dans la rue, procurez-vous le descriptif, très bien conçu. L'Office organise diverses manifestations : festival de l'art gourmand, carnaval et Kiosques en fête.

A VOIR

LES ARENES DE PLUMACON. Construites en 1889, consolidées et considérablement agrandies en 1933, elles évoquent les arènes andalouses ! En 1960 elles accueillent des têtes d'affiche à faire rêver : Paco Camino, Antonio Ordoñez et Jaime Ortoz. Un peu plus tard, c'est la présentation dans le Sud-Ouest du Mozart du toreo, le jeune Emilio Muñoz. En 1983, 90 ans après, Félix Robert et André Viard, le Landais du Marensin, apparaissent dans l'arène montoise. Enfin en 1987, une nouveauté surgit avec l'organisation d'une cinquième corrida, un concours de ganaderias avec un jury présidé par le maître Antonio Ordoñez. Les arènes contiennent 7 000 places. Visite gratuite sur rendez-vous au 05 58 75 06 09.

CENTRE D'ART CONTEMPORAIN RAYMOND FARBOS 3, rue Saint-Vincent-de-Paul © 05 58 75 55 84. *Ouvert au public dans le cadre des expositions, tous les jours de 14h30 à 18h30. Fermé le mardi.* Géré par une association "Les Amis de Charles Despiau et Robert Wlérick", le centre d'art est consacré à l'organisation d'expositions de peintres et de sculpteurs. Ce lieu de rencontres entre le public le plus large et l'art contemporain est situé dans l'ancien entrepôt à grain, sur 3 niveaux et 1 000 m² d'exposition.

LE DONJON LACATAYE Place Marguerite-de-Navarre. Ensemble séculaire, il vit au rythme de l'Histoire. Construit sous l'occupation romaine de l'Aquitaine pour protéger l'agglomération fortifiée et située entre les deux rivières, il sera restauré aux XIIIe et XIVe siècles et Gaston Fébus l'agrandira. Ce donjon sera remanié plusieurs fois. Au XVIe siècle, il servit de résidence au gouverneur de la ville. Désaffecté après la Première Guerre mondiale, il ne fut réellement restauré qu'en 1962 et aménagé alors en musée inauguré le 21 juillet 1968. Depuis il abrite le prestigieux musée de Mont-de-Marsan, consacré essentiellement aux deux grands sculpteurs montois, Charles Despiau et Robert Wlérick.

L'EGLISE DE LA MADELEINE. Près du vieux château, elle date du XIVe siècle, époque à laquelle elle était une église fortifiée avec un grand clocher carré et massif, avec un clocheton grêle et un cloître. Dans les années 1820, les voûtes s'effondrent. On peut aujourd'hui admirer le plan néoclassique de l'architecte en chef Arthaud, l'autel majeur attribué aux frères Mazetti, les peintures sur la vie de sainte Madeleine peintes par Mme Grimard-Baudet aidée de son mari et d'un doreur italien, les orgues et stalles de l'abbaye Saint-Jean-de-la-Castelle.

LES MAISONS DE CARACTERE. Les voûtes ogivales aux n°2 et n°4 de la rue Saint-François, restes du monastère des Cordeliers, sont désormais propriétés de la banque Pelletier. Un escalier à l'ouest du square du monument aux morts descend à un lavoir dans l'ancien fossé, au pied de la muraille. Des maisons cossues constituent la rue Victor-Hugo, artère principale, le magasin d'antiquités de la famille Wlérick donnant de l'autre côté de la rue au n°21. Là, au n°24, la préfecture est un beau spécimen de style néoclassique. En face, c'est le luxueux hôtel Planté. Non loin de là, dans la rue Maubec, au n°1, une ancienne dépendance du couvent des Clarisses, il reste un mur pourvu de corbeaux et d'une ouverture avec chapiteaux. En face, une maison romane surprend par sa fenêtre géminée en plein cintre. Dans la rue du 8-Mai, le tribunal, construit par l'ingénieur en chef Arthaud en 1809, n'a pas conservé son superbe portique, la gendarmerie en face est l'œuvre de l'ingénieur Panay, ces deux bâtiments occupant l'emplacement de l'ancien couvent des Ursulines. Au n° 23 de la rue Dulamon, la trésorerie des Landes est l'hôtel Brettes, ancien hôtel du chevalier d'Artigues où résidèrent les premiers préfets du Consulat et de l'Empire. Au n°46, en face, se remarque la façade XVIIIe siècle de la maison Dupeyre dont on attribue la construction à l'architecte Louis auquel on doit le Grand-Théâtre de Bordeaux, l'aménagement des jardins du Palais-Royal à Paris et la Comédie-Française. Enfin, à l'angle des rues Dulamon et Dominique-de-Gourgues, le n°11 arbore une magnifique façade XVIIIe siècle avec des ferronneries et un heurtoir de grande classe.

LA MINOTERIE Place Charles-de-Gaulle ✆ 05 58 46 15 48. *Ouvert du lundi au vendredi de 10h à 12h et 14h à 19h. Le samedi de 10h à 12h et de 14h à 18h. Fermé les jours fériés. Entrée gratuite.* Les salles Goya, Daumier et Van Gogh sont mises à la disposition d'artistes de qualité. La municipalité et de nombreuses associations, notamment "Carrefour des arts", y organisent régulièrement des expositions. Ces salles se louent au 05 58 05 87 32.

MUSEE DESPIAU-WLERICK Place Marguerite-de-Navarre ✆ 05 58 75 00 45. *Ouvert tous les jours de 10h à 12h et de 14h à 18h sauf le mardi et jours fériés. Gratuit le lundi pour tous.* Le musée s'est spécialisé dans la sculpture figurative française entre 1880 et 1950, avec un ensemble particulièrement important pour la période de l'entre-deux-guerres, période pendant laquelle les deux sculpteurs montois, Robert Wlérick et Charles Despiau, ont produit leurs œuvres. On peut admirer plus d'un millier de sculptures en bronze, marbre, plâtre, bois ou terre cuite d'une centaine d'artistes. Un cabinet d'art graphique orienté vers la production des sculpteurs de cette période place le musée Despiau-Wlérick au premier rang national dans cette spécialité.

PARC JEAN RAMEAU. Ce parc en hommage au grand poète et romancier landais Jean Rameau (voir Enfants du pays) était autrefois appelé La Pépinière. A découvrir de remarquables végétaux et des collections, notamment toutes les variétés de hêtres, mais aussi trois sculptures : L'Homme et La Mort, La Chute des feuilles et La Liseuse de Despiau. Le grand massif est le lieu où le service municipal des espaces verts rassemble l'ensemble des plantes de printemps et d'été utilisées pour le fleurissement de la ville. Chaque plante identifiée permet de découvrir de nouvelles variétés pour les jardins ! Un espace jeux pour enfants, et plus loin un jardin japonais créé à l'occasion de l'Année du Japon en 1997.

PARC DE NAHUQUES Avenue de Villeneuve. *Ouvert tous les jours. Entrée gratuite. Promenade à poney pour les enfants de 2 à 10 ans mercredi, samedi, dimanche après-midi et tous les jours durant les vacances scolaires.* Une jolie promenade avec une aire de pique-nique ombragée. La buvette à l'entrée du parc propose des boissons, glaces et crêpes. A saluer : ânes, chèvres naines, moutons, mouflons de Corse, lamas, daims, wallabies, émeux, cygnes noirs et plus d'une centaine d'oiseaux. Un espace de jeux pour les petits est judicieusement situé à l'ombre des grands chênes. A la demande du conseil municipal des jeunes, une aire de jeux en accès libre a été créée pour jouer au foot, au basket, au hand, au tennis (contre un mur) ou au ping-pong.

PARC ETIENNE LACAZE Rue Marie-Christine-Baillet. L'agréable parc d'environ 4 ha assure la détente sur le gazon à l'ombre des pins ou sur la pelouse ensoleillée. Aire de jeux pour enfants et, pour les anciens, aire de pétanque sous les grands arbres.

AUX ENVIRONS

Bascons

Pénétration dans l'univers gascon de la course landaise, avec toutes ses traditions, ses joies estivales et son effervescence bien connue, et découverte de son musée consacré à ce jeu-sport ancestral. Aventure sur le site Avifaune du lac, havre de nature et lieu d'observation pour surprendre cols-verts, hérons, grèbes, aigrettes, milan noirs… qui s'y développent en toute quiétude.

SYNDICAT D'INITIATIVE Mairie © 05 58 44 07 49

MUSEE COURSE LANDAISE © 05 58 52 91 76. *Ouvert tous les jours de mai à octobre de 14h30 à 19h.* Le musée expose des documents se rapportant à la course landaise : des photographies anciennes, des affiches ou des œuvres d'artistes régionaux comme Cel le Gaucher ou B. Gourgues, Marcel Canguilhem (1895-1949) ayant prit le pseudonyme de Cel le Gaucher lorsqu'il apprit à dessiner de la main gauche après la perte de son bras droit à la guerre.

MONUMENT AUX MORTS DE LA COURSE LANDAISE. Il est dédié aux coursayres et rappelle que la course landaise est un sport dangereux.

NOTRE DAME DE LA COURSE LANDAISE. L'église se situe à côté du musée. Cette chapelle désaffectée du XVIIIe siècle a été dédiée à Notre-Dame-de-la-Course-Landaise en 1970 à l'initiative du maire aficionado Claude Cazalis. Elle abrite une vierge protectrice accueillant dans ses bras un écarteur blessé. Les acteurs de la course landaise viennent y rendre hommage à leur patronne.

Benquet

Cette petite commune abrite deux églises : l'église Saint-Jean-Baptiste du XIXe siècle et plus ancienne l'église de Saint-Christau, probablement de la fin du XIIIe siècle. Pour l'anecdote, le roi Henri IV y possédait un élégant pied à terre : la maison Château-vieux.

Brocas-Les-Forges

A 18 km de Mont-de-Marsan, le coquet village de Brocas-les-Forges a été marqué par l'histoire, celle des forges, activité essentielle de 1832 à 1889.

SYNDICAT D'INITIATIVE Mairie © 05 58 51 40 68

EGLISE SAINT-PIERRE-DE-BROCAS. L'église Saint-Pierre se situe au hameau de Brocas, au sud du bourg de Montaut, en prenant la direction de Saint-Aubin. Classée Monument Historique, elle se rattache à un noyau d'habitat historique. Elle était église paroissiale jusqu'en 1685. L'église se compose d'une nef bordée par un collatéral. Pendant la guerre de Cent Ans, l'église romane a été fortifiée à l'ouest par une tour massive. Le collatéral a été construit au XVIe siècle et a été couvert par de belles voûtes d'ogives. Un portail monumental renaissance s'ouvre à l'entrée du bâtiment. C'est une église à voir absolument.

LA GANADERIA DE MALABAT ✆ **05 58 51 64 01.** *Ouvert toute l'année sur rendez-vous. Tarifs adulte à 3 € et enfant à 2 €. Visite 1h30.* Au cœur du parc naturel régional des Landes de Gascogne, quarante têtes de bétail évoluent librement dans un airial de 35 ha. Des spectacles taurins sont organisés dans une petite arène en dur que Pascal Fasolo a construite. Ainsi les visiteurs empruntent un beau chemin de ronde et ne ratent rien de la scène. Non loin de là, la petite ferme landaise a conservé sa rusticité hugolienne du siècle dernier. Visite de la ganaderia, où est expliquée avec passion la course landaise. Sur demande, une "fiesta campara" est organisée (jeux dans les arènes), et, pour se remettre de ses émotions, un repas traditionnel est servi par les hôtes avec au menu : poule au pot, daube, carcasse de canard grillé, salade, fromage et dessert. Mais la Ganaderia Malabat, c'est aussi la location du bétail pour capea, tienta, course landaise, gala comico taurin…

LE MUSEE DES FORGES ✆ **05 58 51 62 63.** *Ouvert tous les jours de mi-juin à mi-septembre de 15h à 19h. Hors saison sur rendez-vous. Tarifs adultes à 3,10 €.* Une exposition présente une belle collection d'objets en fonte dans ce musée aménagé dans une ancienne minoterie proche des vestiges du haut-fourneau. On y découvre les techniques employées ainsi qu'un nombre important d'anciens outils de fabrication.

Mazerolles

Dans ce charmant village au sud de Mont-de-Marsan, tout est calme et sérénité, propice à une halte gastronomique. Ce terroir de la meilleure qualité de vie inspire à une douce promenade vers les rives fraîches de l'étonnante cascade de Cacoy.

Saint-Pierre-du-Mont

Sur la colline dominante de Mont-de-Marsan, cette commune expose à l'amateur avisé, visiteur attentif et prévenu, une église au chevet roman avec un maître-autel en marbre, œuvre probable des frères Mazetti et un orgue, récemment restauré. Excellemment équipée pour de nombreuses activités sportives et de loisirs, la préciosité dans la cuisine du pays s'offre, à Saint-Pierre-du-Mont.

Uchacq-et-Parentis

Aux portes de Mont-de-Marsan, ce village révèle au milieu d'un somptueux airial, le Domaine de Chourdens. Il s'agit d'une ferme-habitat composée d'une bergerie, d'un pigeonnier, d'un poulailler surélevé ainsi qu'une exposition d'outils anciens. Étape gastronomique réputée, une halte s'impose pour découvrir les deux églises d'Uchacq et de Parentis.

DOMAINE DE CHOURDENS ✆ **05 58 75 76 52.** *E-mail : chourdens@aol.com. Visite guidée de 14h à 17h tous les jours sauf le dimanche de mars à octobre. Visite possible toute l'année pour les écoles sur rendez-vous. Tarifs à 2,5 € par enfant, 4 € par adulte et 3 € par personne pour les groupes.* Nicole Giraud accueille les curieux dans sa maison landaise de 1835. Elle fait visiter le poulailler, la basse-cour, l'arborétum, et organise des promenades au bord des ruisseaux. Une belle demeure établie dans un cadre assez exceptionnel, au centre d'une forêt de pins et au bord d'un ruisseau. Nicole pratique l'élevage de brebis, d'agneaux landais, et s'affaire à la sylviculture… L'occasion de découvrir des activités peu connues des citadins.

L'EGLISE. Reconstruite en 1852, avec les matériaux de l'ancien sanctuaire, l'église d'Uchacq est parée d'un portail roman classé Monument Historique. Un beau chrisme au tympan surmonte deux chapiteaux ornés sur colonnes. Au nord-est de la commune, le hameau de Parentis possède une petite église romane au clocher-tour carré fortifié, crénelé, doté de meurtrières et de vestiges d'une bretèche.

OU MANGER ET DORMIR

Restaurants

AUBERGE DES CLEFS D'ARGENT 333, avenue des Martyrs-de-la-Résistance - MONT-DE-MARSAN © 05 58 06 16 45. *Fermé le samedi midi, dimanche soir et lundi toute la journée (sauf fêtes). Menus de 11,50 € à 26,70 €.* Quand Jacques Porte n'est pas dans la palombière pour traquer "l'oiseau bleu", il mitonne une cuisine aux accents du terroir. Reçus dans une salle à manger de style, ornée d'une majestueuse cheminée, ou dans le patio, les aventureux se laissent guider par cet artisan de traditions gourmandes qui met l'eau à la bouche : ballotin de lapereau farci au vin des terroirs landais, sauce de cèpes au vin de Tursan à l'ancienne ou aiguillettes de canard gras aux cèpes et au madère et la fameuse palombe entres autres.

LE BISTROT DE MARCEL 1, rue du Pont-du-Commerce - MONT-DE-MARSAN © 05 58 75 09 71. *Fermé dimanche et lundi midi. Menus de 7,62 € à 22,86 €.* Au bord de la Midouze, sous le pont orné de ses drapeaux, le bistrot est une petite halte bien sympathique, d'abord pour son cadre, la mini-terrasse au bord de l'eau, ses deux agréables salles avec des poutres bleues et jaunes, mais aussi pour le Chef Olivier Depons qui sert de la cuisine traditionnelle.

LE PALOUMET 50, rue Armand-Dulamon - MONT-DE-MARSAN © 05 58 46 30 60. *Fermé samedi midi et dimanche. Menus de 10 € à 14,50 €. Tarif moyen à la carte :15 €.* Juste au bord d'un ruisseau, l'établissement inspire une véritable quiétude. Un décor de vieilles pierres et de poutres en bois, tout à fait rustique. Des plats copieux sont servis ainsi que des recettes traditionnelles : château au poivre vert ou médaillon de lotte fondu de poireaux… Un endroit où se prélasser et oublier un instant la ville.

LE PLUMACON CHEZ DESPONS 20, rue du Plumaçon - MONT-DE-MARSAN © 05 58 06 17 56. *Ouvert tous les midis, du lundi au vendredi. Menu de 7 € à 13,72 €.* Depuis 1937, le Plumaçon sert une cuisine traditionnelle de qualité sans façons, au pied des marches de la gare SNCF. A base de produits frais, ses nouvelles formules servies en semaine sont très intéressantes, pas chères et bien servies, dans une ambiance bon enfant.

Cuisine d'ailleurs

LA CIDRERIE 7, rue du 4-Septembre - MONT-DE-MARSAN © 05 58 46 07 08. *Fermé dimanche et lundi midi. Menu du jour à 9,15 €. Menus et carte de 17,50 € à 23 €.* Paquita Vasseur est espagnole mais elle parle un français pur. Son restaurant fleure bon l'Andalousie, les tapas variées et la cuisine typique. Ici tout est authentique : grillades au feu de bois…

LE DON QUIJOTE 7, rue Saint-Vincent-de-Paul - MONT-DE-MARSAN © 05 58 06 22 04. *Fermé dimanche midi et lundi sauf pendant les fêtes. Menus à 15 € et 20 €. Carte : 18 €.* Au cœur de la ville, ce restaurant espagnol est reconnaissable à l'enseigne en fer forgé représentant un certain Don Quijote. C'est le repaire des amateurs de vraie cuisine ibérique. L'ambiance y est à son comble lors des fêtes. En été on est servi dans le très agréable patio. La soirée gourmande peut durer jusqu'à minuit, et le service continue très tard, comme là-bas. Les spécialités du Don Quijote ? Parilladas de viandes et poissons, les fameuses tapas, les champignons farcis, les moules d'Espagne farcies…

LA PRIMAVERA 11, rue du Mirail - MONT-DE-MARSAN © 05 58 75 36 44. *Fermé samedi midi et dimanche. Menus de 6,86 € à 19,82 €.* Envie de pizzas ? La Primavera est là, derrière la poste. Mais cette équipe propose également une carte de cuisine espagnole à déguster dans une des trois salles. Un petit menu est servi le midi avec plat et dessert pour un rapport qualité/prix excellent.

LA VARANGUE 11, rue Cazaillas - MONT-DE-MARSAN © **05 58 46 22 03.** *Fermé le dimanche. Menus de 10 € à 13 €.* L'endroit a changé de locataires mais le style de cuisine est resté le même. Dans une petite rue derrière la poste, dégustation de spécialités réunionnaises. Du zouk dans les oreilles, on peut se régaler à picorer les bouchées salées : petits boudins antillais, acras, colombo, mafé, avec, en accompagnement, du punch maison. Quant aux saveurs, que les allergiques aux épices se rassurent : rien de trop fort pour les palais frileux. Les cocktails également font leur effet. On ressort avec une furieuse envie de danser ou de prendre l'avion pour cette île enchanteresse.

Restaurants

AUBERGE DE LA POUILLIQUE Route de Villeneuve - MAZEROLLES © **05 58 75 22 97.** *Ouvert toute l'année. Fermé dimanche soir et lundi. Menus de 15,24 € à 27,45 €.* Traditionnelle ferme landaise, Lapouillique est aujourd'hui une belle salle de restaurant aux typiques colombages et plafonds bas égayés l'hiver d'un âtre flamboyant et aux beaux jours d'une agréable terrasse donnant sur la verdure. Aux fourneaux que de bonnes choses à se mettre sous la dent ! Originalité du Chef, sourire en salle de son épouse, quoi de mieux pour faire tourner cette table gourmande connue de tous ? Une référence dans ce cadre champêtre.

LA FERME DE COUMASSOTTE RN124 - SAINT-PIERRE-DU-MONT © **05 58 75 28 98.** *Fermé mardi soir et mercredi, sauf férié. Formule du midi (en semaine) : 10 €. Menus de 15 € à 28 €. Menu enfant : 6 €.* A la sortie de Mont-de-Marsan en direction Dax, une jolie maison en pierre et blottie dans un cadre de verdure. Dans la grande salle intérieure à l'ancienne ou sur la terrasse fleurie, une cuisine raffinée : méli-mélo de ris de veau à la landaise, escabèche de magret au foie gras, morue au foie gras frais, sauce rougaille, selle d'agneau aux saveurs du sud et pâtisseries maison. De ces nombreux voyages, le jeune Chef Bruno Blondeau décore les murs avec ses souvenirs. Une autre très belle salle peut accueillir 80 personnes pour banquets ou séminaires dans l'annexe de la ferme.

RESTAURANT DIDIER GARBAGE Uchacq © **05 58 75 33 66.** *Fermé dimanche soir, lundi et une semaine début janvier. Menus de 25 € à 55 €. Menu enfant de 10 à 14 €. Tarif moyen à la carte : 30 €.* Une adresse de goût connue des Montois. L'établissement se divise en deux restaurants : le Gastronomique et le Bistrot. Une ambiance très conviviale où sont servis : foie gras poêlé sur coulis de figues fondantes ou tournedos de pied de cochon croustillant à l'huile de truffe, pour ne citer que les plats gastronomiques. Un endroit où il est tout aussi possible de boire un verre de vin au comptoir à l'heure de l'apéro. Le parc verdoyant fournit un cadre agréable et un grand calme environnant.

Hôtels-restaurants

HOTEL ABOR 2287, avenue du Président-John-Kennedy - MONT-DE-MARSAN © **05 58 51 51 51.** *Ouvert toute l'année. Chambres de 48 € à 95 €. Menus de 11 € à 24 €.* Moderne, fonctionnel et confortable, cet hôtel a été conçu avec le souci de s'attarder aux moindres détails. Ainsi les vitres des 68 chambres sont fort bien isolées. Les chauffe-serviettes de bains, un plus certain, la décoration des chambres… tout est fait pour allier l'insolite au confort. Jeux de formes et de couleurs dans les couloirs, les chambres et les salles de séminaire amènent repos au visiteur qui trouve ici un havre de paix. Côté cuisine rien de décevant. Le restaurant l'Airial s'ouvre sur la piscine. Le personnel est aux petits soins et le Chef assume avec brio une cuisine de qualité, alliant classicisme et fantaisie : civets en saison, mets régionaux, quelques poissons travaillés au four. Carte des vins bien fournie.

LE MIDOU place Porte-Campet - MONT-DE-MARSAN © **05 58 75 24 26.** *Fermé samedi midi, dimanche soir et une semaine fin décembre. Chambres doubles à partir de 19,82 €. Menus de 10,37 € (sauf dimanche) à 27,44 €.* Un hôtel sans prétention mais populaire et agréable avec des chambres simples et confortables. A la carte : foie gras aux pommes et aux raisins, ris de veau aux cèpes...

LES PYRENEES 20, avenue de la 34e-RI - MONT-DE-MARSAN © 05 58 46 49 49. *Chambres doubles de 20 € à 37 €. Soirée étape à 42 €. Menus de 11,40 € à 30,20 €.* Les murs régulièrement percés de nombreux trous ronds sont pour le moins surprenants. Le plafond circulaire laqué rose est amusant : un cadre déconcertant pour ce restaurant finalement classique. Une envie de manger pas trop cher mais pour un rapport qualité/prix excellent ? Il faut suivre les Landais car ils connaissent très bien l'établissement. Dans les assiettes, une cuisine traditionnelle et authentique. Tentation divine et il est difficile de choisir entre : ris de veau, chipirons à l'américaine ou a l'encre, foie gras, magret, bref les valeurs sûres des Landes. A préciser une belle carte des vins aux prix très abordables. Le service ne traîne pas. Pratique quand on travaille ! Les chambres sont simples mais fonctionnelles.

LE RENAISSANCE Route de Villeneuve - MONT-DE-MARSAN © 05 58 51 51 51. *Fermé entre Noël et Nouvel An. Chambres doubles de 55 € à 93 €. Menus de 22 € à 44 €. Trois étoiles.* Des chambres aux noms de musiciens, mais un calme absolu ! A disposition des visiteurs : parking, piscine et jardin. Une cuisine traditionnelle attend les gourmands dans la salle de restaurant : foie gras au torchon, poissons, riz de veau aux gambas, médaillons de lotte en habit vert, poêlées de saint-jacques...

LE RICHELIEU 3, rue Wlérick - MONT-DE-MARSAN © 05 58 06 10 20. *Ouvert toute l'année. Chambres de 35,50 € à 49 €. Menus de 14,50 € à 30 €, et plat du jour à 9 €.* Le rendez-vous de tous les gourmets : c'est dire la qualité de l'établissement et d'une cuisine dont on ne se lasse pas ! Le médaillon de veau poêlé avec son petit jus au porto ou sa grillade de canard béarnaise, ou le poisson selon arrivage, le Chef change souvent sa carte, selon les produits frais du marché. Service agréable et efficace. Côté détente, les chambres, dont certaines climatisées, sont confortables, ce qui se révèle pratique en plein centre-ville.

LA SIESTA 8, place Jean Jaurès - MONT-DE-MARSAN © 05 58 06 44 44. *Fermé le dimanche soir de la Toussaint à Pâques. Dix-sept chambres de 23 € à 47 €. Menus de 11 € à 26 €. Petit déjeuner à 5,50 €.* Un lieu convivial en centre-ville, à cinq minutes de la gare, où les habitués viennent trouver des viandes de qualité cuites au feu de bois, mais aussi des plats régionaux, pas mal faits et généreusement servis : foie gras mi-cuit, magret de canard aux figues rôties, filet de rouget à la tapenade. Chambres simples à petits prix.

CHEZ ZANCHETIN 1565, avenue de Villeneuve - MONT-DE-MARSAN © 05 58 75 19 52. *Fermeture annuelle du 15 août au soir au 10 septembre au matin. Fermé le dimanche soir et lundi. Neuf chambres de 31,50 € à 44 €. Menus de 10,40 € à 24,50 €. Carte 18 €. Petit déjeuner à 4,50 €.* Ambiance familiale et tarifs avantageux chez Zanchettin, chambres simples au confort correct (T.-V. et téléphone) donnant sur le beau jardin, salle rustique prolongée d'une agréable terrasse sous les platanes, pour goûter en toute quiétude la carte traditionnelle de la maison : galantine de dinde, asperges des Landes, confit de canard, crêpes maison.

HOTEL DE LA GARE Brocas-Les-Forges © 05 58 51 40 67. *E-mail : www.hotelgare-brocas.com. Chambres doubles de 32 € à 39 €. Menus de 9,90 € à 25 €.* Un restaurant dans un environnement exceptionnel : étang reposant, promenades en barque et tennis. Nicolas reçoit dans une des deux salles chaleureuses où règne une imposante cheminée. La cuisine familiale très étudiée donne le choix entre : alose farcie cuite aux herbes sur une planche d'acacia, gésiers de canard façon grand-mère et, pour finir, une croustadine de fruits et coulis de fruits rouges. Dans ce décor soigné fleuri, quel instant de douce folie !

Chambres d'hôtes

LAMOLERE Campet-Lamolère © 05 58 06 04 98. *E-mail : lamolere@aol.com - Site Internet : www.lamolere.com. Quatre chambres doubles de 38 € à 44 € petit déjeuner compris. Repas (de vendredi à lundi en juillet et août) 15 € par adulte vin et café compris, et 8 € par enfant.* Dans un parc de douze hectares, bordé d'une rivière, aux grands arbres centenaires, cette belle maison de caractère allie confort et esthétisme. Par-delà l'accueil chaleureux de Béatrice et Philippe De Monredon, amoureux de la nature, la demeure révèle la mémoire de son mobilier tandis que les spacieuses chambres répondent aux doux noms de Pégase, Cassiopée, Céphée, La Lyre… L'été, l'excellente table d'hôtes est dressée sur la terrasse ! Pour les enfants, un gîte homologué gîte de France et tenu Mar Maylis, la fille de la maîtresse de maison, est également à disposition.

SE DETENDRE

Culture

BIBLIOTHEQUE MUNICIPALE Place Charles-de-Gaulle - MONT-DE-MARSAN © 05 58 46 09 43. *Ouvert du mardi au samedi.* De passionnants moments de lecture avec 350 acquisitions par trimestre : romans, documentaires, bandes dessinées, journaux, revues (80 titres à consulter dans le catalogue distribué trimestriellement). Une salle d'étude est à la disposition des chercheurs.

CINEMA LE ROYAL 18, rue Maréchal-Bosquet © 08 36 68 69 26. *Des tarifs réduits sont accordés à tous lundi et mercredi, le 25 de chaque mois.* Avec six salles climatisées, une salle numérique et cinq salles Dolby stéréo SR, deux salles accessibles aux handicapés, le Royal propose un vaste programme.

COMITE DES FETES DE LA VILLE 39, place Joseph-Pancaut - MONT-DE-MARSAN © 05 58 75 39 08. *Ouvert au public à partir du 15 juin de 8h30 à 12h et de 14h à 18h.* Pour être aux premières loges des corridas et des courses landaises, les billets sont à réserver ici.

Fêtes de la Madeleine

Les fêtes sont dédiées à la patronne de Mont de Marsan, sainte Madeleine. Elles commencent à partir du samedi qui suit le 14 juillet. Pendant une semaine on fait ce que l'on veut ou presque, ce qui explique que l'on protège les fleurs et les arbustes. En avant les bodegas où l'on peut boire et manger pour pas cher et les bandas qui sillonnent la ville en mettant une bonne ambiance. Rendez-vous très prisé par les festayres venus de France et de Navarre, durant 6 jours, la ville vit sur un rythme détonant. Les "aficionados" se pressent dans l'arène où évoluent les plus grands noms de la tauromachie. Les réunions des jeunes et moins jeunes, aux sons endiablés du folklore hispano-landais, sont le trait dominant de ces ferias, climat envoûtant et tonifiant de liesse générale. D'autres moments forts, tels l'exceptionnelle cavalcade du samedi soir, les nombreux bals, les spectacles gratuits et sportifs, les animations pour les enfants, la fête foraine, les expositions culturelles et l'extraordinaire feu d'artifice, le tout désormais en bleu et blanc, couleurs de la cité, font de ces festivités l'événement du Sud-Ouest en juillet.

CULTURE ET BIBLIOTHEQUE POUR TOUS 26, rue Armand-Dulamon - MONT-DE-MARSAN. *Ouvert le mardi, mercredi et samedi de 15h à 18h.* Un espace très complet : la bibliothèque assure le prêt de livres adultes et enfants ainsi que la distribution gratuite de livres aux malades des hôpitaux et cliniques.

Sports

ECOLE TAURINE DU GRAND SUD-OUEST Route de Morcenx - CAMPET-LAMOLERE. Ecole unique en son genre dans la région. Certains toreros ont nourri l'idée de transmettre leur savoir. Le projet est toujours resté au niveau d'un vœu pieux. Le matador Gilles Marsal, lui, est allé jusqu'au bout. Inaugurées en octobre 2002, les arènes sont une petite merveille qu'il a montée de ses propres mains. Il opère avec 4 ou 5 élèves (de 11 à 16 ans) qui viendront dans un premier temps le samedi, puis le samedi et le mercredi. Le professeur a déjà formé des jeunes qui sont partis à l'école taurine de Madrid ou en Camargue.

ETRIER DU MARSAN Chemin des Sports - MONT-DE-MARSAN ✆ 05 58 06 34 18. *Ouvert du mardi au samedi de 9h à 12h et de 14h à 18h. Dimanche de 9h à 12h.* Ce centre équestre est situé en plein centre-ville, sur 17 ha de terrains boisés, en bordure du Midou. Ecole française d'équitation avec cours pour enfants et adultes, tous âges et tous niveaux, à cheval ou poneys. Préparation aux examens fédéraux, participation aux concours d'entraînement et officiels.

GOLF DE MONT-DE-MARSAN Saint-Avit ✆ 05 58 75 63 05. *Ouvert toute l'année.* En direction d'Agen-Périgueux à 8 km de Mont-de-Marsan, ce golf de 18 trous est ouvert à tous. Il présente un parcours varié, dans un paysage typiquement landais, plat pour une moitié, boisé et vallonné pour le reste du parcours. Jean Van de Velde, le champion montois, s'y entraîne très souvent. Une école de golf à partir de huit ans est en activité le mercredi et samedi.

HIPPODROME DES GRANDS PINS ✆ 05 58 75 15 75. En 1849, est née la Société des Courses de Mont-de-Marsan pour encourager l'élevage et l'amélioration des races. Association en 1904, l'hippodrome est devenu le 3e centre d'entraînement de France après Chantilly. Avec plus de 300 chevaux, il occupe une superficie de 28 ha et ne cesse de se développer, avec la création d'un centre d'apprentis en 1974 pour l'étude des métiers du cheval, d'un bâtiment des balances et salles de jockeys en 1978. Aujourd'hui, douze journées de courses sont données, réparties sur trois meetings : au printemps, le lundi des fêtes de la Madeleine et un autre à l'automne.

STADE MONTOIS 21, place Pancout - MONT-DE-MARSAN ✆ 05 58 06 16 77. Fier de 4 400 licenciés, le stade Montois est la 2e structure omnisports d'Aquitaine. Vingt-sept sections de sports collectifs et individuels . Parmi elle, la section rugby qui participe à la renommée de la ville.

Un peu d'histoire

Les premiers sportifs montois qui s'adonnent au rugby sont les potaches du Lycée Victor Duruy. L'équipe s'appelle alors "Les Boutons d'Or". Ils affrontent régulièrement les équipes des Lycées d'Auqitaine. En 1908, de jeunes montois, parés d'un maillot noir agrémenté d'un écureuil jaune, décident de créer un club qu'ils baptisent "Stade Montois". Des débuts difficiles qui voient longtemps le Club végéter en séries inférieures du Comité Côte d'Argent. Dans les années 1930, sous l'impulsion de Pierre Lisse, le Club évolue dans sa gestion, mais aussi dans sa conception du jeu, recherchant un rugby plus alerte. Le public montois a vite fait de se presser autour des barrières du Stade Jean Loustau, admirant le jeu spectaculaire favorisé par l'incorporation de scolaires et d'universitaires. Régulièrement champions du Comité 1ère série, 2e série, Promotion, le Club bénéficie d'une belle renommée. Dès 1941, Henri Lacoste, par des rencontres amicales de haut niveau, favorise l'éclosion d'un rugby à la montoise. Le Stade Montois se retrouve dans la cour des Grands. Le destin du Club subit alors l'influence particulièrement favorable d'un dirigeant dévoué et agissant, Camille Pedarre, qui assure la Présidence du Club pendant 30 ans.

La valeur des joueurs stadistes est reconnue par les sélectionneurs nationaux, puisqu'en 1950 le Stade Montois détient son premier international Pierre Pascalin. Professionalisation des clubs : danger... Pendant de nombreuses années, grâce à la formation, le Stade Montois maintient son standing et continue de figurer parmi les meilleurs clubs français. Depuis une dizaine d'années, l'argent a fait son apparition dans le sport en général et dans le rugby en particulier, d'où une concentration des meilleurs joueurs dans les clubs les plus fortunés. Mont de Marsan, cité administrative par excellence, éprouve bien des difficultés pour procurer des emplois à ses joueurs de valeur, mais aussi aux espoirs du club. Les meilleurs de l'effectif des joueurs est "aspiré" par les grands clubs des métropoles régionales comme Taofifenua Willy et Jean-Jacques à Grenoble, Dal Maso, Loubère, Prosper à Agen, Dehez, Loubsens à Bègles-Bordeaux, Sonnes, Castaignède à Toulouse, Tittelbach au P.U.C., Morlaes, Lalanne à Dax. A l'image d'autres Clubs, le Stade Montois chute en valeur : les résultats sportifs s'en ressentent et de "l'élite", le Club retombe en "2e Division". Patrick Nadal, nouveau Président, cible un objectif : voir le Stade Montois retrouver "sa" place en Groupe B, pourquoi pas dans les trois ans à venir ? Une place en conformité avec ses moyens réels, raisonnables, tenant compte avant tout des efforts continus que le Stade Montois réserve à la formation des jeunes depuis de nombreuses années, son école de Rugby, admirable de dynamisme, tourne régulièrement avec un effectif de 130 gamins.

Le club Montois : une pépinière de joueurs

Parmi les meilleurs joueurs du Club, le Stade Montois s'enorgueillit d'avoir eu dans ses rangs les internationaux Pierre Pascalin, Robert Carrere, Jean Darrieussecq, Léonce Beheregaray, André et Guy Boniface, Christian Darrouy, Pierre Lacroix, Fernand Cazenave, Pierre Cazals, Benoît Dauga, Jean Amestoy, Bernard Dutin, Laurent Rodriguez, Marc Dal Maso. Soulignons que l'Equipe de France a été commandée à diverses reprises par Christian Darrouy et Benoît Dauga.

TENNIS Plaine desJeux © 05 58 75 18 17. *Tous les jours de 9h à 19h.* Ecole de tennis à partir de 4 ans. Activités de loisirs, possibilité de cours particuliers ou collectifs dirigés par un enseignant professionnel. Des compétitions individuelles ou par équipes sont organisées.

OU SORTIR

Culture

LA MAISON DES JEUNES COLUCHE 4, cale de la Marine - MONT-DE-MARSAN © 05 58 06 14 56. *Ouvert mardi de 15h à 19h, mercredi de 13h à 20h, jeudi de 15h à 22h, vendredi de 15h à 24h, samedi de 13h à 22h et dimanche de 15h à 19h.* Les Enfoirés se donnent rendez-vous dans cet espace au bord de la Midouze, accessible par une passerelle depuis la rue des cinémas. Lieu de convivialité et d'échanges pour boire un pot (sans alcool), jouer au baby-foot, écouter de la musique ou regarder des émissions câblées (documents, concerts et vidéos). Une équipe d'animation compétente accueille en permanence pour proposer diverses activités au sein de la structure.

LE CAFE MUSIC 4, cale de la Marine - MONT-DE-MARSAN © 05 58 06 14 56. Le Café Music est un lieu de rencontre chaleureux, entre pierres et poutres. Autrefois on y stockait les fûts d'armagnac. Il offre un espace de diffusion pour toute la famille, des musiques actuelles, groupes et artistes connus ou à découvrir, en même temps qu'un lieu ouvert à tous les publics. Une salle de concerts spécialement conçue pour les musiques amplifiées accueille 500 personnes, plus de 120 groupes s'y sont déjà produits.

L'ESPACE FRANCOIS MITTERRAND 480, rue de la Ferme-du-Conte - MONT-DE-MARSAN. Cette salle de 800 à 3 500 places permet d'accueillir dans de bonnes conditions de grandes manifestations : concerts, opéras, ballets, grands matchs, tournois... L'originalité de cette salle réside dans sa souplesse d'utilisation permettant de produire aussi bien des spectacles culturels que sportifs. Les traitements acoustique et phonique, l'équipement son et lumière, sont ceux d'une grande salle de spectacles. Avec la salle François-Mitterrand, la ville a pris l'option du développement culturel et sportif en répondant à l'attente du public montois et en assurant à Mont-de-Marsan sa place de chef-lieu des Landes.

Bars

AMERICAN ROCK CAFE 13, allées Brouchet - MONT-DE-MARSAN © 05 58 75 41 88. *Ouvert de 7h à 2h.* Le décor transporte directement de l'autre côté de l'océan, plus particulièrement dans les années 60. Tout, des fauteuils tirés d'un saop opera au juke box, en passant par la statue de la liberté, participe à l'atmosphère américaine. Sur le plan musical, on retrouve tous les hits actuels dans une ambiance très bon enfant.

CHEZ BALOO 1, allées Brouchet - MONT-DE-MARSAN © 05 58 06 45 85. *Ouvert de 12h à 2h. Menus de 14 € à 21 €.* Une soixantaine de marques de bière de toutes origines. La salle de restaurant, juste à côté, accueille les dîners en famille ou entre amis autour d'une carte traditionnelle.

LE BON ACCUEIL 3, rue Maréchal-Bosquet - MONT-DE-MARSAN © 05 58 85 20 92. *Ouvert du mardi au samedi de 11h à 2h.* Un bar à bières où ont parfois lieu des concerts. Les dessins bien exécutés sur les murs invitent au voyage, à l'évasion et au rêve. Toutefois, la petite terrasse qui donne sur la rue renvoie à des considérations plus terre à terre.

LE CLUB 75, rue Gambetta - MONT-DE-MARSAN © 05 58 75 21 51. *Ouvert de 12h à 4h du matin.* Parmi les bars de la rue Gambetta, ce bar a l'avantage d'avoir une fermeture tardive. Il fait donc aussi office de discothèque. La musique est assez variée et, parfois, des soirées sont organisées avec la participation de sponsors.

LE COMPLEXE 11, Rue Marechal-Bosquet - MONT-DE-MARSAN © 05 58 45 09 26. *Ouvert du lundi au samedi de 12h à 2h du matin. Fermeture à 5h à partir du jeudi.* Un mélange savamment dosé qui réunit des musiques variées. Le week-end, la piste s'agrandit pour permettre à l'ambiance de la discothèque de battre son plein et de laisser se faire les mélanges de rythmes, voire plus si affinité.

LE HAVANITA 9, rue du 4 septembre - MONT-DE-MARSAN © 05 58 85 29 63. *Fermé le lundi et en août. Ouvert de 17h à 2h du matin.* Un bar cubain où savourer des mojitos entre autres. Un grand choix de cigares.

LE POTCHEEN 3, Place Mitrac - MONT-DE-MARSAN © 05 58 75 95 42. *Ouvert du lundi au samedi de 17h à 2h du matin.* Le Potchéen allie à la fois charme et convivialité. Le décor très typique de cette île anglo-saxonne fait de ce lieu un endroit incontournable où déguster de savoureuses bières...

LE PUB 1900 2, place Saint-Roch - MONT-DE-MARSAN © 05 58 46 20 01. *Ouvert du lundi au dimanche de 18h à 2h.* A la nuit tombée, ce sont des couleurs chaudes et accueillantes qui attirent les passants au Pub 1900. Les fresques murales, les tableaux et sculptures savamment éclairées plongent dans une ambiance feutrée préservant l'intimité. Côté musique, le D.-J. passe essentiellement du rock, mais il n'est pas rare d'entendre quelques notes de jazz ou de salsa émaner de la place.

LA RHUMERIE Place Saint-Roch - MAZEROLLES © 05 58 75 76 83. *Fermé le dimanche. Ouvert de 12h à 5h du matin.* Découverte et dégustation de nombreux cocktails à des prix raisonnables. Les amateurs y trouvent un large choix de rhums blancs ou bruns qu'ils peuvent consommer accompagnés de petits en-cas et spécialités antillaises, le tout dans un joli décor fait de bois coloré et d'une terrasse.

LE SOFT Rocade - MONT-DE MARSAN © 06 85 70 22 90. *Discothèque. Ouvert le vendredi, samedi et veille de jours fériés à partir de 22h.* Pour aller danser, se diriger sortie Roquefort-Agen, près de la caserne des pompiers. La soirée débute par du rétro puis s'enchaîne sur un rythme endiablé, toutes sortes de musiques des années 80 à nos jours. Pour les dames et demoiselles, l'entrée et le cocktail sont offerts jusqu'à minuit. Coins jardin d'été et piscine sont très agréables pour les amoureux.

LE ZIG ZAG Place Raymond Poincarré - MONT-DE-MARSAN © 05 58 06 24 26. *Discothèque ouverte de 22h à 6h du matin.* Deux ambiances réunie dans un même lieu. Musique disco funk dance d'un côté, et pour les plus nostalgiques, une salle avec musique rétro les attend.

EMPLETTES

Produits du terroir

DENIS DAUBOS 1, place Abbé-Bordes - MONT-DE-MARSAN © 05 58 75 00 81. Les chocolats des grands millésimes de Denis Daubos ne manquent pas de surprendre les amateurs de chocolat noir. Ses spécialités des Landes : Nuit d'Amour (pulpe passion et ganache armagnac) et Mont Pelé (ganache noix de coco, citron et rhum blanc), un poulet fermier du chocolatier (ganache pruneaux, armagnac et pignons), Echasses (biscuit, chocolat et noisettes)... tout un programme de saveurs sucrées qui étonneront les convives.

FERME LA SOURCE 971, route de la Gare - BENQUET © 05 58 71 13 10. *Ouvert toute l'année et tous les jours. Réseau Bienvenue à la Ferme.* Après avoir visité la ferme de Jean-Louis Lafargue et découvert les secrets de fabrication de bien des produits landais, il ne reste plus qu'à les goûter. Toutes sortes de conserves sont à acheter dans cette ferme familiale : confits, pâtés, rillettes, magrets fourrés au foie gras, foie gras entier d'oies et de canards, galantines, plats cuisinés en conserves, et des kiwis en saison. Egalement vente par correspondance.

LAFITTE 62, rue Léon-Gambetta - MONT-DE-MARSAN © 05 58 06 06 91. Des produits du terroir : magrets, confits, foie gras à ramener absolument chez soit pour des soirées très landaises !

SYLVIE SAVANNEAU 220, avenue Georges-Clemenceau - MONT-DE-MARSAN © 05 58 46 49 27. L4S, perdre les formes en gagnant la forme ! Entre la digipuncture, méthode adaptée à notre mode de vie moderne, et l'acupuncture pratiquée depuis plus de trois mille ans en Chine, il n'y a qu'un pas... Sylvie aux doigts de fée stimule avec talent les points d'acupuncture spécifiques qui aident à devenir et surtout à rester mince.

LA TOURTIERE 7, allée Raymond-Farbos - MONT-DE-MARSAN © 05 58 75 77 00. L'occasion de goûter les desserts landais, à savoir la tourtière croustillante et le pastis landais.

AGENDA

Mardi et samedi matin toute l'année : marché traditionnel de Mont-de-Marsan.

Dimanche matin : marché traditionnel de Brocas.

Dernier samedi de mars : grand Carnaval de Mont-de-Marsan.

Mi-mai : fête de Mazerolles.

Mi-juin : fête de Parentis.

Dernier week-end de juin : fête d'Uchacq.

Début juillet : Festival Flamenco. Mont-de-Marsan vibre aux accents andalous, en présence des plus grands noms de l'art flamenco. Dans la pure tradition gitane, ce festival mêle la danse d'amour et de mort à la violence du chant gitan. Spectacles de grande qualité à ne pas manquer.

Juillet : fête de Brocas-Les-Forges.

1er week-end de juillet : féerie de Brocas. Depuis des décennies, sur son étang, le petit village présente un spectacle nocturne mettant en scène des figures géantes. Cette coutume estivale a forgé la réputation de ces fêtes. Entre 3 000 et 4 000 personnes sont attendues pour assister à l'évolution de ces chars géants.

3e semaine de juillet : fête de la Madeleine (05 58 75 39 08).

Mi-août : fête de Bascons.

Début octobre : championnat de France de course landaise. Chaque année, la saison de la course landaise est clôturée par cette manifestation où les meilleurs de la saison concourent pour élire le meilleur d'entre eux.

3e semaine d'octobre : Festival d'art gourmand. Rendez-vous incontournable de tous les admirateurs du beau et du bon. La Minoterie abrite des sculptures en chocolat, peintures alimentaires sur pastillage, fleurs en sucre, bonbons au travers de différents concours et démonstrations de professionnels confirmés et de jeunes gourmands en culottes courtes (05 58 05 87 37).

MONTFORT-EN-CHALOSSE

Pays du thermalisme

Montfort-en-Chalosse a obtenu le label Station Verte de Vacances. Chef-lieu d'un canton de 21 communes, il présente la disposition orthogonale typique des anciennes bastides. A 110 m d'altitude, ce bourg domine les coteaux environnants que l'on découvre notamment du point de vue panoramique. L'enfant du pays, Marcel Saint-Martin, artiste peintre et poète reconnu, en parle en ces termes : "Montfort-en-Chalosse est une perle sur la gorge du ciel, une rose de Chalosse vue d'en haut par les nuages et les oiseaux."

OFFICE DE TOURISME Place Foch ✆ 05 58 98 58 50

E-mail : ot.montfort.chalosse@wanadoo.fr.

A VOIR

FONTAINE DES 100 MARCHES. Au début du siècle, l'alimentation en eau potable était assurée par une fontaine située à 25 m en contrebas du bourg. Un sentier de 100 marches a été aménagé pour découvrir ce site et le lavoir. Une aire de pique-nique permet de se restaurer dans ce lieu de fraîcheur.

MUSEE DE LA CHALOSSE ✆ 05 58 98 69 27. *Ouvert tous les jours, sauf le lundi. Expositions temporaires, médiathèque, visites guidées : 10h30, 15h et 16h30. Tarif à 4,60 € et tarif réduit à 3,80 €.* Une vaste maison de maître du XVIIe siècle, ses dépendances et son jardin permettent au visiteur de retrouver l'âme d'un lieu habité et de se pencher sur le mode de vie rural du XIXe siècle. Des pièces meublées et garnies de multiples objets de la vie quotidienne ont été reconstruites minutieusement. On peut admirer également le four à pain aux effluves alléchantes, la treille bleuie du conservatoire des vignes de Chalosse, les chais à l'exceptionnel pressoir de type romain, une maison de maître… Le musée de la Chalosse c'est aussi une boutique avec des produits du terroir, des créations locales et artisanales, la fabrication de pain à l'ancienne… Une exposition a lieu une fois par an.

AUX ENVIRONS

Baigts-en-Chalosse

L'église Notre Dame de l'Assomption, du XIIIe siècle et de style roman, a été bâtie sur l'emplacement d'un ancien château féodal. Sur le clocher-donjon, des traces de fortifications sont visibles. Etape gourmande, les produits des tables et de la ferme landaise ravivent les fins palais.

Castelnau Chalosse

Ce petit village de Chalosse autorise une promenade au milieu des collines ou sur les rives fraîches du Luy de France. Au hasard de la ballade, on découvre d'élégants châteaux et de belles fermes de caractère. Un peu plus loin on aperçoit la maison "Festin de France", spécialisée en épicerie fine et livreuse de Fauchon.

Clermont

Ce petit bourg est l'occasion d'une belle ballade. Des routes sans circulation et des chemins de terre ou empierrés dévoilent un parcours reposant. On passe par la ferme où la découverte des produits du terroir ravie les palais. Dans le Luy de France, les amateurs de pêche en eau douce sont comblés.

Gamarde-les-Bains

Station thermale jusqu'en 1930, les cures y étaient conseillées pour les maux de gorge et les maladies de la peau. Le château de Rau est mentionné dès le début du XIVe siècle. .La partie ancienne se situe à l'arrière de la bâtisse avec une grosse tour arrondie et des fenêtres à meneaux. La forme des toitures est très curieuse. C'est une ancienne caverie. Une ferme de découverte, avec visites guidées, particulièrement adaptée aux enfants et familles révèle productions et environnement : vaches blondes d'Aquitaine et bœufs de Chalosse, pintades, canards…

CHATEAU DE RAU. Le château est mentionné dès le XIVe siècle, car en 1313, Bertrand du Rau rend hommage à Amanieu d'Albret, vicomte de Tartas. Pendant trois siècles, le château a appartenu à la famille Defos du Rau. Il domine un petit vallon. La façade sud a conservé l'aspect d'une construction du début du XIVe siècle avec un corps de logis à deux niveaux et une importante tourelle au centre. Cette construction fait penser à l'architecture des châteaux gascons comme par exemple à Parleboscq, en Gabardan. Au nord, un bâtiment de cinq travées a été édifié vers le milieu du XIXe siècle. Les pièces de la partie ancienne conservent des lambris du XVIIIe siècle. Des panneaux peints d'un des salons sont conservés au musée de Saint-Petersburg en Floride. Le château peut accueillir les visiteurs la nuit car c'est un gîte de France.

Sort-en-Chalosse

Ce petit village est le cadre idéal de belles promenades. Il est entouré d'une vaste plaine destinée aux élevages de canards. En traversant un petit bois de chênes, on entreprend une douce montée vers un plateau maïsicole pour dominer la belle vallée du Luy. Diverses petites routes parcourent des landes de pins. On aperçoit également le verger de kiwis, on traverse le sentier très pittoresque en sous-bois de chênes et d'aulnes, et on atteint le site de l'étang du moulin, propice à la rêverie.

OU MANGER ET DORMIR

Hôtels-restaurants

AUX TAUZINS Route d'Hagetmau - MONTFORT-EN-CHALOSSE © 05 58 98 60 22. *Fermé le soir et sauf en juillet août. Chambres doubles de 51 € à 54 €. Menus de 18 € à 34 €. Trois cheminées Logis de France.* C'est ici que l'on déguste sans conteste le véritable bœuf de Chalosse, le foie chaud aux raisins et pommes ou ces poissons encore frétillants. Dans une salle de restaurant dominant les coteaux pittoresques de la Chalosse, un très joli couvert en métal argenté agrémenté de nappes blanches. Un festin à accompagner de vins à choisir dans une carte travaillée aussi, avec de belles étiquettes. Entre autres une représentation des ténors du Sud-Ouest. Aux beaux jours, sur la terrasse abritée d'une tonnelle de glycines odorantes, les enfants gambaderont en toute sécurité au parc de jeu ou au golf miniature. Pour digérer on peut louer des vélos et partir à l'aventure.

DOMAINE DE TESTELIN Route Lahosse - BAIGTS-EN-CHALOSSE © 05 58 98 61 21. *Fermé dimanche soir et lundi hors saison. Chambres doubles de 44 € à 49 €. Menu du jour le midi à 11 € et menus de 21 € à 31 €.* A 2 km de Montfort-en-Chalosse, le Domaine de Testelin offre une étape de verdure et de calme. Sylvia Kok est aux petits soins avec ses hôtes. Son petit accent hollandais est charmant. Le Chef Christophe Lesbats fait preuve de maturité en concoctant une carte complète alliant avec brio les spécialités de la mer à celles du terroir. Bœuf de Chalosse, gambas grillées au feu de bois, foie gras frais, salmis de palombes, magret de canard et bien d'autres délicatesses.

Ferme-auberge

LE VIEUX CHENE Lamaison - CASTELNAU CHALOSSE © 05 58 89 34 57. *Ouvert de Pâques au 30 septembre. Fermé dimanche soir et lundi. Ouvert du 1er octobre à Pâques du vendredi soir au dimanche midi. Repas entre 13 € et 25,50 €. Menu enfant à 6,90 €. Réservation obligatoire.* Marielle et Franck habitent le pays des vanniers et des quilles de neuf. Ils sont avant tout éleveurs et producteurs. En visitant leur ferme, on aperçoit des vaches, des bœufs, des canards, qui, on l'a compris, sont gavés pour donner le délicieux foie gras… Pour ceux qui n'ont pas le vertige, la visite de la palombière les transportera au temps de Robin des Bois. Dans cette charmante petite ferme rénovée - on est pas venu là par hasard - on nous sert du foie gras, des magrets, pâtés, confits, de la garbure paysanne, des salades landaise, du bœuf de Chalosse sur commande, des pâtisseries maison… et puis on ne repart pas les mains vides puisqu'il y a également vente de produits du terroir, sur place ou par correspondance.

Chambres d'hôtes

LES FEUILLES D'OR 981, route du Luy - CLERMONT © 05 58 89 73 29. *Ouvert toute l'année. Chambres doubles à 46 € petit déjeuner compris. Table d'hôtes à 13 €. Trois épis.* Une belle maison de maître de 1730. Restaurée et meublée avec goût, elle est la propriété de Monie et Michel Crisafulli. Deux chambres avec sanitaires privés, dont une avec salon particulier, offrent le confort souhaité. Devant la maison, un petit parc ombragé de platanes est le lieu par excellence pour une bonne lecture.

COUME 133, chemin de Coume - GAMARDE LES BAINS © 05 58 98 62 79. *E-mail : romualdmillot@aol.com. Ouvert toute l'année. Chambres doubles à 38 € petit déjeuner compris. Table d'hôtes à 15 €. Deux épis.* Dans une ancienne bergerie landaise, se trouve une maison avec une dépendance entièrement restaurée et entourée de champ de maïs. Romuald Millot fait profiter les arrivants de son jardin mais aussi de sa piscine avec terrasse. Les chambres sont toutes personnalisées. Le propriétaire des lieux a cherché à donner vie à ses pièces qui abordent les thèmes différents de l'Afrique, le romantisme et l'Asie. Elles possèdent chacune leur salle d'eau et leur W.-C. privés. Pour plus d'intimité, elles sont situées dans l'annexe.

MAZE DIT MIEUSEMENT 551, route de Guichot - SORT-EN-CHALOSSE © 05 58 89 71 08. *Ouvert toute l'année. Chambres doubles à 38 € petit déjeuner compris. Table d'hôtes à 14 €. Forfait curiste. Deux épis.* Une ancienne ferme restaurée sur un terrain clos de 5 000 m^2 offre tout le confort recherché pour un séjour paisible. Lydie propose une suite familiale de quatre personnes et une chambre de trois personnes, toutes deux avec sanitaires privés. Le parking facilitera la vie des automobilistes. La piscine privée et sa terrasse risque de faire plus d'un heureux. Rien de tel qu'un bon bain au réveil ! La maîtresse de maison concocte également des repas sur réservation.

SE DETENDRE

LES Z'HEUREUX CRUATEURS 115, Grand-Rue - MONTFORT-EN-CHALOSSE © 05 58 98 45 61. Cette association aide les créateurs régionaux de tous domaines. En leur trouvant des lieux d'expositions, en leur donnant un coup de main dans leurs démarches, en se chargeant de leur promotion et de leur diffusion régionale et nationale. C'est au Chapeau Rouge qu'ils se donnent rendez-vous, lieu d'accueil qui sert aussi à exposer leurs œuvres. L'association organise régulièrement des ateliers de lecture, d'écriture et d'auteurs ouverts à tous. Des stages payants de danse, de tissage et de fabrication de meubles en carton sont animés par des créateurs confirmés. L'hébergement est possible et il faut se renseigner à ce propos. Les aoûtats sont organisés par cette association (voir agenda).

EMPLETTES

FERME DU HAUT-CLOUZET Montfort-en-Chalosse © 05 58 98 51 85. *Visite gratuite l'après-midi.* Sur la route de Tartas, Annie et Jacques Loupret reçoivent dans leur ferme pour faire profiter de bons produits comme les confitures à l'ancienne (figue, pastèque, prune, pêche...), des poulets fermiers prêts à cuire et, bien sûr, foie gras de canard entier, confit, rillettes, pâté au foie, légumes et fruits frais.

LE RUCHER DE CHALOSSE 101, chemin de la Plante - MONTFORT-EN-CHALOSSE © 05 58 98 56 88. André Lataste est artisan apiculteur récoltant, c'est dire que le fascinant monde des abeilles n'a pas de secret pour lui. Il fait découvrir le rucher et la miellerie avec vente directe de pollen de fleurs, de la fameuse gelée royale et des miels du terroir.

La gelée royale

Produit naturel de la ruche élaboré par les abeilles à l'aide de leurs glandes nourricières, pour servir à la nourriture, donc à la formation des futures reines. La gelée royale constitue un aliment supérieur pour tous ceux dont l'organisme déficient à cause de la fatigue, l'âge ou la maladie, a besoin d'être stimulé. Elle améliore la croissance, la vitalité, la longévité et la résistance à la fatigue et au froid. Elle donne une sensation d'euphorie avec reprise de forces et de l'appétit.

AGENDA

Lundi, mercredi et vendredi toute l'année place de la Halle : marché au gras. Produits de la ferme, du terroir, plants de fleurs... Toute l'année se déroule à Montfort, un marché au cadran réservé aux professionnels. D'un côté les vendeurs qui exposent oies et canards gras sous forme de lots (ils vendent plusieurs bêtes à la fois) et de l'autre les acheteurs. La vente a lieu par lots et dans un laps de temps défini au cadran de l'horloge.
Début juillet : fête de Gamarde les Bains.
14 juillet : feu d'artifice et bal.
Fin juillet : fêtes traditionnelles de Castelnau Chalosse et de Montfort-en-Chalosse avec Encierro, course landaise, toro ball, comice agricole.
Début août : Les aoûtats. Présentation d'artistes régionaux, de musiciens, de créateurs qui investissent les rues de la ville et les salles communales pour dévoiler leurs talents (05 58 98 45 61).
Mi-août : fêtes de Baigts-en-Chalosse et de Sort-en-Chalosse.
Début octobre : fête des vendanges. Dans ce terroir dont la tradition viticole plonge loin dans le passé, le musée de la Chalosse renoue avec la fête des vendanges. La pressée du raisin (dans un des pressoirs le plus ancien de France) aux chais du musée, la mise en perce du fût de vin nouveau "le bourret", le repas des vendanges qui réunit les vignerons des coteaux de Chalosse, quilles, échasses...
Mi-octobre : fête du livre en partenariat avec des bibliothèques et librairies landaises.
Mi-décembre : marché de Noël. Exposition-vente organisée par les Z'heureux Créateurs et animée par les artistes eux-mêmes.
24 décembre : Hailhe de Nadau. Tradition de Noël dans les campagnes en Chalosse. A la tombée de la nuit tous les habitants du village se réunissent pour chanter les chants traditionnels en gascon. La hailhe de Nadau trouve son origine dans la nuit des temps. C'est essentiellement une tradition païenne qui fête la purification par le feu et marque la césure entre la nuit la plus longue et le jour le plus court de l'année.

MORCENX

Parc naturel des Landes

Chef-lieu de canton et capitale du pays morcenais qui distingue deux parties : Morcenx bourg et Morcenx ville où le chemin de fer est devenu très important dès 1854 avec la construction de la voie ferrée permettant de développer les industries du bois. La gare de Morcenx (toujours en activité) se trouve sur la ligne Paris-Irun. La réserve naturelle est l'une des plus grandes d'Europe.

MAISON DU PAYS MORCENAIS Place Jean-Moulin - MORCENX © 05 58 07 97 81. Elle propose des circuits pédestres ou à vélo pour découvrir les fontaines, lavoirs ou églises. Des plans sont disponibles. Dans le pays morcenais, la communauté de communes dispose, avec ses onze sources, d'un patrimoine pittoresque aux multiples particularités. Un circuit propose au public un thème d'information en rapport avec chaque lieu : eaux vertueuses, dictons et légendes, chiffons et guérisons…

AUX ENVIRONS

Arengosse

Au Pays des sources et fontaines guérisseuses Arengosse, village fleuri, évoque la douceur de vivre de l'éden landais, avec son kiosque et sa fontaine sur la place de l'Eglise. Pour les sportifs, amateurs de la petite reine, trois grands circuits sont à réaliser.

LE CHATEAU DE CASTILLON. Théophile Gautier a choisi comme héros de roman un gentilhomme, originaire de ce château landais, le baron de Sigognac, qui a inspiré le célèbre Capitaine Fracasse. Ce château est classé à l'inventaire supplémentaire des Monuments Historiques grâce à sa haute toiture en croupe couverte de tuiles en écaille. Il fut construit en 1625 par Jean-Bertrand de Baffoine, comme l'atteste la porte d'entrée datée. En 1886, le château est acheté par le baron Gérard qui supprime toutes les dépendances formant une cour autour de la demeure. Il construit une nouvelle aile à l'ouest, des écuries et un jardin.

LE JARDIN DES PLANTES DE NOS GRAND-MERES D38 © 05 58 51 79 79. *Ouvert tous les après-midi de 14h à 18h jusqu'au 2 septembre, du 2 au 23 septembre, tous les week-ends et jours fériés. Tarifs adultes à 4,57 € et enfant à 2,28 €.* Ce jardin "extraordinaire" se situe sur la route qui va de Morcenx à Mont-de-Marsan. Ici les légumes et les fruits sont plus que de simples produits alimentaires, car dans chacun se cache une vertu médicale. L'association "Vivre à Arengosse", fondée en 1995, a réussi la création du jardin en 1996 grâce à 15 bénévoles qui font visiter 250 variétés de plantes médicinales et aromatiques. Dans la bonne humeur, on échange ses recettes, on déguste des infusions et pâtisseries maison dans une ambiance de couleurs et de senteurs. Une balade fleurie entre sources et ruisseaux dans le calme et la sérénité. Des journées à thème et journées T.E.R. sont organisées.

Arjuzanx

Village des rives du Bez, Arjuzanx est situé sur une réserve nationale de faune offrant de jolis paysages aquatiques qui favorisent le développement de nombreuses espèces sauvages et notamment l'hivernage de milliers de grues, de fin octobre à fin février (visite de la réserve à l'Office National de la Chasse, site d'intérêt européen).

LE LAC D'ARJUZANX. Magnifique plan d'eau de 147 ha, aménagé à la suite de l'exploitation de la lignite extraite pour faire fonctionner la centrale E.D.F. de Morcenx, aujourd'hui fermée. En été, le lac offre de multiples possibilités de promenades et baignade. La plage est surveillée du 15 juin au 30 août.

RESERVE NATIONALE DE LA CHASSE © 05 58 07 97 00. *Ouvert toute l'année de 8h à 12h et de 14h à 18h.* Demander l'autorisation au bureau de l'Office National de la Chasse. La réserve ne se visite que sur rendez-vous pour les groupes. Vue magnifique sur le lac où l'on peut apercevoir du gibier d'eau. Elle est devenue l'un des trois sites nationaux d'hivernage de la grue cendrée.

Garrosse

On trouve dans ce petit village de Grande Lande de bien beaux circuits de cyclotourisme. Des lieux typiques comme l'église ou le vieux moulin valent la visite. Un peu plus loin, on peut pique-niquer à l'ombre d'un airial. Une halte s'impose également devant la fontaine Notre-Dame des sept Douleurs et son lavoir.

Onesse-Laharie

Ce village est situé sur un des anciens chemins de Saint-Jacques-de-Compostelle. Un lieu-dit, La Poste, atteste la présence d'un relais à cette époque. Le village, dominé par le fin clocher de son église, possède de belles demeures, des espaces verts et, tout autour, c'est la pinède. De superbes balades en perspective avec l'odeur de gemme et de miel flottant dans les sous-bois, ainsi que le chant des cigales. Des hôtes célèbres ont été reçus par ce pays landais : Claude Duboscq dont la musique hante toujours le Bourdon, Christine de Rivoyre, Pierre Mora le Parisien dont le cœur s'exprime en gascon…

LA FONTAINE SAINT-JEAN. Une agréable balade par les chemins de traverse pour découvrir les vertus de cette fontaine qui se trouve en quittant l'agglomération d'Onesse en direction de Morcenx. Elle est signalée par une flèche sur le bas-côté droit de la route. Sur les bords de l'Onesse, au creux d'une petite clairière on arrive près de la Houn Sen Yan. Comme la plupart des fontaines dédiées à saint Jean, celle-ci soigne d'abord les rhumatismes. Elle est souveraine, dit-on, pour régénérer la peau. La boire lave les intestins et permet de mieux lutter contre une anémie passagère.

Ousse-Suzan

Charmant bourg aux 3 fontaines, toutes "miraculeuses" : Saint-Jean, Saint-Girons et Sainte-Rose.

La chapelle de Suzan

Comme tous les ans, à la fête de la Saint-Michel, le 29 septembre, 20 000 visiteurs envahissent les alentours paisibles de la chapelle, non pas pour y faire un pèlerinage mais pour assister à une immense foire avec une centaine de camelots et vivre une journée dans la tradition landaise qui date du Moyen Age. A l'époque, elle permettait des échanges de biens, d'animaux et même d'hommes et de femmes. Aujourd'hui on y trouve de tout : sabots, paniers en châtaignier, barbe à papa… Le bourret (vin nouveau) y coule à flot, et l'on peut y déguster les spécialités de Suzan : brochettes de cœur de canard ou carcasses grillées agrémentées d'une poêlée de cèpes ou de patates. Les marins d'eau douce de Morcenx affichent au menu anguille, truite et alose.

Villenave

Au cœur de la forêt landaise, ce petit village est le lieu privilégié d'une journée découverte avec la possibilité de visiter le musée de "la Grange aux Outils de nos Anciens" et de s'aventurer sur le sentier botanique des bords du Bez. On traverse ce site naturel qui passe dans les marécages au moyen de passerelles. Des panneaux explicatifs ponctuent la promenade.

OU MANGER ET DORMIR

Hôtel-restaurant

HOTEL DU COMMERCE 14, avenue Foch - MORCENX ✆ 05 58 07 80 25. *Hôtel-restaurant. Ouvert toute l'année. Chambres doubles de 25 € à 40 €. Menu de 11 € à 27 €. Soirée étape à 34 €.* Charmant accueil dans cet établissement où, en plus, on mange bien. Alors pourquoi hésiter à entrer. Albert Adam installe ses convives dans la salle rustique et leur sert essentiellement des produits du terroir, un délicieux magret de canard aux griottes, bien sûr le confit et, à ne pas louper par les palais plus subtils, la coquille saint-jacques au foie frais et le pavé de bœuf au poivre vert. Les chambres simples et confortables sont parfaites pour faire étape et découvrir toutes les richesses du pays morcenais.

AUBERGE DU LAC Arjuzanx ✆ 05 58 07 80 52. *Ouvert toute l'année. Chambres doubles de 28 € à 35 €. Menus de 10 € à 28 €. Demi-pension à 37 €.* Sur le bord de la route, l'auberge du lac offre une étape simple mais chaleureuse. Quelques chambres avec T.-V., douche et W.-C. Côté cuisine des produits frais et des spécialités landaises : pièce de bœuf, copeaux de jambon, calamars façon pibale, civet de porcelet au madiran, une douceur sucrée avec l'aumonière de crêpes à la mousse de poire. Quelques vins du Sud-Ouest sont là pour faire chanter ces petits plats.

Restaurant-chambres d'hôtes

LA FERME DE MOUCHIQ Ousse-Suzan ✆ 05 58 51 81 87. *Ouvert le week-end à l'année, tous les jours de juillet à septembre. Menus de 15 € à 20 € vin compris. Tarif moyen à la carte : 15 €. Chambres d'hôtes doubles de 46 € à 54 € petit déjeuner compris. 13 € par personne en dortoir. Table d'hôte à 13 €. Gîte indépendant à 230 € la semaine.* Une charmante ferme au cœur de la forêt, en plein milieu d'un airial… Claude Mathon prend soin de chacun de ses invités. Côté cuisine, magret de canard, foie gras poêlé bien sûr, mais pas seulement car le restaurateur est ouvert à toutes les suggestions. Il n'a aucun problème pour s'évader de la cuisine régionale… Dans ce cadre bucolique et confortable, ceux qui se sentent épuisés peuvent s'endormir dans les chambres d'hôtes. Ils feront alors la connaissance de Catherine Mathon qui a plus d'une corde à son arc. De formation éducateur sportif et titulaire du B.E. d'équitation, elle propose toute sorte de stages : relaxation, équitation, fitness, V.T.T... Un espace fitness est installé depuis cette année dans une bergerie réaménagée.

Chambres d'hôtes

DOMAINE D'AGES Ousse-Suzan © 05 58 51 82 28/05 58 85 44 44. *E-mail : haye.eeb@wanadoo.fr. Ouvert toute l'année. Chambres doubles à 45 € petit déjeuner compris. Table d'hôte à 15 €. Trois épis.* Que d'atouts pour cette demeure ancienne au cœur de la forêt landaise. Un lieu d'oubli par excellence. Elisabeth Haye habite au paradis. Des chevaux vont et viennent non loin de sa maison que des arbres centenaires cachent de tout regard. Une piscine permet de se relaxer ou de se dégourdir les muscles trop peu actifs. Deux chambres avec salle de bains et W.-C. privés, et une suite de deux chambres accueillent autant les couples que les familles sportives. De généreux petits déjeuners sont servis dans jolie une salle à manger.

JACON Onesse © 05 58 07 33 81. *Deux chambres doubles à 40 €. Petit déjeuner à 4 €.* Ancienne métairie landaise, la maison restaurée conserve son charme ancien au milieu d'un traditionnel airial de plus de 3 ha. Un grand salon avec feu de bois, télévision vidéo et lecteur CD, plain pied avec la pelouse est partagé entre les deux chambres d'hôtes. Pendant la saison froide le petit déjeuner est servi dans le salon. Les deux chambres se partagent aussi une grande salle de bains avec tout le confort moderne.

Gîte

AU BOURG Garrosse © 05 58 85 44 44. *De 550 € à 860 € la semaine. Deux chambres doubles et cinq couchages. Deux épis.* Dans ce petit village non loin de Morcenx, ce gîte accueil jusqu'à cinq personnes. Equipé d'une cuisine, d'une salle à manger, d'un salon et d'une salle de bains. C'est une véritable maison individuelle de 100 m² qui est à la disposition des vacanciers. On y trouve tout le confort nécessaire, à savoir un lave-linge, un sèche-linge, un lave vaisselle, 2 T.-V., un barbecue... Pour les soirées fraîches, les invités apprécieront la cheminée. Pour les chaudes journées, ils n'hésiteront pas à plonger dans la piscine privée. Une terrasse et un abri couvert laissent également envisager de belles soirées.

Camping

CAMPING BIENVENU Ousse-Suzan © 05 58 07 30 10. *Ouvert du 15 juin au 15 septembre. Trois étoiles.* A l'ombre de chênes, bouleaux et érables, ce camping est admirablement situé, à 20 km des plages dans ce petit village tranquille. Le camp est gardé nuit et jour pour votre sécurité du 15 juin au 15 septembre. A l'accueil, des petits plats sont proposés. Aire de jeux pour enfants, T.-V...

EMPLETTES

Produits du terroir

MARINS D'EAU DOUCE Cantegrit - ARJUZANX © 05 58 08 10 40. Il était une fois un marin d'eau douce qui voulait partager les produits de sa pêche et de son aquaculture. Pour garantir toute leur fraîcheur et pour faire apprécier toute leur saveur, les produits Marins d'eau douce sont pêchés ou élevés dans les cours d'eau et lacs des Landes. Ils sont préparés directement suivant des recettes qui mettent en valeur la délicatesse de leur chair : alose, anguille vénitienne et fumée, lamproie, écrevisse, thon, truite et bien d'autres douceurs salées comme le caviar. Bonne idée, Les Marins d'eau douce proposent de déguster à La Guiguette, située au bord du lac d'Arjuzanx, des plats à base de ces poissons : persillade d'anguilles, esturgeon à l'ail, lamproie bordelaise...

FERME LA PENDELLE **Arjuzanx © 05 58 07 92 83.** Au cœur de la forêt landaise, la ferme est située sur un magnifique airial. Les conserves de monsieur Jules se composent de foie gras de canard entier, confits, graisserons, cœurs, émincés de magret à l'orange... Les produits fermiers comme les œufs, poulets prêts à cuire, conserves de poulet, farines et légumes sont issus de l'agriculture biologique. Sur le marché de Morcenx tous les mercredis et samedis matin.

LES SŒURS RIVOYRE **Bourg - OUSSE-SUZAN © 05 58 07 32 10.** Cette maison de prestige attire depuis des lustres de nombreux gourmets. Ainsi votre palais connaîtra la saveur de produits de qualité : foie gras et conserves.

FERME DE LESTRADE **1797, route de Serroun - VILLENAVE © 05 58 51 77 58.** *E-mail : castets.christophe@wanadoo.fr. Ouvert tous les jours de l'année. Réseau Bienvenue à la Ferme.* Christophe et Sébastien Castets entretiennent la conserverie familiale. Pour commencer, ils font visiter leur ferme typique de la région. Ils expliquent et montrent le gavage traditionnel sur paille de canards à foie gras, alimentés au maïs grain. Après l'effort, le réconfort : une petite dégustation sur place ne fait pas de mal. On peut repartir avec foie gras, confits, canards entiers en conserves ou frais, magrets, foie frais, magrets fourrés au foie gras, carcasse, cuisses, cous et graisserons de canards. Egalement vente par correspondance.

AGENDA

Mercredi et samedi matin toute l'année : marché traditionnel de Morcenx.
Début juin : fête de Pentecôte de Onesse-et-Laharie.
Mi-juin : fêtes de Morcenx, d'Arjuzanx.
Mi-mai : foire aux plantes médicinales au Jardin des plantes de nos grands-mères. Diverses animations, compostage, pains bio, jardinage.
Début juillet : fête de la moisson au Jardin des plantes de nos grands-mères. Journée d'animation sur le thème des moissons d'autrefois avec repas et bal gascon.
Mi-juillet à Morcenx : festival folklorique de la haute Lande avec 8 groupes de 7 pays différents (05 58 04 79 50).
Fin juillet : fête de la battère à Ousse Suzan et fête de Villenave.
Mi-août : recettes et secrets au Jardin des plantes. Thème : les tisanes. Techniques de séchage et infusions (05 58 51 79 79).
Mi-août : fête d'Arengosse.
Fin août : fêtes de Garrosse et d'Ousse Suzan.

MOUSTEY

Parc naturel des Landes

Sur le chemin de Saint-Jacques-de-Compostelle, ce petit village a la particularité de posséder deux églises dont l'histoire est incertaine. A voir aussi la verrerie Montauzie, fondée au XVIIIe siècle et fermée en 1897, et la fontaine Sainte-Ruffine.

SYNDICAT D'INITIATIVE DES VALLEES DE LA LEYRE **Moustey © 05 58 07 70 00**

A VOIR

EGLISE DE BIGANON. Le village de Biganon a été rattaché à Moustey en 1965. L'église appartenait au diocèse de Bazas comme l'église de Belhade. Elle est construite en petits moellons et date du XIe siècle. Le chevet est composé d'une abside flanquée de deux absidioles voûtées en cul-de-four. L'abside principale est semi-circulaire à l'intérieur et polygonale à l'extérieur. Un clocher-mur a été élevé à l'ouest à la fin du Moyen Age.

MUSEE DU PATRIMOINE RELIGIEUX ET DES CROYANCES POPULAIRES © **05 58 07 52 70.** *Ouvert de juin à septembre tous les jours de 10h à 12h et de 14h à 19h. En avril, mai, octobre et novembre sur rendez-vous. Tarifs adultes à 4 € et enfants à 2,5 €.* Dans l'ancienne église Notre-Dame, à côté de l'église paroissiale Saint-Martin, l'écomusée de la Grande Lande présente en alternance 2 expositions : l'une, Temps et Lieux, présente la manière dont la société paysanne landaise vivait les grands moments de l'année et les cycles de la vie, de la naissance au tombeau, ainsi que les rites et les croyances qui peuplaient le surnaturel de cette société, l'autre, Pèlerins et Paroissiens, illustre la confrontation des deux formes d'une même foi religieuse.

AUX ENVIRONS

Belhade

Coquet et paisible village aux belles chênaies dans un site champêtre, sur les bords de la petite Leyre. Son nom pourrait provenir de Bel Hades (belles fées en gascon), selon la tradition populaire ou plus probablement de Vath Lada (vallée large) d'après la topographie des lieux.

LE CHATEAU DE ROCHEFORT-LAVIE. Unique château médiéval en haute Lande. Restaurée à la fin du XVIIIe siècle, cette demeure, flanquée de deux tours carrées sur la façade, possède des dépendances qui se développent en deux bras perpendiculaires autour d'une cour centrale. Larges fossés et talus de protection permettent de repérer l'ancien pont-levis. Aujourd'hui, propriété de la société d'exploitation agricole et forestière, il abrite une exposition artisanale de produits régionaux (ouvert toute l'année, marché le samedi matin).

Saugnacq-et-Muret

Les deux villages de Saugnac et Muret ont été rattachés au XIXe siècle. L'église de Saugnac recèle une belle pietà. Le monument aux morts est l'œuvre du célèbre sculpteur montois Robert Wlérick.

LA CHAPELLE DU MURET. Si l'église n'a d'intérêt que par la belle pietà sur bas-relief, la chapelle, mentionnée dès le XIIe siècle se situe un peu à l'écart dans un airial boisé. Derrière le porche, un petit clocher mur triangulaire à campanile sommé d'une croix possède une seule cloche datée de 1654. Des boiseries tapissent le chœur où apparaissent deux statues de sainte Entrope et saint Sébastien.

OU MANGER ET DORMIR

Restaurant

LE HAUT LANDAIS Place des Platanes - MOUSTEY ✆ 05 58 07 77 85. *Ouvert d'avril à mi-septembre en saison. Après septembre, les week-ends et jours fériés, vacances scolaires. Menus à 10 € (menu pèlerins) et de 14,90 € à 33,50 €. Menu enfant à 6,70 €. Chaise bébé. Terrasse.* Moustey, la place, la terrasse à l'ombre des platanes… C'est là, et on se réjouit d'être sorti de l'autoroute A63 (sortie 18) pour venir goûter la quiétude du lieu et l'accueil hors pair d'Anette et de Bass. C'est qu'aux fourneaux de ce Haut Landais, c'est un Hollandais qui oeuvre, avec un véritable amour pour cette terre landaise d'adoption. En terrasse ou dans la jolie salle rustique avec ses chaises paillées, on est diablement bien (les enfants aussi qui ont même un coffre à jouets à leur disposition) et on goûte avec délectation aux spécialités de la maison, qu'elle soit d'ici ou de là bas, dans le Plat Pays : harengs de Hollande aux échalotes, cornichons et pain de seigle, délicieux potage maison, palombe rôtie, foie gras, crevettes nordiques en persillade "à manger avec les doigts", et une mention spéciale aux somptueuses demoiselles de canard flambées à l'Armagnac, ainsi qu'au vieux gouda… A découvrir ce véritable moment de plaisir, et n'hésitez pas à demander des conseils sur la région, ici c'est presque un Office de Tourisme !

LE CHENE PASCAL Le bourg - BELHADE ✆ 05 58 07 72 01. Le chêne a bien pris racine depuis déjà quelques années. Bardé de médailles en 1986-87, l'or de la gastronomie à Bordeaux, l'or du poisson et le trophée national, le trophée Michel Guérard… Après un petit tour à l'exotisme des Antilles françaises, puis du Var, il est dans les Landes pour le bonheur de nombreux gourmets. Sa carte de viande affiche quelques spécialités du terroir et fait plutôt bon ménage avec les produits de l'océan. On termine par de succulents desserts. Le Chef se transforme à ses heures en traiteur, ce qui est bien pratique pour une parenthèse gastronomique en charentaise avec l'élu(e) de son cœur ou une pléiade d'amis.

LA TABLE DU CAPUCIN **Belhade © 05 58 08 21 17.** *Ouvert de Pâques à fin août midi et soir les week-ends et jours fériés. A partir du 1er juillet tous les jours de la semaine. Menus de 12 € à 19,50 €, et à 9 € pour les enfants.* Sur un vaste airial, une magnifique ferme de 1803 de pur style landais, à colombages, typiquement restaurée est bien tentante. Marie-Do et Patrick reçoivent avec chaleur et proposent une cuisine de nos grands-mères : blanquette, poule au pot et autres mets rôtis à la broche et flambés au magique capucin. Le cadre est superbe. Sérénité et convivialité sont au rendez-vous pour cette table de charme près de la cheminée ou sous le vieux chêne. Les enfants sont ravis et jouent tranquillement dehors autour des daims et de l'étang.

Gîtes

GITE DE L'AIRIAL DE LAVIGNE **Quartier de Lavigne - MOUSTEY © 05 58 07 76 77.** *13 € la nuitée par personne. Table d'hôtes sur demande.* Trois maisons sont disponibles chez Jean-Claude Taris : la maison de maître, des métayers et le four à pain. Tout est très traditionnel, dans un cadre adapté à une halte reposante. On oublie vite la grisaille citadine…

GITES NATURE POULET DE JEAN **Moustey © 05 58 07 77 85.** *Ouvert toute l'année. Gîte pour six à neuf personnes. Trois épis. De 380 € à 420 € la semaine hors saison en période scolaire.* Ces deux gîtes de France sont merveilleusement situés. Une maison landaise restaurée au milieu d'un airial avec tout le confort : cheminée, chauffage au sol, lave-vaisselle, congélateur, douches hydromasseurs, parking. Sur 8 000 m² de terrain, à vous les déjeuners et dîners sous les pins et, si vous avez la flemme de faire à manger, le Haut Landais n'est pas loin pour vous servir.

Ferme-auberge

FERME PLAISIR DES LANDES **Castelnau - SAUGNACQ-ET-MURET © 05 58 08 21 52.** *Ouvert de juin à septembre et sur réservation. Menus de 12,19 € à 30,48 €, et menu enfants à 7,62 €.* Proche de la N10, sur la départementale Liposthey-Pissos, une belle ferme auberge en pleine forêt landaise propose de succulents produits fermiers. Jean Deltour avec ses volailles et animaux de basse-cour confectionne du foie gras entier de canard, des confits, pâtés et rillettes, gésiers confits…

Hôtels-restaurants

LE GRANDGOUSIER **RN10 - SAUGNACQ-ET-MURET © 05 58 09 62 17.** *Chambres doubles de 39 € à 45 €. Menus de 14 € à 30 €.* En pleine forêt landaise, ce grand établissement accueille chaleureusement. Katia et François Mahe évoluent dans un cadre agréable : parc, jardin, piscine, solarium, salle de jeux pour enfants. La salle de restaurant est parfaite pour recevoir les groupes et les séminaires. Une cuisine traditionnelle et raffinée au programme pour palais avertis.

LA FORET **Saugnacq-et-Murey © 05 58 09 62 72.** *Ouvert à l'année. Chambres doubles de 32 € à 38 €. Petit-déjeuner à 5 €. Soirée étape à 43 €. Menus de 10 à 21,50 €.* En sortant de l'autoroute, les affamés ont vite fait de tomber sur cette charmante auberge de style landais. Ils y dégustent des spécialités régionales comme des confits, magrets, coqs au vin, têtes de veau… Catherine et Hervé Madic savent accueillir leurs hôtes et prendre soin de leur estomac.

Chambres d'hôtes

LA MARANNE **Saugnacq-et-Muret © 05 58 09 61 71.** *E-mail : la-maranne@wanadoo.fr. Ouvert du 15 mars au 15 novembre. Chambres doubles à 60 € petit déjeuner compris. Table d'hôtes à 16 €. Trois épis.* Catherine et Pascal Landais savent accueillir les arrivants. Dans une belle maison de maître, deux chambres sont les témoins d'un séjour de détente… Pour se dégourdir les jambes, il suffit de se promener dans le parc arboré de 6 000 m². Comme si cela ne suffisait pas, un sauna, un jacuzzi et une piscine sont à la disposition des invités. Un repos bien mérité.

SE DETENDRE

ATTELAGES DES VALLEES DE LA LEYRE A REBROUSS'SIECLE Moustey ✆ 05 58 07 75 60. *Ouvert toute l'année et sur rendez-vous. Visite guidée de 1h à 1h30. 13,50 € par personne et par nuitée, et 27 € pour 2 personne et par nuitée.* M. Taris est jovial et plein d'humour, passionné par les chevaux. Il a un jour imaginé d'atteler ces nobles coursiers à de belles calèches de collection. Une activité touristique était née, et il fait visiter ce riche patrimoine. Location de canoë-kayak, et hébergement possible sur un airial traditionnel des vallées des deux Leyre.

ATELIER GITE DE SAUGNACQ ✆ 05 58 07 73 01. *Ouvert toute l'année. Pension complète de 20 € à 27 €. Location canoë à 16,50 € par jour.* C'est une étape importante pour les canoës descendant la Leyre. Avec une salle polyvalente, un centre de documentation, un atelier, des terrains de sports, volley, V.T.T., tir à l'arc, sentiers pédestres. Il peut loger 65 personnes dans des dortoirs et des chambres de 2 à 12 lits et, de mai à octobre, 70 personnes sous des tentes. Locations et descentes accompagnées, sur 1 ou plusieurs jours, randonnées à thème et camps itinérants. Descente en canoë 10 places pour handicapés légers et enfants avec guide de rivière. 7 circuits de 2 à 20 km pour V.T.T. (location à la journée ou demi-journée).

EMPLETTES

Produits du terroir

LE MOULIN DES HAUTES LANDES Moustey ✆ 05 58 07 72 55. En bordure de la Leyre, une ferme d'autrefois avec visite historique. Production traditionnelle d'œufs et de volailles. Elevage d'agneaux élevés sous la mère. Un circuit touristique est à découvrir.

FRUITS ROUGES LANDES Saugnacq-et-Muret ✆ 05 58 09 62 62. *E-mail : cresp.annie@caramail.com.* Annie Cresp accueille les gourmands dans une jolie ferme fruitière du nord des Landes. Petite originalité : elle est spécialisée dans la cueillette libre de fruits rouges. Attention aux vêtements blancs, ça tache ! Au menu : myrtilles, mûres, cassis, groseilles à cueillir, voilà qui va en ravir plus d'un.

AGENDA

Samedi matin de avril à septembre : marché traditionnel de Belhade.
Fin juillet : fête de Belhade.
Août : fête de Saugnacq-et-Muret.
Week-end suivant le 15 août : fête de Moustey.

MUGRON

Sud Adour

Belvédère de la haute Chalosse où se dévoile la vallée de l'Adour, l'étendue infinie de la forêt landaise et, au sud, les cimes pyrénéennes. Mugron était une place fortifiée, dépendante de l'abbaye de Saint-Sever. On peut parcourir des ruelles étroites, vestiges de ce passé féodal. Le vignoble fit prospérer le village car c'était un port fluvial important pour le commerce des vins. A proximité du site de l'ancien port (à 1 km au nord) se trouvent d'imposants anciens chais. Les vins y étaient entreposés avant d'être acheminés vers Bayonne pour être exportés.

OFFICE DE TOURISME Place Chantilly © 05 58 97 99 40

Deux balades nature sont commentées et guidées pour parcourir la région. Un technicien de l'O.N.F. fait découvrir la chêneraie : sa faune, sa flore, le milieu des bords de l'Adour, l'aspect historique et économique de la pêche et de la navigation d'autrefois, notamment la découverte des chais, quelques indications sur la construction des gabarres. Cette visite enrichissante dure à peu près 2h30, juste le temps de se mettre en appétit pour se ruer dans les bonnes fermes auberges ou les restaurants de la région. Toutefois il est rappelé que les chaussures de marche sont conseillées, qu'il ne faut pas fumer dans la forêt et que les chiens doivent être tenus en laisse.

Frédéric Bastiat

Ce grand économiste libéral réside longtemps à Mugron. Grand artisan du progrès des idées libre-échangistes en France. Ses écrits les plus connus sont "Les Harmonies économiques", "Pétition des marchands de chandelles" et "Contre la concurrence du soleil".

AUX ENVIRONS

Hauriet

En plein cœur de la Chalosse, se cache le village d'Hauriet. Au détour de paysages ruraux et de routes sinueuses, de belles promenades sont à découvrir. Pour les plus expérimentés, les sentiers de randonnés des boucle des cinq clochers et de Toulouzette-Montaut feront l'affaire.

Maylis

Maylis est un prénom souvent usité dans les Landes. Maylis signifierait "mère-lis" et serait symbole de pureté. A visiter : les élevages de canards gras, le très beau site de l'abbaye "Notre Dame de Maylis", l'atelier d'un artisan forgeron, l'élevage de vaches de courses communément réputées dans la région pour leur fougue lors des spectacles tauromachiques traditionnels et la chapelle du XIIIe siècle.

ABBAYE NOTRE DAME DE MAYLIS © 05 58 97 72 81. Visiter cette abbaye c'est découvrir à la fois le cœur géographique et le cœur spirituel de la Chalosse. A travers les siècles, le sanctuaire a attiré des foules immenses de fidèles et demeure aujourd'hui un haut lieu de pèlerinage le troisième dimanche après Pâques, lors de la fête des champs et le dernier dimanche d'août pour la fête des lys. Cette dévotion à la Mère des lis donne naissance à une communauté de moines olivetains dont la congrégation fut fondée à quelques kilomètres de Sienne. Les moines, dans ce havre de paix, se consacrent à la prière et à de nombreuses activités telles que la recherche érudite, l'art religieux ou la culture des plantes médicinales.

Nerbis

De Nerbis, on dispose aisément de splendides vues panoramiques sur les lacs, la vallée de l'Adour et la ville de Mugron. Pour les amateurs : la visite de l'église, classée monument Historique, véritable chef-d'œuvre de l'art roman. Pour les rêveurs : un parcours de randonnée qui permet de découvrir la variété de la faune sauvage hébergée sur les lacs.

Saint-Aubin La Peyrade

L'eau jaillit au milieu des blocs de grès avec un débit exceptionnel. La légende dit que les soirs de pleine lune, le fantôme d'une jeune fille engloutie dans les sables mouvants réapparaît…

MOULIN DE POYALLER ✆ **05 58 97 95 72.** *Ouvert de mars à novembre, tous les jours en été de 14h à 19h45. Hors saison fermé samedi, sauf jours fériés. Visite guidée 1h30. Tarif adultes à 4,50 €. Promenade en barque à 5,50 €.* Sur 12 ha de prés boisés, parsemés de ruisseaux, le moulin à eau est vieux de plus de 400 ans. Il accueille cerfs, biches, ânes, chèvres et des wallabies, deux mâles, une femelle et son petit. Tout ce petit monde gambade en toute sérénité. Lors de la visite, Jean Charles Birembaut explique avec passion les modes de reproduction de ces animaux. La mère wallabie peut porter trois phases de développement en même temps. Dans le parc habité par une soixantaine d'animaux, on découvre au fil des saisons, la naissance des faons, la croissance et la chute des bois du cerf et, en période des amours, l'impressionnant brame. Martine produit des conserves à base de cerf : civet et pâté. Elle se transforme aussi en meunière pour faire découvrir la fabrication à l'ancienne de la farine de blé ou de maïs.

Toulouzette

Village agréable aux ruelles pittoresques en parfaite intimité avec l'Adour. Ses berges de gravier convient à retrouver en hauteur les lignes vallonnées de la Chalosse. Alors s'ouvrent les portes d'authentiques producteurs de foie gras pour découvrir les secrets de leurs méthodes d'élevages.

OU MANGER ET DORMIR

Ferme-auberge

FERME AUBERGE MARQUINE Mugron ✆ **05 58 97 74 23.** *Ouvert sur réservation toute l'année. Menus de 12,50 € à 30,50 €. Menu enfant à 6,50 €.* A 2 km de Mugron vers Hagetmau. Bienvenue à la ferme, chez la famille Cabannes, où l'on goûte la garbure, le foie gras, le magret, les confits et, en dessert, la tourtière et le pastis landais. Pour faire durer le plaisir, une des chambres d'hôtes est à réserver pour profiter de cet endroit de Chalosse au calme avec balade, lac de pêche…

FERME AUBERGE CAOUBET Maylis ✆ **05 58 97 77 74/05 58 97 91 74.** *Ouvert tous les jours sauf dimanche soir. Menus de 14 € à 28,50 €. Menu enfant à 6,90 €.* La famille Laborde perpétue depuis plus de 15 ans la tradition locale : culture du maïs, élevage de canards mulards mâles en liberté et gavage au maïs en grains entiers. L'abattage, la découpe et la mise en bocaux sont effectués dans leur conserverie agréée. Ainsi toutes les garanties, de provenance, de qualité et de fraîcheur sont assurées. Dégustation de ces savoureux produits dans la coquette salle de la ferme auberge et, pour passer de douces nuits au calme, 2 gîtes ruraux et 3 chambres d'hôtes sont disponibles avec une piscine pour la détente.

FERME SALIS Le bourg - TOULOUZETTE ✆ **05 58 97 76 04.** *Ouvert toute l'année sur réservation. Fermé dimanche soir et lundi. Menus de 11,20 € à 25,60 € et menu enfants à 6,90 €.* Ici, au cœur du village, une adresse hors du temps. Loin du stress, en toute tranquillité, on se met à table et on sait d'ores et déjà que l'accueil est charmant et que l'on mange bien. Dans l'assiette, des poissons frais de l'Adour. L'élevage de canards de la famille Lalanne permet de déguster le foie gras frais ainsi que le confit et le magret. Les pâtisseries sont faites maison, comme le reste.

FERME LABOUYRIE Toulouzette © 05 58 97 74 04. *Deux menus paysans avec la salade landaise à 16 €. Autour du "roi foie gras" : 19,90 €.* Francine Comet reçoit avec simplicité et chaleur dans sa ferme à foie gras. Elle propose un gîte rural et des chambres d'hôtes avec table paysanne. C'est dire qu'en pleine Chalosse, le pays du foie gras, les visiteurs sont dépaysés et se régalent ici de vrais produits du terroir faits maison. Située sur les bords de l'Adour, cette étape est propice à la détente : promenade, pêche, farniente…

Camping

CAMPING LA SAUCILLE Mugron. *Ouvert du 1er juillet au 15 septembre. Forfait journalier pour 2 personnes à 8,38 €, centre de loisirs à 2,30 €. Deux étoiles.* Ce camping, au calme, est situé juste à côté de la base de loisirs. Les enfants et mamans se baigneront tranquillement tandis que les papas préféreront sans doute une partie de pêche dans l'Adour tout proche. A noter que pour les résidents du camping, l'entrée de la base est gratuite. Randonnées pédestres.

Chambres d'hôtes

FERME SAINT GERMAIN Maylis © 05 58 97 72 89. *E-mail : recurt.bernard@wanadoo.fr. Ouvert toute l'année. Chambres doubles à 38 €. Table d'hôtes sur réservation à 15 €. Trois épis.* Odile et Bernard Recurt rappellent vite aux vacanciers que la Chalosse est le haut lieu de la gastronomie et du terroir authentique. Ils louent, au sein de leur vieille demeure familiale cinq grandes chambres avec W.-C. privés. Un séjour calme et reposant est assuré au cœur de cette campagne. On laisse de côté les factures…

SE DETENDRE

Balade

BOUCLE DES LACS DE NERBIS. 5,2 km environ 1h45. Départ place de l'Eglise. Tout au long de ce parcours, on admire la vue panoramique sur les lacs, la vallée de l'Adour, la ville de Mugron et la faune sauvage hébergée sur les lacs. Au départ, ne pas manquer la visite de l'église, classée Monument Historique, véritable chef-d'œuvre de l'art roman. A la sortie de l'édifice, prendre à gauche en direction du restaurant et emprunter le chemin rural avec vue sur les lacs de Nerbis. Suivre les routes pour rejoindre ces lacs. Après les avoir contournés sous l'ombre des peupliers, retour vers la place de l'Eglise où il faudra arpenter une pente pour jouir du merveilleux paysage de Chalosse.

BASE DE LOISIRS © 05 58 97 99 40. *Ouvert du 1er juillet au 31 août de 13h à 19h. Les week-ends en juin et septembre. Entrée à 1,52 €. Pour les campeurs de La Saucille c'est gratuit. Carte d'abonnement à 11,43 € (10 entrées).* Un petit coin de fraîcheur au cœur de la Chalosse c'est bien agréable. En bordure de l'Adour, du lac de pêche et à proximité du camping, la base de loisirs offre un éventail d'activités aquatiques, sportives et de détente, dans un milieu naturel exceptionnel. Ses aménagements sont complets : toboggan aquatique, jeux pour enfants, terrain de volley, de pétanque et une aire de pique-nique. Une plage de sable est surveillée par un maître nageur pour une baignade en toute sécurité. Une buvette propose des boissons, des glaces…

CINEMA ENTRACTE © 05 58 97 92 42. *En été séances l'après-midi en cas de pluie.* Dans une ancienne demeure du XVIIe et XVIIIe siècle a été aménagée une salle moderne comprenant un équipement ultra performant. Climatisée, cette salle de 180 places permet vidéo projection, vidéo transmission, projection grand écran d'images informatiques, équipement sonore Dolby stéréo, et conférences. Des spectacles tous azimuts, musique, théâtre, rire, ciné en plein air sont proposés dans les communes du canton. Se renseigner à l'Office de Tourisme.

EMPLETTES

Produits du terroir

FERME BIROUCA Route de Pontonx - MUGRON ✆ 05 58 97 70 30. *E-mail : contact@ferme-birouca.fr. Réseau Bienvenue à la ferme. Vente exclusive aux particulier.* Ici tout est fait maison, les canards, le maïs qui gave les canards et la fabrication pour un foie gras "rare", une pièce entière, nature, avec seulement un peu de sel. Un mets précieux pour un moment qui ne l'est pas moins. Nicole et Michel Cabannes appartiennent au réseau "Privilège de Ferme" : dix agriculteurs qui élèvent et produisent selon un cahier des charges très strict.

PIERRE BLANCHARD 8, rue Frédéric-Bastiat - MUGRON ✆ 05 58 97 70 24. Ce pâtissier-chocolatier aime les choses belles et bonnes, le travail bien fait dans les règles de l'art. Ici tout est fait maison : chocolat, crème pâtissière et glaces au lait de ferme. Ses douceurs sucrées sont la forêt-noire glacée, le Panier de cèpes (qu'il a introduit dans les Landes après son apprentissage à Bordeaux), le périgourdin aux truffes ou encore le délicieux frisson landais avec des pignons grillés. Son kouglof a également beaucoup de succès. Il réalise d'authentiques chefs-d'œuvre sur demande : maison particulière, stade de rugby, porte-avions, et même la fontaine Chaude de Dax (qui obtient à l'époque un premier prix). Dans ses superbes constructions tout se mange, jusqu'à la dernière miette...

LES VIGNERONS LANDAIS Mugron ✆ 05 58 97 70 75. *E-mail : info@vlandais.com. Visite des chais et dégustation.* Véritable jardin des Landes, harmonie et lumière pour ce vin des terroirs landais. Au sud des grandes étendues forestières, la Chalosse offre des panoramas de coteaux aux pentes ocre et soigneusement cultivées, sur lesquelles se découpent des parcelles de vigne. Les vignerons de Chalosse perpétuent aujourd'hui une tradition millénaire et produisent 15 000 hectolitres par an. Grâce à la vinification traditionnelle, se confirme l'originalité des vins des coteaux de Chalosse, restant ainsi et par excellence vin de Pays. La cave, expression de 200 récoltants de tradition vigneronne, en garantit les qualités fidèlement sauvegardées.

Un peu d'histoire

La vigne est présente dans notre région dès le début de l'ère chrétienne et s'installe partout dans ce jardin d'aquitaine. Sur cette admirable terre de Chalosse, la vigne trouve à la fois sol et climat propices. Le Moyen Age laisse place à une viticulture ecclésiastique et princière, seules autorités en mesure de fournir des débouchés à la production locale. Suite au mariage d'Aliènor d'Aquitaine et d'Henry Plantagenet, les échanges commerciaux avec l'Angleterre s'intensifient. Bayonne achemine alors les vins des vignobles échelonnés le long de la section navigable de l'Adour. Par des bateaux plats, les vins sont collectés depuis le port de Mugron jusqu'à la mer.

FERME BRANA Hauriet ✆ 05 58 97 97 58. *Réseau Bienvenue à la ferme.* Une halte à la ferme de Didier Darbo fait découvrir de savoureux produits de la cuisine traditionnelle landaise conçus par un authentique producteur. Le landais élève et gave des canards. Il cultive du maïs grain et des vignes. Résultat, de délicieux mets à ramener chez soi : foie gras entier de canard, confits, pâté paysan, rillettes, gésiers....

LE MAGASIN Maylis. *Ouvert en semaine de 10h à 11h30 et 14h30 à 18h et dimanche de 9h30 à 11h, de 14h30 à 16h et 17h à 19h.* On y trouve un choix de livres et de disques important et une vraie collection de musique sacrée, dont les envoûtants chants grégoriens. Egalement des objets de piété (croix, médailles et chapelets) et bien sûr la fameuse tisane dont, depuis 40 ans, les bienfaits n'ont jamais été démentis.

ASPERGES Nerbis ✆ 05 58 44 31 43. En omelette, gratinée ou simplement avec une bonne vinaigrette ou une mayonnaise, les asperges pointent le bout de leur nez en mars, avril et mai chez Michel Lézé. Elles sont blanches des sables, fraîches, parfaites à mettre en conserve.

FERME LARREY Nerbis ✆ 05 58 97 72 41. *Ouvert toute l'année, tous les jours. Réseau Bienvenue à la Ferme.* Une conserverie familiale sur des coteaux de vignes, avec un très beau point de vue sur la Vallée de l'Adour. Marcelle, André et Eric Forsanx élèvent des canards gras, c'est de famille et dans les Landes la famille compte beaucoup. Il est possible de visiter cette petite ferme conviviale et, après avoir goûté aux différents produits, d'y acheter foie gras de canard entier, confits, gésiers, rillettes ou pâtés. Egalement vente par correspondance.

AGENDA

Jeudi et samedi matin toute l'année : marché traditionnel.
Mi-mai : jardin des Arts. Rencontre culturelle d'art, sculpture, peinture, sur le belvédère de la Chalosse.
Début juin : fête de Toulouzette.
Début juillet : à Larbey vide grenier de 9h à 18h. A 10h visite d'un ancien moulin et d'une conserverie à la ferme, exposition d'anciens tracteurs, voitures. A partir de 12h30 repas. A 15h battage du blé par les anciens en costume d'époque. A 20h30 repas et bal à l'ancienne. Réservation souhaitée pour les gourmands au 05 58 97 77 26 ou à l'Office de Tourisme de Mugron (05 58 97 99 40).
Mi-juillet : fête de Saint-Aubin.
Juillet : fête de Maylis.
Début août : fête de Mugron.
Mi-septembre : fête de Nerbis.
Fin septembre : fête de Hauriet.

Battre le blé à l'ancienne, une tradition respectée

Deux machines ont supplanté la technique à l'ancienne du battage au fléau. Les vaches acheminent le seigle jusqu'aux "monstres d'acier". Au rythme des "demoiselles", pièces qui conduisent la paille à l'arrière de la machine et qui, selon la légende, tiendraient leur nom du mouvement de jambes que faisaient ces dames sur les balançoires, les hommes, perchés sur la batteuse, s'attellent à la tâche. Résultat d'une année de labeur, le grain, mis en sac, sera stocké au grenier pour être ensuite transformé, selon les besoins, en mouture au moulin.

ONDRES

Côte sud des Landes

Ondres est à la fois une petite ville et une station balnéaire reconnue. Le pavillon bleu d'Europe flotte fièrement près du poste des MNS de Ondres Plage. La plage centrale est surveillée de juin à septembre. Aux plaisirs de l'océan, s'ajoutent ceux de la randonnée en forêt.

OFFICE DE TOURISME Avenue de la Plage ✆ 05 59 45 27 73
E-mail : ot.ondres@wanadoo.fr. Pour découvrir les traditions landaises, rien de tel qu'une bonne démonstration avec les commentaires instructifs des anciens : découverte du gemmage avec hapchot, place-crampon présenté par J. Lesca, ancien gemmeur. Des itinéraires de balades pédestres ou en vélo sont disponibles à l'Office de Tourisme.

A VOIR

LE CHATEAU DE LARROQUE. Le Comte de Comminges aurait édifié, en 1130, cette ancienne forteresse dans laquelle séjournèrent les rois d'Angleterre. De hautes murailles formaient une enceinte fortifiée derrière des fossés profonds. Au Moyen Age, le château avait un rôle important pour la surveillance et la défense du rivage océanique. L'édifice, aujourd'hui de style Renaissance, est juché au sommet d'un coteau d'où la vue s'étend au loin derrière l'étang de Garros.

OU MANGER ET DORMIR

Restaurants

LE CASSIET RN10 - ONDRES ✆ 05 59 45 38 22. *Fermé dimanche soir et lundi. Menus de 9 € à 25,90 €. Dîner dansant à 26 € avec le vin.* Une ferme landaise au bord de la route nationale, derrière un vaste parking, bien pratique pour faire une halte gastronomique. A l'intérieur, une belle salle de restaurant au cadre rustique : murs blancs, rideaux à fleurs, plantes et chaises paillées à l'ancienne. Les préparations du Chef séduisent les affamés avec une carte soignée de produits du terroir ainsi que de plantureuses salades rafraîchissantes : basquaise, océane… Dîner dansant tous les 15 jours le vendredi jusqu'à 2h du matin. Terrasse au calme les beaux jours.

LA PLANCHA Face à la plage - ONDRES ✆ 05 59 45 24 06. *Ouvert 7j/7. Exclusivement à la carte : 25 € en moyenne.* Aux premières loges pour le spectacle tonique des vagues sur la terrasse de la Plancha. En cas de mauvais temps, on se réfugie volontiers dans la salle originale en rotonde décorée d'une frise de peintures naïves sur la vie locale. Côté cuisine, plutôt des plats ibériques, poissons, gambas, langoustines, "à la plancha", viandes agrémentées d'huile d'olive, ail et piments, c'est tout à fait charmant face à l'océan.

Camping

CAMPING LOU PIGNADA Avenue de la Plage - ONDRES ✆ 05 59 45 30 65. *Ouvert de Pâques à septembre.* Dans la forêt, sous les pins, à trois minutes de l'océan, tous les emplacements sont ombragés et délimités. Calme et repos assurés pour ce camping gardé jour et nuit. Un snack-bar, des plats cuisinés pour un petit creux, un centre commercial à votre disposition et une piscine pour ceux qui ont la flemme d'aller à la plage. Que rêver de mieux ?

EMPLETTES

BOULANGERIE PATISSERIE DES FRERES IRIGOYEN RN10 - ONDRES ✆ 05 59 45 31 57. Les frères Irigoyen pétrissent du bon pain et préparent de savoureuses pâtisseries régionales. Nous vous recommandons le gâteau basque. A la fabrication classique de la boulangerie s'ajoutent les pains spéciaux.

FERME DE L'AMITIE Ondres ✆ 05 59 45 10 37. *Fermé le dimanche. Visite gratuite et guidée de la ferme sur rendez-vous.* Du bourg d'Ondres, direction Saint-Martin-de-Seignanx, au pont de l'autoroute, se dresse une ferme typique dans un cadre de verdure. Catherine

Hiriart présente vaches, poules, canards, pintades et oies. Une boutique regorge de merveilleux produits de cette ferme et du terroir de la région du Gave-Adour : volailles prêtes à cuire, (poulets, canards demi-sauvages et mulards, pintades, oies de Noël, veaux sous la mère découpés à la ferme).

SE DETENDRE

CENTRE EQUESTRE DU CAMP DES PINS Avenue de la Plage - ONDRES © 05 59 45 23 70. *Ouvert toute l'année.* A quelques mètres de la plage, ce centre propose d'agréables balades en forêt et le long du littoral, en forfait ou à la journée. Des sorties en calèche dans les barthes de l'Adour font découvrir l'intérieur des terres. Les enfants peuvent monter sur des poneys. Par ailleurs, un entraînement à la compétition au plus haut niveau est mené de manière intensive.

GO & SURF ATTITUDE 8, allée des Genêts - ONDRES © 06 10 23 30 50. *Ouvert du 1er juillet au 30 septembre. Formules : cours de surf 1h30 à 25,91 € et stage de 5 cours à 120,43 €. Formule découverte (demi-journée) à 38,11 €. Cours enfants (1h) à 18,29 €.* Tarifs dégressifs groupes, comités, séminaires... Le surf en toute sécurité, entouré de professionnels diplômés, c'est possible à Labenne, Ondres et Tarnos. Cette école de surf français propose initiation, découverte et perfectionnement. Accessible à tous, le surf est un sport de glisse complet et reste une vraie partie de plaisir. Deux véhicules de 9 places assurent le transport vers les espaces naturels les plus adaptés à la pratique du surf.

AGENDA

Dimanche matin et mercredi en saison : marché traditionnel.

Fin juin-début juillet : fêtes.

PARENTIS-EN-BORN

Côte Landes nature

Saveurs gastronomiques, promenades pédestres ou cyclistes, pêche, sports nautiques, baignades, le petit village a tout d'un lieu de repos. Parentis a une autre particularité : la ville abrite un gisement de pétrole mis en exploitation après la guerre et ayant permis la création de quelques activités industrielles à proximité.

OFFICE DE TOURISME Place du Général-De-Gaulle - PARENTIS-EN-BORN © 05 58 78 43 46

E-mail : oft@parentis.com

A VOIR

LE MUSEE DU PETROLE Route du Lac © 05 58 78 41 03 (mairie). *Ouvert en juillet août tous les jours de 10h à 12h et de 15h à 19h. Pour les groupes du 15 mars au 15 novembre et sur rendez-vous.* Parentis est le "pays de l'or noir". En 1954, Esso découvre le plus important gisement de pétrole en France. Le forage s'effectue sous le lac de Parentis et Biscarrosse qui représente 3 365 hectares. L'exposition du musée retrace l'histoire de la découverte du pétrole à Parentis. A travers des documents vidéo : apprentissage de la genèse du pétrole, la prospection, le travail des géologues, la production pétrolière et les techniques de forage.

OU MANGER ET DORMIR

Hôtels-restaurants

LE CEDRE BLEU Parentis-en-Born © 05 58 78 51 30. *E-mail : lecedrebleu@net-up.com. Ouvert toute l'année. Chambres doubles de 36,70 € à 39,65 €. Petit déjeuner à 4,60 €.* Face à l'école maternelle, une vielle bâtisse aux papiers peints anciens, mais d'un charme certain, et évidemment, un cèdre juste devant la porte ! Les chambres sont assez vastes et aérées. On se croirait à la maison. Catherine Fernandez accueille les gens épuisés avec un grand sourire depuis mai 2000.

COUSSEAU 11, rue Saint-Barthélémy - PARENTIS-EN-BORN © 05 58 78 42 46. *Ouvert toute l'année. Fermé le vendredi soir et dimanche soir en hiver. Chambres doubles à 37,50 € et 43 €. Menu à 10 € en semaine. Menus de 19,90 € à 38 €.* Pas très loin de l'église, Bernard Lepesteur attend les gourmets pour une étape gastronomique. Ce Chef sait surprendre les palais les plus délicats avec une cuisine authentique, et lorsque le terroir se conjugue à tous les temps avec ce petit plus que seul un grand Chef peut lui apporter, alors l'osmose est réussie. Certains mets sont là pour le prouver : filet de sandre aux coquilles saint-jacques et pâtes fraîches au coulis de crustacés, chaud-froid de fraises et sa glace à la vanille ou tatin de foie chaud, pommes au miel.

Camping

CAMPING PIPIOU Route des Plages - PARENTIS-EN-BORN © 05 58 78 57 25. *E-mail : pipiou@parentis.com. Ouvert toute l'année. Tarifs emplacement une personne de 9,75 € à 12 €. Location mobil-homes. Trois étoiles.* A 100 m d'un des plus grands et plus poissonneux lac landais, ce camping entièrement rénové en 1999 abrite 324 emplacements de confort. Sur place, divers services : bar, restaurant, épicerie, boulodrome, aire barbecue et jeux pour enfants. Pour les passionnés de pêche, un plan d'eau privé initie à la pêche à la truite en été, et dans le lac avec un peu de chance et beaucoup de patience, sandres, anguilles, brochets, tanches, carpes, gardons rempliront la nasse.

SE DETENDRE

ECOLE DE VOILE. *Ouvert d'avril à octobre. Location de catamarans et planches à voile.* Des stages encadrés par des moniteurs qualifiés sont prévus pour une durée de 6 x 2h30 sur une semaine. Dès huit ans, les enfants embarquent sur des optimistes, dès neuf ans sur des planches à voile, les catamarans étant réservés aux ados et adultes.

PECHE A LA TRUITE © 05 58 78 53 75. *Ouvert tous les jours en saison.* Venez pêcher des truites en famille, le matériel est fourni gratuitement !

EMPLETTES

Cadeaux

L'ART DE LA TABLE Parentis-en-Born. Face à l'église, juste un peu sur la droite, on découvre un magasin avec une vitrine attrayante. Des objets de décoration sont harmonieusement présentés aux yeux. Toutes sortes de cadeaux : de la vaisselle joliment travaillée, des luminaires, des objets en fer forgé, des bougies, serviettes, ronds de serviettes, couverts…

Produits du terroir

CALIOT Parentis-en-Born © 05 58 78 42 28. On oublie vite une date anniversaire importante. Un drame pour pas grand chose… Pour se faire pardonner, rien de mieux que quelques roses fraîchement coupées. Il existe un producteur de roses à Parentis qui les vend au détail.

DOMAINE DES AUQUEYRES © **05 58 78 96 01.** *Ouvert en juillet et août de 9h à 12h et de 16h à 19h.* Ah ! les bonnes myrtilles qui rendent la langue bleue. L'occasion de partir à la cueillette sur la plus grande plantation européenne, au domaine. Pour ceux qui n'en ont pas le temps, les fruits sont vendus frais ainsi qu'en confiture pour les plus gourmands.

AGENDA

Jeudi matin toute l'année, jeudi et dimanche matin en saison : marché traditionnel.
Début juillet : grandes nuits des bandas aux arènes.
Début août : fêtes.
Mi-août : féerie nautique, sur le lac de Parentis, chars fleuris, son et lumière.

PEYREHORADE

Sud Adour

Bourg d'environ 3 000 habitants, au carrefour de la Chalosse, du Pays basque, du Béarn et à moins d'une heure de l'Espagne, Peyrehorade domine la rive droite des Gaves réunis (d'Oloron et de Pau). C'est le pays du saumon, du kiwi et des bons produits du terroir. Le patrimoine historique de la cité se dévoile lors de balades pédestres ou en V.T.T. proposées par l'Office de Tourisme. A voir les ruines du château d'Aspremont d'où on aperçoit des collines verdoyantes et les Pyrénées par temps clair, le château des Vicomtes d'Orthe (transformé en mairie) et, à quelques kilomètres, l'abbaye de Sorde, édifice roman de grande qualité qui a conservé son cachet gallo-romain. Programme de la visite : église Saint-Jean, ancien hôpital des pèlerins, remparts médiévaux, échelle à poissons, maisons anciennes. Se renseigner à la mairie de Sorde au 05 58 73 04 83. Autre visite : l'abbaye d'Arthous.

OFFICE DU TOURISME   A côté de la piscine © 05 58 73 00 52

A VOIR

LE CHATEAU DES VICOMTES D'ORTHE. Imposant avec ses quatre tours et son monumental portail d'entrée, il domine les Gaves réunis. Son début de construction par Adrien d'Aspremont, vicomte d'Orthe, date de 1540. Il accueillit le roi Charles IX. Devenu bien national à la Révolution puis restitué à la dernière comtesse d'Orthe, il est vendu et morcelé. Il appartient aujourd'hui à la commune et ne se visite pas sinon sous les voûtes, lors d'expositions diverses.

CHATEAU D'ASPREMONT. Nid d'aigle des premiers vicomtes, situé à l'extrémité d'une colline escarpée. Il reste de belles ruines. La tour du XIVe siècle est de plan rectangulaire et devait comporter trois étages.

CIMETIERES JUIFS. Peyrehorade a trois cimetières juifs. La région a reçu de nombreux juifs à la fin du XVe siècle lors des persécutions en Espagne et au Portugal. Ils se fixèrent à Bayonne (Saint-Esprit), à Bidache, à Peyrehorade et à Labastide-Clairence. En 1747, une synagogue fut construite. En 1898, elle fut démolie pour percer une rue. L'église et l'Hôtel de Ville furent construits au XIXe siècle. L'Hôtel de Ville abrite les halles où se déroule le marché de la volaille le mercredi et le samedi matin.

AUX ENVIRONS

Belus

Ce village domine, du haut de ses 127 m, la vallée des Gaves qui donne sur la chaîne des Pyrénées. Le terroir est devenu célèbre grâce aux découvertes scientifiques de l'instituteur du village, François Baco (1865-1947). L'hybride 22 A sauva au début du XXe siècle le vignoble français attaqué par le phylloxera. Un monument est érigé à sa gloire dans le bourg. En 1897, Jean Rameau dédia au village La Demoiselle à l'ombrelle mauve : "Au vieux clocher de Bélus, d'où la vue est si belle sur les Pyrénées, hommage d'un passant".

Biaudos

Village aux contreforts des Pyrénées, Biaudos offre une église gothique qui daterait de l'occupation anglaise. A l'intérieur il est à découvrir les chapiteaux, les clés de voûte et les culots ouvragés. Sur la Nationale, au milieu d'un grand parc, se remarque un château du XIXe siècle de style renaissance, avec deux tourelles polygonales, flanquées chacune d'une aile couverte en terrasse.

Cagnotte

Ce petit village se situe au cœur du Pays d'Orthe, sur un sentier de Grande Randonnée. C'est une étape importante des pèlerins de Saint-Jacques-de-Compostelle. Beaucoup de choses à voir et à faire à Cagnotte : un riche patrimoine historique, de très beaux sites à découvrir à pied, en V.T.T. ou à bicyclette, en famille ou en groupes d'amis, sans oublier bien sûr une gastronomie réputée.

L'ABBAYE NOTRE-DAME-DE-CAGNOTTE. Elle aurait été fondée par l'abbé Salvius en 812. Elle fut ruinée par les Normands. Au XIIe et XIIIe siècle, elle a connu une période de prospérité. Elle était le lieu de sépulture des vicomtes d'Orthe. La crypte funéraire se situe sous le chœur. L'abbaye et l'église furent en partie détruites lors des guerres de Religion. Aujourd'hui, l'église, construite au milieu du XIIe siècle, a une nef terminée par un chevet plat.

Hastingues

Situé sur un éperon dominant les Gaves réunis, la bastide de Hastingues fut fondée en 1289 par John de Hastings, sénéchal de Gascogne représentant Edouard Ier, roi d'Angleterre et duc d'Aquitaine, en paréage avec l'abbaye d'Arthous. Le site est un ancien oppidum romain. Hastingues fut bâti en vue de la défense du port de Bayonne, pour regrouper une population livrée à l'insécurité, et pour renforcer la puissance et l'autorité du roi anglais. D'ailleurs Hastingues resta anglais jusqu'en 1451. Adorables maisons, dont la mairie dite maison de Borda. Des manifestations très intéressantes pour tous les goûts, du jazz à la musique classique, y ont lieu en été.

ABBAYE D'ARTHOUS ✆ **05 58 73 03 89/05 58 05 40 92.** Depuis Peyrehorade à 2 km, en direction de l'A63 et de Bidache, se trouve cette abbaye, fondée vers 1160 par les moines Prémontrés, brûlée en 1523 par les Espagnols puis en 1571 par les protestants. Après de nombreuses vicissitudes, elle est cédée en 1964 au département et reprend vie en 1974 après restaurations, avec la création d'un dépôt archéologique départemental, de classes du patrimoine et d'un musée d'archéologie consacré en particulier aux découvertes du site préhistorique de Duruthy. Le chevet à trois absides est particulièrement remarquable par ses proportions et son décor sculpté. L'abbaye accueille depuis le printemps 2002 le 1er centre d'éducation au patrimoine d'Aquitaine.

MUSEE DE SAINT-JACQUES DE COMPOSTELLE Aire de l'A64. *Ouvert toute l'année. Entrée gratuite. De 9h à 18h de début octobre à fin avril, et de 8h à 20h30 de début mai à fin septembre.* A la jonction des grands chemins du pèlerinage de Saint-Jacques-de-Compostelle et de l'autoroute A64, une aire à vocation culturelle. Hastingues se situe à quelques kilomètres de la croisée de 3 des 4 grands chemins qui conduisent les pèlerins, depuis le Moyen Age, à Saint-Jacques-de-Compostelle. Les autoroutes du sud de la France ont choisi de placer l'aire sous le signe du pèlerinage et de rendre compte de la spécificité du lieu : la rencontre de l'autoroute avec ces chemins millénaires. Au centre de l'aire, se dresse un pèlerin de bronze muni d'un bourdon et d'une besace, et coiffé d'un chapeau orné d'une coquille. Sept allées piétonnes symbolisant les principaux chemins des pèlerins partant de France et aboutissent au centre de l'exposition.

Orthevielle

Village fleuri récompensé de deux fleurs. Son lavoir, sa fontaine Pampara, son fronton et son restaurant en font un bourg très dynamique. A vocation agricole, jadis terre de pâtures et d'élevage.

Port de Lanne

Les Gave de Pau et d'Oloron rejoignent l'Adour au Bec du Gave. Un petit port a remplacé l'ancien port fluvial où le trafic maritime était florissant. En 1903, de ce petit village transitaient 320 000 tonnes de marchandises. Plusieurs caveries dont on voit encore les restes surveillaient la navigation sur le fleuve. Jusqu'à l'arrivée de la voie ferrée, le port fut prospère. Il abritait une population de navigateurs et pêcheurs qui assuraient le transport des marchandises de Dax à Bayonne.

LE MUSEE DE LA VIEILLE AUBERGE © 05 58 89 16 29. M. Lataillade, l'hôte de La Vieille Auberge, fait visiter le musée qu'il a créé depuis 50 ans. Celui-ci retrace la vie de la batellerie fluviale et les traditions de l'Adour, à travers une véritable mise en scène du passé.

Saint-Etienne-D'Orthe

Le quart de la superficie de cette commune est recouvert par les Barthes, 250 ha dans le lit majeur du fleuve.

Sainte-Marie de Gosse

Fondé par les Bénédictins, ce village fleuri est indissociable du poète gascon Isidore Salles. A pied ou en vélo, la promenade le long de l'Adour enchante par ses paysages insolites : barthes, gaves réunis, demeures anciennes et auberges accueillantes. Dynamisé par les commerces, l'artisanat et des animations conviviales, le cœur du village est dominé par l'église majestueuse du XIIe siècle. Renseignements au 05 59 56 32 16.

Saint-Laurent de Gosse

Sur la dernière boucle de l'Adour, deux belles demeures se font remarquer à Saint-Laurent de Gosse : le château Lagurgue, ancienne caverie qui a appartenu aux Ravignan, et le château Montpellier, du XVIIIe siècle. L'église du village se caractérise par un clocher-mur et une tourelle à meurtrières. A travers la clé de voûte on aperçoit les armes du Prince Noir.

OU MANGER ET DORMIR

Restaurants

AUBERGE AU BON COIN **Rue du Château - PEYREHORADE © 05 58 73 00 45.** *Menus de 11,50 € à 15 €. Menu enfant à 6,20 €. Menu ouvrier à 11,50 € vin et café compris.* Le mercredi, jour de marché, ça grouille chez les remplaçants de Josette Erbin qui était bien connue pour les pieds de cochon, une tradition dans la région. "Ce sont les meilleurs, disent les habitués, je ne louperais pour rien au monde cet instant divin". Dès 6h du matin, les gens affluent et se régalent. Une bonne table où l'on sert également des plats régionaux comme des poissons d'eau douce ou poissons de mer, mais aussi des gibiers à la saison automnale, palombes et pibales. A l'arrière du restaurant, une grande salle accueille les banquets. Une bonne adresse à faire découvrir à ses amis ou à sa famille.

LE MOULIN A VENT **Route de Dax - BELUS © 05 58 73 14 26.** *Fermé dimanche soir et lundi soir. Menus de 10 € à 20 € (le week-end).* Impossible de rater cette étape gourmande. Une grande enseigne jaune, un parking souvent plein, quatre imposantes statues sur la route des plages, de Capbreton et d'Hossegor, et une pause s'impose. Les spécialités du Chef : un ris de veau sauce financière, côte de bœuf, cochon de lait, la spécialité du Gave-Adour, les anguilles persillées et aillées, tête de veau, gras double, pieds de cochon, bœuf en daube… Egalement un service traiteur pour les fêtes de famille (anniversaires, repas de groupes et mariages). Une jolie terrasse est venue agrémenter le parking.

CHEZ MARIA **Le port - PORT-DE-LANNE © 05 58 89 17 21.** *Hors saison, fermé le lundi. Menu à 10,70 € le midi. Menus de 19,10 € à 22,90 €. Prix moyen à la carte : 22 €.* A quelques mètres de l'Adour, cette auberge a du charme avec ses vieilles pierres apparentes et sa petite terrasse sous son platane. Une cuisine du terroir est servie dans la première salle après le bar. Plus haut, une autre plus illuminée par de grandes baies vitrées et une troisième tout aussi chaleureuse. Au programme pour le palais délicat : foie gras chaud aux raisins, chipirons, anguilles, saumon de l'Adour et salmis de palombe en saison. La Hire, le bateau promenade, fait une escale gourmande Chez Maria.

RESTAURANT PEYRES **Le bourg - SAINT-ETIENNE-D'ORTHE © 05 58 89 16 06.** *Sur réservation uniquement. Ouvert tous les jours, en semaine pour les groupes et en individuel les week-ends. Menu de 20 € à 30 €.* Ce petit village est riche d'une bonne table. Chez les époux Peyres, pas de chichis, des vrais produits du terroir dans un cadre simple mais néanmoins chaleureux. Une adresse hors du temps et en pleine campagne comme nous les aimons. Toutes les Landes dans les assiettes, en passant par le magret de canard, le foie frais aux pommes, le délicieux saumon grillé et les anguilles persillées. Etape à ne pas manquer pour être sûr de bien manger.

AUBERGE DE PIET **Sainte-Marie-de-Gosse © 05 59 56 32 08.** *E-mail : aubergepiet@wanadoo.fr. Menus de 10,67 € à 23,63 €.* Cette petite auberge conviviale révèle des saveurs régionales comme magret de canard aux pêches, mais elle profite aussi de la proximité de l'Adour pour servir des délices comme pibales à l'espagnole, anguille, alose, lamproie ou saumon…

Hôtels-Restaurants

HOTEL CENTRAL **Place Aristide Briand - PEYREHORADE © 05 58 73 03 22.** *Fax : 05 58 73 17 15. Chambres de 50 € à 63 €. Menus de 12 € à 34 €.* Au cœur du centre-ville, cette parenthèse gastronomique bien connue du Pays d'Orthe a changé de propriétaire. C'est désormais Michel Mugica qui gère avec brio cet établissement réputé. Venu tout droit du Pays Basque, il cuisinait beaucoup de poissons dans son ancien restaurant et, de ce fait, le Central en profite bien. Sur la carte, en effet, se trouvent beaucoup de produits de la mer travaillés finement comme le merlu à l'espagnol, les plateaux de fruits de mer… Les produits de la terre y ont leur place également, et on ne peut pas oublier le canard qui trône fièrement dans les assiettes. Accueil aussi charmant que le cadre est raffiné.

LE RELAIS DE L'ADOUR Route Nationale 117 - SAINTE-MARIE DE GOSSE © 05 59 56 32 02. *Chambres doubles de 31 € à 43 €. Pension complète de 34 € à 52 €. Demi-pension de 28 € à 46 €. Petit déjeuner à 4,50 €.* Douze chambres équipées de T.-V. et téléphone. L'hôtel accueillant dispose d'un bar, d'un restaurant et d'une salle de séminaire. Une salle de billard occupe les plus joueurs. Un parking privé assure la sécurité des véhicules. Un jardin et un parc fleuri avec une aire de jeux permet de distraire les enfants. Pour les randonneurs, une forêt se situe juste derrière l'hôtel. Elle est balisée de plusieurs sentiers pédestres…

Hôtel

LA VIEILLE AUBERGE Place de l'Eglise - PORT-DE-LANNE © 05 58 89 16 29. *Ouverture de mai à septembre. Trois cheminées au Logis de France. Chambres doubles de 49 € à 69 €. Suites de 76 € à 92 €. Petit déjeuner à 7 €.* "Cette petite maison de la culture", comme se plaît à la nommer le maître des lieux, a un très riche passé. Son mobilier est répertorié parmi les richesses artistiques de France en 1973 par le ministre de la Culture de l'époque, André Malraux. Lieu magique où l'on savoure une cuisine locale très raffinée : matelote d'anguilles aux pruneaux, saumon à l'oseille, civet de marcassin, et l'incontournable foie gras…

Chambres d'hôtes

CHEZ CLAUDINE LESCOULIE 174, rue Alsace Lorraine - PEYREHORADE © 05 58 73 09 86. *Chambres doubles à 38,11 € petit déjeuner compris.* Près du marché, Claudine ouvre les portes de sa maison de style ancien. Un lieu où tranquillité rime avec ordre et bienveillance. Pas de doute, les couples d'amoureux ne seront pas dérangés.

CARRERE Biaudos © 05 59 56 70 56. *Ouvert du 1er mars au 31 octobre. Chambres doubles à 42 €. Table d'hôtes (sauf dimanche) à 15 €. Trois épis.* Dans un parc de 4 ha, une ancienne ferme du XVIIe siècle a été complètement restaurée. Les chambres, très coquettes, sont ouvertes sur la prairie ou le parc. Fraîcheur et air pur toute l'année. Un décor de bon goût, avec de vieux meubles ou des meubles peints. Le petit plus : Jacqueline Hargues a l'habitude de concocter une table d'hôte régionale.

FERME HONDOUAN Biaudos © 05 59 56 70 43. *Ouvert du 20 mars au 20 octobre. Chambres doubles à 42 € petit déjeuner compris. Table d'hôtes (sauf week-end) à 16 €. Trois épis.* Une grande ferme rénovée de style basque est le témoin d'un séjour peu agité ! Pierrette et Lionel possèdent un vaste jardin arboré. Ils accueillent les vacanciers dans trois chambres confortables avec sanitaires privés. Pour plus de détente, un salon avec T.-V. et une bibliothèque sont à leur disposition. Le soir, il est possible de manger à la ferme et de goûter ainsi aux produits du terroir.

MAISON BASTA 335, chemin de Basta - ORTHEVIELLE © 05 58 73 15 01. *Ouvert toute l'année. Chambres doubles à 44 €. Repas du soir à 16 € et à 8 € pour les moins de 10 ans.* Situées à 20 km de Dax et à 30 minutes de l'océan, ces chambres d'hôtes sont coquettes et spacieuses. Dans une belle demeure du XVIIIe siècle, sur 1 ha de terrain au calme, 4 chambres de style et épurées mais confortables avec salle de bains et W.-C. privatifs. Priorité à la pierre et au bois, ponctués d'objets chinés. La table d'hôtes servie en terrasse ou dans la véranda réserve des mets régionaux et outre-Atlantique. De quoi conjuguer les plaisirs du palais et du repos dans un lieu de bonheur et de convivialité rare. Sur place, ping-pong, sentier de randonnée, parcours sportif et piscine découverte à 3 km.

CHATEAU DE MONTPELLIER Saint-Laurent de Gosse © 05 59 56 25 16. *Ouvert toute l'année. Chambres doubles de 55 € à 65 € petit déjeuner compris. Trois épis.* Un cadre exceptionnel pour passer des vacances romanesques… Comment ne pas se prendre pour un comte ou une princesse dans ce magnifique château inscrit Monument Historique ! On imagine ce que pouvait être "la vie de château" et ce dont la noblesse profitait quotidiennement… Un parc de 1,5 ha domine l'Adour. Les ducs d'un soir pourront dormir dans 3 chambres décorées différemment mais toutes équipées de salle d'eau et de W.-C. privés. Les petits déjeuners sont servis dans la salle de chasse fleurie et une bibliothèque est accessible à ceux qui veulent se plonger dans l'histoire des chevaliers…

Campings

CAMPING MUNICIPAL Le long du Gave - PEYREHORADE © 05 58 73 60 20. *Ouvert du 1er juillet au 31 septembre.* Situé en bord des Gaves réunis, ce camping offre une belle vue sur les maisons se reflétant dans l'eau de la petite cité. Une aire de service, ouverte toute l'année, est gratuite pour les camping-cars. Elle se trouve place du Sablot, entre le fronton et la piscine. L'Auberge du Moulin, juste à côté du camping, est réputée pour ses anguilles et ses grillades. Des plats au gré des saisons y sont servis sur la terrasse ou dans une belle salle intérieure.

CAMPING LA COMTESSE Lieu-dit Claquin - BELUS © 05 58 57 69 07. *Ouvert du 15 mars au 15 octobre. Location de mobil-homes. Trois étoiles.* A 10 minutes de Dax et 20 minutes des plages landaises, ce camping est fort bien situé et retiré de la foule, mais reste malgré tout proche de nombreuses activités. Dans un cadre de verdure, la Comtesse présente tous les atouts d'un séjour réussi. Sur vaste terrain de 6 ha, 115 emplacements de 100 m² sont bordés d'une haie bénéficiant d'un excellent ombrage. Sur place, un étang pour la pêche de 1 ha pour taquiner carpes, anguilles… Deux piscines avec bassin pour enfants, une buvette, terrain de tennis et de volley. Une salle d'animation est disponible avec T.-V., ping-pong, jeux de sociétés. En saison, des soirées à thème sont organisées : karaoké, concours de pêche, boules… Egalement dégustation-vente de produits régionaux.

SE DETENDRE

PISCINE MUNICIPALE Peyrehorade. Agréable, cette piscine le long du Gave. Un grand et un moyen bassins, une pataugeoire pour les petits, un petit parc de jeu… Des cours de natation sont donnés le matin. Se renseigner.

EMPLETTES

Art et artisanat

FABRIQUE DE SABOTS EN BOIS Saint-Etienne-d'Orthe © 05 58 89 16 81. *Ouvert tous les jours, démonstration en atelier les après-midi à partir de 16h, sauf dimanche.* Fidèle à une tradition familiale depuis 7 générations, Claude Labarthe façonne des sabots à l'ancienne devant les visiteurs mais aussi des objets décoratifs : porte-fleurs, porte-brosse, boîtes à sel, tabourets pieds sabots…

AU FIL DE L'EAU Hors Gave - SAINTE-MARIE DE GOSSE © 05 59 56 90 12/06 83 78 97 00. Dans une maison authentique datant du début XVIIe siècle sont à découvrir des produits régionaux, de l'artisanat d'art (peintures, aquarelles, girouettes, décoration sur objets anciens…), de la petite brocante et autres curiosités (ouvrages littéraires, photos anciennes, cartes postales…). Location de bateaux sans permis, buvette et table campagnarde.

Produits du terroir

BARTHOUIL 378, route d'Hastingues - PEYREHORADE © 05 58 73 00 78. Sur les rives du Gave depuis 1929, cette conserverie développe et remet en cause sans cesse son savoir-faire pour fabriquer un produit d'excellence. L'entreprise a été créée en 1929 par Gaston Barthouil, ancien charcutier. Il fabriquait du foie gras et fumait également le saumon. L'unité a été adossée à la pêcherie de Peyrehorade qui était alors la plus grande de France. Elle est respectueuse de ces traditions paysannes d'élevage et de gavage à l'ancienne, et les gourmets y trouvent foie gras, confits, pâtés, terrines, magrets fumés et séchés, mais aussi des spécialités régionales cuisinées, comme la garbure, les haricots cuisinés, le jambon de Bayonne… Depuis sa création, la maison Barthouil fume également ses saumons à l'ancienne, la seule en France où tout est fait à la main. Ses produits sont présents chez Fauchon, dans les épiceries fines et chez les traiteurs et Chefs cuisiniers. On se régale aussi sur les vols d'Air France en 1ère classe.

BOUCHERIE DATCHARY 22, rue Gambetta - PEYREHORADE © 05 58 73 03 25. Michel avait son avenir tout tracé, car cinquième de la génération Datchary, il a repris la boucherie familiale. La côte à l'os, l'entrecôte, le rôti de bœuf et le veau de la ferme sont des spécialités de la maison.

MAISON MONTAUZER Rue Alsace-Lorraine - PEYREHORADE © 05 59 56 84 04. La maison Montauzer régale les amateurs de bons produits depuis des lustres : boudins, saucisses, rillettes, tripes et le fameux jambon Ibaïona qui est devenu champion d'Europe en 1993, lors d'une dégustation à l'aveugle, en obtenant la note remarquable de 8/10, et l'année 2000 fut récompensé par une Marianne. Egalement des conserves, foie gras, confits d'oie et de canard. Le magasin ne désemplit pas le mercredi et le samedi, jours de marché.

PATISSERIE LAVIGNASSE 86, place Aristide-Briand - PEYREHORADE © 05 58 73 26 08. *Fermé lundi et dimanche après-midi.* Franck Lavignasse, après un parcours chez les plus grands dont Lenôtre, a son laboratoire de fabrication à Salies-de-Béarn. Il ravitaille régulièrement de douces saveurs sucrées la pâtisserie de Peyrehorade. Chez cet artiste, le classique côtoie l'exceptionnel, l'exclusivité maison le Petit Landais, en passant par le chocolat aux noms évocateurs : Délice de Mousquetaire, Brésilien, Domino Café… Le mercredi, le samedi et le dimanche, l'étalage est bien garni de gâteaux.

FERME TRADITION LANDAISE Castagnet - BELUS © 05 58 73 64 65. Dans cette conserverie familiale, découvrez les saveurs du Sud-Ouest : foie gras d'oie et de canard entier, confits, rillettes, gésiers… A admirer la belle vue sur les Pyrénées.

FERME DE BELESLOU Route de l'Argile - CAGNOTTE © 05 58 73 18 92. *Ouvert toute l'année, tous les jours du lundi au samedi de 8h à 12h et de 14h à 18h. Réseau Bienvenue à la ferme.* A 15 km de Dax, la ferme de Michel et Jérôme Dufau est située dans un cadre pittoresque où les animaux sont en liberté : canards, porcs noirs gascons et Blondes d'Aquitaine. On peut observer une belle vue sur la chaîne des Pyrénées, tout en trouvant des produits du terroir à ramener chez soi ou à déguster sur place : foie gras, confits de canards, pâtés, boudins, jambons de porcs noirs gascons et fromages de montagne. Egalement vente par correspondance.

FERME GASSIE Cauneille © 06 80 59 19 10. *Visite gratuite guidée tous les jours, sauf dimanche du 1er juin au 31 octobre. Du 1er novembre au 31 mai : mercredi, vendredi et samedi.* Les autruches sont transférées sur ce site à l'âge de 4 mois. Elles naissent à Saint-Lon-les-Mines. Christian Dachary fait partager sa passion pour ces oiseaux au long cou. Il répond à des questions techniques en matière d'élevage, de reproduction et de conditionnement. Les produits issus de l'autruche sont en vente sur place, à savoir, terrine, rillettes, saucisson, steak et pavé de viande rouge, mais aussi des cadeaux originaux comme par exemple des œufs décorés, des plumes et des objets en cuir. La conserverie familiale est entourée de vergers de kiwis, excellent fruit pour une cure de vitamine C.

DOMAINE DARMENDIEU **Saint-Etienne-d'Orthe** © **05 58 73 22 22.** *Ouvert du lundi au vendredi, de fin août à avril de 10h à 12h et de 13h à 18h.* A la sortie de Port-de-Lanne, prendre la petite route derrière l'église. A 1 km à gauche se trouve le domaine. Cueillette de pommes, kiwis, poires, nashis, du 15 août au 15 mai. A noter que le kiwi de l'Adour a obtenu le label rouge : culture sans traitement chimique et limitation du nombre de fruits par arbre pour un meilleur calibre. Au pied des Pyrénées, les producteurs de l'Adour ont été les premiers à implanter la culture des kiwis, il y a 30 ans. Aujourd'hui cette production est devenue le symbole économique de la région pour plus de 350 producteurs passionnés. Avec la moitié de la production nationale, les pays de l'Adour représentent aujourd'hui le plus grand terroir kiwicole de France.

FERME DU MOULIN DE MIREMONT **Saint-Etienne-d'Orthe** © **05 58 89 14 59.** *Ouvert tous les jours de 9h à 19h.* Ferme située à proximité des Barthes de l'Adour. Les canards sont nourris au maïs de l'exploitation et le foie de ces palmipèdes au funeste sort donne le succulent foie gras. Egalement du magret frais, du confit de canard, graisserons et du pâté de campagne au foie de canard. Un gîte rural a été aménagé avec trois chambres, séjour, coin cuisine, salon et salle d'eau.

FERME LA BARTHOTE **Sainte-Marie de Gosse** © **05 59 56 34 84.** *Vente directe et visite tous les jours.* Francis Betbeder propose des produits de la ferme : foies gras, confits de canards, gésiers confits, rillettes… Idéal pour les longues soirées d'hiver ou pour faire découvrir la cuisine landaise à ses amis.

AGENDA

Mercredi matin du 15 novembre au 14 mars : marché au gras de Payrehorade.
Mercredi et samedi matin : marché traditionnel de Peyrehorade.
Février : fête du kiwi à Peyrehorade.
Début mai : fête d'Hastingues.
Début juin : l'abbaye d'Hastingues reçoit le festival international de céramique, organisé par le Conseil Général et l'association "Terres d'Aquitaine", qui entraîne le visiteur sur les pistes africaines du Bénin. Manifestation gratuite (marché de potiers, expositions-vente et restauration sur place).
Fin juin : fête d'Orthevielle.
Mi-juin à début juillet : festival des abbayes en Sud Adour. Ce festival enchante les vieilles pierres dorées des églises du pays d'Orthe et de Chalosse avec au programme : orchestre de chambre, quatuor à corde, clavecin, cuivres, récital de piano… Renseignements au 05 58 73 00 52.
Début juillet : fête de Saint-Etienne-D'Orthe.
Mi-juillet : fête de Port-de-Lanne.
Fin juillet : marché médiéval à Peyrehorade. A partir de 10 h, marché traditionnel et marché artisanal : sculpteurs sur pierre, potiers, forgerons, vanniers, décorateurs sur mosaïque. Animation avec troubadours d'Aquitaine, jongleurs, cracheurs de feu… Repas médiévaux.
Fin juillet : fête de Cagnotte.
Début août : fête de Belus.
Mi-août : le plus grand rassemblement de brocanteurs du Sud-Ouest à Port-de-Lanne. La fête des brocs est organisée par M. Lequesne (05 58 89 18 29). Chiner à Port-de-Lanne,

c'est le temps des vacanciers mais aussi de tous les professionnels de la brocante. Ce déballage à travers le village sur plus de 2 km est incontournable, et plus de 20 000 visiteurs s'y pressent pour trouver l'objet insolite.

2 week-end d'août : fêtes de Saint-Laurent de Gosse et de Sainte-Marie-de-Gosse.

Fin août : les nuits d'été en pays d'Orthe. Mise en valeur des sites, abbatiale de Sorde-l'Abbaye, château d'Orthe à Peyrehorade, église de Port-de-Lanne, et abbaye d'Arthous à Hastingues avec comme principe de base, l'éclectisme.

Dernier week-end de juillet à Peyrehorade : fête patronale pendant 5 jours. Fête foraine, animations avec plusieurs bandas la journée et une bonne partie de la nuit, bals dans les rues, concert dans la salle d'Aspremont, défilé de chars, feu d'artifice…

Le marché de Peyrehorade

En 1358, le pays d'Orthe, avec son seigneur, était "proanglais". Pour remercier le vicomte qui lui a prêté sa compagnie d'archers, lors du combat de Poitiers, le roi d'Angleterre, Edouard III, lui octroie une charte de reconnaissance du marché "Edouard par la grâce de Dieu, roi d'Angleterre et de France. Sachez que nous avons concédé à notre cher et fidèle Arnaud Raimond, vicomte d'Orthe et à ses successeurs, l'autorisation perpétuelle de tenir un marché par semaine, le jour de samedi, en sa bonne ville de Petraforata, dans notre duché d'Aquitaine. Fait à Westminster le 1er avril 1358 par nous, roi." Cet acte officialisait l'existence du marché de Peyrehorade. Dorénavant c'est le mercredi que ce marché a lieu, et il est très fréquenté.

PISSOS

Parc naturel des Landes

Le nom de Pissos d'origine latine proviendrait du nom d'un ancien propriétaire gallo-romain "Pissius". Situé sur la Grande Leyre, ce bourg était jadis animé par des forges exploitant l'alios (minerai local), plusieurs verreries, tuileries et usines de produits résineux. Le "Pinhadar", forêt de pins maritimes, couvre 80% du territoire de la commune. La culture du maïs, des carottes et asperges y est également présente.

INFORMATIONS MAIRIE © 05 58 04 41 40

A VOIR

L'AIRIAL ARTISANAL 71, route de Sore © 05 58 08 90 66. *Ouvert toute l'année de 15h à 18h. Du 15 juin au 15 septembre de 10h à 12h et de 15h à 19h.* Accueil de groupes sur réservation. Deux bâtiments remarquables abritent des savoir-faire traditionnels. Une ancienne maison bourgeoise à étage en pierre apparente du pays accueille l'atelier du souffleur de verre Vieira Carlos. Il travaille devant le public. Un conseil : prévenir de sa visite pour savoir s'il est en activité. A l'étage, 400 exposants artisans regroupés en association présentent leurs œuvres. L'artisanat d'art est bien représenté : poterie, céramique, bois, papier, cuir, arts plastiques, osier, vitrail, bougies… un bonheur pour les yeux.

OU MANGER ET DORMIR

LE CAFE DE PISSOS Le bourg © 05 58 08 90 16. *Ouvert toute l'année. Fermé mardi soir et mercredi hors saison.* Une table gourmande incontournable dans cette majestueuse forêt de pins. Jean-Paul Clavé aux pianos, et dans l'assiette tout est plus beau. La gastronomie landaise est bien au rendez-vous et c'est vraiment un moment de plaisir. Surfez entre la poêlée de sole et saumon aux cèpes, foie gras, canard, gibier, bref la palette complète que l'artiste vous propose. Aux beaux jours, une agréable terrasse ombragée.

L'AUBERGE GASCONNE Pissos © 05 58 43 51 35. *Fermé le mercredi et 15 jours avant Pâques. Menu ouvrier à 10,70 € le midi. Menu à 17,50 €. Tarif moyen à la carte : 18 €.* Thierry Bousquet reçoit dans un joli cadre : l'été, ses deux terrasses découvrent leurs charmes. Bananiers, palmiers, véranda… rien à redire. A l'intérieur, place aux couleurs chaudes avec un rouge basque et beaucoup de bois, du tek. Tout pour se sentir bien… Dans ce cadre apaisant, une grande gamme de plats : cuisine régionale (canard, côte bœuf avec foie gras…), mais aussi italienne, espagnole ou mexicaine (fajitas, parilladas, daurade, merlu…). A noter également le camembert à la plancha, qui colle aux dents mais qui est un régal ! Côté dessert, crème brûlée, île flottante et profiterolles, pour ne citer qu'eux, ravivent les estomacs des gourmands.

Chambres d'hôtes

PRADEOU Daugnague © 05 58 08 91 47. *Ouvert de Pâques à fin septembre. Chambres doubles à 38 € petit déjeuner compris.* A 25 minutes de l'océan et 15 minutes des lacs, chez Christine Duverger, on se sent bien. Adieu stress, embouteillage, bonjour confort, détente et calme. Sur un vaste airial, on peut lire, jouer au foot avec le petit dernier ou ne rien faire tout simplement. L'hôte connaît tous les bons plans pour découvrir la région, et il ne faut pas hésiter à discuter avec elle, qui est très attentionnée.

Camping

CAMPING MUNICIPAL L'ARRIU 585, chemin de l'Arriu - PISSOS © 05 58 04 41 40. *E-mail : mairie-de-pissos@wanadoo.fr. Fermeture annuelle du 16 septembre au 30 juin. Location d'habitations légères de loisirs. Trois étoiles.* Soixante-neuf emplacements de grand confort et cinq habitations légères de loisirs à disposition. Dans l'enceinte de ce camping, le vacancier se trouve dans une ambiance de détente et de loisirs à proximité de la vallée de la Leyre. Une aire de jeux pour les enfants (portique, bac à sable et table de ping-pong), et accès gratuit à la piscine municipale pour tout séjour de cinq nuits.

SE DETENDRE

BASE NAUTIQUE DE TESTAROUMAN © 05 58 08 91 58. *Ouvert toute l'année. Possibilité de gîte ou camping.* A partir de la base nautique, on a le choix entre plusieurs activités sportives. Le canoë sur la Leyre (voir ci-dessous), le V.T.T. sur les chemins de Saint-Jacques-de-Compostelle, et les randonnées pédestres à la découverte d'une fontaine miraculeuse, d'une chapelle, d'un moulin, mais on peut aussi faire du tir à l'arc et de la natation. Enfin on peut pratiquer l'équitation sur de nombreuses pistes de sable fin au cœur du parc pour cavaliers chevronnés ou débutants.

LA DESCENTE DE LA LEYRE. Une descente en pente douce accessible à tous, à condition de savoir nager. Pas de danger, la Leyre est une rivière calme et voluptueuse… Point de départ : une des 12 bases nautiques situées sur la Grande Leyre. L'excursion peut durer une journée ou une semaine. Il est possible également d'organiser soi-même sa descente en louant un canoë et en passant la nuit en tente ou dans un gîte forestier. Environ 30,50 € par jour et par canoë pour deux.

LE CENTRE EQUESTRE DU VAL DE LEYRE © 05 58 08 96 54. *Ouvert toute l'année. Tarif horaire non adhérent : 12,95 €. Groupe de plus de 5 personnes : 10,67 € par personne. Classe verte 5 jours : 121,95 € par enfant.* Dans la plus grande forêt d'Europe, le cheval est à la forêt ce que le canoë est à la rivière : le plus merveilleux complice pour découvrir les sites reculés de la région. Les chevaux sont sélectionnés et préparés avec soin, et ainsi les plus sportifs comme les débutants parcourent les longues pistes de sable fin. Inauguré en 1998, ce centre équestre est doté d'équipements modernes et fonctionnels : une écurie de 20 boxes et 2 selleries, ainsi qu'un club-house pour la détente.

EMPLETTES

Produits du terroir

LE CAVEAU PISSEEN 11, route de Sore © 05 58 08 90 54. *Ouvert toute l'année et tous les jours sauf dimanche après-midi.* Le caveau pisséen propose des vins, apéritifs, digestifs et produits régionaux. Egalement cadeaux, souvenirs, livres, vaisselle et bien d'autres objets intéressants.

AGENDA

Pentecôte : fêtes.
Fin juillet et début août : Cinémagin'Action. Pour des soirées cinéma en plein air, sous la voûte des grands pins, projections de films sur grand écran, stages d'écriture de scénarios…

POMAREZ

Sud Adour

Selon la tradition, ce riant petit village est issu du latin Pomarium (lieu où les fruits sont entreposés ou vendus). Pomarez est surnommé "la Mecque de la tauromachie landaise", ses arènes couvertes de 3 000 places accueillent nombreuses fêtes et spectacles.

INFORMATIONS MAIRIE © 05 58 89 30 28

LE MARCHE DU GRAS. Le premier salon "Foie gras Expo"est né en mars 1988 à Pomarez. Vu son succès, les organisateurs décident de fonder la maison du Palmipède. Son rôle est de défendre et de promouvoir la production landaise de foie gras. Foie gras Expo est le rendez-vous annuel des acteurs de la filière en plein cœur du 1er département producteur. Depuis 1990, il a migré à Dax, victime de sa réussite, et devient le Salon international du foie gras.

A VOIR

AU CULTE DE L'AFICION. Au Culte de l'Aficion, on découvre tout sur la course landaise. M. Laborde est passionné depuis la nuit des temps par ce sport. Au premier étage, se découvre la pièce réservée à "l'arène" : des collections de photos anciennes dont certaines datent d'avant la guerre, des affiches, tout objet ayant un rapport aux jeux taurins et plus de 500 cassettes filmées par lui-même sont rangées. Quelques-unes ont été données à la fédération.

OU MANGER

L'AUBERGE DU CHALET Pomarez ✆ 05 58 89 89 90. *Fermé le vendredi après-midi. Chambres doubles de 17 € à 25 €. Petit déjeuner à 4 €. Soirée étape à 28 €. Menus de 14 € à 22 €. Menu enfant de 4 € à 5 €. Prix moyen à la carte : 16 €.* Un bâtiment ancien à l'entrée de Pomarez, sur la route de Dax, tenu depuis 10 ans par Renée Barrere. Une halte agréable pour manger canard, confit et magret. Les Landes dans toute leur splendeur…

CHEZ PECOTCHE Le bourg ✆ 05 58 89 30 37. *Ouvert toute l'année, fermeture annuelle en octobre. Fermé le mardi. Menus du jour à 10,70 €. Menus de 23 € à 29 €.* Impossible de quitter la cité du roi canard sans s'attabler dans cette étape incontournable pour en savourer toutes les spécialités. Reçu chaleureusement dans un cadre tout aussi chaleureux, on voit son assiette copieusement garnie de vrais produits du terroir : confit, foie gras aux raisins, escargots, saumon frais grillé et succulents salmis de palombes au programme. Un grand choix de vins du Sud-Ouest pour arroser le gosier comme il se doit !

LOCATION DE CAMPING-CARS

LM VOYAGER route d'Orthez ✆ 05 58 89 31 33 Fax : 05 58 55 33 76. LM Voyager vous propose un parc de location de 12 camping-cars de 2, 4 et 7 places avec tout le confort, équipement complet (frigidaire, gazinière, vaisselle, douche, WC…), à partir de 565 € la semaine hors vacances et 795 € en été. Ainsi, au départ de Pomarez (garage assuré pour votre véhicule), sillonez les Landes tranquilles, découvrez les magnifiques balades dans la forêt ou sur la plage. Jean-Marie et Odile Laussu vous concoctent un programme découverte avec les principales curiosités et monuments du département, des étapes gastronomiques, les airs de ravitaillement, vidanges, stationnements, pour vous faciliter le voyage, et si vous décidez d'associer le repos à un peu de sport, ils vous louent les vélos. Sympa!

EMPLETTES

Art et artisanat

POTERIE DU CHATEAU Route de Dax ✆ 05 58 89 38 59. *Ouvert tous les jours. Visite de groupes sur rendez-vous.* Dans son atelier, on trouve souvent Hélène Plault en train de "tourner" la terre ou de plonger dans des décors au pochoir. Il est toujours intéressant de rencontrer une artiste passionnée par son activité. Après les Beaux-Arts, elle fait le tour de France avec les compagnons et cela fait plus de 20 ans qu'elle crée des objets de toute sorte au gré de son humeur et de l'époque. Hélène peut réaliser des pièces selon la demande.

Produits du terroir

FERME DE GUIOT © 05 58 89 88 27. *Fermé le dimanche.* Sur la route d'Arsague-Orthez, Monique et Jean-Jacques Deyris sont membre du réseau "Terre de Chalosse". Ils font des plats cuisinés de volailles des Landes (canettes, chapons, poulets…), galantines, sauces (poulet aux pruneaux…), confits et suprêmes de chapons, terrines et rillettes. Ils seront ravis de vous faire découvrir leur élevage de poulets en liberté, chapons, canettes fermières et oies. Plus originale encore une promenade en forêt avec visite des gîtes de renards et blaireaux.

FERME DU GRAND CASTAGNET Route d'Habas © 05 58 89 88 00. Patrick et Isabelle Darrigade, membres du réseau Terre de Chalosse, font partie d'une famille d'agriculteurs depuis des générations. Ils perpétuent ainsi la tradition de l'élevage de canard et de la culture de maïs. Après une visite de la ferme, dégustation de confits, foie gras entier de canard, cassoulets et pâtés… Vente à emporter.

FOIE GRAS RAYMOND D'ARTIGUES Pomarez © 05 58 89 87 76. Au bout d'un chemin bucolique, en pleine campagne, les établissements Foie Gras Raymond d'Artigues affichent dès l'extérieur la modernité de l'entreprise. L'entrepreneur a choisi la transparence : il propose de visiter son atelier grâce à un couloir de visite vitrée. On voit comment évolue le produit de la salle de découpe du canard en passant par la salle de fabrication jusqu'à la salle d'expédition. Dans un autre bâtiment se trouvent la boutique et la cuisine blanche et bleue avec sa charmante cheminée et ses rideaux à carreaux, pour déguster les produits.

LAITERIE DE LA CHALOSSE Route de Dax © 05 58 89 32 78. Le Régal landais ? Est-ce un foie gras, une nouvelle recette ? Eh bien non ! C'est un fromage de vache frais, caillé, et il porte à merveille son nom. Des produits vrais, fabrication artisanale assurée. Vente sur place ou en grandes surfaces.

MAISON PARIS Route de Dax © 05 58 89 31 20. Le grandiose édifice en verre s'impose au regard de la route. La Maison Paris perpétue la tradition du travail bien fait en se consacrant au foie gras depuis les années 1900. Les approvisionnements en canards gras et oies grasses sont effectués auprès de producteurs landais et pyrénéens sélectionnés par un cahier des charges rigoureux (élevage dans le Sud-Ouest, engraissement au maïs grain entier exclusivement et en parc, et abattage à la ferme suivant les normes européennes). Tout est extrêmement propre. Il ne faut pas hésiter à franchir la porte vitrée : ici on aime recevoir les visiteurs et leur présenter l'entreprise familiale.

AGENDA

Lundi et mercredi toute l'année : marché au gras.

Fin avril : festival Arts et Courage. Course landaise hors du commun où les écarteurs et sauteurs affrontent des vaches mais aussi des taureaux. Renseignements au 05 58 46 50 89.

Début août : fêtes.

PONTONX-SUR-L'ADOUR

Pays du thermalisme

Petite ville située à la limite des Grandes Landes et de la Chalosse, bordée par l'Adour, Pontonx possède un atout économique important grâce à la Sovol, société d'abattage et de commercialisation de volailles et plats cuisinés, et grâce à Sony France à l'avant garde de la technologie. Plusieurs sites à visiter : la maison Mancamp de 1610 (ancien notaire) d'architecture rustique dont la porte d'entrée s'inscrit dans un style Renaissance et les arènes de style mauresque (1912).

SYNDICAT D'INITIATIVE 143, avenue R. Labeyrie ✆ 05 58 57 95 60

A VOIR

LA RESERVE NATURELLE DES BARTHES. Le site des Barthes de l'Adour conjugue une réserve naturelle et une aire de loisirs avec parcours de santé, jeux pour enfants mais aussi d'observation de la nature. Ce lieu privilégié de 93 ha au milieu d'une nature encore sauvage attire également les pêcheurs.

OU MANGER ET DORMIR

Restaurant

LE VAL FLEURI Chemin de Masson - PONTONX-SUR-L'ADOUR ✆ 05 58 57 20 75. *Fermé dimanche soir, lundi et 1ere quinzaine de janvier. Menus de 15 € à 23 €. Prix moyen à la carte : 30 €.* Sur le bord de la RN124, cette auberge attire les gourmets. A l'entrée du restaurant, un grill, où de succulentes cailles rôtissent délicatement, met en appétit. Monique et José Pozuelo accueillent dans un cadre élégant où trône une cheminée et de jolies tables dressées avec élégance. Un menu très alléchant: soupe de moules, canard au vinaigre, nouilles au beurre et, en dessert, la tarte aux figues.

Hôtel-restaurant

LES ARENES 10 place des arènes - PONTONX-SUR-L'ADOUR ✆ 05 58 57 21 48. *Fermé le samedi et une semaine en janvier. Chambres doubles de 19 € à 25 €. Petit déjeuner à 3,80 €. Soirée étape à 35,90 €. Menus de 10,15 € (du jour) à 13 €. Prix moyen à la carte : 13 €.* Juste en face de la mairie, Serge Secher s'affaire dans un établissement moderne. Il a le sens de l'hospitalité. Une cuisine traditionnelle (bœuf bourguignon…) est à engloutir sans modération !

EMPLETTES

Art et artisanat

BADET ISABELLE 330, avenue de la Chalosse - PONTONX-SUR-L'ADOUR ✆ 05 58 57 92 47. Isabelle Badet est une artiste à part entière. Elle redonne la vie à ses petits pétales tombés loin de leur cœur. Elle réalise des compositions florales personnalisées et fait visiter son atelier de fleurs séchées.

AGENDA

1er mai : grande fête de l'asperge. Rencontre festive et culturelle entre producteurs et consommateurs autour d'une des richesses de l'agriculture landaise. Omelette géante, repas à midi et spectacle à 18h. Vente d'asperge dans les deux coopératives.
Fin août : fêtes.

POUILLON

Sud Adour

Ce chef-lieu de canton est un village fleuri récompensé de trois fleurs. Ce gros bourg est une station verte de vacances, et de ce fait cultive une tradition d'accueil depuis de longues années. Il est admirablement situé à deux pas de l'océan, de la forêt landaise, des Pyrénées et de l'Espagne. Très dynamique petite ville fleurie de la Chalosse, de nombreuses manifestations s'y déroulent chaque année. Le lac de Luc offre plusieurs attraits : balades pédestres tout autour du lac, pédalos, pêche, minigolf, tennis, gîtes et parc de jeux. Pour se régaler, le restaurant sur le site convient tout à fait, avec une jolie terrasse et une salle fleurie à l'intérieur. La bastide de Saint-Justin, patrimoine et gastronomie en Armagnac landais. Visite de la bastide (environ 1h30). Découverte de la place centrale entourée d'arcades, maison forte et manoir, remparts chemin de ronde, outils agricoles landais du XIXe siècle, ancienne chambre d'arrêt, côte pavée gallo-romaine. Balade au parc du château de Fondat construit en 1610 et inscrit aux Monuments Historiques. Une véritable féerie se reflète dans son miroir d'eau.

SYNDICAT D'INITIATIVE © 05 58 98 38 93

Très dynamique, il organise plusieurs manifestations dans l'année : jeux taurins, sorties pédestres dont une très originale "le circuit des poissons", découverte en 5 km avec casse-croûte en cours de route. Huit fiches de circuits pédestres à la découverte de Pouillon sont en vente. Elles sont très bien détaillées, avec plans et légendes.

AUX ENVIRONS

Gaas

Jean Rameau (1858-1942), l'écrivain le plus connu des Landes, a songé plus d'une fois à la terre de Gaas en noircissant des feuilles blanches… Sa maison, "Ous Camin", se perd dans la campagne. Il partait souvent de là pour écrire des romans, des milliers de contes et de poèmes.

Mimbaste

Au Sud-Est de Dax, Minbaste se niche dans un cadre de verdure, à proximité du confluent du Luy et du Grand Arrigan. Autour du bourg, les promenades ne manquent pas. Elles sont l'occasion de découvrir d'anciennes demeures comme celles de Pachiou, autrefois siège d'une caverie, Lougaret ou le Moulin Neuf bâti dans un site pittoresque.

Labatut

La randonnée pédestre de Labatut permet la traversée à gué d'un petit ruisseau, à la découverte d'une extraordinaire variété de fougères, aigle, pectinée, osmonde, polypode, dryotère, puis retour vers le vieux bourg aux magnifiques maisons à larges porches typiques des bords du Gave, dont une date de 1743. La très jolie église perchée du XIIe siècle, avec sa tour carrée fortifiée, ancien donjon, mérite la visite.

Le jeu de quilles

De grandes quilles de bois dotés de boules cloutées sont disposées en quinconce. Le lanceur, armé d'une boule de bois dans laquelle a été creusée une prise de main, calcule son lancer sur la première quille pour qu'elle provoque la chute des autres. C'est un sport de concentration et de force car il s'agit de quilles lourdes et d'une boule de plusieurs kilos.

OU MANGER ET DORMIR

Restaurants

AUBERGE DU PAS DU VENT Pouillon ✆ 05 58 98 34 65. *Fermé dimanche soir et lundi. Ouvert tous les jours en juillet et août. Menu le midi à 9,14 € demi de vin et café compris. Menus de 19,81 € à 26,67 €. Carte de 19,81 € à 38,11 €.* Frédéric Dubern a très vite attiré les connaisseurs de bonnes choses. Il a été récompensé par la médaille d'argent du concours de gastronomie d'Aquitaine. On apprécie, dans la salle rustique ou sur la terrasse aux beaux jours, des mets raffinés comme le canard gras en civet, le pigeonneau rôti au jus de truffe, les escargots au jambon, vin blanc et piments d'Espelette et le foie gras au vieil armagnac. Les desserts et le pain sont faits maison. Le repas se termine souvent par une partie de quilles, jeu très prisé dans les Landes.

RESTAURANT LE LAC DE LUC Pouillon ✆ 05 58 98 20 97. *Menus à 14,48 €, 18,29 € et 21,34 €.* Emplacement privilégié surplombant le lac. En cas de pluie ou hors saison, on se réfugie dans la salle intérieure très soignée et colorée. Pizzas variées et originales comme celles aux cagouilles (escargots), au saumon, aux asperges, au foie gras et spécialités du terroir de toutes sortes. Une salle est prévue à l'intérieur où de nombreux banquets et mariages se déroulent. Une excellente adresse pour se régaler et se promener autour du lac.

L'AUBERGE DU BOUSQUET 37, boulevard de l'Océan - LABATUT ✆ 05 58 98 13 02. *E-mail : aubergebousquet@club-Internet. Menus de 16 € à 38 € en semaine et au week-end. Menu spécial pour les jours de fêtes.* Etablie dans un ancien relais de poste de 1781, sur la route nationale 117, à quelques kilomètres des bretelles autoroutières de Puyoo ou de Peyrehorade. Maria et Stéphane Sérès reçoivent dans un cadre tranquille et sympathique. Parking et terrasse ombragés. On apprécie la cuisine traditionnelle et gastronomique proposée par une jeune équipe dynamique : foie gras frais de canard poêlé, lotte, filet de rouget, filet mignon de porc, côte de canard gras…

Hôtel-restaurant

LE RELAIS DE POUILLON Pouillon ✆ 05 58 98 20 15. *Chambres doubles à 31 €. Petit déjeuner à 5 €. Soirée étape à 33 €. Menu ouvrier à 9,15 €. Menus de 14,50 € à 21,34 €. Prix moyen à la carte : 12 €.* Situé en face de l'église et de la mairie, un parking facilite l'accès de cet hôtel-restaurant. Une décoration simple dans une ambiance familiale. Des spécialités landaises et basques sont proposées aux aventureux : poisson, confits… Jean-Jacques Darrieussecq est lui-même un expatrié du Pays Basque.

Chambre d'hôtes

CHATEAU SAINT MARTIN 356, route de Mimbaste - POUILLON ✆ 05 58 98 30 17. *Ouvert toute l'année. Chambres d'hôtes à 37 € la nuit pour 2 personnes et 73 € pour 4, petit déjeuner compris. Trois épis.* A 900 m de Pouillon Bourg, une charmante demeure est occupée par Margerite Bushe. A se demander comment elle fait pour ne pas se perdre dans son château restauré dont une partie date du XIVe siècle… Un endroit extrêmement calme. A la disposition des visiteurs se trouvent un jardin et une piscine pour des après-midi ensoleillés, un séjour et une bibliothèque pour combler les jours pluvieux. Repos assuré !

CAPCAZAL DE PACHIOU Mimbaste ✆ 05 58 55 30 54. *Ouvert toute l'année. Chambres doubles de 43 € à 57 € petit déjeuner compris. Dîner à 17 € avec apéro, entrée, produits du terroir, dessert, vin et café compris. Trois épis.* A 12 km de Dax, Colette Dufourcet accueille chaleureusement dans sa demeure capcazalière. Cette petite seigneurie du XVIIe siècle loge des gens de passage, des amis et des pèlerins de Saint-Jacques. Colette raconte le pays d'Henry IV, des mousquetaires et de Saint-Vincent-de-Paul, tous ambassadeurs de nos valeurs du bien-vivre. D'entrée ses hôtes sont fascinés par l'histoire de la cage à ortolans dissimulée dans une "boisure" du XVIIIe siècle.

Gîtes

GITES DU LAC DE LUC © 05 58 98 21 62. *Pour six personnes la semaine, de 180 € à 335 €. Week-end de 115 € à 135 €.* Sur le site reposant du lac de Luc, des gîtes aménagés : séjour, coin cuisine, salle d'eau, trois chambres et terrasse. Activités à proximité : pêche, randonnées pédestres, parc de jeu, tennis et minigolf.

SE DETENDRE

CINE IMAG'IN Salle des fêtes © 05 58 98 26 48. De nombreux films récents sont projetés dans une mignonne petite salle. Voir le programme à la mairie ou au Syndicat d'Initiative.

PECHE. Pour taquiner gardons, tanches, carpillons, goujons, anguilles dans les rivières ou au lac de Luc, se renseigner auprès du "Petit Futé", route d'Estibeaux, le magasin de pêche.

PISCINE © 05 58 98 22 05. *Ouvert tous les jours de 10h30 à 13h et de 15h30 à 19h30 du 3 juillet au 1er septembre.* Leçons de natation tous les matins sauf le dimanche. Court de tennis à proximité.

EMPLETTES

Art et artisanat

ARMELLE DELIN ARTISTE PEINTRE Face à l'église © 05 58 98 37 75. Passionnée par son activité et par les Landes, Armelle y trouve son inspiration et crée de jolis tableaux. L'église de Pouillon et la poissonnerie (dont elle a peint les fresques) font partie des sites qu'elle a immortalisés. Pour vos cadeaux de mariage, cette artiste réalise des tableaux de maisons landaises ou autres sujets. Un petit coup d'œil dans son atelier pour observer ses prouesses.

Produits du terroir

BOULANGERIE PATISSERIE 78, rue de la Poste © 05 58 98 32 08. Accueillante boutique où règne une odeur subtile. La famille Darricau propose une grande variété d'entremets glacés, pièces montées pour les événements heureux dont une église en nougatine, et aussi des pains spéciaux à différents levains, pain à la farine de meule, à l'ancienne, comme on les aime ! Spécialité de fougasse au magret, aux lardons, petits salés maison, chauds ou froids…

DOMAINE DU TASTET © 05 58 98 28 27. Dans sa maison typique chalossaise, Jean-Claude Romain accueille les amateurs de bons vins. La cave et le chai de dégustation regorgent de vins de pays des coteaux de Chalosse : blanc doux de gros maseng, blanc sec aribola-baroque, rosé de cabernet, rouge de tannat-cabernet…

FERME LASSALLE Gaas © 05 58 98 28 25. *E-mail : jean-michel.preuilh@wanadoo.fr. Ouvert toute l'année et tous les jours. Réseau Bienvenue à la Ferme.* Jean-Michel Preuilh élève des canards en liberté et produit du maïs. Une petite halte dans cette ferme fleurie typique de la Chalosse, le temps d'une petite visite et d'une dégustation bien sûr. Les paniers pourront se remplir de foie gras, confits, rillettes de canards, à moins de noter les coordonnées pour commander par correspondance.

AGENDA

Vendredi de 17h à 20h du 1er juillet au 31 août : marché d'été (produits du terroir).
Pâques : "Maketexpo" et "Arexpo", salon de la maquette, du modèle réduit et des métiers d'art.
3e dimanche de juin : fête de Mimbaste.
Juin : festival des abbayes dans l'église, duo trompette et orgue.
Juillet : fêtes.
14 juillet : fête du lac de Luc. Concours de pétanque, tournoi de foot, repas au lac, tournoi de volley, course cycliste, feu d'artifice et bal.
Fin juillet : Nuit des bandas. 300 chanteurs et musiciens se regroupent et mettent le feu aux arènes. Repas et animations musicales. Fête de Labatut.
Début août : fête de Gaas.
Mi-août : estivales de Pouillon. Gala de force basque, pêche, pelote basque, folklore et chansons.

RION DES LANDES

Parc naturel des Landes

Le village de Rion avec ses 2 000 habitants fait partie du pays tarusate. Il pèse dans l'économie du département grâce à la présence d'entreprises des secteurs du bois et de la chimie. Les arènes, restaurées en rouge et orange, sont le théâtre où se déroulent de nombreuses novilladas pendant les fêtes du mois d'août. Quelques curiosités : le château Bellegarde, l'église Saint Barthélémy, anciennement fortifiée, reconstruite en 1868, les Crouts Arramère, porche à quatre arcs ogivaux du XIVe siècle… et aussi un lieu de promenade reposant, la fontaine Saint-Jean qui posséderait des vertus bénéfiques.

INFORMATIONS MAIRIE © 05 58 57 10 28

A VOIR

LA FONTAINE SAINT-JEAN. Minérale et ferrugineuse, l'eau de Rion-des-Landes est connue depuis longtemps. Elle soigne les maladies de peau et les maux d'estomac. En 1839, on envisageait même de créer un établissement thermal. Rénové, le site est encore fréquenté, comme en témoignent les pièces de monnaie visibles au fond de la fontaine.

OU MANGER ET DORMIR

Restaurant

CHEZ MAITE Rue Charles-Despiau - RION DES LANDES © 05 58 57 18 05. *Fermé dimanche soir et lundi. Menus de 16,80 € à 38,10 €.* C'est ici, dans son village, que Maïté a ouvert son restaurant. Tout proche de la voie ferrée où elle a tant de souvenirs, elle évolue dans l'entreprise familiale avec aisance. L'ambiance est simple et chaleureuse, tout comme elle. On peut déguster les vrais produits du terroir, le fameux foie gras, le magret, le confit, la garbure. Menu plaisant : potage (la fameuse garbure copieuse), rillettes au foie gras, magret grillé, fromage et dessert.

Hôtel-restaurant

LE RELAIS DES LANDES Rion des Landes © 05 58 57 10 20. *E-mail : relaisdeslandes@wanadoo.fr. Fermé trois semaines fin décembre et début janvier, vendredi soir, samedi et dimanche, sauf réservation. Chambres doubles à 33 €. Petit déjeuner à 4,50 €. Menus de 8 € (le midi) à 15 €. Menu enfant à 7,50 €. Prix moyen à la carte : 20 €.* Une bonne adresse pour goûter la cuisine traditionnelle du sud-ouest : garbure, foie gras, escargots, assiettes du pêcheur, saumon… Une décoration simple et propre, c'est le choix d'Olivier Paya qui reçoit avec la plus grande délicatesse.

Chambres d'hôtes

LECLERCQ 217, route de Badet - RION DES LANDES © 05 58 57 15 99. *Ouvert toute l'année. Chambres doubles à 31 € petit déjeuner compris. Un épi.* Sylvianne et Jean-Michel demeurent dans une maison ancienne au cœur d'un village entouré de pins. A l'étage, trois chambres confortables joliment décorées, permettent aux visiteurs de se reposer dans le plus grand calme. Chacune est équipée d'une salle d'eau et de W.-C. indépendants. Les enfants peuvent jouer dans le jardin et les mamies lire sur la terrasse couverte. Le petit déjeuner est servi en terrasse.

AGENDA

Dimanche matin : marché traditionnel.
Mai : course de Motocross.
15 et 16 juin : Festival du rire (05 58 57 19 66).
2e quinzaine d'août : fêtes.

ROQUEFORT

Parc naturel des Landes

De son origine (Xe siècle), Roquefort, qui fut Castelnau, puis bastide, ville de passage pour Compostelle, conserve quelques vestiges admirables. La tour Pène Cadet construite à l'aplomb du confluent de la Douze et de l'Estampon, le pont vieux, les remparts… De la place des Cagots (hérétiques démunis) aux arènes de bois uniques par leur taille, et où bruissent encore de mémorables clameurs portées par l'harmonie municipale, du presbytère à l'église, de la mairie au foyer municipal dont la façade est caractéristique (1939), une promenade de 10 siècles nous est offerte. Mais Roquefort, trait d'union entre les vignes d'Armagnac et les forêts de la haute Lande, comme toutes les belles, ne laisse apparaître qu'une partie de ses attraits. Vous prendrez le temps de découvrir son âme en empruntant des chemins sablonneux pour débusquer quelque lagune, source et bâtisse superbe. Vous glisserez le long de ses cours d'eau pour découvrir des grottes, des falaises uniques dans les Landes, une faune variée et rare, une flore protégée.

SYNDICAT D'INITIATIVE Place du Soleil-d'Or © 05 58 45 50 46

A VOIR

L'ARMAGNAC SIGNE DARROZE. Les êtres de passion devraient avoir plusieurs vies. Sans doute, l'illustre fils du César des cuisines, Francis Darroze y songe-t-il parfois ? Officiellement, il affirme avoir pris sa retraite en se retirant des fourneaux qu'il a cédés à sa fille - depuis, celle-ci excelle à Paris - et se borne à aider son fiston Marc, œnologue et fin gestionnaire à Roquefort, dans son fameux chai. On a du mal à le croire lorsqu'on le voit caresser une barrique au détour d'une allée, et parler à ses bébés, entendez ses armagnacs, vibrer et jubiler lorsqu'il les déguste. Plus passionné sans doute qu'au premier jour, c'est avec un franc-parler légendaire qu'il évoque passé et présent. Le passé c'est le coup du siècle, c'est l'achat de 320 pièces superbes de la collection Saint-Aubin en 1976, point de départ d'une passion jusqu'au-boutiste, et le présent c'est ce magnifique chai sur 2 étages, fruit d'un savant dosage de talent, d'imagination, d'amour et de travail. Un feu d'artifice d'odeurs, de saveurs à cultiver avec vénération, que l'on retrouve sur les grandes tables de tous les trois étoiles (95% des 3 macarons Michelin) des relais-chateaux et des caves spécialisées. Pour découvrir le chai avec les maîtres Francis et Marc, il suffit de prendre rendez-vous.

L'EGLISE NOTRE DAME DE ROQUEFORT. A l'origine, elle était un prieuré créé au XIIe siècle et jusqu'en 1665, dépendait de l'abbaye de Saint-Sever. La première église datait de l'époque romane. Dans la cour se trouvait un cloître dont il subsiste encore la chapelle Saint-Joseph. La bâtisse qui se trouve après l'église a reçu François Ier en 1530. Le roi s'était marié avec Eléonore d'Autriche, la sœur de Charles Quint, dans les Landes au lieu-dit Beyries, sur la commune du Frèche. Henri de Navarre, le Béarnais, vint dans la cité ainsi que Mazarin qui emprunta la voie royale sur le chemin du traité des Pyrénées. De même, Anne d'Autriche, rentrant du mariage de Louis XIV à Saint-Jean-de-Luz, coucha une nuit chez les Clarisses. Pour en savoir plus sur le riche passé historique de Roquefort, un ouvrage de Georgette Laporte-Castède a été édité.

AUX ENVIRONS

Retjons

En 1906, le vaste territoire de Lugaut est scindé en deux communes réunissant chacune deux villages : Bourriot-Bergonce et Lugaut-Retjons. Des landes les séparent, plus tard plantées de pins qui se consument en 1943 et 1949. En 1953, Retjons reste. En 1963, des fresques du XIIe siècle sont découvertes dans la chapelle de Lugaut, aussitôt classées aux Monuments Historiques.

CHAPELLE DE LUGAUT ✆ 05 58 93 36 42 (mairie). *Ouvert du 1er juillet au 31 août de 15h à 19h. Fermé lundi et mercredi.* Chapelle romane du XIIe siècle avec des fresques du début du XIIIe siècle.

AGENDA

Samedi matin : marché traditionnel de Roquefort.
Dernier week-end d'avril : fête de Retjons.
Mi-août : fêtes.

SABRES

Parc naturel des Landes

Le village de Sabres présente un intérêt certains. On y découvre l'Ecomusée de la Grande Lande, patrimoine naturel riche mais fragile.

POINT INFORMATIONS TOURISTIQUES Gare de Sabres ✆ 05 58 08 31 37

Ouvert du 15 juin au 15 septembre.

INFORMATIONS MAIRIE ✆ 05 58 07 50 18

A VOIR

ECOMUSEE DE MARQUEZE ✆ 05 58 08 31 31. *Ouvert du 28 mars au 1er novembre. Accès par le train en gare de Sabres : de juin à septembre, tous les jours départ toutes les 40 minutes. En mars, avril, mai et octobre, en semaine un départ unique à 15h. Le samedi, un départ toutes les 40 minutes de 14h à 17h20. Tarifs adulte à 7,50 €, enfant à 5,50 € et réduit à 7 €.* Visite libre ou commentée. Le train des résiniers avec sa typique machine à vapeur, classée Monument Historique, et ses voitures du début du siècle amène en 10mn sur l'airial ombragé de chênes constitué de maisons et de dépendances : demeures de maître, des brassiers ou des métayers, bergerie, four à pain et moulin. Les visites changent selon la saison. On y découvre la culture du seigle et du millet, l'élevage des brebis, la préparation du miel et l'exploitation de la forêt. A remarquer que le poulailler perché affecte une disposition particulière aux Landes. C'est une fantastique fresque vivante. Découverte des techniques de gemmage du pin, de l'apiculture, des plantes sauvages ou cultivées…

La locomotive de Marquèze

"Et j'entends siffler le train" ! En juillet et août, le train effectue 10 allers-retours par jour. 4 km parcourus en 10mn à 25 km/h de moyenne : 80 000 touristes chaque année. Le charme de Marquèze commence par cette balade ferroviaire, et Bruno, l'un des trois mécaniciens, ne donnerait sa place pour rien au monde. Classée Monument Historique, la préférée de ces locomotives est la Corpet-Louvet 030T3071 de 1932. Pour ménager la "demoiselle", il n'hésite pas à allumer la chaudière 4 heures avant le départ.

AUX ENVIRONS

Garein

Une forêt sillonnée de sentiers balisés pour les randonneurs : le ravissant chemin des Argelots, de l'église au centre du village, et celui du Piat, vers son marais et la source du Geloux. Des eaux noires et immobiles réfléchissent la molinie jaunie de la berge et la lisière de la forêt.

Luglon

Parmi de petites dépendances en bois, avec basse-cour et four à pain, le village domine l'airial à l'herbe rase, sous ses chênes séculaires.

OU MANGER ET DORMIR

Hôtel-restaurant

L'AUBERGE DES PINS Route de la Piscine - SABRES © 05 58 08 30 00. *Fermé dimanche soir et lundi sauf en juillet et août. Menus de 18 € à 62 €. Chambres doubles de 60 € à 118 €.* Au cœur de la forêt de pins, voici un hôtel digne de ce nom. Une structure rustique aux pimpants balcons de bois, des chambres confortables à souhait. Quelques travaux et l'établissement se transforme en trois étoiles. Depuis plusieurs générations, l'Auberge des Pins est la maison passion de la famille Lesclauze. Michel, enfant du pays, mijote des trésors de saveurs pour le bonheur des palais gourmets. Ses spécialités culinaires sont le panaché de saint-jacques, les langoustines rôties aux cèpes, la soupe au chou blanc et la gourmandise de canard des Landes. Pour le dessert, pourquoi pas une papillote de fruits rouges, une compote de rhubarbe au gingembre confit ou une glace vanille. Une admirable cave de vins de Bordeaux ainsi qu'une collection de bas-armagnacs.

RESTAURANT CHEZ SUZON RN134 - GAREIN © 05 58 51 41 68. *Fermé vendredi soir, samedi, 15 jours en septembre et 15 jours en mars. Menu à 10,50 € le midi et en semaine. Menus de 16,31 € à 25,60 €.* Dans cette charmante auberge de campagne de style landais à colombages, on prend le temps de déguster les bons produits du terroir. Les menus sont copieux et le rapport qualité/prix très abordable. Ne pas rater la spécialité du Chef, la sauce aux cèpes. Accueil très charmant, ce qui ne gâche rien !

Chambres d'hôtes

LES ARBOUSIERS Le Gaille - SABRES ✆ 05 58 07 52 52. *Ouvert toute l'année. Chambres doubles de 38,11 € à 42,68 € petit déjeuner compris. Table d'hôte à 13,72 € le soir. Trois épis.* A 9 km de Sabres, sur la D44. La forêt qui entoure la demeure assure un calme certains. Pas besoin de se boucher les oreilles pour dormir ! Seuls quelques oiseaux signalent leur présence. Côté saveurs culinaires, Monique Labri sert des mets copieux de recettes familiales. Inutile d'essayer d'en connaître les secrets de préparation… à moins que l'on partage le repas avec les propriétaires, en toute amitié…

PAGUETOUT Sabres ✆ 05 58 08 32 10. *E-mail : dancooknfl@hahoo.com. Ouvert toute l'année. Chambres doubles de 53 € à 55 € petit déjeuner compris. Table d'hôte à 15 €. Trois épis.* Pas de panique, Danièle Cook s'occupe de tout ! Dans cette propriété typiquement landaise, elle fait du séjour des vacanciers un moment de détente personnalisée. L'endroit est idéal pour se ressourcer et penser un peu à soi…Quatre chambres spacieuses et lumineuses dans une maison de maître au décor peaufiné. Une piscine se fond dans le parc arboré.

LE MOULIN VIEUX Garein ✆ 05 58 51 61 43. *Chambres doubles de 35 € à 40 € petit déjeuner compris. 14 € le repas. Dortoirs 5 personnes à 18 € par personne et par nuitée. Gîte de France trois épis et gîte Panda.* Dans une demeure de maître des siècles passés, au beau mobilier ancien et dont une fresque originale agrémente les murs, les trois chambres d'hôtes de Liliane Jehl ont le charme d'antan. Elles sont indépendantes, chaleureuses et disposent de salles de bains modernes avec douche et W.-C. privés. A l'étage, quatre adorables petits dortoirs accueillent chacun 5 personnes. Des stages de yoga et des séjours à thème avec initiation à la peinture décorative ou à la sculpture sont proposés. Endroit charmant situé en pleine forêt sur 3 ha, avec un étang et un bras du Geloux pour pêcher, lire ou se balader tranquillement.

LA SERRE Garein ✆ 05 58 51 45 70. *Ouvert toute l'année. Chambres doubles à 40 € petit déjeuner compris. Deux épis.* Au milieu d'un parc fleuri et ombragé, les Lannegrand reçoivent avec la plus grande convivialité. Quatre chambres avec salle d'eau et W.-C. privés permettent un bon repos. Une piscine commune strictement réservée aux hôtes autorise détente et farniente. Côté pratique, les voitures sont garées au parking et on y touche plus !

BOS DE BISE Luglon ✆ 05 58 07 50 90. *Ouvert toute l'année sur réservation. Chambre double à 45,73 € petit déjeuner compris. Trois épis.* Au cœur de la forêt, les voyageurs découvrent une maison du XVIIIe siècle sur un airial landais. De style rustique, la chambre a un accès indépendant, une terrasse privée et est équipée d'une télévision. Un très beau site naturel où cette maison de caractère s'incorpore parfaitement. Michel et Colette Congoste ont la chance de se situer dans le parc naturel régional.

AGENDA

Jeudi matin : marché traditionnel de Sabres.

Festival autour de mon arbre. Pièce de théâtre en plein air.

Début mai : foire de Garein.

1er mai : la Maillade. La tradition des mais avec des mâts fleuris et décorés dont les jeunes qui font 19 ans dans l'année honorent en musique les personnalités ou les amis.

Animation à l'écomusée toute l'année.

Mi-mai : la tonte des moutons. Moment important dans l'année de travail de la société agro-pastorale de la lande. La laine, cardée, filée, est ensuite tricotée.

Mi-juin : la bugade. Grande lessive à la façon traditionnelle. Fabrication du savon, lessivage à la cendre, rinçage au ruisseau et séchage au pré.

Fin juin : les croix de la Saint-Jean. Un rite propitiatoire traditionnel à l'entrée de l'été pour que la terre et le ciel tiennent les promesses de bonnes récoltes.

Fin juin-début juillet : les moissons du seigle, nourriture de base des habitants de la lande. Les moissonneurs fauchent le seigle qui est ensuite battu. A partir du grain, le moulin peut rendre sa farine.

Mi-juillet : le battage du seigle à l'ancienne.

Juillet : fête de Garein.

3e semaine d'août : le chanvre et le lin. Arrachage, rouissage, teillage, peignage, filage et tissage de ces plantes textiles autrefois cultivées en quantité.

Fin août : fête de Sabres.

Début octobre : les céréales d'automne. Le maïs et le millet sont l'objet de tous les soins. Depuis l'égrenage, toutes les étapes de transformation et les différentes utilisations sont contées par les hommes de la terre.

Mi-octobre : la cuisine. Afin de découvrir les odeurs et saveurs, les mets d'autrefois sont remis à l'honneur. Millas et Saupiquet, cruchade et garbure redonnent vie aux cuisines et souillardes de Marquèze.

Mi-octobre : les semailles du seigle et les labours. Une nouvelle année s'engage. Ici le calendrier suit celui des cultures. Le seigle, céréale principale, sera l'objet de tous les soins dans l'attente prometteuse de l'été suivant.

SAINT-JULIEN-EN-BORN

Côte Landes nature

C'est dans cette commune, en 1752, que furent pratiqués par Entomas Darmentieu et les frères Desbiey les premiers semis de pins destinés à fixer la dune littorale de Brocque dont la progression avait contraint le village de Contis à reculer de 4 km. La petite station balnéaire de Contis est la plage de Saint-Julien en Born.

OFFICE DE TOURISME Rue des Ecoles - SAINT-JULIEN-EN-BORN © 05 58 42 89 80

E-mail : infos@contisplage-stjulien-uza.com - Site Internet : www.contisplage-stjulien-uza.com

SYNDICAT D'INITIATIVE Avenue de l'Océan - CONTIS © 05 58 42 88 65

Ouvert du 15 juin au 15 septembre. C'est une annexe de l'Office de Tourisme de Saint-Julien-en-Born. Il élit domicile en été dans une traditionnelle maison des dunes restaurée avec goût et dans des couleurs harmonieuses.

A VOIR

LE PHARE DE CONTIS. *Visite le mardi et jeudi matin de 9h à 11h30. Tarif : 1,52 € et gratuit pour les enfants.* Surprenant ce phare échoué dans les pins. En effet ce n'est pas l'océan qui entoure ce phare érigé en pleine terre à 1 km de la bande côtière sur une dune de 12 m, mais une immense forêt. Le phare blanc autour duquel s'enroule un fin ruban de peinture noire est une colonne lisse, massive et blanche de 38 m de haut. Construit en 1862, à l'initiative de Napoléon III, le phare est désormais télé-contrôlé, piloté par un micro-ordinateur qui commande l'allumage et le disjoncteur et veille aux éventuelles avaries de la lampe. Un merveilleux panorama pour les courageux qui graviront les 183 marches.

OU MANGER ET DORMIR

Restaurants

ALOHA Avenue de l'Océan - SAINT-JULIEN-EN-BORN ✆ 05 58 42 88 05. *Ouvert d'avril à septembre.* Dans un cadre rustique au bord de plage, il est doux de s'installer dans la salle ou en terrasse pour déguster de succulentes grillades cuites à la braise de chêne, de copieuses salades ou des pizzas.

CHEZ JO ET SILOU Saint-Julien en Born ✆ 05 58 42 40 58. *E-mail : jo-silou@caramail.com. Ouvert toute l'année. Chambres doubles de 39 € à 48 €, trois personnes de 53 € à 60 € par nuit et quatre personnes de 73 € à 83 € par nuit, petit déjeuner inclus. Table d'hôtes sur demande.* Dans cette maison pleine de charme et de cachet, Jo et Silou accueillent chaleureusement et font tout pour rendre le séjour agréable. Toutes les chambres sont décorées différemment, leurs noms (Océan, Forêt, Traditions…) mettant déjà dans l'ambiance, et le petit déjeuner buffet fait démarrer la journée de bon pied. Pique-nique possible dans l'agréable jardin… Les enfants se défoulent sur les balançoires. Les animaux sont les bienvenus.

BAR RESTAURANT DE LA COTE D'ARGENT Contis plage ✆ 05 58 42 85 00. *Ouvert d'avril à octobre, les week-ends en basse saison. Menu de 9,50 € à 14 €. Menu enfant à 4,80 €.* Dan, cet Anglais, est venu surfer à Contis il y a quelques années maintenant et, depuis, n'a plus décollé. Le rendez-vous branché de la région où règne une ambiance bon enfant surtout lors des concerts. Dans l'assiette, des produits du terroir à prix léger : magret de canard, côte de bœuf, brochette de lotte, mais également des galettes de blé noir et froment avec une bonne bolée de cidre d'Armorique ainsi que des grillades au barbecue à manger sur une grande terrasse couverte.

LA PIBALE Contis plage ✆ 05 58 42 79 64. *Ouvert de mars à octobre. Menus de 9 € à 18 € et menu enfant à 6,50 €.* La Pibale se distingue par ses animations musicales. Il y règne une formidable ambiance. "Quand la musique donne, donne, donne", ça swingue chez les frères Berque. Les internautes se frayent un passage dans l'espace réservé, et les amateurs de tableaux admirent les peintures exposées, mais tout ce petit monde se retrouve devant une bonne assiette de faëna, la spécialité de la maison : gésiers de canard, salade, sauce crème ou du magret aux morilles ou encore un lomo piperade. Ah !

on sait s'amuser mais aussi se régaler à La Pibale. A observer à droite du bar, une "paddle board", la plus grande planche à ramer, modèle unique crée par les deux hôtes bourrés de bonne humeur.

L'Atlantique en dériveur

Les frères Berque sont des jumeaux inséparables, et leur passion de l'océan les a conduits à réaliser un exploit : la traversée de l'Atlantique sur un dériveur de 4 m baptisé "Micromégas" en hommage à Voltaire. Une traversée de 11 000 km qu'ils racontent dans un livre, "Les Mutins de la mer".

Camping

CENTRE DE VACANCES LOU SEURROTS Contis © 05 58 42 85 82. *Site Internet : www.lous-seurrots.com. Ouvert du 1er avril à fin septembre. Forfait deux personnes de 15 € à 24 € par jour. Qauntre personnes la semaine de 350 € à 620 €, en chalet.* Ce camping proche de l'océan réunit toutes les conditions pour passer d'agréables vacances, car les activités sur place et aux alentours ne manquent pas. Sur place, 4 piscines ainsi qu'un jacuzzi avec vue sur le courant, court de tennis, terrain de volley-ball… L'environnement végétal est très naturel. Hors saison, Lou Seurrots peut accueillir des séminaires.

SE DETENDRE

Culture

LE CINEMA Rue des Avocettes - CONTIS © 05 58 42 40 64. *Ouvert toute l'année. En hiver, séances le week-end à 17h et 21h, en vacances à 16h, 18h et 21h, en été séance supplémentaire à 23h15. Classé art et essai, avec dolby stéréo.*

Ciné fête à Contis

Betty et Rainer sont à la tête de cette entreprise hors du commun. Pour ses créateurs, c'est un espace expérimental destiné à permettre aux artistes de créer dans le plaisir et en présence du public. Ils sont classés art et essais D2, aujourd'hui la plus haute catégorie. Le choix des films est réalisé par l'équipe du festival avec le concours de l'agence du court métrage, à Paris. La compétition est ouverte aux films européens. Tout le public vote et remet un prix. C'est un moment magique où se réunissent 200 invités artistes, acteurs, réalisateurs, auteurs, musiciens plasticiens, décorateurs, techniciens ainsi que les habitants de Contis et des alentours. Le plus grand événement est le tournage et le montage du festival et sa projection de clôture. Les anciens fauteuils du ciné sont installés sur la plage pour que l'on assiste à une performance à l'heure du coucher de soleil. Ne pas rater cet événement du mois de juin, amis cinéphiles (05 58 42 88 07) !

Sports

ATLANTIS LOISIRS Au pont rose - CONTIS © 05 58 42 84 51. *Départ tous les jours de l'été de : 10h à 17h de la base de Contis ou Lit-et-Mixe. Durée des descentes de 1h30 à 3h30.* Un moment de détente en canoë en se laissant glisser au fil de l'eau, c'est agréable. Le long du parcours, on aperçoit hérons cendrés, martins-pêcheurs, canards, milans, buses variables, cistudes d'Europe (petites tortues) et ragondins. Réserver et venir 30 minutes plus tôt pour la préparation et l'enregistrement.

BROOKS BIKES Avenue de l'Océan - CONTIS © 05 58 42 74 72. *Ouvert tous les jours en saison de 9h à 21h.* Partir à l'aventure en enfourchant vélos monovitesse, vélos adultes, V.T.T., V.T.C., vélos enfants ou tandem. Plusieurs pistes cyclables sont proposées : destination Mimizan-Plage, cap de l'Homy, Saint-Girons plage, Lit-et-Mixe, sous les pins en toute liberté. Brooks Bikes propose des prix intéressants et du matériel performant. A noter que les vélos peuvent être loués la veille au soir pour le lendemain (uniquement locations pour la journée et au-delà).

CLUB DE PLAGE Contis © 05 58 42 82 14. *Ouvert en saison de 10h à 12h30 et de 15h à 18h, du lundi au samedi. Tarifs demi-journée à 9,14 € et pour la journée à 12,19 €.* Ce club des p'tits loups est réservé aux enfants de 4 à 12 ans. Les parents sont informés tous les dimanches à 11h des activités prévues : jeux avec lots à gagner, trampolines, piscine…

ECOLE DE NATATION Contis plage © 05 58 42 82 14. *Prix forfait 10 séances à 91,46 € et 20 séances à 152,44 €.* Apprendre à nager c'est vital. A partir de 5 ans, sous l'œil attentif d'un maître nageur agréé D.D.J.S., les petits dauphins font leurs premières brasses dans les meilleures conditions. Tous les enfants en cours de natation, de surf ou de bodyboard profitent des installations du club avant ou après la séance.

ECOLE DE SURF ET BODYBOARD Contis plage © 05 58 42 82 14. *Jardin des vagues pour 5 à 7 ans avec séance d'1h à 12,19 €. Pour les p'tits loups de 8 à 13 ans, la séance d'1h30 est à 15,24 € et pour les plus de 14 ans la séance est à 30,48 €.* Bien entourés par un moniteur compétent, de l'initiation au perfectionnement, les enfants sont accueillis par petits groupes, de niveau et d'âge identiques, avec du matériel adapté (compris dans les prix ci-dessus).

FERME EQUESTRE Contis © 05 58 42 46 06. *Ouvert toute l'année. L'heure de promenade randonnée est à 12,95 €.* A 4 km de la plage de Contis, 15 chevaux et 5 poneys attendent les cavaliers chevronnés ou non. Les promenades et randonnées ont comme cadre la forêt, la plage, le courant et le marais de Contis. Que demander de plus pour galoper librement ou avec un accompagnateur qualifié ! Que de belles chevauchées en perspective. Philippe Servais accueille chevaux et poneys en pension et loue également des poneys.

EMPLETTES

Art et artisanat

LA POTERIE DU TERNET Saint-Julien-en-Born © 05 58 42 73 62. *E-mail : sylvie.caule@worldonline.fr - Site Internet : www.multimania.com/poterieduternet. Ouvert tous les jours de 10h à 19h sauf dimanche. Fermé en janvier et février.* Deux énormes tortues en grès émaillé se prélassent devant la porte où depuis 17 ans Sylvie Caule travaille la terre d'Aquitaine. Ce grès émaillé est cuit deux fois à 1 260°C pour stabiliser le tesson à haute température. A côté des pièces utilitaires, il y en a de très originales inspirées de la flore maritime. Pièces uniques, travail sur commande et démonstration de fabrication.

AGENDA

Mercredi et dimanche matin du 1er juillet au 31 août : marché d'été à Contis.
Mi-juin : festival Ciné-Fêtes à Contis. Compétition officielle de courts métrages avec vote du public, (voir plus haut).
Mi-août : fête de Saint-Julien-en-Born.

SAINT-JUSTIN

Parc naturel des Landes

Cet village fleuri est situé à 4 km de Labastide-d'Armagnac, à 10 km du Gers et 25 km de Mont-de-Marsan. Erigé en bastide depuis 1280, il a conservé tout son cachet médiéval. Sa place centrale à arcades et maisons à colombages, tour des hospitaliers, manoir romantique du XIXe siècle, mérite un grand détour. Saint-Justin fut le terrain de chasse aux loups privilégié d'Henry IV et de son compagnon d'armes le capitaine de Malartic qui inspira Théophile Gautier dans son personnage romancé du capitaine Fracasse. Aveu plus polisson, la cousine de Louis XIV, réveillée en pleine nuit par un tremblement de terre, s'est retrouvée sur la place centrale du village "toute nue en chemise".

OFFICE DE TOURISME © **05 58 44 86 06**

E-mail : saintjustin@aol.com. L'Office de Tourisme propose des visites guidées. Voir la rubrique séjours à la carte.

A VOIR

LE CHATEAU DE FONDAT. *Ouverture libre du parc du 1er juin au 30 octobre, les samedis et dimanches de 14h à 18h. Visite du rez-de-chaussée de ce château sur demande. Voir l'Office de Tourisme.* Sur la route de Gabarret, le château de Fondat, siège de l'ordre de Malte pour la Gascogne et inscrit aux Monuments Historiques, est admirable. Cendrillon ou Blanche-Neige en pâliraient de jalousie. Reconstruit au XVIIe siècle, restauré dans un style néo-renaissance grâce au miroir d'eau, son reflet est de toute beauté. Dépendances et arbres sibériens du XVIIe siècle, colombier du XVIIIe siècle et labyrinthe de buis, font de ce palais une visite incontournable.

LES 4 EGLISES. L'église du bourg de Saint-Justin remonte au XIIIe siècle. Elle était alors un élément primordial du système défensif de la bastide. Celle de Saint-Martin-de-Noët, au nord-ouest, est dotée d'un robuste clocher tour fortifié et fut en partie détruite au moment des guerres de Religion, comme celle de Douzevielle, au sud, du XIIe siècle et célèbre pour son abside avec la nef gothique et deux chapiteaux soutenant l'arc triomphal de la chapelle romane. L'église d'Argelouse est du XIe siècle et dresse sa flèche au-dessus du clocher du XVe siècle. Le chœur roman à chevet plat est la partie la plus ancienne, la nef ogivale ayant été édifiée au XIVe siècle.

MANOIR DE LAROQUE. *Visites pour les groupes uniquement dans le cadre de journées organisées par l'Office de Tourisme.* Cette tour des templiers datant de 1152 est un véritable lieu de légendes. De curieux personnages s'y sont illustrés : d'obscurs seigneurs béarnais, le gentilhomme brigand Compère Guillery et Jéhan de Malartic, dit Capitaine Fracasse.

AUX ENVIRONS

Lacquy

Un village aux belles demeures à colombages et auvents. La randonnée vers Le Frêche permet d'admirer le château de Lacquy, réputé pour sa production d'eau de vie d'armagnac.

CHATEAU DE LACQUY. Le domaine comprend 100 ha de terres labourables entièrement arrosées, 20 ha de vignes et 270 ha de pins, de bois et d'étangs. Lacquy est depuis 1711 la propriété de la même famille, et ses archives montrent qu'au XVIIIe siècle déjà on y produisait de l'armagnac. Le château fut remanié en 1902, le chai et l'habitation attenante datant du XIXe siècle. L'armagnac du comte de Boisséson se veut authentique et naturel. La distillation (à 52°) est menée dans les chais du château ainsi que la mise en bouteille. Cet or noir est présent sur les plus grandes tables de France et à l'étranger. Depuis 1992, le domaine produit également avec succès un vin de pays du terroir landais : le sables-fauves. Un magasin de vente est ouvert en permanence au chai le samedi et dimanche compris.

Pouydesseaux

LE CENTRE JEAN ROSTAND © **05 58 93 92 43.** *Ouvert de Pâques à fin octobre de 9h à 12h et de 14h à 18h. Fermé samedi et dimanche matin sauf en juillet et août. Entrée adulte à 3 € et gratuite pour les moins de 12 ans.* En 1962, Jean Rostand a choisi les Landes et en particulier les étangs de Pouydesseaux pour poursuivre en milieu naturel, ses recherches sur les mutations et malformations des batraciens, et y créer un laboratoire. Un sentier aménagé parmi les étangs permet aux visiteurs de découvrir la flore et un grand nombre de batraciens. Initiation à la biologie et à l'aqualogie. Le centre propose diaporama, films, et livres sur toute l'œuvre scientifique et littéraire de Jean Rostand.

MAISON DE LA CHASSE © **05 58 93 92 33.** *Tous les jours du 1er juillet au 31 août de 10h à 13h et de 14h à 18h. Le reste du temps sur rendez-vous. Entrée à 2,28 € et gratuite pour les moins de 12 ans.* Riches de traditions, les chasses landaises marquent très profondément les hommes de chez nous. La fédération des chasseurs a voulu les montrer dans leurs formes, leurs pratiques, faire œuvre éducative en recherchant des documents, des dires, des objets, des mécaniques authentiques, et aussi utiliser très largement le son et l'image afin d'expliquer nos chasses dans un monde qui n'en comprend plus instinctivement les raisons. Diaporama sur la chasse aux filets, une maquette biotope unique en Aquitaine, de nombreux animaux naturalisés, une vraie palombière.

OU MANGER ET DORMIR

RESTAURANT DE L'HOTEL DE FRANCE Place des Tilleuls - SAINT-JUSTIN © **05 58 44 83 61.** *Hôtel-restaurant fermé dimanche soir et lundi et du 15 octobre au 15 novembre. Chambres doubles de 38 € à 46 €. Menus de 19 € à 40 €. Petit déjeuner à 6 €.* Sur la jolie place des tilleuls, une parenthèse gastronomique connue et reconnue. Sous les arcades, une terrasse s'étale aux beaux jours. De la très grande cuisine se décline autour des produits du terroir. Des spécialités comme la daube de cèpes façon du pays, du foie gras, foie d'escalope, pigeonneaux, magrets… et en dessert la croustade ou millasson (à base de farine de maïs)…

Chambres d'hôtes

BETJEAN Saint-Justin © **05 58 44 88 42.** *Ouvert de février à novembre. Chambres doubles de 40 € à 43 € petit déjeuner compris. Trois épis.* Au milieu de la forêt landaise, Marie-Claire Villenave habite une jolie maison de plusieurs siècles restaurée et décorée avec goût. Point de jonction de sentiers pédestres, équestres et chemins de Saint-Jacques de Compostelle, c'est un lieu stratégique. Deux chambres doubles avec douche et salle de bains et une chambre pour enfant avec W.-C. privés attendent les visiteurs du moment. Un accueil toujours chaleureux leur est réservé.

Camping

CAMPING LE PIN Route de Roquefort - SAINT-JUSTIN © 05 58 44 88 91. *E-mail : campinglepin@wanadoo.fr. Ouvert du 1er avril au 31 octobre. Forfait journalier de 13 € à 20 €. Location bungalow une semaine de 165 € à 550 €. Trois étoiles.* Une ferme typiquement landaise au cœur de la nature, et le caractère du terroir landais tenu par un couple de Hollandais ! Fatigué de transporter la tente ou caravane ? Pourquoi ne pas louer un chalet tout confort. Autre surprise dans ce camping, entre la grange rustique et la vieille ferme, se niche sous les bananiers une piscine exotique. Comme dans leur charmant pays, Marja et Hendrik ont tout prévu pour les enfants : une équipe d'animation s'occupe d'eux, ils s'amusent comme des fous et les parents, un peu tranquilles, ne regrettent pas leur séjour. Des spécialités du coin où les délicieux repas flamands sont servis.

EMPLETTES

Produits du terroir

LE CHAI DE LAMOULETTE Saint-Justin. *Ouvert toute l'année.* Les Dupuys Peris sont amoureux des vieux millésimes, quelle chance ! Ils entretiennent une petite production d'armagnac dans la pure tradition. Distillés et élevés à la propriété, mis en vente au degré réel, il fait bon les déguster après la visite.

LE CHAI DE SOUBE Saint-Justin © 05 58 44 83 88. *Ouvert toute l'année.* Proche du bourg de Saint-Justin, l'espace muséographique sur la vie du paysan landais est une heureuse initiative de Claude et Philippe Escoubet, propriétaires récoltants d'armagnac. Une visite enrichissante d'un chai de vieillissement traditionnel vieilli en fûts de chênes et mis en bouteilles au degré naturel. Dans une ancienne bergerie aménagée, à découvrir des centaines d'outils et de photographies d'autrefois. Dégustation de vieux armagnacs millésimés, armagnac culinaire, miels et pruneaux…

Fonctionnement de l'alambic

Il est alimenté en continu par le vin qui descend par gravité de la cuve placée dans la loggia et arrive en bas du réfrigérant. Ce vin emplit ensuite le chauffe-vin puis se déverse dans la colonne, traverse l'hélice, descend de plateau en plateau par le système de trop plein jusque dans la 2e chaudière, le liquide dépourvu d'alcool par la distillation est évacué dans la première chaudière qui est en contact direct avec le foyer. La vapeur d'eau s'élève vers le chapiteau et crée une surpression en redescendant dans la 2e chaudière. Les vapeurs remontent à travers les barboteurs et l'hélice tout en se chargeant d'alcool. Elles s'acheminent vers le col de cygne et le serpentin où elles se condensent et se refroidissent dans le bassin de réception avant de remplir le fût neuf de chêne.

FERME JEAMNET Saint-Justin © 05 58 44 80 78. Marie-Rose et Robert Mirambeau accueillent très chaleureusement dans leur ferme de style landais sur un grand airial. Leur élevage et gavage de canards permettent de savourer et acheter du foie gras entier, confits, magrets fourrés, cous farcis, rillettes et pâtés. Des produits du terroir font toujours plaisir…

Saint-Justin © Jean-Paul LABOURDETTE

FERME DE DECOUVERTE DE PINCHAOU Quartier d'Arouille - SAINT-JUSTIN ✆ 05 58 44 68 96. Les Dubrana reçoivent à l'année. Ils exposent leur élevage de lapins nains, lamas et autruches. Une excellente découverte pour un jeune public. Des animations pour les scolaires sont organisés sur demande et pour ceux qui n'auraient plus la force de reprendre la route, il est possible de se restaurer et de dormir sur place. Des conférences sur l'art sacré et les peintures d'icônes sont également organisées pour les groupes de dix personnes maximum.

AGENDA

1er mai : foires de Saint-Justin (plusieurs milliers de visiteurs) avec foire aux bestiaux, démonstrations de dressage de chiens, ventes de produits fermiers, stands de tourisme…

Juin : concours des peintres dans la rue avec vide atelier et vide grenier.

3e dimanche de juin : fête de Pouydesseaux.

Dernier samedi de juin : concours de quilles landaises nocturne sur la place de la Bastide. Initiation pour les curieux.

Début juillet : championnat de France des carillonneurs. Les derniers carillonneurs de France se retrouvent dans cette jolie bastide pour dévoiler leur talent devant un jury connaisseur et un public enchanté (05 58 44 86 06).

2e week-end de juillet : fête de Saint-Justin.

Juillet et août : l'été des arts. Cheminement culturel entre les bastides de Labastide d'Armagnac et de Saint-Justin. Expositions de sculptures et peintures. Conteurs en début et fin d'été. Concerts de jazz en août. Renseignements à l'Office de Tourisme.

Un dimanche sur deux en juillet et août : marché de pays de Saint-Justin.

Vers le 20 septembre : transhumance à l'occasion du passage d'un berger des Pyrénées (des Hautes-Pyrénées à la Gironde) accompagné de ses 200 moutons réunis sur la place centrale du village. Lors de cette journée, de nombreuses animations sont prévues : démonstration de dressage des chiens par le berger, les échassiers se donnent en spectacle, et pour les gourmands que nous sommes tous, un marché aux produits fermiers.

Dernier week-end de novembre : salon "Belle Brocante et collections". Antiquités réservées aux professionnels. Entrée libre.

SAINT-LON-LES-MINES

Sud Adour

En 1903, la mine de lignite (charbon primitif) extrait 2 300 tonnes de lignite et emploie 60 ouvriers. Aujourd'hui le site est à l'abandon, mais Saint-Lon-les-Mines est un havre de paix au pied des Pyrénées et à proximité de la mer et du Pays-Basque. Dans un espace rural encore authentique, aux cours d'eaux poissonneux, la renommée de produits gastronomiques terminent les journées par de bons repas.

INFORMATIONS MAIRIE © 05 58 57 80 53

A VOIR

CHATEAU DE MONBET © 05 58 57 80 68. *Ouvert dimanche et lundi du 1er avril au 30 septembre de 15h à 17h.* Site inscrit à l'inventaire des monuments naturels et des sites de caractère historique, ce château des XVIIe et XVIIIe siècles se trouve au bout d'une allée de chênes séculaires. Ancienne caverie du XVIIe siècle où l'on découvre les dépendances d'époque, un puits restauré et d'intéressantes curiosités architecturales. Quatre chambres d'hôtes sont à louer dans ce cadre de verdure. Réceptions et banquets sont possibles dans un bâtiment restauré.

OU MANGER ET DORMIR

LE FRONTON Le bourg © 05 58 57 80 45. *Chambres doubles de 25,15 € à 31,25 €. Menus de 10 € (du jour) à 24 €. Tarif moyen à la carte : 23 €.* A quelques kilomètres de la cité thermale, l'hôtel-restaurant de Cyriaque Gaboreau attire sans conteste les gourmets. D'autant plus que le Chef a fait ses classes dans des restaurants étoilés au guide Michelin et en a relevé quelques surprises raffinées : le rôti de merlu à la ventrêche et son gratin de chou-fleur, le bar farci aux langoustines. Côté viande le salmis de canard fermier, la fricassée d'agneau au ris de veau… La cuisine est faite à base de produits régionaux et revue dans une optique gastronomique. La salle de banquet a été aménagée pour accueillir des mariages, banquets. Menus adaptés au budget.

EMPLETTES

Produits du terroir

FERME TARRIDE © 05 58 57 72 41. *Visite gratuite et guidée. Ouvert en été du 1er juin au 31 octobre, tous les jours à 15h, sauf dimanche, en hiver du 1er novembre au 31 mai le mercredi, vendredi et samedi.* Dans un cadre tranquille et accueillant, Daniel fait découvrir les autruches et les différents stades de développement des animaux, de l'œuf à l'adulte. De majestueuses parades nuptiales se déroulent devant les yeux des visiteurs et alors que les autruchons se dressent à peine. Après cette visite enrichissante, la boutique propose de la viande d'autruche, du pâté, du saucisson, des objets décoratifs (œufs écorés, plumes et composition de bouquets) et cuirs. Comment déguster un steak d'autruche ? Bien l'assaisonner, car la viande est un peu fade mais fondante, puis le faire cuire 4 minutes de chaque côté. Quel délice !

FERME JONDES © 05 58 57 67 20. Un panneau bleu "Eliane et Christian Lick" signale cette ferme fleurie de style landais. Là, les maîtres des lieux montrent leur savoir-faire en la matière : gavage traditionnel des canards, la conserverie où les bons produits fermiers sont représentés comme le foie gras de canard entier, les confits, les gésiers, les rillettes…

FERME MAIS DECORATIF Route de Dax © 05 58 89 14 89. Valérie et Thierry Piet proposent une visite des plus inédite. Ils vous accueillent sur le verger de kiwis (visite groupes) mais aussi présentent leurs épis de maïs décoratifs venus tout droit d'Amazonie, aux grains naturellement colorés (rouges, bleus, noirs, violets…). Une idée de cadeaux sortant de l'ordinaire.

AGENDA

Mi-août : fêtes.

SAINT-PAUL-LES-DAX

Pays du thermalisme

Comme son nom l'indique, Saint-Paul jouxte sa petite sœur Dax. Carrefour de ces 4 chemins cardinaux qui se croisent en son centre, cette ville d'un peu plus de 10 000 Saint-Paulois est située à 30 minutes de l'océan, 40 minutes des Pyrénées et non loin de l'immense forêt de pins. L'année 1854, qui voit l'avènement du chemin de fer par la mise en service de la ligne Lamothe-Dax, est un drame pour la commune. La création de la gare en territoire Saint-Paulois entraîne ainsi le transfert vers la ville de Dax de tout le quartier du Sablar. De polémique en polémique, c'est Napoléon III qui ampute définitivement la commune de son quartier le plus actif commercialement. Le début du XIXe siècle consacre le déclin de la métallurgie. Depuis 1939, la commune a plus que doublé. Elle se tourne désormais vers le thermalisme (avec deux établissements qui sont les plus modernes et performants d'Europe, sur les rives du lac de Christus) et le tourisme.

Le groupe gascogne

Ce groupe est aujourd'hui un des leaders européens de la filière bois-papier-emballage. Présent au travers de ses produits sur les cinq continents et plus de soixante pays, le groupe a réalisé en 2000 un chiffre d'affaires de 539 millions d'euros, pour un bénéfice net de 16,3 millions d'euros. Avec 2 618 salariés repartis dans quatre branches : bois, papier, emballage souple et distribution d'emballage, le groupe Gascogne a développé des activités à partir d'implantations régionales, au cœur du massif forestier landais. La filière industrielle du groupe se focalise de façon croissante sur des produits à forte valeur ajoutée. Le groupe est aujourd'hui parfaitement positionné pour renforcer son développement au sein d'une filière européenne en pleine mutation.

OFFICE DE TOURISME Parc de la Mairie ✆ 05 58 91 60 01

E-mail : ot-stpauldx@wanadoo.fr - Site Internet : www.ot-saintpaullesdax.fr.

Le marché de Saint-Paul-Lès-Dax

Convivial et pratique, il a lieu une fois par semaine, tous les jeudis matins de 8 h à 12h depuis 1978. Une cinquantaine de commerçants s'installent de très bonne heure : volailles, fruits et légumes de producteurs, fleurs, poissons, jambons et fromages, produits du terroir, articles de lingerie, de bazar… on trouve vraiment de tout au marché de Saint-Paul. C'est un lieu de rencontre entre résidents, touristes et curistes. Tout le monde y vient et on y cause autant qu'on y achète… Il a conservé le ton bon enfant, les odeurs, les couleurs des marchés d'antan et une vraie dimension sociale. Souvent synonyme d'animation, de contacts chaleureux et de qualité des produits, cet autre lieu pour faire ses courses foisonne de spécialités savoureuses. En centre-ville, il rend bien service à ceux qui ne peuvent ou n'ont pas envie de se déplacer loin de chez eux. Il séduit aussi les chalands qui achètent au jour le jour, ou qui veulent des produits toujours frais.

A VOIR

L'EGLISE. A l'extérieur, la partie basse comporte au-dessus d'un stylobate, une remarquable arcature aveugle avec colonnettes sur pieds coiffées de chapiteaux historiés et tailloirs ouvragés. Au-dessus, trois ouvertures en plein cintre entre colonnettes et chapiteaux ornés. Chaque fenêtre est surmontée d'une archivolte décorée. Au pied des ouvertures et entre elles, onze plaques de marbre blanc finement sculptées composant ces fameux bas-reliefs sont d'un intérêt extrême. D'ailleurs, toutes les scènes présentées méritent d'être étudiées. Côté chœur, une arcature plus simple, formée d'arcades toriques sur stylobate. Restaurée au siècle dernier, elle est surtout connue pour les magnifiques bas-reliefs de l'abside et son chevet du XIIe siècle, véritable joyau de l'art roman.

LES FORGES D'ABESSE. Le domaine d'Abesse s'étend sur 230 ha. Les plus anciennes traces connues aujourd'hui remontent au néolithique. Au XVIIe siècle, les forges sont exploitées par Barthélemy Dartiguelongue qui s'est marié avec Catherine de Fabars, fille du seigneur d'Abesse. Le minerai de fer se trouve sur place avec la garluche, et le ruisseau de la Herrère est canalisé pour alimenter la forge en eau. La forge fonctionne pendant plus de trois siècles et s'arrête au début du XXe siècle, comme beaucoup de forges landaises. Les forges ont donné du travail à la population saint-pauloise. L'histoire d'Abesse est retracée par Laurence Puyoo et Inaki Zubillaga dans les bulletins de la Société de Borda.

LE MOULIN DE POUSTAGNAC. L'ancien moulin à grain de Poustagnac au bord d'un petit étang et la minoterie voisine font partie des vestiges du passé historique de la commune. Renseignements à l'Office de Tourisme.

LA PELOUSE MAISON PIERRE BENOIT 650, avenue Pierre-Benoit © 05 58 91 09 63. *Visites guidées du mardi au samedi, de 14h à 17h, le samedi sur rendez-vous. Entrée à 5,33 €, étudiants à 3,81 €, groupe de plus 10 personnes à 3,81 € et gratuite pour les moins de 14 ans.* L'entrée de la maison de l'écrivain (Albi 1886 - Ciboure 1962) se trouve dans la rue des Bruyères. Ce musée d'une richesse exceptionnelle n'a rien d'un reliquaire. La maison de Pierre Benoît vit. Ce Landais de cœur avait un commerce à Dax, et c'est un peu à l'extérieur de la cité qu'il se fait construire sa maison. Celle-ci ne compte pas plus de quatre pièces, sur un seul niveau, mais c'est surtout le jardin agrémenté de deux allées de platanes qui fera sa renommée. L'académicien (élu en 1931) y accumule ses souvenirs d'enfance et écrit quelques romans. En visitant son univers, c'est dans toute une époque passée que l'on se plonge en observant documents épistolaires et témoignages ou publications de l'entre-deux-guerres. Une exposition présente la situation du personnage dans le paysage landais.

LE THERMALISME. Le groupe Thermadour, à Saint-Paul-lès-Dax, offre plusieurs types d'accueil : Calicéo, l'hôtel du lac et les thermes de Christus, la résidence et les thermes des Chênes, le camping de Christus.

HOTEL DU LAC Allée de Christus © 05 58 90 60 00. *Ouvert de début mars à fin novembre. Chambres doubles de 55 € à 60 €. Petit déjeuner à 7 €. Menus de 14,50 € à 22,90 €.* Face au lac de Christus, emplacement de rêve pour cet hôtel deux étoiles grandiose et ses thermes intégrés. Cent-soixante-dix chambres très confortables, avec ou sans balcon, sont équipées d'une salle de bains et W.-C. privés, T.-V., radio, et téléphone avec ligne directe. Des studios surplombent le lac, avec kitchenette entièrement équipée pour une indépendance complète. Mais, de temps en temps, mettre les pieds sous la table est possible avec les deux restaurants. Les Thermes de Christus sont agréés en rhumatologie et phlébologie.

RESTAURANT DES BOIS. Réservé aux curistes, il propose une cuisine simple, conviviale et équilibrée. Un service diététique est assuré sans supplément, selon prescription médicale.

RESTAURANT ARC-EN-CIEL. Belle salle entièrement vitrée pour le restaurant gastronomique, aux allures plus classiques, nappage rose saumon et confortables chaises de tapisserie Louis XIII. Dans un décor de verdure, la terrasse extérieure en été est bien agréable. Sur la carte, des plats de roi : foie gras, une pléiade de poissons et produits du terroir.

CALICEO BEST WESTERN Lac de Christus ✆ 05 58 90 66 00. *E.mail : tadour@aol.com - Site Internet : www.caliceo.com. Ouvert toute l'année. Chambres doubles de 75 € à 85 €. Petit déjeuner buffet à 8 €.* Calicéo est un centre de remise en forme aquatique, thermal et hôtelier trois étoiles. Matériel ultramoderne et nouveau pour tous les soins de rhumatologie et de phlébologie. Surplombant le lac de Christus et les jardins autour de la piscine, l'hôtel propose cinquante chambres parfaitement équipées et de très grand confort. Un restaurant est situé au rez-de-chaussée avec un menu traditionnel et un menu diététique.

THERMES DE CHRISTUS ✆ 05 58 90 60 00. *Ouvert de février à fin novembre.* Ce sont les premiers thermes implantés à Saint-Paul. Grandes piscines de rhumatologie et de phlébologie. Intégrés à l'hôtel, ils ont été entièrement rénovés en 2000. Nouveau décor pour plus de confort, des équipements neufs, modernes et correspondant parfaitement à ce nouveau millénaire. L'équipe thermale est très compétente et attentionnée.

OU DORMIR ET MANGER

Restaurants

LA CHAUMIERE Route de Bayonne - SAINT-PAUL-LES-DAX ✆ 05 58 91 79 81. *Fermé le lundi soir et mardi. Menu de 15 € à 30 €. Plat du jour à 8 €. Prix moyen à la carte : 30 €.* Dès l'entrée, un bien-être envahit le gourmet averti. De cet ancien relais de poste de 1868, Jean Labrit a fait une auberge authentique. Il est bien sûr passionné de cuisine, mais aussi de tauromachie. Sa Chaumière est le fief des aficionados et toreros. La salle El Yiyo leur est d'ailleurs réservée. On imagine aisément l'ambiance lors de la feria de Dax. La carte est riche en spécialités du terroir et de l'océan accompagnées des meilleurs crus du pays de tendance basque espagnol : "txangurro" (tourteau basquaise), cou de canard au foie gras, pibales, chipirons farcis, piquillos à la morue, agneau aux cèpes, gibiers en saison, tourtière de foie gras poêlé aux pommes miellées (création du maître Labrit), jambon des Aldudes…

LE MOULIN DE POUSTAGNAC Saint-Paul-Les-Dax ✆ 05 58 91 31 03. *Menus de 25 € à 58 €. Tarif moyen à la carte : 50 €.* Dans son cadre verdoyant, sur la terrasse fleurie au bord de l'étang, Le Moulin de Poustagnac offre des moments de gastronomie intenses. Le maître des lieux, Thierry Berthelier, fait partie de l'association des cuisiniers landais où figurent les plus grands chefs landais, un label de garantie pour le client et une référence pour le restaurateur avec les meilleurs produits régionaux. Un moment de douce euphorie culinaire pour les gourmets avertis et les papilles les plus délicates.

NECHE - LA GRILLADE Rue du Plumet - Lac de Christus - SAINT-PAUL-LES-DAX ✆ 05 58 91 79 91. *Fermé le dimanche. Menus à 14,50 €, 20,60 € et 29 €.* La terrasse de ce grand restaurant est un endroit exceptionnel, avec sa vue paisible sur le lac de Christus. On y déguste des spécialités de grillades aux tanocks (grillées à la rafle de maïs), et on assiste en direct à la cuisson de son plat sur la grande cheminée de la salle de restaurant. A goûter, le foie frais grillé, les poissons…

LA POMME DE PIN Place du Marché - SAINT-PAUL-LES-DAX ✆ 05 58 91 33 44. *Fermé mardi soir et mercredi. Menus de 10,80 € (du jour) à 23,80 €.* Maryse et Gilbert Nougué ont repris la Pomme de Pin depuis février 2002. A 200 m de l'église sur la place du Marché le décor intérieur rappelle la campagne. Bois, cuivre, nappes rouges et blanches, coin de verdure… Les spécialités permettent de découvrir les produits du terroir. On y mange des magrets, du foie gras, des civets de chevreuil, et aussi des spécialités basques, soupe de poissons…

LE PIGNON GRILLE 1334, avenue du Maréchal-Foch - SAINT-PAUL-LES-DAX ✆ 05 58 91 54 00. *Fermé dimanche soir et lundi sauf fêtes. Menus à 14,50 € et 21 €. Formule express à 11 €.* Sur la route de Castets, en direction de Bordeaux, ce restaurant, grand par sa forme et ses atouts, ne désemplit pas. A l'entrée sont exposés les produits du terroir qui varient avec la saison. La plus grande des salles est agrémentée de piments d'Espelette. Excellente initiative que ce surprenant coin grill "à la plancha", entièrement vitré et recouvert d'un joli toit en tuiles pour éloigner les odeurs, ainsi que le vivier où s'ébattent maladroitement les homards. A déguster, une cuisine basquo-landaise : assiettes de fruits de mer, parrilladas, calamars, côte à l'os…

LE RESTAUMARCHE Route de Bayonne - SAINT-PAUL-LES-DAX ✆ 05 58 91 90 90. *Ouvert midi et soir tous les jours. Menus de 9 € à 14 €. Forfait curiste le midi à 6,50 €.* Dans une grande salle de 50 couverts, se côtoient aussi bien des curistes de passage que des dacquois et des touristes. Une ambiance très conviviale où chacun apprécie le grand buffet d'entrées à volonté, mais aussi le service à table. Idéal pour les affamés de crudités et de charcuteries ! Des saveurs de la région et uniquement des produits frais. La décoration classique n'enlève rien à l'atmosphère chaleureuse. Ce restaurant à thème organise aussi des animations mensuelles.

LE TROPIC GARDEN Route de Bayonne - SAINT-PAUL-LES-DAX ✆ 05 58 91 06 34. *Ouvert d'avril à fin septembre. Menu du jour à 8 €. Formule table d'hôte à 10 €. Menu enfant à 7 €. Visite de la jungle tous les jours à partir de 10h sauf le lundi.* Un lieu original où l'on découvre un monde surprenant. Plus de 200 espèces tropicales, une bananeraie, des cactus, des plantes carnivores, des minéraux, fossiles et coquillages… Vente de plantes à la jardinerie, possibilité de création de jardins et de locations de plantes. On découvre une cuisine exotique dans cette jungle tropicale : de l'autruche et du kangourou, du poulet au citron, des plats mexicains, mais aussi une cuisine traditionnelle. Spectacles une fois par mois. Il vaut mieux penser à réserver.

Hôtels-restaurants

ADOUROTEL 214, avenue Maréchal-Foch - SAINT-PAUL-LES-DAX © 05 58 91 64 37. *E-mail : adourotel@club-Internet.fr. Ouverture du 22 janvier au 31 décembre. Fermé dimanche soir et lundi hors saison. Deux étoiles et trois cheminées Logis de France. Chambres doubles de 44 € à 48 €. Petit déjeuner à 6,50 €. Soirée étape à 52 €. Menus de 11 € à 30 €.* Depuis plus de 20 ans, l'Adourototel est propriété de la famille Lamathé. Le Chef, Pascal Le Bretton, entretient un restaurant de qualité. Il propose une cuisine traditionnelle élaborée à partie de produits du terroir ou de la mer : assiette de dégustation aux 3 foies gras, salade landaise, confit, palombe, chevreuil, plateau de fruits de mer, pibales à la saison, noix de saint-jacques à la crème d'ail et fricassée d'anguilles. L'établissement accueille des repas d'affaires, des groupes et des fêtes de famille dans une salle de 150 couverts. Dès les beaux jours, la piscine et la terrasse font des heureux.

LE RELAIS DES PLAGES Avenue de l'Océan - SAINT-PAUL-LES-DAX © 05 58 91 78 86. *Fermé le lundi sauf en juillet et août. 3 cheminées Logis de France. Chambres doubles de 39 € à 54 €. Soirée étape à 52 €. Menus de 11 € à 26,50 €.* A la sortie de Saint-Paul, direction Bayonne, l'établissement des époux Lageyre est réputé pour la finesse de sa cuisine depuis 35 ans. A déguster le délicieux saumon fumé maison, le médaillon de saint-jacques aux champignons, le jambon maison, le foie gras frais aux raisins, le magret… et le menu tout canard pour découvrir les saveurs du canard. Servi en terrasse, au bord de la piscine ou à l'intérieur dans l'une des trois salles prévues également pour séminaires ou repas d'affaires. Ambiance bon enfant quand la patronne et ses perroquets poussent la chansonnette au son de l'orgue de barbarie au milieu du mini-manège de bois. Un endroit typique et des plus accueillants.

Chambres d'hôtes

L'AIGUADE Route de la Bretonnière - SAINT-PAUL-LES-DAX © 05 58 91 37 10. *E-mail : laiguade@club-Internet.fr. Ouvert du 1er avril au 31 octobre. Trois chambres une ou deux personnes de 46 € à 53 €. Petit déjeuner compris. Trois épis.* L'Aiguade est une grande et superbe maison, très confortable, nichée au milieu des bois, dans un magnifique parc entouré de forêts, loin, très loin du bruit. Pourtant, Dax n'est qu'à quelques minutes d'ici et l'océan à une petite demi-heure. Gérard et Christiane reçoivent dans trois chambres lumineuses équipées de sanitaires privés. Elles ont chacune un accès indépendant et une terrasse qui donne sur le parc, à même la nature… Calme et confort assurés.

Campings

ABESSES Allée du château - SAINT-PAUL-LES-DAX © 05 58 91 65 34. *Ouvert de mars à fin novembre.* A 4 km des thermes de Christus et du lac, c'est dans un environnement boisé de 4 ha que la détente est assurée. Le bonheur de vivre au vert à l'état pur où chalets et mobil-homes sont à louer. Une navette gratuite relie le camping aux établissements thermaux de Dax et Saint-Paul.

CAMPING LES PINS DU SOLEIL D459 - SAINT-PAUL-LES-DAX © 05 58 91 37 91. *E-mail : Pinsoleil@aol.com. Ouvert de début avril à fin octobre. Location de mobil-homes. Emplacement standard de 8 € à 16 €.* Dans les pins, à quelques mètres des thermes de Dax et de Saint-Paul-les-Dax, le camping Les Pins profite d'un emplacement privilégié au calme et offre de nombreuses animations : piscine, volley-ball, aire de jeux pour enfants, soirées dansantes…

L'ETANG D'ARDY CAMPING Route de Bayonne - SAINT-PAUL-LES-DAX © 05 58 97 57 74. *E-mail : etg_ardy@club-Internet.fr. Ouvert du 1er avril à fin octobre. Emplacement à 4,57 €. Location de mobil-home, chalets ou cottages. trois étoiles.* A 5 minutes de Dax, autour de l'étang, équipé de toutes les commodités, ce camping dispose entre autres d'une piscine gratuite, jeux pour enfants, aires de pique-nique, barbecue le long du paisible étang. Possibilité de commander des plats à emporter.

SE DETENDRE

DEUX LACS. La commune a créé deux lacs : le plus éloigné, le lac de Poustagnacq sur lequel aujourd'hui un restaurant du même nom a investi les abords, et le lac de Christus que l'on aperçoit de la RN124. Superbe site. Le lac artificiel est aménagé avec une plage et une piscine, et il est dominé par le très moderne Hôtel du Lac, le centre de rééducation fonctionnelle, et la nouvelle résidence du groupe Thermes Adour, faisant de Saint-Paul un centre thermal exceptionnel. Pour ce faire, des distractions et des animations ont vu le jour avec la base de loisirs sur le lac de Christus qui propose tous les sports nautiques, V.T.T… mais aussi avec les clubs sportifs : tennis, pétanque, piscine, vélo, bowling, casino, minigolf, centre équestre… ainsi qu'avec une association culturelle s'affirmant dans le théâtre, les chiffres et les lettres, les conférences et le bridge.

LE COMPLEXE AQUATIQUE DE CALICEO Rue du Centre-Aéré © 05 58 90 66 00. Ouvert toute l'année. 2 heures : 9,14 €. Attenant à l'hôtel, ce complexe offre également un immense espace bio-aquatique de remise en forme en eau minérale chaude. Le plus grand espace aquatique de la région. Temple de l'eau, tout en marbre de Carrare et pierre des Pyrénées. Des équipements modernes sont à disposition : deux piscines à l'extérieur. Quel plaisir de se prélasser été comme hiver dans une eau minérale chaude, de 30°C à 34°C, d'évoluer avec grâce dans les cols-de-cygne, geysers, rivière rapide, nage à contre-courant et cascades. A l'intérieur, une vaste piscine, sous une coupole de bois précieux, avec hydrojets, cols-de-cygne, bains bouillonnants et fontaine. Au premier étage deux saunas, deux hammams et un solarium, ainsi qu'une salle de cardio-training. Dans l'une des piscines, des cours gratuits d'aquagym et d'étirements attirent les courageux.

PROMENADE AUGUSTE LARTIGUE. A Poustagnacq, agréable promenade réservée aux piétons et agrémentée de quelques bancs, sur un parcours planté de 137 arbres (chênes, pins, châtaigniers…). Auguste Lartigue, maire de Saint-Paul durant 31 ans, était un grand industriel de la minoterie.

PISCINE MUNICIPALE Lac de Christus © 05 58 91 85 53. *Ouvert lundi, mardi, jeudi, vendredi de 17h à 20h, mercredi de 9h à 12h et 15h30 à 20h, samedi de 10h à 12h et 15h30 à 20h, vacances scolaires du lundi au samedi de 10h à 12h et 15h à 20h.* Cette piscine agréable, au pied du majestueux lac de Christus, est couverte d'un toit ouvrant.

OU SORTIR

LE CASINO CESAR PALACE Lac de Christus © 05 58 91 52 72. *Piano club : entrée 7,62 €. Ouvert à 23h. Machines à sous, tous les jours de 14h à 4h.* Situation exceptionnelle au bord du lac, le casino César Palace a plusieurs atouts. Tout d'abord les machines à sous et à boules, les jeux traditionnels, un bowling, et de l'autre côté de la passerelle, le restaurant La Grande Assiette. Agréable terrasse au bord de l'eau ou grande salle à l'intérieur pour y savourer des parrilladas "a la plancha", cassolette de lotte, anguilles... Toutes ces spécialités dans un décor caraïbe. Juste à côté El Tex Mex : ambiance on s'en doute différente. Le saloon donne sur le lac ! Une cuisine exotique avec tortillas, grillades, tacos...

EMPLETTES

Produits du terroir

LE BONIFIEUR Route de Mont-de-Marsan © 05 58 91 93 82. Les cafés Le Bonifieur voient la quatrième génération Jacquemain poursuivre une belle ascension. Mille deux cents tonnes de café sont torréfiées dans l'entreprise de Saint-Paul-les-Dax.

POISSONNERIE ST-PAULOISE 19, avenue de la Liberté © 05 58 91 59 58. *Fermé le lundi. Ouvert le dimanche matin.* Beaucoup d'idées à pêcher chez le poissonnier, M. Larrieu. Un grand vivier où homards et langoustes se prélassent à l'entrée dans l'attente de leur triste sort. Des spécialités sont proposées : paella, brandade de morue, morue en salade, moules marinières et cassolette de pétoncle. Une délicieuse soupe de poisson garnie, coquilles saint-jacques, gambas, huîtres de Marennes et de cap Ferret, plateau de fruits de mer, idéal pour recharger les batteries en iode. Arrivages journaliers. Des plats cuisinés sont également à emporter.

AGENDA

Jeudi matin : marché traditionnel.
1er dimanche de janvier : bourse de la carte postale ancienne et de vieux papiers.
Début mai : les Tempos du Monde. Quatre jours de musique du monde (05 58 91 60 01).
Fin juin : festival des abbayes.
Autour du 14 juillet : fête du lac de Christus, feu d'artifice et cinéma en plein air.
1er dimanche d'août : spectacle pyrosymphonique sur le lac par le Casino.
Octobre : la semaine du goût.
Autour du 11 novembre : festival européen du cirque d'automne. 10 nations représentées, 5 représentations et 16 numéros exceptionnels.

SAINT-SEVER

Sud Adour

Station verte de vacances, célèbre pour son poulet et ses richesses architecturales. Son âge d'or se situe au XIe siècle et au XIIe siècle, époque de la construction de l'abbatiale et de la création du Béatus, manuscrit rare aux enluminures exceptionnelles. La petite ville landaise sait se faire remarquer : restée typique, elle offre ses campagnes vallonnées, ses équipements d'accueil et de loisirs, ses foies gras réputés et ses fêtes délurées. Côté économique, la population active concerne 2 500 personnes travaillant dans le secteur agroalimentaire.

Saint-Sever, plus ancienne ville taurine de France

Par une lettre de Charles VII en 1457, nous savons que trois ans auparavant il existait déjà à Sever la coutume de faire courir tous les ans à la Saint Jean-Baptiste un taureau dans les rues de la ville. Il devait s'agir d'avantage d'une sorte d'enciero que d'une corrida comme nous la connaissons aujourd'hui. Si les premières courses eurent lieu sur la place du Tour du Sol, en 1853, furent inaugurées les premières arènes sur le magnifique promontoire de Morlanne où se déroulent depuis tous les spectacles taurins. En 1907, un nouveau cirque remplaça celui de 1853 et c'est le 26 juin 1932 que fut inaugurée la "plaza" actuelle. Des centaines de toreros ont foulé le sable des arènes de Morlanne. Certains ont fait des carrières brillantes : Pepete, Lalanda, Armillita, Solorzano, Mendès, Mora, El Juli, sans oublier le premier torero français à prendre l'alternative au début du XXe siècle, Pouly.

OFFICE DE TOURISME Place de Tour-du-Sol ✆ 05 58 76 34 64

E-mail : ot.saint-sever@libertysurf.fr. Aménagé dans d'anciennes écuries, l'Office propose plusieurs boucles de randonnée, dont une revenant sur les traces de Saint-Jacques-de-Compostelle. Il s'agit de la Voie du Vézelay, également appelée Voie limousine (via Lemovicensis), qui pénètre le département à Lugaut-Retjons (Le Poteau), traverse Roquefort, Lucbardez, Mont-de-Marsan, Saint-Sever et Hagetmau pour aboutir à Sault-de-Navailles. Au Moyen Age, pour arriver à Saint-Sever, il fallait traverser la commune de Bas-Mauco considérée comme le secteur le plus difficile en raison de ses fonds marécageux. Après avoir franchi l'Adour, le jacquet se retrouvait dans le quartier du Bas-du-Pouy à Saint-Sever où deux bâtiments, témoins de leur pèlerinage se dressent encore : l'hôpital Saint-Michel et la chapelle Saint-Michel. Ensuite, une fois montée la côte de Brille et après être passé devant la fontaine de Brille, lieu présumé du martyr de Severus, le pèlerin arrivait finalement sur la place du Tour du Sol sur laquelle se dresse l'abbatiale. Il accomplissait alors son devoir religieux à la fontaine Miraculeuse, aux pieds du tombeau du saint et se rendait à l'infirmerie hôtellerie située dans l'aile sud du monastère avant de reprendre son périple. De nos jours, le renouveau du pèlerinage de Saint-Jacques-de-Compostelle amène chaque année nombre de visiteurs à Saint-Sever. Un hébergement leur est proposé au cloître des Jacobins.

A VOIR

L'ABBATIALE DE SAINT-SEVER. L'église de Saint-Sever, orientée, présente un plan typiquement bénédictin de 7 absides parallèles et échelonnées terminant une nef principale. Aujourd'hui elle s'élève sur la place du Tour-du-Sol et seul subsiste, de l'époque médiévale, un ensemble carré de bâtiments partant de l'entrée principale et de l'abside. L'église est classée Monument Historique en 1911 et inscrite au patrimoine mondial de l'humanité de l'UNESCO depuis 1998 dans le cadre des chemins de Saint-Jacques-de-Compostelle. C'est l'un des monuments majeurs des Landes, voire de l'Aquitaine. Les fouilles de 1961-1962 et de 1966 ont permis de retrouver d'importants vestiges des mosaïques qui pavaient l'abside principale autour de la fontaine initiale et de l'autel monumental de Saint-Sever.

L'ABBAYE. Le monastère actuel a été fondé à la fin du Xe siècle par le comte Guillaume Sanche, et a longtemps servi d'étape vers Saint-Jacques-de-Compostelle. Après plusieurs destructions partielles, il a été rénové aux XIVe, XVe et XVIIe siècles. Le cloître et les bâtiments conventuels, restaurés par la congrégation de Saint-Maur, datent de cette époque. Une partie de l'abbaye abrite maintenant la mairie, ainsi que Média 7, salle de cinéma et de vidéo transmission.

LE COUVENT DES JACOBINS (CONGREGATION DE SAINT-DOMINIQUE). Il fut fondé en 1280, sous l'impulsion d'Eléonore de Castille, femme d'Edouard Ier d'Angleterre. D'abord construit hors les murs, il se retrouve rapidement englobé dans la ville au XVIe siècle. Il est partiellement détruit en 1569-1570 par les huguenots, puis reconstruit dès 1586. Les religieux seront chassés du couvent à la Révolution, moment à partir duquel il sert d'école, puis de collège jusqu'en 1970. L'église à chevet plat (classée Monument Historique en 1971) ainsi que l'aile est, qui abrite la salle capitulaire, ont été construit en 1280. L'église dissimule, sous une partie des enduits, un décor mural du XIVe siècle. Une partie du cloître (classé aussi Monument Historique) a totalement été reconstruite au XVIIe siècle. Ce monument fait l'objet d'un vaste programme de rénovation.

MUSEE DES JACOBINS ✆ 05 58 76 01 38. Quatre salles ont été aménagées au deuxième étage du cloître du couvent des Jacobins. Des documents sur l'histoire de Saint-Sever et le site de Morlanne y sont exposés. Un musée lapidaire précède la salle de l'Apocalypse : on y découvre les copies des enluminures du célèbre Béatus de Saint-Sever, montées sur des écrans lumineux par le docteur Paul Dubedat.

OU MANGER ET DORMIR

Restaurant

LE TOURON Saint-Sever ✆ 05 58 76 03 04. *Fermé lundi soir et 1re quinzaine de septembre. Menu du jour à 10 € et menus jusqu'à 20,58 €.* Sous le porche du centre-ville, le repaire des gourmets est situé dans une maison ordinaire. Les fidèles s'y retrouvent et les visiteurs sont ravis de cette étape où sont servies des spécialités de la région. Quelques tables dans la première salle et une autre plus grande accueillent les groupes pour noces et banquets.

Hôtel-restaurant

LE RELAIS DU PAVILLON Route de Grenade - SAINT-SEVER ✆ 05 58 76 20 22. *Fermé dimanche soir et lundi. Chambres doubles de 43,50 € à 46 €. Petit déjeuner à 6,50 €. Soirée étape à 45,76 €. Menus de 24 € à 45 €.* Halte gastronomique incontournable de la cité, le Chef Eric Costedoat fait preuve de maturité en concoctant une carte complète, alliant avec brio les spécialités de la mer à celles du terroir profond. Un savoureux aperçu de la carte : blanc de poulet de Saint-Sever en chaud-froid, salade d'asperges des Landes aux pignons grillés, les abignades d'oie à la façon de nos grands-mères, le bouquet final avec le millas landais à l'armagnac et pignons grillés. La salle à manger est agréable, ouverte sur la terrasse avec vue sur la piscine. Pour les mariages jusqu'à 100 personnes, une salle de séminaire est disponible.

SE DETENDRE

Culture

CINEMA MEDIA 7 ✆ 05 58 76 43 74. La salle du théâtre a été transformée en salle multimédia pouvant accueillir 200 personnes. Grâce au système de diffusion par satellite, des spectacles sont diffusés en direct dans la salle. Au programme : matches de rugby, concerts et pièces de théâtre comme si on y était.

Sports

KAYAK. Sportive, Saint-Sever a su profiter de la proximité de l'Adour et met à disposition des visiteurs sa base de kayaks. Se renseigner à l'Office de Tourisme.

EMPLETTES

Produits du terroir

CONFRERIE DES COMPAGNONS DE SAINT-SEVER. Les Compagnons de Saint-Sever sont aujourd'hui récompensés de leur extrême exigence. Il n'y a qu'à observer la fidélité de leurs nombreux clients. Ils s'attachent à produire les produits du terroir landais et ainsi à entretenir ces saveurs et ces goûts qui les spécifient.

LES FERMIERS LANDAIS Saint-Sever © 05 58 76 42 22. Le poulet jaune, reconnaissable à son cou dépourvu de plumes, a su conquérir les marchés nationaux et internationaux de l'alimentaire. Progrès au fil des ans des Fermiers landais : l'élevage en liberté, sous la pinède grâce aux fameuses petites cabanes transportables, puis l'accouvage, la sélection d'une race, la nécessité de s'imposer face aux "volaillers". L'association enfin dans la filière avec les abattoirs. Six sont aujourd'hui impliqués dans la démarche Label. L'image du poulet des Landes est soutenue par un effort commun de promotion qui associe les tables de prestigieux Chefs landais à Paris (Dutournier et Hélène Darroze) à celles des Landes. Poulets, chapons, canards à foie gras, oies grasses, rien n'a été inventé mais simplement travaillé avec les impératifs d'hygiène et de traçabilité propres à assurer à tous les consommateurs une sécurité totale. Fermiers Landais, Delpeyrat, Castaing et Consorts ont su se développer sur ce terreau fertile de produits nobles confortant la ville dans son rôle de Cap de Gascogne.

MICHEL DUBERNET 25, rue Pontix - SAINT-SEVER © 05 58 76 01 20. Le charcutier de tradition, issu d'une grande dynastie de charcutiers établis depuis le XVIIIe siècle à Saint-Sever, s'ingénie à acheter et transformer les animaux gras en poursuivant un seul objectif : la qualité. Dans les années 70, le spécialiste de la gastronomie au Figaro écrivait : "Saint-Sever possède deux Monuments Historiques, une abbatiale du XIe siècle et la maison Dubernet". La fidélité de ses clients, surtout locaux, dans ses boutiques installées dans les grandes villes de France, atteste sa qualité. Tout client sait que, chez ce maître, les conserves, en boîte notamment, ne sont mises en vente qu'après un affinage pouvant durer un an. Ventes à l'usine le premier vendredi de chaque mois.

PIERRE BRETTES PATISSIER Rue des Arceaux - SAINT-SEVER © 05 58 76 01 62. "Un dimanche sans gâteau, c'est triste comme un jour sans soleil" se réjouit ce pâtissier, chocolatier, et glacier. Cet artisan est le créateur de l'écrin de foie gras. Que de bonnes choses à se mettre sous la dent, mille et un délices sucrés qui font de l'œil aux gourmands ! Entouré d'une jeune équipe qu'il se plaît à former, l'auteur du Montadour transmet les secrets de ce succès à la mousseline de noix et de nougatine, glacé au chocolat. Son successeur, François, est l'auteur d'une tarte au chocolat dont la pâte, aussi légère que croustillante, abrite de fins éclats de noisette et de nougatine surmontés d'un dôme de chocolat corsé. Tout un programme !

AGENDA

Samedi matin : marché traditionnel de Saint-Sever.
Fin mars : Les Varietas Florum. Cette manifestation regroupe les amoureux des plantes dans le somptueux décor du cloître des Jacobins.
Fin juin : fête de la Saint-Jean à Saint-Sever. Cinq jours de fête rythmées par la musique et les animations locales (course landaise, défilé, corrida, feu d'artifice…).
Début août : reconstitution historique. Spectacle son et lumière "Sur les chemins du cap de Gascogne" retraçant l'histoire, plus que millénaire, de la ville en 17 tableaux animés par près de 300 figurants utilisant 800 costumes, de nombreux animaux et des effets pyrotechniques. Un spectacle à dimension humaine où le spectateur placé tout près de la scène se sent partie prenante de l'action. Emouvante leçon d'Histoire. De nombreux témoignages de satisfaction et la longévité du spectacle qui fêtera cette année son 30e anniversaire attestent sa qualité.
Mi-août : exposition artisanale au cloître des Jacobins. Une quarantaine d'artisans font découvrir leur travail.
Fin septembre : Les Musiques Croisées. Festival, au cloître des Jacobins, de musiques et de chants venus d'horizons différents.
Début novembre : la semaine taurine composée de novillada sans picador, d'expos et de soirées à thème.
Fin novembre-début décembre : cette manifestation positionne Saint-Sever comme la capitale nationale des volailles festives. Rendez-vous important pour savourer les produits gastronomiques dans une ambiance chaleureuse animée par des bandas et groupes de chanteurs.

SAINT-VINCENT-DE-PAUL

Pays du thermalisme

L'humble village de Pouy est le village natal de saint Vincent de Paul. Il prit le nom du génial initiateur et précurseur des œuvres sociales, comme deux ou trois autres communes de France, en décembre 1828. Le village de Saint-Vincent-de-Paul a une configuration géographique spéciale puisqu'il est composé du berceau de l'apôtre et séparé par une forêt de 5 km du lieu-dit Buglose, un quartier de Saint-Vincent-de-Paul. Le touriste ou le pèlerin aménagera son circuit selon ces deux sites. Qu'il commence par Buglose ou par le berceau de saint Vincent de Paul, qu'il se souvienne qu'il s'agit du même village coupé en deux par une épaisse forêt. A 7 km de Dax par la RN27, direction Buglose (à voir plus en détails dans la rubrique Enfants du Pays).

A une époque où la guerre et le désordre étaient un état permanent, il naît au village de Pouy le 24 avril 1576, un enfant qui allait être un homme de paix et l'apôtre de la charité.

Troisième de six enfants, il vit à la campagne jusqu'à 15 ans. Grâce à sa vive intelligence et une ambition exceptionnelle, il peut étudier le latin chez les Cordeliers, puis devenir prêtre. Chargé de mission auprès d'Henri IV par l'ambassadeur de France à Rome, aumônier de la reine Marguerite, précepteur dans la maison des Gondi, grand aumônier des galères de France sous Louis XIII, il s'emploie à mobiliser les volontés pour adoucir le sort des malheureux. "Les Filles de la charité" et "Les Enfants trouvés", sont autant d'organisations créées pour aider autrui. Mort à l'âge de 84 ans, saint Vincent de Paul fut canonisé le 16 juin 1737 par le pape Clément XII. Les œuvres qu'il a fondées demeurent.

A VOIR

LE BERCEAU DE SAINT VINCENT DE PAUL © 05 58 89 90 01. *Ouvert de 8h30 à 18h. Visite gratuite. Groupes et visites guidées sur rendez-vous.* Incontournable, le berceau de saint Vincent de Paul l'est à plus d'un titre. Le premier centre de pèlerinage landais a lieu durant la première quinzaine de septembre et est situé à Buglose, annexe de la commune de Saint-Vincent-de-Paul, à 4 km. C'est l'occasion de connaître les grandes dates de la vie de monsieur Vincent, et de découvrir, au travers des routes tracées il y a quatre siècles, les ramifications actuelles : les confréries de la Charité avec les équipes Saint-Vincent, la congrégation de la Mission qui dépêche aujourd'hui 5 000 lazaristes à travers le monde, la compagnie des Filles de la charité, l'œuvre des Enfants trouvés, l'œuvre des Secours nationaux, les visites des malades dans les hôpitaux…

LA MAISON NATALE : RANQUINES. Ranquines, "la ferme du boiteux", reproduction de la maison natale de monsieur Vincent. Elle s'était écroulée quelques années après sa naissance mais fut reconstruite. C'est une maison typiquement landaise avec des poutres et des cloisons en torchis. A l'intérieur d'une vieille maison de campagne aménagée en chapelle de style romano-byzantin sont exposés le crucifix et divers objets ayant appartenu au saint ainsi que la reproduction photographique de son unique portrait exécuté en 1664.

Ramuntcho, le prince des écarteurs

Christian Vis, alias Ramuntcho, n'est pas né dans un berceau doré mais sur le bord d'un chemin. Il ne semble pas destiné à la lumière, lui qui commence sa vie dans l'ombre de la grande famille des gens du voyage. Et pourtant un jour, les fées se penchent sur sa jeune destinée en le laissant pénétrer dans une arène. Un ténor à qui rien n'échappait et qui passait par là, reconnaît en lui toutes les qualités exceptionnelles qui font d'un simple sportif aguerri un seigneur de l'arène : le réflexe, la confiance en soi et la loyauté. Dès lors, Joseph Labat devient auprès de l'enfant le mécène qui allait guider la carrière de celui qui deviendrait le grand Ramuntcho mais aussi son fils spirituel. Vingt-huit années durant, l'homme mûr et le jeune génie font vivre leur célèbre devise : "A vaincre sans péril, on triomphe sans gloire". 1960 est l'année de sa consécration. En 1963 il est sacré champion de France à Nogaro, et en 1989 Médaille d'or de la jeunesse et des sports. Son palmarès : vainqueur du challenge des jeunes écarteurs en 1963, champion de France, onze fois vice-champion de France, onze fois classé dans les quatre premiers du championnat de France, et de nombreuses victoires.

AUX ENVIRONS

Hameau de Buglose

Buglose est l'annexe de Saint-Vincent de Paul. Le hameau qui se situe à 4 kilomètres au nord, donne l'impression d'être une commune à lui seul. C'est un lieu de pèlerinage pour les chrétiens. La statue en pierre de Notre-Dame-de-Buglose "si chère aux cœurs landais" date du XVe siècle. Elle a été retrouvée dans un marais par un berger en 1620. Elle se trouve dans la chapelle du Rosaire de la basilique. La basilique a été édifiée au XIXe siècle dans un style "néo-roman". Elle a été bâtie sur un terrain marécageux et s'appuie sur 500 troncs de pins. Les quatre anges dorés, exécutés aux forges d'Uza, en haut de la tour carrée, ont été offerts par la marquise de Lur-Saluces.

LE CARILLON DE BUGLOSE. La basilique de Buglose possède un carillon de 60 cloches mû par un mécanisme original : la machine à carillonner système Maisonnave doit son nom à un abbé. Cet exceptionnel instrument de musique égrène des mélodies traditionnelles et s'entend à 2 km à la ronde. Des auditions sont régulièrement organisées (consulter l'Office de Tourisme de Dax pour les jours et les horaires) par un carillonneur, permettant aux visiteurs de découvrir les possibilités musicales de cet ensemble de cloches hors du commun. Notre "musicien" s'assied devant un clavier manuel à touches de piano, mécanisme unique au monde, qui lui permet, grâce à un ingénieux mécanisme datant de 1895, de faire chanter en harmonie les 60 cloches de son instrument.

GANADERIA LABAT Domaine de Chiouleben © 05 58 89 97 20. *Visite de la propriété sur demande.* Le touriste peut faire le tour du ganadero et de sa ganaderia, et découvrir les quelque 100 têtes de belles coursières. L'histoire de Joseph Labat est sans égale : "le saint Vincent de la tauromachie landaise" professionnel hors pair, né un 21 janvier 1915, devenu le plus célèbre ganadero de sa génération, a fêté les 50 ans de sa ganaderia en rêvant sans doute devant le carrefour de sa propriété dorénavant à son nom, en dépoussiérant peut-être avec nostalgie trophées et médailles, reflet d'un destin hors du commun. L'octogénaire, à l'allure bonhomme, a aujourd'hui encore les pieds sur terre. C'est avec pudeur et émotion qu'il égrène ses années d'intense bonheur, liées aux succès fracassants et aux grands noms qui ont auréolé sa gloire : Escuriat, Atano, Marc Henri, Bernard Huguet, Ramuntcho, Gilbert Ducassou ou Christophe Dussau pour les plus connus des écarteurs. Elle est loin cette année 1959 qui marqua ses débuts d'éleveur au firmament de la tauromachie landaise, alors qu'il faisait l'acquisition du premier superbe lot de vaches chez le célèbre éleveur portugais Duarte Atalaya…

OU MANGER

LES PELERINS Saint-Vincent-de-Paul © 05 58 89 96 94. *Fermé vendredi soir et samedi soir. Menu du jour à 10 € le midi, et de 12,20 € à 18,30 €.* Auberge de campagne authentique à souhait. La patronne est aux fourneaux et prépare de bons petits plats typiquement landais : magret et confit. Une mention spéciale pour les cailles aux raisins. A la demande et pour les groupes, possibilité de menu personnalisé : foie frais aux raisins ou aux pommes, salmis de palombes, saumon, lotte à l'américaine. Amusante et chaleureuse salle pour l'été, toute de rondins de bois, aux adorables petites fenêtres aux voilures rouge et blanc. Terrasse à la belle saison.

SE DETENDRE

LE PLAN D'EAU LA GLACIERE. C'est un endroit charmant et sauvage où les diverses associations s'adonnent aux jeux de boules, taquinent le poisson et même dansent durant les fêtes locales qui s'y déroulent au mois d'août.

AGENDA

Fin août : fête de Buglose.

SAINT-VINCENT-DE-TYROSSE

Côte sud des Landes

L'avènement du chemin de fer a donné un essor considérable à ce chef-lieu de canton. Ville jumelée avec Rincon de Soto en Espagne, ses fêtes au mois de juillet sont réputées pour ses grandes corridas, course landaise, bandas, défilés dans les rues… Tyrosse est plus connue depuis que la ville a acquis sa célébrité grâce au rugby.

Un peu d'Histoire

Tyrosse était aussi l'un des poumons de l'industrie de la chaussure. Cette activité a en effet compté plus de 10 000 salariés et sa présence en faisait l'un des trois grands bassins d'emploi français avec la région Rhône-Alpes et le Choletais. Aujourd'hui il reste moins de 500 salariés dans ce secteur, et de cette crise n'est demeuré en activité que l'ex unité Hirigoyen à Saint-Vincent-de-Tyrosse devenue Hirica et détenue par un groupe familiale d'origine landaise et historiquement créateur de cette unité. Aujourd'hui, l'industrie de la chaussure dans les Landes ressemble largement à un souvenir…

OFFICE DE TOURISME DU PAYS TYROSSAIS Placette du Midi - ST-VINCENT DE TYROSSE © 05 58 77 12 00

E-mail : pays.tyrossais@wanadoo.fr - Site Internet : www.pays-tyrossais.fr.

A VOIR

LES ARENES. La commune landaise compte sur ses prestigieuses arènes de 5 000 places. Dès le retour des beaux jours, les arènes accueillent différentes ferias, dont la Corrida de Toros et toutes les manifestations concernant la course landaise. Les vaches sont d'ailleurs élevées dans les ganaderias locales.

AUX ENVIRONS

Benesse-Marenne

Sur cette commune située sur la N10 entre Dax et Bayonne se trouve le château du Pont, propriété privée des descendants directs du comte d'Orx, fils naturel de Napoléon III.

Josse

Outre la promenade sur l'Adour en hydroglisseur, Josse offre son immense labyrinthe végétal : sous 225 000 pieds de maïs, vivre une aventure semée d'émotions, de surprises et de rencontres.

DEDALE PARK © 05 58 77 76 28. *Ouvert tous les jours du 1er juillet au 3 septembre, de 10h à 19h. Animations de 10h30 à 12h30 et de 14h à 18h30.Tarifs adulte à 5,64 €, enfant (jusqu'à 14 ans) à 3,81 € et gratuit pour les moins de 4 ans.* Grand labyrinthe végétal de 4 ha, soit 225 000 pieds de maïs. Tout au long du parcours on rencontre des personnages très étranges. Des comédiens costumés, pour le plaisir des petits et des grands, conteront l'histoire. Pour se remettre de ses émotions, un snack-bar propose des petits plats sur le thème du maïs : des taloas (galettes traditionnelles basques à la farine de maïs) mais aussi du pop-corn et de la salade de maïs. Des jeux gonflables sont à la libre disposition des enfants.

Saint-Jean-De-Marsacq

Une agréable route longe l'Adour, la commune est dotée d'un stand de tir international, le 2e en Aquitaine.

LA FERME AUTREMENT © **06 12 55 11 55.** *Visite de juin à septembre, du mercredi au dimanche. Début des visites à 15h30 et 17h30. Les visites de groupes se font toute l'année et sur rendez-vous. Tarifs adultes à 3 € et enfants à 2 €.* A 5 minutes de Tyrosse, Vincent élève des autruches, des cerfs, et vend des produits de la ferme. L'autruche est un oiseau qui ne vole pas, car elle ne possède pas de muscles pectoraux, ce que l'on appelle le magret. En revanche, le dessus, le filet, est très tendre. La terrine d'autruche à l'armagnac, au piment d'Espelette, à l'échalote ou au poivre vert est à conseiller. La viande se déguste très relevée. Très diététique, elle est moins calorique que le poulet, même si c'est une viande rouge.

Saint-Geours-de-Maremne

Son église fortifiée, entièrement restaurée et classée Monument Historique, domine de son imposante silhouette un carrefour stratégique. Zone de passage naturelle depuis des siècles, Saint-Geours est une véritable plaque tournante du Sud-Ouest des Landes. Ville en pleine expansion réputée pour son usine agroalimentaire.

LE PAVILLON DU FOIE GRAS LABEYRIE RN10 © **05 58 56 73 00.** *Ouvert tous les jours sauf le dimanche et jours fériés d'avril à octobre. Vente directe.* Site d'accueil et de découverte autour du foie gras. Les curieux découvrent un itinéraire commenté sur le foie gras, de ses origines à nos jours (gratuit). Une halte idéale pour déguster l'or landais. En visitant l'usine, on se rend mieux compte de l'ampleur que prend la fabrication de foie gras dans les Landes.

Saint-Martin-de-Hinx

Lieu de repos des pèlerins de Saint-Jacques-de-Compostelle : Gentilhommière de Sorey, château de Montauzet et église Saint-Martin (Monument Historique) du XIVe siècle. Un site unique : l'I.N.R.A., station expérimentale de culture du maïs, fait l'objet de visites techniques. Les commerces et la zone artisanale sont actifs : les gourmands pourront apprécier les gâteaux basques (05 59 56 30 02).

Saubion

L'église Notre-Dame, fortifiée au XIIIe siècle, domine le centre du village. Son parc paisible abrite la fontaine Saint-Roch aux eaux miraculeuses, bien restaurée, ainsi qu'une chapelle dédiée à la Vierge. Chaque année, un pèlerinage a lieu le lundi de Pentecôte. Le village dévoile ses trésors : lavoir rustique, moulin noble de Puyanne, maisons anciennes font partie de ce paysage bucolique (05 58 77 02 75).

Saubrigues

En latin, "Saltus rigatus" signifie zone de bois et de pacage irriguée. Le tuc de Larric, évoque le passage à Saubrigues du 8e roi des Wisigoths, Alaric II. Un magnifique panorama à contempler : marais, dunes littorales et Pyrénées. Saubrigues est aussi la patrie d'Henri Soulé, ambassadeur de la gastronomie française en Amérique. A voir les jeux landais durant les fêtes locales (05 58 77 90 38).

Tosse

Du Moyen Age au XVIIIe siècle, Tosse fut la capitale de la vicomté de Maremne. Aujourd'hui la ville s'est tournée vers l'industrie du liège et du plastique. A visiter : l'église romano-byzantine du XIIe siècle, classée Monument Historique, les férus d'art apprécieront ses figurines de pierre originales (05 58 43 02 01).

OU MANGER ET DORMIR

Restaurants

LE HITTAU Rue du Nouaou - SAINT-VINCENT-DE-TYROSSE © 05 58 77 11 85. *Congés annuels en février. Fermé samedi midi, dimanche soir et lundi hors saison. Juillet et août, ouvert tous les jours. Menus de 31 € à 49 €. Menu du jour à 14,50 €.* Sur la route de Bordeaux se niche cette belle ferme landaise. Max Dundo anime ce célèbre restaurant depuis plus de 20 ans et a su fidéliser une solide clientèle. C'est le cadre idéal pour déguster une cuisine du terroir, surtout une belle farandole de poissons. L'été, la terrasse prend un air de fête dans un grand jardin fleuri abrité. Pour digérer ces merveilles, un conseil futé : commander un armagnac de famille et en acheter aussi pour le siroter entre amis.

AUBERGE D'UGNE 2319 Route d'Ugne - Barrères - SAUBRIGUES © 05 58 77 94 10. *Fermé mardi, février et une semaine fin octobre. Menus de 15,50 € à 30 €. Menu enfant à 7,50 €. Prix moyen à la carte : 10 €.* Sur la route de Saint-André, un établissement non sans charme. Du bois et encore du bois qui réchauffe le regard des gens de passage. Dans cette atmosphère rustique, découverte de mille et une spécialités landaises : canard, foie gras, lotte, anguille… des produits choisis avec grande attention par Nathalie Carrère depuis 16 ans !

Hôtel-restaurant

LA GARBURE place Plaisance - SAINT-VINCENT-DE-TYROSSE © 05 58 77 01 04. *Fermé le dimanche. Chambres doubles à 26 €. Petit déjeuner à 4,50 €. Soirée étape à 32 €. Menu du midi à 10 €. Menus de 16 € à 25 €. Prix moyen à la carte : 18 €.* Cadre discret et simplicité pour ce petit établissement repris par Christophe Campet depuis le mois de juillet 2002. Le Landais fait de la cuisine sa passion et lui donne toute son attention. Des pieds de porcs au foie frais en passant par le gras double et la fameuse garbure mijotée : les saveurs sont harmonieusement réparties. Attention particulière : les assiettes sont systématiquement saupoudrées de piments d'espelette…

La garbure landaise

Dans les Landes, un repas commence par la célèbre "garbure landaise", soupe de légumes avec de la viande. Dans un pot de terre ventru les connaisseurs mettent un gros quartier de lard, une palette de porc, un jarret de porc, sans saler, puis ils recouvrent le tout d'eau et laissent cuire pendant deux heures. Ils ajoutent ensuite les légumes : choux, navets, oignons, deux gousses d'ail et un bouquet de poireaux. Trente minutes avant la fin de la cuisson, les fins cuisiniers ajoutent les pommes de terre et le confit d'oie. Le temps total de cuisson doit faire au moins trois heures. Le bouillon se sert avec de larges tranches de pain de campagne.

AUBERGE LE COQ HARDI 8, route de Dax - SAINT-GEOURS-DE-MAREMNE ✆ 05 58 57 46 05. *Chambres doubles à 58 €. Pension complète à 53 €. Demi-pension à 45 €. Petit déjeuner à 4,60 €.* Cet hôtel-restaurant dispose de douze chambres, toutes équipées de téléphone et T.-V. On y trouve également un bar, une salle de séminaire, un parking privé et un restaurant. Au menu on trouve des plats portugais, et puis bonne nouvelle pour ceux qui ne se déplace jamais sans leur chien, les animaux sont eux-aussi bienvenus.

LE FRONTON 40, rue de l'Europe - SAINT-MARTIN-DE-HINX ✆ 05 59 56 92 42. *Chambre simple à 28 €, chambre double à 36 €, pension complète à 40 €, demi-pension à 36 € et petit déjeuner à 5 €.* Sept chambres. Bar, restaurant, jardin, animaux admis…

MOULIN DE LARRIBAOU Saint-Martin-de-Hinx ✆ 05 59 56 37 97. *Fax : 05 59 56 93 26. Chambres à 55 €. Menu à 20 €. Carte bancaire non acceptée.* Dans un cadre agréable et verdoyant, ce moulin du XVIe siècle a été récemment restauré. Le repos est au rendez-vous aussi bien dans les chambres que dans le petit salon ou dans la piscine intérieure couverte et fermée. La table d'hôte est servie sur demande et propose aussi bien de la cuisine landaise que des grillades au barbecue.

Chambres d'hôtes

LE BOSQUET Rue du Hazan - TOSSE ✆ 05 58 43 03 40. *Ouvert toute l'année. Chambres doubles à 40 € petit déjeuner compris. Trois épis.* A 3 km des étangs et 8 km de l'océan, juste à l'entrée du village, on découvre une agréable maison contemporaine. Elle est entourée par un terrain boisé de 4 800 m² et dispose d'un parking privé. A l'intérieur, 3 chambres coquettes de 2 personnes ont chacune une terrasse privée donnant sur le jardin. Une table de ping-pong occupera les plus sportifs. Jean-Pierre et Monique, les heureux propriétaires de cette demeure ensoleillée, réservent un accueil chaleureux.

HOVNANIAN 100, route du Vicot - SAINT-JEAN-DE-MARSACQ ✆ 05 58 77 78 17/06 82 30 10 31. *Ouvert toute l'année. Chambres doubles à 41 € petit déjeuner compris. Table d'hôtes à 14 €. Trois épis.* A l'entrée d'un petit chemin se découvre cette ancienne ferme landaise, entièrement rénovée. Avec le sourire, Patricia fait visiter les trois belles chambres coquettes. Les petits déjeuners sont servis sous une belle véranda. Les invités ont à leur disposition un salon privé pour des jeux de carte ou la lecture…

VILLERS POL 142, Route de Seignanx - SAINT-MARTIN-DE-HINX ✆ 05 59 56 90 39. *Ouvert toute l'année. Chambres-appartements de 60 m² pour 4 personnes de 300 € à 450 € la semaine.*

En basse saison : 40 € par nuitée pour 4 personnes, petit déjeuner compris. Deux clés Clévacances. Christiane Neveu accueille les égarés dans une charmante maison rénovée. Elle a transformé la partie terminale de sa maison en appartements meublés de tourisme. Ils sont équipés d'une cuisine, de W.-C., télévision, téléphone, terrasse et barbecue, et possèdent une entrée de plein pied... Jardin, parking et piscine pour enfants. Une décoration sobre mais de qualité : mezzanine, salon lambrissé avec poutres anciennes... Christiane est très attachée à cet aspect simple et reposant.

Gîtes

MEGARD FRANCOISE 938 Route de Lagüe - SAINT-JEAN-DE-MARSACQ © 05 58 77 78 14 /06 22 02 06 10. *E-mail : taote@libertysurf.fr. Ouvert toute l'année. Deux chambres doubles de 38 € à 42 € petit déjeuner compris. Deux clés Clévacances. Table d'hôtes à 15 € uniquement le soir.* Située à la campagne, à 1 km du bourg, cette maison toute neuve n'a que 2 ans. Elle respecte pourtant le style landais affichant avec fierté ses poutres apparentes. Les chambres spacieuses ont un accès privé sur une terrasse. Elles sont équipées de W.-C. et salle de bains avec douche et T.-V. Parking privé, jardin avec piscine, et chèque-vacances acceptés...

COMTE YVETTE Au Bourg - SAINT-MARTIN-DE-HINX © 05 59 56 33 58. *Ouvert toute l'année. Chambres à 38 € pour 2 personnes, à 53 € pour 3 personnes, à 60 € pour 4 personnes, petit déjeuner compris. Deux épis.* Cadre très calme. Une grande maison d'une centaine d'années a été rénovée pour accueillir les voyageurs. Les chambres donnent sur le jardin. Un moment de détente dans le grand parc planté d'arbres qui donnent de l'ombre.

SE DETENDRE

Sports

FERME EQUESTRE DU POUY Route de l'Adour - SAINT-MARTIN-DE-HINX © 05 58 89 18 52. *E-mail : ferme.dupouil@laposte.net. Ouvert de 9h à 12h et de 14h à 19h, balades sur rendez-vous. Tarifs : 15,24 €/h et 129,58 €/10h. Réseau Bienvenue à la Ferme.* La Ferme équestre du Pouy propose des balades à cheval ou à poney, en forêt et dans les Barthes. Admirablement située au sommet d'une colline, elle offre un splendide panorama sur les Pyrénées. Ses animaux, Danièle Darboure les connaît bien. C'est elle qui les élève et ils font bon ménage avec les poulets fermiers...

ULM LITTORAL Benesse-Maremne © 06 19 92 96 78. *Ouvert tous les jours de 9h à 21h sur rendez-vous. Vol de 15mn à 40 € et vol de 30mn à 70 €. Tarif promo famille à partir de 4 : 35 € par personne. Enfants à partir de 7 ans.* En toute sécurité, un moniteur diplômé fait découvrir les magnifiques vues aériennes du littoral sud des Landes. Que du matériel haut de gamme. Au programme vue sur le port de Capbreton, le lac d'Hossegor, les golfs, la forêt, les montagnes du Pays basque. Les amateurs de sensations fortes préféreront le vol sensation : survol du littoral dans des conditions plus sportives. Chaussures fermées et blouson en cas de temps frais sont recommandés. Le lieu de rendez-vous est la piste U.L.M. de Benesse-Maremne. En cas de mauvais temps, U.L.M. Littoral se réserve le droit de rembourser ou de reporter les vols.

L'US TYROSSE. Impossible de parler de Saint-Vincent-de-Tyrosse sans évoquer l'équipe de rugby locale, qui a fêté ses 90 ans d'existence. Actuellement classée en Elite 2, elle rivalise avec les meilleures équipes de sa catégorie et constitue un argument sportif majeur de la commune. Beaucoup de rugbymen, issus de l'U.S.T., se hissent au sommet du rugby national et rejoignent l'équipe de France. C'est le cas de François Gelès, 24 ans, formé à l'U.S. Tyrosse et actuellement demi d'ouverture au club d'Agen et numéro 10 du Quinze de France.

Un peu d'histoire

En 1910, à l'instigation d'un jeune instituteur, M. Nagouas, était organisée une réunion en vue de créer une société sportive avec pour objectif le rugby. Le sport athlétique tyrossais était né : il avait pour blason et insigne de boutonnière un lion tenant dans ses pattes un écusson avec les initiales S.A.T. C'était le temps où l'on jouait au rugby dans les champs. En 1920, l'A.S.T. devint l'Union Sportive Tyrossaise qui comptait déjà 150 membres actifs. Le blason choisi fut la fougère surmontée des 3 initiales U.S.T. La villa accorda un terrain au quartier de Casablanca, le long du ruisseau de Laste. Au terme de la saison 1928-29, l'U.S.T. accédait en 1ere division. Un grand club dans un petit village. L'U.S.T. est aujourd'hui un excellent club de formation mais n'a plus les moyens de rester en élite 1 depuis que le rugby est passé professionnel.

EMPLETTES

Art et Artisanat

L'ATELIER DU CHAT QUI S'EN VA TOUT SEUL 776, route d'Arriet - SAINT-JEAN DE MARSACQ © 05 58 77 73 80. *Ouvert en saison de 14h à 19h, nocturne le mardi à 22h30. Hors saison il faut téléphoner.* Accueil groupes, démonstration de fabrication. Michèle Guingant est maître bijoutier, et son atelier est riche en bijoux, objets décoratifs ou utilitaires en bronze et émail grand feu. Pourquoi ce nom étrange ? Ce félidé solitaire symbolise l'indépendance et la solitude que génèrent les métiers de création. La découverte et la liberté d'expression sont au rendez-vous de cette visite, une idée de cadeaux sera toute trouvée entre les miroirs, faces-à-main, coffrets, bonbonnières, émaux et bien sûr les bijoux.

Produits du terroir

FERME DU BRANA Saint-Vincent-de-Tyrosse © 05 58 77 08 12. *Ouvert de début mars à fin octobre de 10h à 12h et 14h à 18h. Fermé le dimanche.* Une visite instructive, voilà ce que propose le couple Weber, à la sortie de Tyrosse direction Peyrehorade. Découverte de l'élevage du caneton en liberté, démonstration de gavage traditionnel, animaux de la ferme (canards, oies, poulets). Vente directe de foie gras et confits.

POISSONNERIE LHOSPITAL 12, rue du Foirail - SAINT-VINCENT-DE-TYROSSE © 05 58 77 26 06. La vaste poissonnerie a un étal de produits de la mer qui comblera les envies soudaines de l'océan. Des plats cuisinés : piquillos, enpanadillas de thon, moules farcies, de délicieuses corolles de soles sauce champagne pour les grandes occasions. Choix varié et fraîcheur assurée : paella, morue à l'espagnole, thon "à la plancha", sardines, moules, gambas et de superbes plateaux de fruits de mer, huîtres Marenne-Oléron affinées, A.C.F.

FERME GRAMMONT Saint-Martin-de-Hinx © 05 59 56 38 74. *Vente directe avec visite découverte d'une agriculture landaise.* Une véritable passion pour Eric Bégards qui s'est spécialisé dans les produits fermiers: conserves de foies gras, confits de canards, gésiers…

AGENDA

Vendredi matin : marché traditionnel de Saint-Vincent-de-Tyrosse.
Fin avril : fête de Saint-Geours de Maremne.
Début juillet : fête de Saubrigues.
Mi-juillet : fêtes de Bénesse-Maremne et Saint-Martin de Hinx.
Dernière semaine de juillet : fête de Tyrosse. Plusieurs manifestations avec grande corrida, course landaise, défilé, bandas et bal gratuit.

Début août : motocross nocturne au terrain de cross de Saint-Vincent-de-Tyrosse.

Début août : festival des traditions landaises à Tyrosse. Locaux, touristes, petits et grands peuvent apprécier et surtout participer à des activités variées auprès des stands d'exposition, artisanat, peintures, sculptures, gastronomie, littérature gasconne, chasse, pelote et course landaise. Egalement des démonstrations et initiations de quilles de 3, 6, 9, échasses, rugby, pelote basque. Des promenades en bros sont organisées pour les enfants. Animations musicales par les bandas et bien sûr, tout se termine par de bons repas traditionnels.

Mi-août : fête de Saubion.

Fin août : Championnat de France de Tirs à Saint-Jean de Marsacq. Carabine à 300 mètres (tir sportif Côte d'Argent).

Fin août : fête de Tosse.

Fin-août : Moto cross nocturne au terrain de moto-cross à Saint-Vincent de Tyrosse. Organisé par le motoclub des plages. Big Air (sauts acrobatiques) avec les meilleurs mondiaux : Edgar Toronteras, Manu Troux, Cyril Porte… Un rendez-vous qui attire de plus en plus de monde chaque année, plus de 5 000 personnes en 2002 !

Début octobre : fête de Josse.

Début décembre : foire artisanale et gastronomique à Saint-Vincent-de-Tyrosse.

SAMADET

Sud Adour

Il existe au sud du bourg, un camp préhistorique et les vestiges d'une villa gallo-romaine. C'est là qu'est construite la chapelle romane Saint-Jean. Elle était jusqu'en 1826 église paroissiale. Des mosaïques ont été mises au jour mais l'édifice sert aujourd'hui de grange. Le village de Samadet d'un peu plus de 1 000 Samadétois est édifié sur un coteau. Son histoire est liée à la faïencerie. Fondée par l'abbé Roquépine en 1732, la faïencerie fonctionne jusqu'à la moitié du XIXe siècle. En 1785, elle est rachetée par Jean Dyzez, député sous la Convention. Après la Révolution la production décline.

A VOIR

MUSEE DE LA FAIENCE ET DES ARTS DE LA TABLE Route d'Hagetmau © 05 58 79 13 00. Au cœur du Tursan, terroir de gastronomes, l'art de la table se célèbre à Samadet. Réputé pour sa "manufacture royale de fayance" créée en 1732, ce village perpétue la tradition. Penché sur les décors à la délicate rose manganèse, à la palombe ou au chinois de plus de 200 pièces datées du XVIIIe siècle, le visiteur découvre des formes élégantes et le rarissime huilier-vinaigrier au cheval cabré qui firent la réputation nationale du "Samadet". On découvre les secrets des techniques du façonnage, de la cuisson et de la décoration. Alors que la lumière caresse de précieux céladons chinois, on découvre 10 siècles d'art de la table dans une mise en scène raffinée.

LA CHAPELLE SAINTE-ROSE. Dans un lieu enchanteur, à l'ouest du village, cette chapelle de forme ovale est liée à plusieurs légendes. La plus connue raconte qu'elle fut érigée par un berger basque revenant du Pérou afin de remercier sainte Rose de Lima, patronne de ce pays, qui l'avait guéri. Le culte en ce lieu doit beaucoup à la source réputée guérir les maladies de la peau. Le pèlerinage de la Pentecôte est d'ailleurs ici toujours fréquenté. Une autre légende explique la fondation de la chapelle par l'œuvre charitable d'une jeune fille qui vit ses pommes de terre se transformer en roses.

AUX ENVIRONS

Vielle-Tursan

Un village Pittoresque aux rues perchées. A observer huit tumulus qui recouvrent un remarquable ensemble mégalithique formant une grande allée couverte constituée par des dalles posées de champ, et, située sur une petite plate forme, l'église romane parée de sept modillons ouvragés représentant les sept pêchés capitaux.

OU MANGER

L'ESTANQUET Route d'Arzacq - SAMADET © 05 58 79 14 68. *Fermé vendredi soir, dimanche soir et la première quinzaine d'août. Menu à 10 € le midi. Menus tous les week-ends à partir de 20 €. Prix moyen à la carte : 25 €.* Les gourmets sont séduits par la cuisine du terroir des Castagnet. Les portions sont copieuses et le rapport qualité/prix est de ce fait incomparable. Des spécialités maison : foie gras chaud pommes et raisins, salade de saint-jacques fraîche et foie gras au vinaigre de framboise, salmis et cèpes en saison. Le service est accueillant et très convivial. Une vaste salle à côté du bar peut contenir 300 couverts. Service traiteur, mariages, banquets…

EMPLETTES

Art et artisanat

BOUTIQUE D'ANNICK DE SANSONETTI 5, rue de l'Eglise - SAMADET © 05 58 79 13 54. Près du musée de Samadet, passez un beau porche, et au fond de la cour Annick et ses doigts de fée vous enchanteront par sa patience, sa délicatesse et son talent. Elle et son mari s'inspirent des modèles de faïences de Samadet pour produire leurs pièces. De très belles idées de cadeaux comme un service de table, de jolies tasses, des assiettes… chaque pièce devient un modèle unique et donne un joli air de fête à la table.

Produits du terroir

FERME DES VALLONS Cap-de-Père - VIELLE-TURSAN © 05 58 79 18 86. *Ouvert toute l'année, fermé le dimanche. Réseau Bienvenue à la Ferme.* Benoit Laborde s'occupe de l'exploitation familiale. Il élève des canards, des porcs, et cultive du maïs, du soja, de l'orge et des vignes. Il propose visite et dégustation en donnant toutes les explications nécessaires. On trouve donc des produits frais et transformés de porc, jambon, saucissons, pâtés, rillettes, boudins, confits… Egalement vente sur les marchés et par correspondance.

AGENDA

Mi-juin : marché artisanal et fête de Samadet. Dans le village est organisée une exposition d'artisanat d'art avec les faïences notamment de Samadet.

Mi-juillet : fête de Vielle-Tursan.

Août : foire aux chevaux.

Début novembre : A Pimbo Quate es Choes. Un spectacle qui allie musique et chorégraphie contemporaine autour du jeu de quilles.

SANGUINET

Côte Landes Nature

Au XIXe siècle, l'implantation de la forêt landaise a changé la physionomie de la région des grands lacs. Dur d'imaginer l'ancien visage de cette région et la richesse qu'ont montrée les fouilles du lac de Sanguinet. Les fouilles subaquatiques sont exécutées par le C.R.E.S.S. (Centre de Recherches et d'Etudes Scientifiques de Sanguinet) depuis 1976. Le pays de Born est un territoire de recherche archéologique encore peu connu. Les découvertes récentes sur ces sites constituent un événement capital dans la connaissance de l'histoire de l'Aquitaine. Apprécié des touristes, le lac de Sanguinet, de formation récente, recouvre d'étonnants champs de ruines. Depuis la fin de l'année 1970, les plongeurs y ont, en effet, découvert les vestiges de Losa, hameau gallo-romain établi près du pont qui permettait le franchissement de la Gourgue, la rivière qui donna naissance au lac.

OFFICE DE TOURISME 1, place de la Mairie ✆ 05 58 78 67 72
E-mail : otsangui@worldnet.net - Site Internet : www.sanguinet.com.

A VOIR

MUSEE DE SANGUINET ✆ 05 58 78 54 20. *Site Internet : www.musee-de-sanguinet.com. Exposition estivale en juillet et août tous les jours de 10h à 12h30 et de 14h30 à 19h. Toute l'année sur rendez-vous auprès de M. Maur. Durée de la visite : 1h environ.* Ce musée se trouve à côté de la mairie. Il présente de belles collections archéologiques : poteries, monnaies, bijoux… Un film vidéo raconte l'histoire de la formation des lacs landais et permet de suivre les plongeurs archéologues sur les sites engloutis : le site de Put Blanc avec ses poteries de la fin de l'âge du bronze ainsi que 19 pirogues monoxyles reposant à 14 mètres de profondeur. Losa, le village gallo-romain, étape de la voie romaine littorale, est actuellement recouvert par 4 à 5 m d'eau.

AU PARADIS DU PAPILLON 1748, route de Bordeaux ✆ 05 58 78 67 42. *Ouvert tous les jours du 1er mai au 24 septembre de 14h à 18h, du 1er juillet au 31 août de 10h30 à 18h30. 4,57 € par adulte et 3,04 € par enfant. Réduction avec le guide "Sites et musées des Landes".* Des centaines de papillons exotiques venant d'élevages des 4 coins du monde volent en totale liberté au milieu des visiteurs, dans un jardin couvert de 1 500 m³. Le couple qui a eu l'idée de l'élevage des papillons émigre deux mois par an en Guyane. De retour dans les Landes, ils expliquent les différentes étapes de la vie des papillons : des œufs aux cocons en passant par les chenilles et les chrysalides. Tous les jours, des dizaines d'espèces différentes naissent dans les éclosoirs et s'envolent pour le plus grand plaisir des yeux.

OU MANGER ET DORMIR

Restaurant

LE CATAMARAN 459, avenue Losa - Plage du Pavillon - SANGUINET ✆ 05 58 78 65 67. *Ouvert de Pâques à novembre les week-ends et vacances scolaires, et du 15 juin au 15 septembre tous les jours. Menu à 7,62 € le midi, 9,90 €, 11,89 € et 14,94 €.* Face au lac, c'est bien agréable de s'installer sur la terrasse du Catamaran ombragée par un chêne séculaire. On y déguste pour pas trop cher, des salades composées, des brochettes ou des moules marinières.

Campings

CAMPING DU LAC 526, rue de Pinton - SANGUINET ✆ 05 58 82 70 80. *E-mail : camping.lelac@wanadoo.fr. Mobil-homes 4/6 places de 185 € à 480 €. Forfait journalier à 11 €. Gratuit pour les moins de 4 ans.* Situé dans une forêt au bord du lac de Sanguinet (5 608 hectares), à proximité de l'océan, le camping Le Lac vous propose des emplacements ensoleillés ou ombragés, commerces, jeux d'enfants, pétanque, volley…

CAMPING LES GRANDS PINS Avenue de Losa (route du lac) - SANGUINET ✆ 05 58 78 61 47. *E-mail : info@campinglesgrandspins.com. Ouvert du 30 mars au 31 octobre. Mobil-homes de 182 € à 515 €. Forfait journalier à 17 €.*

CAMPING LA PINEDE 523, avenue des Landes - SANGUINET ✆ 05 58 82 11 40. *E-mail : lapinede@compuserve.com. Ouvert d'avril à octobre. Emplacement pour 2 personnes en saison à 10 €.* Un petit camping familial de dimension humaine et de l'envergure d'une aire naturelle, en bordure de la forêt des Landes, dans un petit village tranquille de 2 000 habitants. Aire de jeux spacieuse et sécurisante pour les petits et les grands, minigolf 18 trous, table de ping-pong, terrain de volley, labyrinthe dans les fougères…

CAMPING LOU BROUSTARICQ Route de Langeot - SANGUINET ✆ 05 58 82 74 82. *E-mail : loubrousta@wanadoo.fr. Ouvert toute l'année. Prix du forfait journalier à 22,50 €. Location de mobil-homes de 198 € à 615 €. Quatre étoiles.* Dès que l'on franchit ce camping municipal, on est séduit par l'espace et les jardins fleuris autour des trois bassins. Une végétation abondante abrite et sépare les emplacements, chacun pouvant être chez soi et dans la nature. Toutes les prestations utiles sont sur place : boulangerie, pâtisserie, presse, restaurant, et deux accès directs amènent à la plage.

SE DETENDRE

PORT MINIATURE Bords du lac ✆ 05 58 78 63 59. *En saison, ouvert tous les jours à partir de 10h. Hors saison, de Pâques à la Toussaint, de 14h à 19h, le week-end, vacances scolaires et jours fériés.* Naviguer en toute sécurité est possible grâce aux petits bateaux électriques. On embarque à bord de Brittany-Ferries, chalutiers, vapeurs du Mississippi ou remorqueurs et c'est une mini-croisière sur le lac de Sanguinet, agréable pour les parents et les enfants.

VACANCES PLUS MULTILOISIRS 56, avenue du Born - SANGUINET ✆ 05 58 78 68 16. *En saison ouvert tous les jours et hors saison il faut téléphoner.* Sur le lac de Sanguinet, remarquable étendue de 5 800 ha, Vacances Plus s'occupe de tout pour permettre de passer un bon moment. Les joies de la voile, mais aussi des balades en vélo. A chacun son rythme dans la discipline que l'on a choisie : l'école de voile pour débutants ou pour initiés sur planche à voile, dériveur, catamaran, Optimist… Une boutique est bien approvisionnée en accessoires de planche à voile et vélos, en vêtements techniques. Coin occasions pour les supers affaires et atelier de réparation et d'entretien de vélos.

EMPLETTES

Art et artisanat

PIN DECOR Zone artisanale - SANGUINET ✆ 05 58 78 64 09. Dans cette usine, on peut acheter des écorces de pins décoratives. Ces écorces, que l'on met autour des plantes, permettent une meilleure croissance en évitant le compactage du sol, une économie d'arrosage car l'eau s'évapore moins et les mauvaises herbes ne se développent pas à travers les écorces. Ces écorces de pin ont différentes tailles et sont faites à partir du Pin Maritime du massif forestier des Landes de Gascogne. Elles sont très pratiques.

Produits du terroir

MARIE-JO ETCHEGOYEN 156, chemin de Nelson - SANGUINET ✆ 05 58 82 10 77. Dans son atelier, Marie-Jo façonne à merveille tourtières et pastis landais selon la recette des grands-mères du pays de Born. Ses spécialités landaises sont également vendues sur le marché de Sanguinet.

AGENDA

Mercredi matin du 1er juillet au 31 août : marché d'été.
Mi-juin : fêtes.
Juillet : festival de jazz.
Août : salon gastronomique.

SAUBUSSE

Pays du thermalisme

"Il était un beau village à deux pas de l'océan au pied des Pyrénées…" César ne parle-t-il pas dans ses commentaires du peuple des Sibusate ? Sabussa remonterait à la Haute Antiquité. Plus tard, c'est le fleuve "Ladour", au bord duquel est construit le site, qui en fit la richesse. Au XVIIIe siècle, Saubusse était une étape importante sur la route des gabares qui descendaient l'Adour chargées des bois et des jambons des Pyrénées, ou qui le remontaient à partir de Bayonne pour apporter aux habitants du "Haut-Pays" sucre, chocolat et autres trésors. Au cœur de la forêt des Landes de Gascogne, le village, à l'écart de la grand route, offre une possibilité de "thermalisme aux champs". Les eaux thermales de Saubusse, riches en calcium et sulfates jaillissent du sol entre 40°C et 43°C. Leurs propriétés les destinent à des soins de rhumatologie et de phlébologie.

SYNDICAT D'INITIATIVE Le long de l'Adour © 05 58 57 76 68

A VOIR

L'EGLISE. Datant pour la partie la plus ancienne du XIIIe siècle, l'église avec son clocher massif flanqué d'une tourelle a été fortifiée. Sous le porche, un monumental portail a été restauré en 1875. A l'intérieur, de vieux autels en bois du XVIIe siècle dans les chapelles latérales. En 1966, l'édifice a été inscrit à l'inventaire des Monuments Historiques.

MUSEE DE L'HISTOIRE DE SAUBUSSE. *Visite guidée le mardi à 16h30 en juin et septembre, et à 17h30 en juillet et août.* Situé au bord de l'Adour, intéressant petit musée à la mémoire de Saubusse et du peuple des Sibusates, gabariers, bouchonniers, résiniers, pêcheurs et chasseurs.

LE PORT. Le port connut son heure de gloire au XIIIe siècle, très actif grâce à sa population composée aux deux tiers de mariniers. En 1579, lors du détournement de l'Adour, le poids public est transféré d'Hossegor à Saubusse. La pesée s'effectuait pour les produits forestiers, résineux et les vins de Tursan ou de Chalosse. Colbert fait installer un entrepôt de goudron au XVIIIe siècle. Aujourd'hui, c'est le port d'attache de quelques pêcheurs qui dirigent le "couralin", petite embarcation pour la pêche à la pibale, la lamproie ou l'alose.

AUX ENVIRONS

Angoumé

Petit village résidentiel et campagnard au sud-ouest de l'arrière-pays dacquois, Angoumé est seigneurie dépendant de Mauléon en Soule jusqu'au XIVe siècle. Ancienne cimenterie et vastes carrières de calcaire non exploitées aujourd'hui.

Rivière

Petit bourg charmant avec son haut clocher-porche, ses deux quartiers Saas et Gourby. Dans ce dernier se trouve une petite chapelle d'un prieuré bénédictin dédiée à saint Blaise. A découvrir.

OU MANGER ET DORMIR

Le thermalisme

Les eaux thermales de la source de la Rouillère sont sulfatées calciques, et les boues thermales sont naturelles, végéto-minérales.

COMPLEXE THERMAL Saubusse ✆ 05 58 57 40 00. *Site Internet : www.saubusse-thermes.com. Spécificité : rhumatologie, phlébologie et remise en forme. Fermé du 23 novembre au 19 mars. Chambres doubles de 47 € à 94 €. Menus de 15 € à 37,50 €. Divers soins de remise en forme.* La station thermale landaise la plus proche de l'océan offre plusieurs avantages. Les thermes sont spacieux, lumineux, tout bleu et blanc. Tous les jours, les soins suivants sont proposés : piscine de mobilisation à 36°C, douche sous-marine, aérobain, hydromassage, piscine de marche à 28°C. Une magnifique verrière éclaire les deux salles de restaurant où est servie de la restauration traditionnelle ou diététique. Toutes les chambres, attenantes à l'établissement de soins, sont équipées de bain ou douche, W.-C., T.-V., et sont fonctionnelles et agréables. Le côté détente est plutôt avenant avec bar, piscine et terrasse, salons, billard, sauna, hammam, salle de musculation, ping-pong et aire de loisirs. Autant joindre l'utile, se faire soigner, à l'agréable, passer un bon séjour dans un bel endroit.

Chambres d'hôtes

LE VILLA STING Rue du Port - SAUBUSSE ✆ 05 58 57 70 18. *Fermé samedi midi, dimanche soir lundi et le mois de février. Chambres doubles à 50 €. Petit déjeuner à 7 €. Menu-carte à 28 €.* Anciennement Le Vieux Castel pour les connaisseurs, au bord de l'Adour, à 300 m de l'église. Dans une villa classique du XIXe, Francis Gabarrus a tenté de respecter au mieux l'origine de la bâtisse de 1820. Une cuisine raffinée qui change toutes les saisons. Un menu original avec 5 entrée, 5 viandes ou 5 poissons et 5 desserts au choix. Tous les produits sont frais : foie gras, anguille, piballe sur commande… Les desserts sont faits maison et ça se voit ! A tester la chiboute caramélisée aux framboises et son fromage blanc.

CHATEAU BEZINCAM Route de l'Adour - SAUBUSSE ✆ 05 58 57 70 27. *Ouvert toute l'année. Chambres doubles à 60 €. Trois épis.* Claude Dourlet bénéficie d'un cadre exceptionnel. Le château Bezincam se trouve au beau milieu d'un parc tout près de l'Adour. Trois chambres sont proposées aux petites jambes fatiguées. Deux d'entre elles donnent sur la rivière. Toutes sont spacieuses et disposent de salles de bains privées.

Campings

CAMPING BEAULIEU Saubusse ✆ 05 58 57 40 00. *Ouvert du 1er mai au 31 octobre. Emplacement avec caravane de 8,54 € à 9,76 € selon la saison.*

CAMPING LOU BASCOU Rivière ✆ 05 58 97 57 29. *Ouvert toute l'année. Forfait journalier à 2,29 € et pour les moins de 7 ans à 1,83 €. Chalets de 2 à 6 personnes de 411,61 € à 548,82 € pour 3 semaines.* A 3 km des termes de Saubusse, soixante emplacements. Sanitaires chauffés.

SE DETENDRE

LES BARTHES, CAMARGUE DU PAYS LANDAIS. De nombreux circuits pédestres permettent de découvrir ce milieu sauvage. Le long de l'Adour, suivre une petite route avant le petit pont, où un "régiment" d'oies s'exprime bruyamment le long d'un petit canal. A quelques mètres, une barrière en bois, attention c'est le domaine des chevaux ! Plus loin, un nid prévu pour les cigognes de passage, hérons cendrés, canards colverts, aigrettes... Les réserves naturelles ne sont pas loin. Belle balade sauvage.

FERME EQUESTRE DE PEYLIN Rivière © 05 58 97 51 04. *Semaine pension à 286,65 € ou demi-pension à 144,82 €.* A quelques kilomètres de Saubusse, cette ferme équestre propose des vacances cheval et nature pour enfants de 7 à 14 ans. La jolie ferme typique de Véronique Monteil, monitrice diplômée d'Etat, est située dans le milieu naturel des barthes de l'Adour. C'est le pays du poney landais. Les enfants s'habituent vite à ce petit cheval rustique, parfait pour l'initiation mais aussi pour le saut d'obstacle. La diversité des tailles permet à chaque enfant de trouver un fidèle compagnon pour la durée de son stage. Un gîte d'étape et de groupe peut accueillir dix-neuf personnes.

La pelote basque

Ce jeu a une importance primordiale dans ce village depuis plus de 50 ans. Son école de pelote se place dans les toutes premières des Landes et de l'Aquitaine. Elle organise de nombreuses manifestations et des compétitions toute l'année, des championnats et des tournois départementaux. Le fronton, édifié en 1952, a été remis à neuf pour accueillir les championnats de France. Le trinquet municipal est une réalisation audacieuse qui autorise toutes les spécialités.

AGENDA

Mi-juin : fête de Saubusse.

SEIGNOSSE

Côte sud des Landes

La station se présente en deux parties, Seignosse bourg et Seignosse le Penon. Le bourg est relié à l'océan par une route de 5 km dans la pinède, et Seignosse le Penon est accessible soit par Hossegor plage, par un large boulevard fleuri, soit par la route des lacs à travers la forêt. La station balnéaire couvre 500 ha sur un front de mer de 7 km. De majestueux étangs sont la parure du paysage seignossais : les étangs Noir et Blanc, féconds en nénuphars et propices à la pêche, sont classés parmi les sites pittoresques par arrêté du ministère de l'Environnement. La municipalité, avec son slogan "la plus nature des stations", est récompensée de ses efforts car le pavillon bleu flotte fièrement près du poste des M.N.S., prouvant que la qualité des eaux de baignade est irréprochable.

OFFICE DE TOURISME Avenue des Lacs © 05 58 43 32 15

E-mail : office.tourisme@seignosse.com - Site Internet : www.seignosse.com. Sous la pinède, à Seignosse le Penon, un vaste bâtiment en bois abrite l'Office de Tourisme. De Pâques à fin septembre, exposition vidéo, en collaboration avec l'Office National des Forêts, sur la formation des dunes. Durant les vacances de Pâques, et du 1er juin au 30 septembre, sorties pédestres guidées par un technicien de L'O.N.F. une fois par semaine.

A VOIR

RESERVE NATURELLE DE L'ETANG NOIR Le bourg ✆ 05 58 72 85 76. *Accès libre à la réserve toute l'année. Des visites guidées sont organisées toute l'année sur rendez-vous et en juillet et août à 10h30, 15h et 17h, du lundi au vendredi. Tarif : 2,86 € par personne et gratuit jusqu'à 6 ans.* Situé au sud des Landes, l'étang Noir est un de ces petits étangs qui s'égrènent, prisonniers des dunes, à l'est du cordon littoral aquitain. Ce site admirable et protégé offre un paysage caractéristique des landes humides : marécage dense et luxuriant où un sentier sur caillebotis mène parmi un chaos d'arbres aux troncs penchés et aux branches entremêlées, parsemé de majestueuses fougères primitives dont les pieds peuvent atteindre 300 ans, de plantes carnivores, de touffes de carex échevelé, d'iris, d'osmondes royales. Féerique par la densité végétale des bois des 59 ha, au bord d'un plan d'eau de 20 ha ! Des animaux vivent en toute liberté sur leur territoire. Avec patience et discrétion, on surprend divers animaux : hérons cendrés, libellules, ragondins, canards…

OU MANGER ET DORMIR

Restaurants

L'ALSACE GOURMANDE 15, avenue de la Grande-Plage - SEIGNOSSE PLAGE ✆ 05 58 43 18 78. *E-mail : ciconia@wanadoo.fr. Fermé de fin septembre à fin 30 mars. Menus de 9,50 € à 16 €. Prix moyen à la carte : 14 €.* L'Alsace au rendez-vous sous les dunes, avec de vrais Alsaciens et de succulents plats qui séduiront nostalgiques de la région et autochtones qui feront une infidélité au canard. Délicieuses choucroutes, jambonneaux, bäckeofe et tartes flambées dans un cadre typique et original avec une scène, car notre homme est un comédien. Des spectacles et concerts de qualité s'y déroulent l'été en plein air. Le bar musical est le rendez-vous branché. A noter également un point Internet. Goûtez l'une des 100 bières différentes ou de bons petits crus alsaciens à boire avec "mode et ration". Ambiance et bon accueil assurés.

BEST WESTERN HOTEL DU GOLF Avenue Belvédère - SEIGNOSSE ✆ 05 58 41 68 40. *Fermé janvier et février. Chambres doubles de 86 € à 157 €. Menus de 23 € à 31 €.* Dans ce cadre propice à la réflexion, le Golf Hôtel Blue Green est parfaitement équipé pour l'organisation de vos séminaires et réunions professionnelles. Hôtel de style Louisiane au cœur du golf classé 21e parcours d'Europe dans un domaine de 70 ha vallonné et bordé de pins. Le séjour se déroule comme dans un rêve, proche de l'océan. Le restaurant invite à déguster la gastronomie traditionnelle basco-landaise.

HEMENGOAK 6-8, place de Castille - SEIGNOSSE ✆ 05 58 43 13 61. *Ouvert mardi et mercredi. Prix moyen à la carte entre 25 € et 30 € vin compris.* Quel plaisir, non loin de la plage, de déguster une cuisine qui change de l'ordinaire dans ce quartier piétonnier. Cette famille propose des douceurs du Pays basque. Pour ceux qui le parlent, "hemengoak" veut dire "les gens d'ici", ce qui colle parfaitement à l'établissement. La salle de restaurant chaleureuse et fleurie invite à la détente gastronomique : grosse côte de bœuf pour deux, plantureuses gambas, salade Euzkadi garnie de ses savoureux produits du terroir, saucisses pimentées, bon poisson frais servi sans chichi afin de l'apprécier au mieux… toutes ces douceurs arrosées, pourquoi pas, du tursan voisin.

LES ROSEAUX - CHEZ KAKO Route Louis-de-Bourmont - SEIGNOSSE ✆ 05 58 72 80 30. *Ouvert toute l'année. Hors saison, ouvert à midi, le soir sur commande. Menus de 13,50 € et 17,50 €. Prix moyen à la carte entre 18 € et 20 €.* Location de barques. Au bord de l'étang Blanc, les palmipèdes sont les rois de cette charmante table. En voisin, François Mitterrand aimait cet endroit et aujourd'hui c'est Françis Cabrel qui la fréquente. Cadre idyllique au bord de l'étang, sur la terrasse ou dans la salle typique où l'on passe assurément un bon moment de détente et de gastronomie.

LE SUSHI BAR **Les Estagnots - SEIGNOSSE.** *Ouvert le midi et à partir de 18h.* Phil, l'australien, installé depuis 10 ans en France, régale par ses sushis faits maison. Unique dans le coin. Un décor original : canapés zèbre et léopard… Le samedi soir s'organisent souvent des soirées entre amis dans une ambiance exceptionnelle.

Hôtel-restaurant

CHEZ TOTON **Route de l'Etang-Blanc - SEIGNOSSE © 05 58 72 80 15.** *E-mail : contact@cheztoton.com. Ouvert toute l'année. Fermé dimanche soir et lundi hors saison. Menus de 15 € à 29 €. Prix moyen à la carte : 20 €.* Sur les rives de l'étang Blanc, cet hôtel-restaurant trône dans ce cadre champêtre d'un parc d'1 ha. Grande salle de restaurant panoramique pour déguster les spécialités du pays, entre autres anguille, caneton, ris de veau à l'ancienne, poissons du lac et viandes. Le gourmet gourmand a l'embarras du choix. A la belle saison, quel plaisir de s'installer sur la terrasse agrémentée de guirlandes au bord d'un petit canal et qui procure une détente complète dans une ambiance de guinguette. C'est l'endroit idéal pour organiser banquets et mariages pour 70 places maximum. Parking privé. Les chambres sont confortables, avec juste les petits oiseaux et les canards pour se réveiller le matin… le bonheur !

Hôtels

HOTEL DU GOLF **2, avenue de la Braserade - SEIGNOSSE © 05 58 43 12 12.** *E-mail : info@hotelgolfseignosse.com. Fermé en novembre et janvier. Chambres doubles de 36 € à 66 €.* Au pied du golf et à 700 m de la plage, ce lieu de séjour traité à la manière des patios est très décontracté et convient parfaitement à des vacances golfiques ou de détente complète, avec ses chambres à terrasse ou à balcon. Une sympathique cour intérieure munie d'une piscine et d'un petit bar donne accès au restaurant.

LE MOTEL **Seignosse-Bourg © 05 58 75 87 81.** *E-mail : motelseignosse@multimania.com - Site Internet : www.multimania.com/motelseignosse. Location de bungalows, studios et appartements. De 40 € à 58 € par personne et par jour.* Ce site est implanté en bordure d'une réserve naturelle, au cœur de la forêt landaise et à 5 kilomètres seulement des plages de la côte atlantique. Logements équipés d'une kitchenette, d'une salle de bains avec douche/W.-C., et d'une terrasse meublée avec un salon de jardin. Mme Ferrou réserve un accueil chaleureux et personnalisé. Calme et repos assurés !

Camping

CAMPING LES CHEVREUILS **Route des Lacs - SEIGNOSSE © 05 58 43 32 80.** *Ouvert du 1er juin au 15 septembre. Au cœur de la forêt, sous les pins et chênes, avec 80 000 m² vous aurez le choix entre 240 emplacements. Ambiance familiale, animations et aire de jeux pour enfants. Espaces piscine et tennis gratuits.*

SE DETENDRE

Parc de loisirs

ATLANTIC PARK Seignosse Plage © 05 58 43 15 30. *Ouvert de mai à septembre. Tarifs adulte à 5,79 € et enfants à 4,26 €. Tarifs préférentiels pour groupes.* Depuis juin 1999, le parc aquatique connaît un succès foudroyant avec, en pleine saison, même lorsque l'océan ressemble à la mer Méditerranée, pas moins de 3 000 entrées. En toute sécurité, des jeux aquatiques pour les plus jeunes : champignon aquatique, toboggan double piste et, pour les amateurs de sensations fortes, toujours plus haut, un nouveau superkamikaze de 20 m, un toboggan à virages, un toboggan à 4 pistes…

Sports

BEACH-VOLLEY. Depuis plus de 20 ans, l'amicale des volleyeurs de Seignosse propose des séances d'initiation et de perfectionnement. Une équipe compétente comprenant un breveté d'Etat et deux professeurs de gym organise régulièrement des tournois.

CYCLOTOURISME Départ du hall des sports © 05 58 72 83 35. Affilié à la Fédération française de cyclotourisme, le cyclo-club organise durant la saison estivale des circuits pittoresques dans l'arrière-pays dimanche et mercredi. Le départ est prévu à 8h et le retour à midi (assurance obligatoire). Des randonnées sont proposées toute l'année selon le calendrier de la ligue d'Aquitaine. Se renseigner.

ECOLE DE SURF MULTIGLISSE 2/4, avenue de la Grande-Plage © 05 58 41 63 97. *Site Internet : www.multiglisse.com. Lieu de rendez-vous du 1er juin au 30 septembre : la cabane, plage centrale du Penon. Du 1er octobre au 31 mai : bâtiment Le Trident face au parc aquatique. Fermeture annuelle : décembre, janvier et février.* Multiglisse est une école labellisée par la Fédération Française de Surf et Bodyboard et agréée par la Jeunesse et les Sports. Un enseignement de qualité est délivré par des moniteurs compétents, tous titulaires des brevets d'Etat de surf et de sauvetage aquatique. A partir de 5 ans, le matériel (planches et combinaisons) s'adapte à votre niveau (de l'initiation au perfectionnement). Multiglisse est aussi un club de skate.

L'ESQUIRO LOCATION 49, avenue du Penon © 05 58 43 33 35. *Ouvert de Pâques à septembre. Tarif V.T.T. adulte à 7,62 € la demi-journée et enfant à 5,33 € la demi-journée. Mobylette à 13,72 € la demi-journée et scooter à 18,29 € la demi-journée.* Toute location possible ou presque, du vélo au roller, en passant par le skate, le long board, la combinaison intégrale surf, les palmes… bref, pas de surcharge inutile, l'Esquiro Location s'occupe de tout !

FERME EQUESTRE DE CIBADE Route de l'Etang Blanc © 05 58 72 87 88. *Stages d'une semaine avec 2h ou 3h d'équitation par jour, logé et nourri : 304,89 €. Pour 1h : 12,19 €. 2h : 22,86 €. Pour 3h : 32,01 €. Tarifs 2000.* En saison à Seignosse, des balades en forêt accompagnées par des moniteurs diplômés d'Etat. A Saint-André-de-Seignanx, à la ferme équestre, 35 chevaux et poneys font découvrir la région à travers des virées en montagne, en forêt, au bord de l'océan.

GOLF BLUE GREEN Avenue Belvédère © 05 58 41 68 30. *Ouvert toute l'année. Parcours de 18 trous, de 72 m par 6 124 m. Practice, putting-green. Green-fee du 14 juillet au 31 août : 57,93 €. Moyenne saison : 42,68 €. Basse saison : 36,58 €.* Beaucoup de pièges à déjouer le long de ce grand parcours, très technique et agrémenté d'obstacles d'eau, dévoilant une nature quasi sauvage sous les pins et chênes liège. Elu meilleur golf de France par les opérateurs anglais et 15e golf européen par le magazine Golf World, reconnu par les meilleurs joueurs, il n'a plus de mal à séduire. Un hôtel trois étoiles sur place ainsi qu'un restaurant. Voir rubrique "gîte et couvert".

KITELAND Seignosse Le Penon © 05 58 48 53 94. *E-mail : contact@kiteland.fr - Site Internet : www.kiteland.fr.* Centre d'essai de formation en face d'Atlantic Park, "Naish Kiteboard" est labellisé par la Fédération Française de Voile. L'école propose des stages de Kite surf en initiation ou en perfectionnement.

SURF TRIP Plage sud d'Hossegor © 06 81 90 84 12. *E-mail : julia.bruno@free.fr - Site Internet : www.surftrip.fr.* Voir Hossegor

THYPHON SPORTS LOISIRS © 05 58 41 60 09. *Ecole française de surf et de bodyboard avenue de la Grande-Plage et, en juillet, août, sur la plage des Bourdaines. Ouvert toute l'année, selon les activités. Surf et bodyboard, hébergement, roller...* Véritable école de sports où éducateurs sportifs, moniteurs fédéraux et animateurs s'activent autour de jeunes et adultes désireux de s'initier au surf et au bodyboard certes, mais aussi au V.T.T., du cheminement à la balade sportive, au tir à l'arc, au roller, au cerf-volant... Thyphon étudie toutes les formules à la demande, de 11 à 77 ans : stage découverte, initiation, perfectionnement, entraînement de tous niveaux. De 5 à 10 ans : "le jardin des vagues" pour les plus petits. Camp d'ados 13-17 ans pendant les vacances scolaires de Pâques, de Toussaint et l'été. Accueil de groupes toute l'année.

OU SORTIR

LE CHICHI BAR 10, place de Castille - SEIGNOSSE LE PENON © 05 58 43 34 09. Sur la place du Penon, un bar agréable pour boire un verre le soir et se détendre. Concerts en saison.

LE SAFARI Seignosse Le Penon © 05 58 43 30 74. *Discothèque. Ouvert tous les soirs en saison à partir de 22h30. Entrée avec une consommation à 10 €.* L'Escargot a fait place au Safari et est devenu une discothèque branchée, lieu de rendez-vous des fêtards.

LOU TRAOUC Route de Vieux-Boucau © 05 58 43 31 85. *Discothèque ouverte tous les soirs en saison. Entrée avec une consommation à 10 €.* Cadre typique pour cette discothèque dans une ancienne bergerie. Ses terrasses en plein air, sa piscine, ses bars extérieurs régalent les 20 à 35 ans.

AGENDA

Mardi, jeudi et dimanche en saison à Seignosse le Penon : marché traditionnel.
Mercredi matin, toute l'année à Seignosse-Bourg : marché traditionnel.
Mars : carnaval à Seignosse-Bourg.
Début juin : Forestival. Le festival de la forêt et de la nature au cœur de la plus grande forêt d'Europe. Le rendez-vous annuel de tous les amoureux du bois.
Juillet : open européen de skimboard. Compétition amateur, figures acrobatiques, triple salto avant, widly, salto arrière...

SORDE-L'ABBAYE

Sud Adour

Pittoresque petit village, riche d'un passé prestigieux, Sorde s'étire au pied d'un coteau, sur la rive droite du Gave d'Oloron. Au pied d'une falaise, plusieurs gisements préhistoriques, en particulier l'abri Duruthy, attestent la très ancienne présence de l'homme. Des pièces magdaléniennes nombreuses et remarquables y ont été mises au jour au cours de diverses fouilles. La cité s'est développée autour d'une abbaye bénédictine édifiée sur l'emplacement d'une villa gallo-romaine avec thermes et bel ensemble de mosaïques du IVe siècle. A Sorde, le plus gros revenu de la commune provient des cultures de maïs et surtout de kiwi, mais il reste encore quelques vignes.

INFORMATIONS MAIRIE Place de l'église ✆ 05 58 73 04 83

A VOIR

L'ABBAYE ✆ 05 58 73 60 03/05 58 73 04 83/05 58 73 18 24. *Ouvert tous les jours de 10h30 à 12h30 et de 14h30 à 18h30. Rendez-vous place de l'Eglise. Tarif adultes à 1,52 € et gratuit pour les moins de 12 ans.* Programme de la visite : église Saint-Jean, ancien hôpital des pèlerins de Saint-Jacques-de-Compostelle, remparts médiévaux, échelle à poissons, maisons anciennes, vestiges et lieux de curiosité. Le village de Sorde se constitue peu à peu autour de l'abbaye classée au patrimoine mondial par l'UNESCO. L'ensemble abbatial comprend des bâtiments conventuels, aujourd'hui en ruines, s'organisant autour d'un cloître et d'une cour et donnant sur une terrasse surplombant le Gave. L'église, dont l'abside et les absidioles datent du XIIe siècle et le clocher du Xe siècle, laisse deviner la splendeur ancienne de l'abbaye. A remarquer le portail et son tympan, les chapiteaux et, dans le cœur, de remarquables mosaïques romanes.

Le long pèlerinage de Compostelle

A pied, à cheval, à vélo ils étaient 10 416 pèlerins à se rendre à Compostelle en 2000. Le pèlerinage date de 900, date à laquelle saint Jacques parti pour évangéliser l'Espagne, fut alors assassiné et son corps enterré par les apôtres dans ce village de Galice. Que de fatigue mais surtout de joie et de réconfort lorsque les pèlerins se retrouvent le soir autour d'une table croulant de produits du terroir. En général il faut 31 jours pour effectuer les 580 km du voyage. A ne pas louper chaque année la Compostellane dans le village de Sorde, une soirée retraçant ce pèlerinage.

OU MANGER ET DORMIR

Restaurant

L'AUBERGE DE L'ABBAYE Place de l'Eglise - SORDE-L'ABBAYE ✆ 05 58 73 08 90. *Fermé le samedi, de Noël au Nouvel an et une semaine début septembre. Menu en semaine à 10 € et sinon de 13 € à 20 €. Le soir il faut réservation. Prix moyen à la carte : 25 €.* Pari réussi pour les deux jeunes frères Cazaux : perpétuer l'œuvre de Marie, leur aïeule. De bons plats rustiques élaborés à partir d'ingrédients régionaux : le foie gras, les magrets, les viandes, les gambas et des desserts comme le gâteau basque ou des tuiles qui accompagnent crèmes et glaces, sont tous réputés. L'entreprise familiale avec Ernest le père dans la boulangerie, Claudine la mère, et les deux fils, forme une excellente équipe pour convier à sa table gourmande.

Chambres d'hôtes

MAISON CANTIN Rue Lesplaces - SORDE-L'ABBAYE ✆ 05 58 73 28 68. *Ouvert toute l'année. Chambres doubles à 38 € petit déjeuner compris. Deux épis.* Des chambres rénovées au sein d'une vaste maison du XVIIIe siècle. Piscine et parc paysager à disposition des invités. Dans cette demeure confortable, Christiane réserve un accueil chaleureux.

FERME COUT DE NINON Sorde-l'Abbaye ✆ 05 58 73 06 66. *Ouvert en juillet et août, sauf vendredi, dimanche soir et lundi midi. De Pâques à septembre fermé le dimanche midi. Groupes sur réservation. Menus de 11 € à 26 €. Menu enfant à 5,50 €.* De style traditionnel, cette ferme est située un peu avant le village de Sorde en venant de Peyrehorade. Jocelyne et Jean-Marc Dolet sont d'une hospitalité telle qu'en se rendant chez eux on se croirait à la maison. En plus, on y mange à merveille foie gras de canard, magret, confits, veau fermier et pigeonneaux, dans une ambiance conviviale.

SE DETENDRE

On visite l'église et le monastère et on part à la découverte du village : les remparts fortifiés, l'ancien hôpital des pèlerins, la fontaine et son lavoir, les berges du Gave, l'échelle à saumons, les maisons traditionnelles…Grande boucle des coteaux de Sorde (balisage bleu et blanc). Très agréable randonnée pédestre formant une boucle sur les coteaux de Sorde-l'Abbaye et la vallée du Gave d'Oloron. Durée : 2h30 environ. Point de départ : Sorde-l'Abbaye, place de l'Eglise, l'itinéraire comprenant petites routes, chemins ruraux non revêtus et sentiers en sous-bois. Très beaux points de vue sur la vallée du Gave d'Oloron et les Pyrénées. Aucune difficulté particulière. Seule recommandation : être bien chaussé par temps de pluie.

EMPLETTES

Art et artisanat

REVU ET CORRIGE Face à l'Eglise - SORDE-L'ABBAYE © 05 58 73 04 98. *Ouvert au public tous les jours sauf journées d'exposition.* "Rendre beau et attractif un objet, un meuble qui n'a, a priori, aucune valeur esthétique, c'est ce qui motive mon travail", explique Isabelle Saphore, jeune artiste passionnée d'art et de décoration. Un coup de pinceau ici, une soudure là, de simples objets souvent récupérés au fond d'un grenier se métamorphosent et retrouvent une seconde jeunesse. Cette visite mérite le détour car on peut y admirer une série de miroirs, des bougeoirs, des meubles en bois décoré, de charmants petits canapés en fer forgé habillés de couleurs chatoyantes ainsi que des lampes et de très beaux objets en mosaïque. Isabelle exécute travaux de rénovation et de décoration à la demande.

AGENDA

Juin : fête de la céramique.
Juin : festival des abbayes.
14 juillet : repas champêtre en bordure du Gave.
Fin juillet : la Compostellane. Sorde médiéval traversé par les chemins de Saint-Jacques-de-Compostelle, en costume d'époque.
Dernier dimanche d'août : fêtes.
Fin août : nuit d'été en pays d'Orthe.

Attelage, Écomusée de Marquèze © JL. TASTET

SOUSTONS

Côte sud des Landes

La perle du Marensin bénéficie d'une situation privilégiée et d'un environnement exceptionnel avec son territoire qui, à Soustons plage, côtoie l'océan sur 5 km de plages de sable fin tout en se situant dans le massif forestier le plus important de France. Beaucoup d'eau et de verdure pour les amoureux de la nature. Véritable île verte, cette station balnéaire est entourée de 5 lacs, marins ou d'eau douce : le grand lac Intérieur, d'une superficie de 700 ha et réservé aux sports nautiques, aux promenades en bateaux ou en pédalos, le lac marin de Port-d'Albret, 50 ha à l'abri des dunes, sur lequel on pratique les sports nautiques avec une large plage surveillée en été, l'étang de Pinsolle, au sud du lac marin, encerclé par le parcours du golf et des sentiers pédestres balisés, le nord du lac Blanc, plus retiré dans la forêt et réservé aux planches à voile, aux promenades en pédalos, et l'étang d'Hardy, le plus petit et le moins accessible, une véritable réserve naturelle insérée dans un cadre exceptionnel.

OFFICE DE TOURISME Grange de Labouyrie ✆ 05 58 41 52 62

E-mail : tourisme.soustons@wanadoo.fr - Site Internet : www.mairie-soustons.fr. Relié directement avec le comité départemental du tourisme, un fichier est tenu à jour, ce qui permet de proposer un service de qualité pour l'hébergement. Des cartes reprenant les nombreux sentiers pédestres et cyclables sont éditées à l'Office de Tourisme.

A VOIR

LA BERGERIE DE LATCHE. Lieu-dit modeste, il a acquis à partir de 1981 une notoriété toute particulière, depuis l'élection de son hôte le plus célèbre à la présidence de la République. Le véritable nom du lieu est "Latche" (prononcer Latieu). François Mitterrand y fit l'acquisition de sa propriété en 1966. Pour passer près de la bergerie, il faut suivre la petite route au milieu de la forêt de pins qui rejoint Soustons à Azur. Cet endroit qui a reçu tant d'illustres personnages se trouve sur la gauche, mais la végétation, le carabinier et les panneaux interdisant tout arrêt de véhicules obligent à continuer sa route. Il s'agit toujours d'une propriété privée. Danielle Mitterrand, ses enfants, petits enfants, et Roger Hanin, le beau-frère du président, y séjournent souvent.

LA FEERIE DES AUTOMATES ✆ 05 58 41 31 22. *Ouvert tous les jours. En été du 1er juillet au 31 août de 10h à 20h sans interruption. Du 1er septembre au 30 juin de 10h à 12h et de 14h à 19h. Visite du musée et de l'atelier. Tarifs adulte à 5,35 € et enfant à 3,04 €.* Martine Morand et Jean-Jacques Achache ont suivi une formation d'architecte d'intérieur et de théâtre. Leur existence est vouée à la création, et, par la magie de ces plasticiens, on admire plus de 100 automates multicolores mis en scène selon des thèmes mêlés aux contes et mythes et au carnaval vénitien. Après le musée, la visite continue vers les coulisses de la création. Epoustouflant ! Des automates de 20 cm à 2 m de haut, les corps en ferraille, les moules pour les visages, tout est dévoilé par les deux artistes. Le voyage se fait dans la plus grande liberté, une volonté des concepteurs qui aiment discuter avec les visiteurs. A la sortie, on peut acheter un automate musical, un cadeau qui fait son effet.

LE MEMORIAL FRANCOIS MITTERRAND. Face à l'Office de Tourisme, le mémorial a été inauguré le 21 mai 1996 par Danielle Mitterrand. Réalisée en bronze, la sculpture mesure 2,20 m de haut, celle de Baltique 65 cm. C'est avec une certaine émotion que l'on peut contempler l'ancien président de la République, qui a vécu à Soustons de 1965 à 1996, se mêlant aux passants, plus vrai que nature, avec sa vareuse, sa canne et Baltique sa chienne. Approchable, l'effigie du président se démarque volontairement de l'échelle humaine. Un œil qui scrute, l'autre qui rêve.

MUSEE LA PANDELLE Avenue du Général-de-Gaulle - SOUSTONS ✆ 05 58 41 39 09. *Ouvert tous les jours sauf le mardi, de 10h à 12h30 et de 15h à 19h30. Hors saison tous les jours, sauf mardi et dimanche, de 10h30 à 12h30 et de 14h à 18h30. Tarifs adulte à 3,04 € et enfant (jusqu'à 12 ans) à 1,52 €.* Dans un cadre prestigieux, au milieu d'un immense parc boisé, l'histoire merveilleuse du travail des hommes est contée. Un lieu magique dédié à l'amour du travail bien fait. Témoignage des métiers d'autrefois : l'armurier, le mouleur, le sculpteur, le menuisier, le scieur, le sabotier, le cordonnier, le résinier, le forgeron, le couvreur, le tonnelier…

OU MANGER ET DORMIR

Restaurants

LA FERME DE BATHURT Route de l'étang Blanc - SOUSTONS ✆ 05 58 41 53 28. *Ouvert toute l'année. Hors saison, fermé mardi et mercredi. Menus de 12 € à 29 €. Menu enfant à 7,65 €. Prix moyen à la carte : 25 €.* Jean-Marie et Myriam savent recevoir dans leur belle ferme landaise implantée à 500 m de la plage de l'étang Blanc avec airial de chênes, grand parc pour enfants, terrasse ombragée. Cadre typique dans la mignonne salle authentique. Le jeune Chef s'active en cuisine avec un petit accent du Pays basque. Au programme : poisson frais, thons et chipirons, et en été, piperade. Le roi canard n'est pas exclu, avec magrets, foie gras, confits, et anguilles toute l'année. Pour la note sucrée, une crème glacée aux noix caramélisées servie originalement dans un pot de résine, mais aussi du gâteau basque et de la tourtière.

LA PIZZETTA Résidence Closerie - SOUSTONS ✆ 05 58 41 21 80. *Ouvert toute l'année. Plat du jour à 7,50 €. Menu enfant à 7,50 €. Prix moyen à la carte : 20 €.* Au fond d'une petite rue, pas très loin de la mairie, c'est la cantine pour tous : des notables et des touristes mais surtout des habitués, car non seulement on y mange bien mais en plus l'ambiance est bon enfant. L'endroit est petit mais ne dit-on pas que tout ce qui est petit est charmant. A l'extérieur, une terrasse couverte d'une bâche rouge, tables et bancs en bois, guirlandes, et dedans, une petite salle tout aussi accueillante. Spécialités italiennes avec tortellinis aux herbes, crème, basilic, luna ricota, épinards, et de savoureuses pizzas comme l'originale périgourdine au foie gras, sans oublier le magret et des tapas.

LA STORIA 29, rue Emile-Nougaro - SOUSTONS ✆ 05 58 41 22 66. *Ouvert toute l'année. Fermé mardi, mercredi et jeudi soir en hiver. Ouvert tous les jours de juin à septembre. Assiette express à 9,90 € et 10,36 €. Menu du jour à 7,47 € (l'hiver). Bambino à 5,33 €.* Terrasse arborée, petite salle côté bar, et une autre salle face au pizzaïolo. L'accueil convivial, on le trouve à La Storia. Une farandole de pizzas et des pâtes bien sûr à toutes les sauces. Les spécialités : bocconchini, gratin d'aubergines, saumonchini et gratin de pâtes au magret. Quelques poissons dont un pavé de saumon "à la plancha" sauce chef complètent cette appétissante carte. Le service est rapide, ce qui se révèle pratique lorsqu'on on doit reprendre le travail. Un bon point pour la bonne humeur.

Hôtels-restaurants

DEHIOU Route de Magescq - SOUSTONS ✆ 05 58 41 57 02. *Ouvert toute l'année. Menu du jour à 10 € en semaine. Menus de 19,50 € à 28 €. Menu enfant à 7,70 €. Prix moyen à la carte : 25 €. Chambres doubles à 36,60 €.* Entourée d'eau et de pins, Monique Montus sait recevoir les gourmets en terrasse aux beaux jours ou à l'intérieur dans la salle rustique. Côté cuisine c'est plutôt régional et c'est tant mieux car tout est délicieux. A voir le monde qui s'y installe, on n'en doute pas ! Les habitués réservent sans problème une des onze chambres tout confort, blanches avec des salles de bains carrelées. L'endroit est privilégié, un peu en retrait du bourg mais aussi et à la fois proche des plages.

HOTEL DU LAC Avenue Galleben - SOUSTONS © 05 58 41 18 80. *Fermé dimanche soir, lundi, la 1ère semaine d'octobre et un mois en janvier. Chambres doubles de 33,60 € à 52 €. Soirée étape à 46 €. Menus de 14 € à 30 €. Prix moyen à la carte : 28 €.* L'Hôtel du Lac porte bien son nom. Au bord de l'eau, il a de quoi séduire face à ce site prestigieux, dans une nature intacte et sans voiture. Michel Batby aux fourneaux, la qualité de la cuisine est au rendez-vous avec des produits bien travaillés, essentiellement une cuisine traditionnelle. Dans la salle rustique et coquette, on se sent bien pour déguster au calme toutes ces bonnes choses.

Chambres d'hôtes

MONTJEAN Route de Montjean - SOUSTONS © 05 58 41 51 52. *Fermé le samedi hors saison. Quatre chambres à 39 €. Menu à 15 €. Carte bancaire non acceptée. Deux épis.* La maison, de construction récente, au milieu d'un parc traversé par une rivière, est à 7 km de l'océan et à 20 km des parcs nationaux. Les chambres d'hôtes, de 20 à 25 m², sont agrémentées d'un décor à thème (mer, forêt et campagne). Les repas sont élaborés par les soins des propriétaires avec les produits du jardin et ceux, bien connus, de la région : asperges, confits, magrets et poissons notamment.

Camping

CAMPING MUNICIPAL L'AIRIAL Soustons © 05 58 41 12 48. *Ouvert d'avril à mi-octobre. Emplacement de deux personnes avec électricité en basse-saison : 12,95 €. Haute saison : 14,48 €. Chalets à louer. Quatre étoiles.* A 6 km de l'océan, accessible par de belles pistes cyclables ou en voiture, ce camping, à la fois typique et moderne, est situé en face du lac sous une pinède. Plusieurs activités pour des vacances de rêve : piscine, tennis, minigolf, volley et animations. Bar et centre commercial sur place.

SE DETENDRE

Culture

CINEMA ATLANTIC Place Robert-Lassalle - SOUSTONS © 05 58 41 58 59

Sports

ASSOCIATION SPORTIVE DE PETANQUE Rue de Moscou © 05 58 41 26 09. Des concours promotionnels sont organisés par cette association. Le terrain est libre d'accès et donc ouvert à toutes les personnes désirant pratiquer le jeu de boules. Même Patrice Laffont, lors de son passage pour jouer une pièce de théâtre, très branché sur cette activité sportive, y a joué jusqu'à 3h du matin.

ASSOCIATION SPORTIVE CYCLOTOURISME © 05 58 41 11 06. *Jeudi et dimanche en juillet et août.* Ce club propose de faire des balades à bicyclette, soit en groupes, soit individuelles.

ASSOCIATION SPORTIVE DE TENNIS Maison du tennis © 05 58 41 14 38. *Location au camping l'Airial. Adultes : 42,70 €. Débutants : 38,11 €. Etudiants : 30,48 €. Jeunes : 24,39 €. Ecole de tennis : 38,11 €.* Quatre courts au camping l'Airial et deux sur les terrains municipaux. La vie du club est très importante, et offre la possibilité de prendre des leçons et de participer à des tournois.

BATEAU ELECTRIQUE Port d'Albret © 05 58 41 27 19. *Ouvert en juillet août à partir de 10h. Avril, mai, juin, septembre et octobre : week-ends et après-midi.* A 5 km du centre-ville, direction Vieux-Boucau, un moyen de passer un agréable moment en famille et de découvrir le lac marin. On embraque sur le bateau de son choix au mini-port d'Albret, et on navigue en toute sécurité. Pour adultes et enfants, une promenade dans un cadre paisible et verdoyant à bord de reproductions très fidèles d'un "Brittany Ferries", d'un vapeur du Mississippi, d'un chalutier ou d'un bateau-phare.

CLUB DE PELOTE BASQUE © **05 58 41 23 92.** *De nombreux entraînements ont lieu pour s'initier ainsi pour que des compétitions, championnats des Landes ou inter-ligues.* Chaque année, le club organise un tournoi local de paleta gomme ouvert à tous. En saison estivale les vacanciers peuvent s'initier à ce sport.

GOLF DE PINSOLLE Port d'Albret © **05 58 48 03 92.** *Ouvert toute l'année. Green fee, la journée : 15,24 €. En saison : 19,81 €. Découverte du golf : 18,29 €. Stage débutants : 151,67 €.* Autour d'un lac naturel, le complexe du golf de Pinsolle est particulièrement agréable. L'eau, les pins, le silence… Parmi les installations, un practice sur l'eau, le parcours de 9 trous (par 31), parcourus en 1h est idéal pour les débutants. C'est aussi un centre d'entraînement officiel. Sur place également un court de tennis et un minigolf.

ECOLE FRANCAISE DE VOILE - ECOLE FRANCAISE DE SURF Société Nautique Soustons © **05 58 41 32 23**
PORT D'ALBRET © **05 58 48 06 80**
SOUSTONS PLAGE © **05 58 48 23 03**
LEON © **05 58 48 78 80**
Ce centre de formation comporte deux volets bien distincts : l'hébergement de groupes et la société sportive présente sur six sites du secteur. Un lac intérieur de 750 ha pour la voile (toute l'année), découverte environnement, canoë-kayak sur le courant de Soustons, au Port d'Albret spot de planche (vacances scolaires et de juin à septembre), Soustons plage, la vague du surf (de Pâques à septembre). Soixante-quinze lits en chambre de quatre peuvent accueillir les groupes, salle de restaurant, salles de cours, classe de découverte, stage sportif… Cette structure très complète accueille des personnes de tous les âges et de tous les niveaux ainsi que des personnes handicapées, et leur apprend ou perfectionne les techniques des différents sports nautiques.

EMPLETTES

Art et artisanat

LAMAIGNERE FRANCIS Route des lacs © **05 58 48 03 45.** *Ouvert d'avril à fin septembre.* Cet artisan fabrique depuis 20 ans ses sabots, dont certaines formes ont été imaginées par lui-même. Impossible donc de les trouver ailleurs. On peut admirer l'artiste au travail dans son atelier derrière la boutique. De grandes plaques de cuir sont découpées puis modelées à l'aide de formes de bois, les poinçons permettant de dessiner sur le cuir. Dans cet espace on trouve également les produits d'autres artisans de la région comme des poteries, des cadeaux et des souvenirs.

LA POTERIE LANDAISE Pointe des Vergnes © **05 58 41 14 81.** *Ouvert toute l'année. De juin à septembre.* Silence, on tourne de 14h30 à 17h. Au bord du lac, cette poterie est l'une des plus anciennes de la région. Depuis plusieurs générations elle fabrique des objets usuels et décoratifs.

VERRERIE D'ART Route de Magescq © **05 58 41 50 20.** *Ouvert tous les jours de juillet à août de 14h à 20h et le reste de l'année sur rendez-vous.* Xavier Carrère expose dans sa galerie des œuvres en verre qu'il fabrique lui-même. A découvrir, des formes inattendues et des couleurs translucides. Manipuler du verre à plus de 1 000°C et le souffler pour lui donner sa forme demande un travail de longue haleine et une patience à toute épreuve. Il dit lui-même qu'il produit peu mais on imagine facilement le temps que prend la création d'une seule pièce. Si l'artiste préfère travailler le verre on peut admirer aussi des œuvres en bronze, bois ou béton.

Produits du terroir

BOULANGERIE PATISSERIE LABAT 24, rue Daste ✆ 05 58 41 13 50. *Ouvert toute l'année.* A la fabrication de la boulangerie ancestrale, M. Labat ajoute un choix de plusieurs fabrications artisanales faites maison : variétés de 20 pains différents, pain au levain traditionnel. Côté desserts, le boulanger excelle : tourtières à l'armagnac, petits fours salés et sucrés, pâtisseries fines, spécialités régionales. Un petit conseil : les chocolats maison, à consommer sans modération, font du bien au moral.

DUPOUY 17, rue Emile-Nougaro ✆ 05 58 41 13 09. *Ouvert toute l'année. Le dimanche matin en juillet et août également. Fermé le dimanche hors saison.* Très appétissant, l'étalage de qualité de M. Dupouy. En plein cœur de Soustons, il sait conseiller sur les produits landais et des conserves artisanales. Il suggère magret de canard, pâté de campagne au foie gras et cuisses de canard.

POISSONNERIE PIERRE DIAZ ✆ 05 58 41 19 26. *Ouvert toute l'année tous les jours de 9h à 13h et 16h à 21h. Restaurant en juillet août. Paëlla : 11,43 €. Plateau de fruits de mer : 22,86 €. Menu enfant : 6,09 €.* Proches du centre-ville, des produits frais de l'océan. Les époux Diaz sont charmants et proposent en saison de déguster sur place leur pêche miraculeuse. Dans la salle extérieure protégée par une bâche ou à l'intérieur, feu vert pour une cure d'iode avec paella, piquillos farcis à la morue, parillada de poissons et moules de bouchot, selon arrivage. Pour les amateurs de produits landais palmés, la fameuse cuisse de canard.

Fête de la tulipe

La tulipe est à la Hollande ce que le foie gras est au Sud-Ouest... Depuis quelques années, Eurobulbes, une des plus grandes sociétés du Sud-Ouest spécialisées dans le maraîchage et la vente de légumes, produit des bulbes de tulipes, jacinthes, glaïeuls, afin de les revendre en majeure partie sur le marché hollandais. Grâce au grand ensoleillement et au sol léger et sablonneux de la région, les bulbes se développent plus tôt et plus vite, mais pour obtenir ces résultats il faut sacrifier la fleur, c'est à dire la couper pour que le bulbe puisse grossir. Planté en serre avec un mois d'avance sur les produits hollandais, la tulipe soustonnaise fleurit dès fin novembre, période où le prix des fleurs est très élevé. Le bulbe précoce est ainsi doublement valorisé par rapport à son concurrent néerlandais, d'autant que les Landes s'avèrent être une des régions les mieux placées d'Europe pour cette production. En 1995, M.Vendryes, directeur d'Eurobulbes, a l'idée de proposer à la ville de Soustons d'utiliser ces fleurs coupées, comme il l'avait vu faire à Castiglione del Lago en Italie. Ces tulipes deviennent ainsi la matière première d'un étonnant et prodigieux Corso fleuri qui les exalte une dernière fois. Les bulbiculteurs soustonnais, réunis sous l'association "La tulipe bleue", se chargent des commandes et de la distribution. Toute composition florale est réalisée en une soirée ou une nuit, car les fleurs fraîches sont fragiles. Chacun se met à la tâche et les associations confectionnent les chars pour le défilé. A la demande du public, il est commenté et agrémenté de plusieurs groupes musicaux, la ville étant sonorisée.

AGENDA

Jeudi matin du 1er juillet au 31 août : marché d'été.
Lundi matin toute l'année : marché traditionnel.
Début avril : fête de la tulipe et festival "Arts, Fleurs, Nature". Durant trois jours, la perle

du Marensin se couvre de ces jolies fleurs avec un concours de chapeaux fleuris, un défilé de mode, une exposition de peintures florales, un grand marché aux fleurs place des Arènes, des expositions artisanales avec de nombreux exposants, un carnaval des petits et grands, un grand défilé de chars fleuris animé par diverses bandas, le dimanche vers 15h. Un grand repas le dimanche clôture cette superbe fête.
Juin : journée départementale du sport, nombreuses disciplines sportives.
Fin juin : championnat de France de pétanque féminine en doublette.
Mi-juillet : festival d'art lyrique. Création de l'atelier pour l'art lyrique en Aquitaine avec la Traviata de Verdi, salle Roger-Hanin (un concert samedi soir et un dimanche après-midi).
Mi-juillet : festival de musique du Sud. Deux concerts avec des artistes représentant différents styles de musiques.
1ere quinzaine de juillet : tournoi de tennis ouvert à tous les licenciés.
Début août : fêtes.
Mi-août : fête champêtre. Dégustation de produits régionaux, spectacles de variété, grand repas.

TARNOS

Côte sud des Landes

Quatrième ville des Landes avec un peu plus de 10 000 habitants, en constante évolution sur le plan économique, elle possède une vaste zone portuaire, industrielle et artisanale. Tarnos se situe à l'embouchure de l'Adour depuis que le fleuve, jusque-là très capricieux, fut détourné en 1578 par Louis de Foix. Son territoire apparaît en deux zones : la côte océane et les Barthes le long de l'Adour. Les 5 km de sable fin, le long du littoral, s'étendent majestueusement. Deux plages surveillées ont été aménagées par la commune. Entre deux bains il fait bon se dégourdir les jambes et se promener sur le circuit proposé par l'O.N.F. située sur la plage du Métro. Ensuite, l'après-midi, le monde des miniatures est une visite détente mais également éducative avec ses maquettes de trains et de cirques mais aussi d'une plate-forme pétrolière. La placette du Métro, son point d'information, ses expositions et ses commerces accueillent les vacanciers tous les jours en saison. Sur place : bazar-presse, restauration rapide, glaces, sans oublier les animations dont une soirée astronomique. Toute proche de la plage de la digue, une longue jetée d'1 km permet d'assister au retour des bateaux, petits et gros, de la pêche et d'admirer le superbe panorama de la côte basque et de la Rhune (sommet de 900 m).

OFFICE DE TOURISME DU PAYS DE SEIGNANX Avenue Julian Grimaud © 05 59 64 98 98

A VOIR

LA CITE DES FORGES DE L'ADOUR. Edifiées à partir de 1880, les Forges de l'Adour qui employaient de 1 500 à 2 000 personnes sont un complexe sidérurgique unique dans le Sud-Ouest par son importance, le volume de ses productions, ses formes et ses rythmes de travail. Sur 26 ha, limitées au sud par l'Adour et à l'ouest par la forêt de pins en bordure de l'océan, les Forges, reliées à la voie ferrée Paris-Bordeaux-Bayonne, recevaient par mer les charbons et les minerais nécessaires à la production. Bien qu'alimentées par le réseau électrique public, elles possédaient leur propre centrale électrique, des ateliers d'entretien et un centre d'apprentissage. Le 5 juillet 1965, les Forges de l'Adour ferment définitivement leurs portes. Cependant la reconversion est réussie grâce à l'implantation de nombreuses entreprises. La situation économique et sociale est à nouveau florissante.

L'EGLISE SAINT-VINCENT. Au centre du bourg, datant du XIIe siècle, l'église a un cachet bien particulier. Elle aurait été vraisemblablement construite par les Chevaliers de l'Ordre de Malte, ordre issu de l'hôpital Saint-Jean de Jérusalem. Elle a été fortifiée puis remaniée à plusieurs reprises. La dernière restauration en 1970 a fait apparaître des fresques du XVe siècle dans le chœur.

LA PLAGE DU METRO. Sur environ 200 m, la promenade dunaire du Métro a été agencée par l'O.N.F. Elle permet aux promeneurs d'admirer l'océan et de découvrir, grâce à des panneaux richement illustrés, les variétés écologiques de la dune sud-landaise. Une présentation très détaillée de la côte landaise permet également de se familiariser avec le rôle de la dune et sa protection. Cette balade éducative se termine à un belvédère muni d'une table d'orientation sur laquelle sont répertoriés tous les sommets de la barrière pyrénéenne et cantabrique jusque dans la région de Bilbao. Des panneaux d'information présentent les différentes espèces de mammifères marins du Golfe de Gascogne : des cétacés comme le rorqual, la baleine, le dauphin ou encore le cachalot. On vous indique la conduite à tenir en cas d'échouage d'un de ces mammifères. Il faut savoir que de 40 à 200 animaux marins s'échouent chaque année sur les plages des Landes, avec un pic important en hiver, lors des tempêtes. Une balade vivifiante permet aux touristes mais aussi aux autochtones, souvent peu au courant de la richesse et de la fragilité de la dune, de découvrir la région, de mieux connaître et d'être ainsi plus sensibles à tous les efforts réalisés pour la protéger et la conserver.

MUSEE EXPO RN10 ✆ 05 59 64 20 28. *Ouvert du mercredi au dimanche de 14h30 à 19h toute l'année, en périodes scolaires, tous les jours. Juillet et août de 10h à 12h et de 14h à 19h. Tarifs adulte à 5,33 € et enfant à 3,81 €.* Unique en Europe, le royaume de Lilliput ! Pour le plaisir des petits et grands, des maquettes animées de toutes sortes : circuits ferroviaires, cirque et fête foraine, une plate-forme pétrolière animée de 23 m^2 située à l'étage : 1 000 m^2 de visite enchantée, modélisme et dioramas.

OU MANGER ET DORMIR

Restaurants

EXTREME SUD 1450, route de la Barre - TARNOS ✆ 05 59 74 51 12. *Du 1er juin au 1er septembre repas midi et soir. Pendant l'année que le soir. Plat du jour à 6,25 € du lundi au vendredi. Prix moyen à la carte : 12 €.* Face à la jetée, on jouit d'un magnifique panorama sur le Pays basque et le trafic maritime du port depuis la terrasse de ce restaurant-snack. Un vaste parking et terminus, plus de voiture et un espace promenade pour les piétons. Les enfants peuvent jouer en toute sécurité. Sur la carte : salades composées, grillades de viandes et poissons à des prix très abordables. En été, des concerts sont donnés. Vue imprenable le 15 août pour le feu d'artifice de Biarritz. Hors saison, des soirées à thème avec couscous, paella… Une soirée "beaujolais nouveau". Il règne ici une ambiance bon enfant.

LA MADRAGUE **1011, route de la Barre © 05 59 64 55 63.** *Ouvert toute l'année. Fermé le dimanche soir. Menu du jour à 11,15 €. Prix moyen à la carte : 15 €.* Situé le long du port de Bayonne, ce restaurant permet de savourer une bonne cuisine simple, généreuse et copieuse. Un cadre de rêve, surtout en été, sur la terrasse, les pieds dans l'Adour ou presque. Des repas de groupe se tiennent dans la grande salle intérieure.

Ferme-auberge

LA FERME DE HONZAC **1158, chemin de l'Adour © 05 59 55 29 23.** *E-mail : ferme-de-honzac@wanadoo.fr. Ouvert toute l'année. Chambres doubles de 36,50 € à 48 €. Table d'hôte (quatre personnes minimum sur réservation) à 16,50 €.* Sur la N117 (Pau-Bayonne) une ancienne ferme a été restaurée sur une propriété de 10 ha, non loin de l'Adour et au calme. Vos hôtes parlent anglais, allemand, espagnol et néerlandais. Ils vous accueillent dans l'une des cinq chambres aménagées confortablement, chacune avec salle d'eau, W.-C. séparés, sofa, T.-V. et téléphone. La détente est assurée en lisant au coin du feu lors des soirées frisquettes. L'été, on va jouer du piano, profiter de la terrasse et se balader vers l'Adour tout proche.

Chambres d'hôtes

LADEUIX **26, rue Salvador Allendé - TARNOS © 05 59 64 13 95/06 86 89 41 30.** *E-mail : heleneladeuix@hotmail.com. Ouvert toute l'année. Chambres doubles à 53 € petit déjeuner compris. Trois épis.* La maison d'André et Hélène se situe à 5 km des plages. Elle est composée d'une ancienne ferme rénovée et d'une maison de style basque, juste à la lisière des bois. Cinq chambres sont à la disposition des vacanciers, dont quatre dans une annexe. Toutes avec sanitaires et W.-C. privés. Une envie de grillades, le barbecue fait l'affaire, et pour se rafraîchir un petit plongeon dans la piscine privée.

SE DETENDRE

Culture

BIBLIOTHEQUE MUNICIPALE **Rue Victor-Hugo © 05 59 64 34 43.** *Ouvert au public du lundi au jeudi, la journée. Le vendredi de 14h à 19h. Le samedi de 9h à 12h30.* Plus de 11 000 ouvrages à la disposition des lecteurs, des bandes dessinées, des romans, des documentaires, des revues et des journaux.

CENTRE CULTUREL **Place Albert-Castets © 05 59 64 49 40.** Tout au long de l'année, des spectacles sont proposés par ce centre culturel très dynamique. Depuis janvier 1998, la ville a créé une mission d'action culturelle de façon à favoriser les associations qui se sont regroupées autour de la musique, le théâtre, les contes ou les expositions.

CGR RN10 ✆ 05 59 74 84 00. Le site tarnosien est le 18e multiplexe du groupe CGR conçu exactement comme ses modèles : 12 salles de 3 dimensions, soit une capacité d'accueil de 2 570 places. Toutes les salles possèdent un espace réservé aux personnes à mobilité réduite, avec fauteuil pour accompagnateur.

Sports

COMITE DES LANDES DE COURSE D'ORIENTATION Centre Municipal Henri-Dauga ✆ 05 59 64 85 42. La course d'orientation est née dans les Landes en 1979. A ce jour, elle regroupe 5 clubs sous l'égide d'un comité départemental. Celui-ci suggère des compétitions, des manifestations V.T.T. orientation, ainsi que des raids sur un ou plusieurs jours.

ECOLE DE SURF ET DE BODYBOARD Plage du Métro ✆ 05 59 64 75 56. *Ouvert d'avril à octobre.* Sur la plage du Métro, cette école propose de découvrir le plaisir de la glisse en toute sécurité. L'encadrement des cours est assuré par un éducateur sportif diplômé d'Etat et par des moniteurs fédéraux titulaires du brevet national de sécurité et de sauvetage aquatique.

GO & SURF ATTITUDE 108, avenue Lénine ✆ 05 59 74 52 33. *Ouvert du 1er juillet au 30 septembre.* Cette école de surf français se trouve également à Ondres (voir la rubrique pour plus d'infos) et Labenne.

EMPLETTES

Art et artisanat

TROPICAL INFLUENCES RN10 ✆ 05 59 64 05 13. *Ouvert d'avril à octobre, du mardi au samedi, de 10h à 12h et de 15h à 19h. En juillet août : 7j/7.* Cette boutique originale spécialisée en hamacs se situe sur la RN10. Le maître des lieux, après de nombreux voyages à la découverte de cette tradition si passionnante, conseille "On distingue deux sortes de hamacs parmi lesquels notre choix doit s'orienter : le hamac en filet offre un couchage plus frais car le vent passe à travers sa maille. Il est très confortable car il est extensible. On peut le laisser à l'extérieur. Le hamac en toile se trouve principalement dans les pays où les nuits sont fraîches ou dans ceux où les insectes volants sont nuisibles. Il est plus chaud, et c'est celui qui résistera le mieux à tous les assauts de la famille. On peut se balancer à plusieurs dedans… c'est génial !"

Produits du terroir

ALIENOR D'AQUITAINE Rue du Docteur-Gronich ✆ 05 59 64 13 77. Ici, des produits de qualité à partir de canards gras élevés à la ferme en totale liberté et exclusivement à base de maïs. Les spécialités de la maison sont le magret fourré au foie gras, le canard à l'orange, la garbure, les confits et bien sûr le foie gras.

CHAI TEMPLIER 4, square Albert-Mora ✆ 05 59 64 96 80. *Ouvert tous les jours sauf dimanche après-midi et lundi.* Cette adresse réunit toute la richesse du Sud-Ouest pour les amateurs de découverte du patrimoine viticole d'un grand terroir. Vins régionaux en bouteilles : côtes-de-gascogne, irouleguy, tursan, jurançon, madiran et bien d'autres. Vins fins spiritueux et vins en vrac.

AGENDA

Samedi toute la journée : marché traditionnel.
Début juin : fêtes.
Mi-juillet : Tour Roller Aquitaine. Manifestation où les amateurs de roller sont comblés (05 59 64 98 98).

TARTAS

Parc naturel des Landes

Riche en édifices religieux, le pays Tarusate présente de remarquables exemples de l'art roman et gothique. Quelques sites sont à visiter : les vestiges du château fort, les fontaines des Dertres, Sainte-Anne, la capitale des ortolans située entre Dax et Mont-de-Marsan, village de 2 900 habitants, et l'école Saint-Joseph qui a remplacé le couvent des Ursulines. L'emplacement était celui de l'ancien château fort dont subsistent au fond de la cour de l'école quelques restes de murs avec chemin de ronde et une tour rectangulaire. Tartas appartient au pays de la bonne chère où la table est un art à part entière : foies gras, confits, gibiers, asperges blanches sont les produits de base. Sur le long des berges de La Midouze, le chemin de hallage fait découvrir tous les secrets de cette rivière. Une situation géographique privilégiée, complétée par les aménagements et bretelles d'accès à la RN124, qui constituent donc pour les entreprises artisanales ou industrielles un véritable atout. L'économie locale est en grande partie tournée vers la filière bois avec la présence sur la commune d'une papeterie, propriété du groupe Canadien Tembec.

SYNDICAT D'INITIATIVE DU PAYS TARUSATE 143 rue Jules-Ferry - TARTAS © 05 58 73 39 98

E-mail : ccpt@wanadoo.fr www.pays-tarusate.org.

TEMBEC TARTAS SA 1154, avenue du Général-Leclerc - TARTAS © 05 58 56 47 56. *E-mail : tartas.adv@tembec.com.* Au cœur du plus vaste massif forestier cultivé, de l'Europe de l'Ouest, Tembec Tartas S.A. est un important producteur de pâtes de cellulose. Tembec Tartas S.A., ce sont 300 employés, 750 000 tonnes de bois brut consommé et 165 000 tonnes de pâtes produites par an. Les pâtes de cellulose Biofluff constituent la matière première principale des articles absorbants à usage unique répartis sur quatre marchés principaux : l'hygiène bébé , l'hygiène féminine, l'hygiène adulte et les produits hospitaliers, l'essuyage et les articles de table.

Un peu d'histoire

En 1994 Saint-Gobain, alors propriétaire exploitant de l'usine de Tartas, annonçait son éventuelle fermeture. Elle aurait porté un grave coup à l'industrie landaise du bois près de 30 ans après la fermeture de la papeterie de Roquefort. Finalement la papeterie fut rachetée par les groupes canadiens Cascades et Tembec. L'activité papetière exige des investissements très lourds et les papeteries landaises souffrent de coûts de production élevés. Elles bénéficient en revanche d'une bonne localisation géographique tant pour les approvisionnements que pour les débouchés, mais ne sont jamais à l'abris des décisions que peuvent prendre les grands groupes qui les exploitent au regard d'un marché très lié à la conjoncture.

A VOIR

EGLISE SAINT-JACQUES. Avant 1849 il y avait à Tartas deux églises paroissiales : une ville haute et une ville basse, sans compter deux chapelles conventuelles sises ville haute couvent des Cordeliers et couvent des Clarisses. La première pierre fut placée le 30 octobre 1849. A l'intérieur, les peintures murales et les fresques surprennent. D'après les spécialistes de ce type de fresques, c'est une des rares églises du sud de la France où l'école Allemande de l'époque a œuvré sous la conduite d'un certain Longa. Pour l'allure de la nef, on sent les directives de Viollet le Duc. Le mobilier en chêne massif est soigné.

LA MAISON DITE DE JEANNE D'ALBRET Rue du Chanoine Bordes - TARTAS. Ancienne demeure des lieutenants généraux de la Sénéchaussée de Tartas à l'époque de Louis XIII (début XVIIe siècle) et plus récemment ancien Hôtel de Ville, elle est construite selon un plan en L et sera modifiée au XIXe siècle. Edifice bâti en équerre sur trois niveaux, les étages sont soulignés par des bandeaux et les deux côtés sur la cour sont percés de fenêtres à croisées et linteau en bossage. La porte en bois sculpté est surmontée d'un fronton triangulaire interrompu.

OU MANGER ET DORMIR

Restaurants

LES PLATANES Tartas © 05 58 73 59 22. *Restaurant ouvert toute la semaine, le midi seulement. Menus de 9 € à 14 €. Prix moyen à la carte : 15 €.* Viviane Desclaux se démène depuis 7 ans pour rassasier chacun comme il se doit. Pas de fausses apparences pour ce petit restaurant. Un seul principe : la simplicité et le sens de l'hospitalité. La cuisine, axée sur un respect de la tradition, s'en ressent. On peut en outre déguster des entrecôtes juste cuites comme il faut.

RESTAURANT MAGNE 41 place Aristide Briand © 05 58 73 43 36. *Fermé le samedi d'octobre à mai. Menus de 9,50 € à 24,39 €. Carte de 3,81 € à 18,29 €.* Les propriétaires du restaurant organisent des repas de groupes. Ils peuvent aussi louer une salle de réunion, mais avant tout ils confectionnent une cuisine traditionnelle. Le temps d'un repas on plonge dans un univers très landais où le canard mène la danse.

LE SHOW BIZ Tartas © 05 58 73 52 39. *Fermé le dimanche. Menus de 14 € à 28 €. Menu enfant à 7,70 €. Prix moyen à la carte : 20 €.* "Les clients disent que c'est la plus belle sale de restaurant de Tartas" se vantent Jean-Michel et Brigitte. Ils n'ont pas forcément tort. De très belles œuvres égayent les murs… Un cadre agréable où il y en a pour tous les goûts : des pizzas pour les adeptes de saveurs italiennes et une cuisine landaise pour les curieux ou habitués.

Hôtels-restaurants

LE MARENSIN 146 rue du Docteur Calmette - SOUSTONS © 05 58 73 40 83. *Restaurant fermé vendredi et dimanche soir. Chambres doubles de 25 € à 28 €. Pension complète de 37 € à 40 €. Demi-pension de 29 € à 32 €. Menus de 10 € à 22 €. Menu du jour à 10 €.* Calme et repos pour cette halte en pays tarusate. Des repas de groupes pour 70 personnes maximum, peuvent être organisés à la demande. L'établissement dispose également d'une salle de réunion. Côté papilles, pas de surprise pour cet hôtel-restaurant situé en plein cœur des Landes : on y serre une cuisine traditionnelle.

Ferme-auberge

FERME DE MELLAN Saint Daguen © 05 58 44 77 93. *Ouvert toute l'année uniquement sur réservation. Fermé dimanche soir et lundi. Menus de 15 € à 24 €.* Il arrive aux voyageurs de rencontrer des gens enchanteurs. Colette Lagüe illumine la ferme Mellan et déborde de gentillesse. Elle est à la fois cuisinière, patronne et serveuse. Un petit bout de femme très dynamique ! Elle prépare avec ardeur foie gras, foie frais, salade landaise, garbure, magret, confits… et comme si cela ne suffisait pas, elle seule connaît la recette de ses fameuses croustades et tourtières…

Campings

CAMPING MUNICIPAL Allées Marines - TARTAS © 05 58 73 41 06. *Ouverture du 15 juin au 15 septembre. Forfait deux personnes (emplacement, voiture, caravane, électricité) : 9,90 €/nuit. Enfant de moins de 7 ans : gratuit. Enfant de plus de 7 ans : 2,30 €.* 83 emplacements et 2 blocs sanitaires.

SE DETENDRE

Sports

Divers activités comme des randonnées pédestres. Pour les sportifs, un itinéraire de découverte sur 15 kilomètres ou un parcours de santé. On a également la possibilité d'écarter les doigts en éventail au bord de la piscine (05 58 73 41 86), ou d'écouter les chants d'oiseaux en surveillant sa canne à pêche. Egalement tennis, pétanque, jeu de quilles, bibliothèque, cyclotourisme et V.T.T.

EMPLETTES

Produits du terroir

LA FERME LABOUYRIE Tartas © 05 58 73 55 66. *Boutique ouverte toute l'année. Visite gratuite du mardi au vendredi de 15h30 à 19h du 1er juillet au 31 août. Accueil de groupes.* Au cœur des Landes, entre l'Adour et la forêt, des canards à foie gras sont élevés en liberté. A les voir évoluer, aucun doute, pas de stress pour ces futurs martyrs. Henri Dumercq est l'heureux papa de cette joyeuse colonie. Il organise des démonstrations de gavage et fait visiter son atelier de conserves traditionnelles. On peut repartir le coffre rempli de produits du terroir à déguster une fois rentrer chez soi : foie gras, confits, rillettes…

AGENDA

Lundi matin : marché traditionnel et à la volaille.
Samedi matin : marché fermier d'été.
Mi-juillet : fêtes locales.
Octobre : championnat de France d'équitation.

VIELLE-SAINT-GIRONS

Côte Landes nature

Saint-Girons a deux noms et deux bourgs : Vielle-Saint-Girons et Saint-Girons-Plage, un lac, le courant d'Huchet et sa réserve naturelle et des kilomètres de sable fin. Deux paroisses furent réunies entre 1790 et 1792 pour ne former qu'une seule commune. Cette petite station balnéaire est très diverse : l'océan et ses grandes plages, ses dunes, le lac, la forêt… La nature est omniprésente. Vielle, c'est d'abord le lac avec une plage moins dangereuse que celles de l'océan parfois, un camping quatre étoiles, un stade et un fronton. Outre les joies de la baignade et de la pêche, le lac offre tout un éventail d'activités nautiques.

OFFICE DE TOURISME Route de Linxe © 05 58 47 94 94

E-mail : vielle.st.girons@wanadoo.fr - Site Internet : www.tourisme-vielle.st.girons.com. Soixante-dix kilomètres de sentiers pédestres balisés, 2 parcours de santé. Une carte détaillée gratuite est à disposition des intéressés à l'Office de Tourisme.

OU MANGER ET DORMIR

Restaurants

DIETERS BIERGARTEN **2, lotissement Artisanal-le-Tourt - VIELLE-SAINT-GIRONS © 05 58 42 92 99.** *Site Internet : www.multimania.fr/biergarten. Ouvert de mi-mai à mi-septembre, 7j/7, de 12h à 23h. Hors saison samedi et dimanche de 12h à 22h. Vendredi soir de 18h à 22h. Service continu. Menus de 10 € à 16 €. Menu enfant à 5,60 €.* Au pied du château d'eau de Vielle bourg, un petit voyage vers l'est s'impose pour les amateurs d'une bonne choucroute (sur réservation pour assurer des produits frais), mais aussi de fameuses grillades "à la plancha" (bœuf, porc et agneau avec un grand choix de légumes), des salades composées et des plats mijotés. Tout est fait maison et c'est divinement bon. Egalement un service à emporter : choucroute et bières allemandes en bouteille. Une véranda avec des fenêtres coulissantes est agréable pour manger à l'extérieur aux beaux jours. Un rendez-vous à ne pas manquer : la fête de la bière le 1er week-end d'octobre. On s'y croirait, les kilomètres en moins. La bibine coule à flot : à la pression, bière de blé avec levure, bière de blé bock, et une vingtaine de bières allemandes…

LES GEMMELLES **3, lotissement Artisanal Le Tourt - Route du Lac - VIELLE-SAINT-GIRONS © 05 58 42 91 35.** *Ouvert toute l'année. Fermé dimanche soir et lundi soir de janvier à mars. De juin à août ouvert tous les jours. Menus de 14,50 € à 36 €. Menu enfant à 8,40 €. Prix moyen à la carte : 20 €.* Situé dans le bourg de Vielle, ce restaurant réserve une étape gourmande toute l'année. Des mets typiques de la cuisine du terroir avec des produits faits maison. Les spécialités à découvrir : le canard dans tous ces états, du magret au foie gras en passant par le confit bien sûr, les huîtres farcies aux amandes, le feuilleté de coquille saint-jacques au sauternes, l'escalope de foie frais aux pommes, le pigeon braisé au miel et aux épices et cette sole farcie aux crevettes. Cette parenthèse gastronomique accueille des repas d'affaires ou familiaux dans une grande salle fleurie ou sur une agréable terrasse avec des jeux pour les enfants, en toute sécurité.

Gîte

GITE RURAL **Au Bénédit © 05 58 42 91 42.** *Location pour une semaine pour quatre personnes de 145 € à 284 € selon la saison. Chien accepté.* Afin de bien profiter des environs, on se sent bien chez Jean-François Lespitaou. Ce gîte réserve tout le confort souhaité et c'est bien agréable de passer ses vacances dans une grande maison en bois où l'on peut manger dehors sur un vaste terrain.

Campings

CAMPING LE COL VERT Lac de Léon ✆ **05 58 42 94 06.** *E-mail : contact@colvert.com - Site Internet : www.colver.com. Ouvert de Pâques à fin septembre. Prix du forfait journalier : 25 €. Location de mobil-homes : de 168 € à 637 €. Chalet : de 287 € à 924 €. Quatre étoiles.* Au cœur de la forêt de pins, ce camping est idéal pour les enfants comme pour les parents avec de nombreuses activités pour chacun. Sur le courant d'Huchet et sur le lac, à 5 km de l'océan, une trentaine de chalets reliés par de petits ponts verts passent au-dessus de plusieurs cours d'eau qui sillonnent le camping. C'est un site protégé de 25 ha avec deux piscines, dont une couverte et chauffée, une véritable serre d'hibiscus, un sauna, un hammam, une salle de musculation et un jacuzzi. Dans une ancienne bergerie, à disposition : ateliers manuels, salle de billard et bar. Le Col Vert est un vrai village avec des magasins et son restaurant.

CAMPING CLUB EUROSOL Saint-Girons-Plage ✆ **05 58 47 90 14.** *Ouvert de mi-mai à mi-septembre. Location de chalets et de mobil-homes.* Le camping de Pierre Albaladéjo se situe à l'ombre des pins, à 700 m d'une belle plage de sable fin. Ce véritable village en plein air est pour toute la famille. Un complexe sportif de qualité avec deux piscines, deux tennis, un minigolf, un terrain de volley, une aire de jeux aménagée et même un centre équestre. Sur place, centre commercial et supermarché, bar, tabac. Des animations se déroulent dans cette ambiance de vacances pour tous les âges.

Naturisme

DOMAINE NATURISTE D'ARNAOUTCHOT ✆ **05 58 49 11 11.** *Ouvert de Pâques à mi-septembre. Location de mobil-homes et de chalets.* Le naturisme en toute liberté dans ce domaine de 45 ha. Blotti dans les fougères, les arbousiers et les chênes, ce camping dispose d'un accès direct aux plages. Spacieux emplacements protégés par la végétation. Sur le site, un magasin bio, boulangerie, supérette, boutique de presse, quatre piscines dont une couverte et chauffée. Stages de remise en forme avec sauna, hammam, baignoires d'hydromassage et jacuzzi. Une bibliothèque, un labo photo, un atelier de poterie et de magnétisme. Le Landais Gourmand propose ses spécialités régionales.

SE DETENDRE

AQUAFUN Plage de Vielle ✆ **05 58 42 91 30.** Une équipe passionnée par la planche à voile et le catamaran propose des stages pour débutants et enfants, sécurité garantie au bord du lac peu profond. Dès 6 ans, planches à voile et optimistes, des bateaux ludiques spécialement conçus pour les enfants qui permettent d'apprendre la voile en s'amusant. Pour la planche à voile, un espace réservé de 7 000 m². Le catamaran : balade ou vitesse, la façon la plus facile d'aller sur l'eau, selon l'humeur ou les caprices de la météo.

SERVICE ANIMATION DE LA RESERVE NATURELLE ✆ **05 58 49 21 89.** *Chalet d'accueil Léon.* La réserve naturelle du courant d'Huchet s'étend sur trois communes : Moliets, Léon, et Saint-Girons. Depuis Léon, des sentiers de pistes dans la réserve naturelle sont aménagés.

EMPLETTES

Art et artisanat

ATELIER D'ANNE LAROSE Route du Lac ✆ 05 58 42 96 24. *Ouvert toute l'année.* Anne a installé son atelier dans une partie de la ravissante bergerie blanche et bleue. Parmi ses œuvres, des aquarelles peintes sur les cartes postales représentant de jolies fermes d'antan. Les thèmes de l'habitat landais et de la tauromachie l'ont beaucoup inspirée. Elle a exposé ses aquarelles à Dax, Mont-de-Marsan et au Salon des artistes français à Paris. Son travail est en constante évolution. Elle se passionne pour la polychromie des perroquets, et croque des chiens de chasse à la sanguine, mais peut aussi "tirer" le portrait. Un aperçu de son talent à Saint-Girons dans la salle polyvalente du Col Vert, sur la plaquette de l'Office de Tourisme, le château d'eau de Tarnos également.

CARPE DIEM Route des Lacs - Quartier Jeantot ✆ 05 58 47 94 91. *Ouvert pendant l'été, les week-ends et les vacances scolaires.* Françoise Defaux est une vrai antiquaire. Au fond de son jardin où on la trouve souvent entrain de bricoler ou de jardiner, elle collectionne des objets depuis des années. Résultat : une ancienne grange arrangée pour l'occasion abrite des antiquités diverses. C'est sa petite boutique. En s'aventurant à l'intérieur on enjambe des bibelots, derrière une vieille armoire on découvre de la vaisselle, dont certaines pièces datent du siècle passé, en soulevant des tableaux on trouve de vieux journaux comme des numéros insolites de l'illustration, une revue de l'entre-deux-guerre, en levant la tête on aperçoit de vieilles lampes… Un véritable nid à souvenirs dans un cadre surprenant !

Produits du terroir

MAISON DES PAYSANS LANDAIS Le Bourg ✆ 05 58 42 94 52. *Tous les jours de 10h à 14h et de 17h à 20h. Entrée libre.* A la belle saison, des agriculteurs font déguster gratuitement les produits de leurs fermes. Mini-marché bio le mardi et le jeudi de 10h à 14h du 6 juillet

Coucher de soleil sur l'océan © JL. TASTET

au 26 août. En vente, les bons produits du terroir : asperges, l'armagnac, floc de Gascogne, foie gras, confits d'oie et de canard et miel. Ils sont installés sur un grand airial dans une accueillante ferme landaise près du château d'eau.

LE VIN-DE-SABLE CHEZ DESBIEYS Domaine de Mongrand © 05 58 42 91 89. Le vignoble de Desbieys s'est vu dans l'obligation d'arracher 300 pieds de plantet, autorisés mais non recommandés. C'est dire que l'appellation du vin-de-sable est scrupuleusement appliquée. Achat de vin rouge ou de vin rosé provenant de 35% de cabernet franc et de 40% de sauvignon au domaine.

AGENDA

Dernière quinzaine du mois de juillet : Festival Rock à la salle des fêtes.
26 juillet : fête du lac à Vielle.
30, 31 et 1er Août : salon gastronomique des 5 terroirs landais. Au programme dégustation, vente de produits régionaux, rencontre avec les agriculteurs et repas. Des animations gratuites ont également lieu tous les soirs en été. Se renseigner à l'Office de Tourisme.
Fin juillet : fête du lac.

VIEUX-BOUCAU-LES-BAINS

Côte sud des Landes

Si l'Adour n'avait pas été détourné en 1578 vers Bayonne, Port d'Albret se verrait aujourd'hui le premier port du littoral landais. Vieux-Boucau attire les amoureux d'un paysage préservé, une nature sauvage où l'homme a inévitablement mis quelques touches personnelles mais en conservant le charme des stations balnéaires familiales. Un pont de bois enjambe un chenal et, de chaque côté, une promenade fleurie, le Mail, bordée de commerces, joint la plage du lac marin de 60 ha. Véritable joyau de la station où des plages sont aménagées pour une baignade en toute sécurité, une île entre le ciel et l'eau, rendez-vous des cormorans. Un endroit charmant, le bois des petits immeubles et la terre cuite rivalisent avec un certain bonheur. Juste derrière la dune, l'océan gronde.

OFFICE DE TOURISME © 05 58 48 13 47

E-mail : officedetourisme.vieux-boucau@wanadoo.fr - Site Internet : www.ot-vieux-boucau.fr. Des visites gratuites sont proposées par l'Office National des Forêts. Le départ de la caserne des pompiers est à 9h30 pour une durée environ de 2h30.

OU MANGER ET DORMIR

Restaurants

LE BISTROT Place de la Mairie - VIEUX-BOUCAU-LES-BAINS © 05 58 48 14 08. *Fermé de novembre à la mi-mars. Formule à 10,36 €. Carte de 12,19 € à 30,48 €.* Au centre-ville, devant la fontaine, ici c'est tradition et convivialité. On s'installe dans la salle aux douces tonalités ou sur la terrasse arborée. Le Chef travaille des produits frais : sole aux cèpes, parillada, tournedos de magret Rossini… Des repas de groupes sont à étudier sur place.

LE CALICOBA 51, avenue de la plage - Plage centrale - VIEUX-BOUCAU-LES-BAINS © 05 58 48 17 10. *Ouvert d'avril à septembre.* Situé sur la plage, ce bar-restaurant, de sa terrasse panoramique, est le lieu idéal pour s'attarder devant le coucher de soleil en sirotant un cocktail… Le soir la brise adoucit la peau rosie par les coups de soleil. Dans cette ambiance romantique, on peut déguster des produits de la mer comme des fruits de mer et divers poissons grillés, en fonction de l'arrivage.

Hôtels-restaurants

LA COTE D'ARGENT 4, Grand-Rue - VIEUX-BOUCAU-LES-BAINS © 05 58 48 13 17. *Ouvert de mi-novembre à fin septembre. Deux cheminées Logis de France. Chambre seule de 38 € à 54 € selon la saison. Pension complète de 65 € à 75 €. Demi-pension de 53 € à 56 €. Petit déjeuner à 6 €. Menus de 15 € à 24,40 €. Plat du jour à 9,90 €.* Au cœur du centre-ville, cet hôtel, depuis trois générations, se trouve dans la rue piétonne. Une vaste terrasse permet de manger dehors, mais si le temps n'est pas au beau, il fait bon se réfugier dans l'une des deux grandes salles. L'étoilé de ce restaurant, le seul sur Vieux-Boucau précise-t-il fièrement, et on le comprend, propose chaque jour un plat du jour alléchant. Quand on a plus de temps, on déguste un saumon frais sauce béarnaise, salmis de palombe, moules de bouchot façon chef, soles aux cèpes, et bien sûr un tendre petit canard en confit.

LA MAREMNE 33, avenue de la Plage - VIEUX-BOUCAU-LES-BAINS © 05 58 48 12 70. *Ouvert de fin mars à fin octobre. Chambre de 38 € à 54 € selon la saison. Pension complète de 46 € à 55 €. Demi-pension de 38 € à 46 €. Menus de 7,62 € à 21,34 €.* A deux pas de la plage, derrière la dune, la famille Ragueneau a donné à cet établissement plusieurs centres d'intérêt. En ce qui concerne la restauration, spécialités de fruits de mer avec la zarzuela. D'autres points intéressants, une terrasse fleurie, une grande salle "vieille auberge" prévue également pour banquets, mais notre coup de cœur c'est le lieu réservé aux enfants, un espace jeux "l'île aux enfants" : les plus petits ont leur table à manger et leur menu spécial. Les plus grands s'amuseront tranquillement ou regarderont la T.-V. ou une cassette. Les chambres sont confortables et calmes.

LA POMME DE PIN 39, avenue de la Plage - VIEUX-BOUCAU-LES-BAINS © 05 58 48 00 57. *E-mail : lapommedepin40@aol.com. Fermé en décembre. Deux cheminées aux Logis de France. Chambre seule de 54 € à 92 €. Demi-pension de 54 € à 61 €. Menus à 15 €, 22,86 € et 28,96 €. Menu V.R.P. à 9,90 €. Menu moussaillon à 9,14 €.* Chantal Audu, la fille de cette maison réputée, tient désormais les rênes de cet hôtel-restaurant, une affaire familiale conviviale. Au pied de la dune, proche de la plage, cette parenthèse gastronomique met en valeur les produits du terroir : beaucoup de poissons de toutes sortes, des viandes et les plateaux de fruits de mer servis dans des coques en liège. La carte des vins est particulièrement variée, la maîtresse de maison y veille très particulièrement. Elle se plie en quatre pour proposer les meilleurs petits et grands vins. Les chambres possèdent des W.-C. indépendants, téléphone direct, T.-V. et minibar. En toutes saisons, profitez de la piscine couverte aux larges baies vitrées, du sauna et des bains bouillonnants.

SE DETENDRE

BOULES LYONNAISES © 05 58 48 24 24. *A partir du 1er juin : jeux tous les jours de 14h à 20h. Du 1er juillet au 8 septembre : tous les jeudis à 14h.* Huit terrains sont aménagés avec possibilité de jouer en nocturne. Pour s'inscrire au concours de doublettes à la mêlée qui a lieu tous les jeudis en juillet et août, se renseigner.

GUY CASTERA Rue des Lacs © 05 58 48 14 87. Reporter-guide, Guy Castera fait découvrir la région à pied et en V.T.T. C'est un guide indépendant qui a plusieurs cordes à son arc : son activité de base est sans nul doute le reportage diapo avec commentaires en direct. Hors saison il anime des classes découverte.

LOCACYCLES Grand-Rue © 05 58 48 04 79. *Ouvert toute l'année.* La station balnéaire est très prisée par les cyclistes, surtout en juillet et août. Locacycles loue des vélos, des grands, des petits, des tandems, avec remorques ou sièges pour enfants. D'agréables pistes cyclables vont de l'océan au lac marin, en passant par la forêt, à l'ombre sous les pins. Une équipe efficace assure la permanence et les nombreux services : manutention, réparation, contrats…

MINIGOLF © 05 58 48 24 36. *Ouvert tous les week-ends de Pâques et tous les jours de juin à septembre, à partir de 10h (nocturne en juillet et août).* Que l'on soit en famille ou entre amis, ce golf offre la détente avec 18 pistes en gazon synthétique, des obstacles modifiés comme l'approche du phare qui se fait par un circuit bosselé représentant des vagues ou le moulin à vent de 3 m de haut, ou encore ce magnifique temple grec. Une piste contourne un bassin occupé par 50 poissons rouges. Egalement location de rollers.

SURFCASTING Avenue du Château-d'Eau © 05 58 48 04 24. *Adhésion pour pêcher : 4,57 €. Adhésion avec licence : 22,86 €.* Ce club accueille les touristes et pêcheurs. L'été (prévoir votre matériel) avec un peu de chance, on accroche des bars, louvines, turbots, soles, daurades… mais c'est aussi un club de pêche sportive qui participe aux concours régionaux.

TENNIS CLUB © 05 58 48 32 47. *Location : 8,69 € et 5,64 € suivant les horaires. Stages : entre 60,97 € et 68,60 € à partir de 12 ans.* En plein centre de la station, entre lac et océan, ce club de 10 courts municipaux est performant. Son professeur diplômé d'Etat, J.-M. Castera, organise des stages divers, en général d'une semaine.

VIEUX-BOUCAU SURF CLUB © 05 58 48 29 33. *Site Internet : www.surfskatesnow.org.* Renseignements au Wishbone Surf Shop (05 58 48 30 70). Sur la plage nord des Sablères, Thomas Espil donne cours de surf et de body-board. Stages initiation et perfectionnement. Location de planches de surf et body-board. Club avec licence et assurance. Les moniteurs sont diplômés d'Etat.

OU SORTIR

LE PUB MAIL 22 Promenade du Mail - VIEUX-BOUCAU © 05 58 48 00 13. *Ouvert de Pâques à septembre, de 9 h à 2h du matin.* Un bar glacier sur la plage au centre des animations estivales. Musiques variées à écouter autour d'un cocktail ou d'une glace. Une ambiance très familiale.

LE FUN Route des Lacs © 05 58 48 25 89. *Ouvert de Pâques à Juin de 23h à l'aube, les week-ends et jours fériés. En saison tous les soirs.* Sur la route des lacs, une belle ferme landaise où on s'éclate une bonne partie de la nuit. Dès l'entrée, une sensation chaude ressentie grâce à la décoration exotique. Sa "cox" rose fuchsia sert de cabine au D.-J. qui met l'ambiance.

EMPLETTES

Art et artisanat

LA COUSTILLE 8, rue du Capitaine St-Jours - VIEUX-BOUCAU © 05 58 48 23 84. Vente de linge et de produits artisanaux.

LINGE D'ALBRET 7, avenue des Pêcheurs - VIEUX-BOUCAU © 05 58 48 17 87. *Ouvert toute l'année.* Mlle Luchon s'affère dans sa petite boutique. On y trouve du linge basque, des lainages des Pyrénées et des vêtements pour enfants.

M. LALY 6, promenade du Mail - VIEUX-BOUCAU © 05 58 48 13 45. On trouve chez M. Laly toutes sortes d'objets artisanaux.

LA MAISON DE L'ESPADRILLE   Au Mail ✆ 05 58 48 02 96. Depuis un peu plus de 40 ans, la famille Arauzo crée, fabrique et commercialise des espadrilles. Après quelques coups durs, notamment lorsque l'armée les supprime du paquetage des jeunes recrues, l'espadrille se porte plutôt bien aujourd'hui. Elles sont toutes cousues main sur semelle de corde et patins de caoutchouc, donc très résistantes. Revues et corrigées, elles s'adaptent parfaitement à ce nouveau siècle. Elles séduisent beaucoup de monde, en toile, en cuir, les fameuses derbies, les sabots, les mules ou encore à lacets. Magasin à Vieux-Boucau mais aussi à Capbreton, Hossegor et Soustons.

Produits du terroir

LE DOMAINE DE BORDEVIELLE ✆ 05 58 48 10 52. *Ouvert de Pâques à fin septembre de 9h30 à 12h et 15h30 à 20h.* Sur la route de Messanges, à la sortie de Vieux-Boucau, les amateurs de produits du terroir viennent en grand nombre y faire leurs emplettes. Le cadre est chaleureux dans ce chalet en bois, et les conseils efficaces pour choisir armagnacs, floc de Gascogne, vin de pays, confits et foie gras. Pour les groupes de plus de 20 personnes, dégustation gratuite (prévenir à l'avance).

Cadeaux

LE BERGER   15, rue du Capitaine St-Jours - VIEUX-BOUCAU ✆ 05 58 48 31 94. Divers souvenirs mais surtout, pour les jours frais d'automne, des lainages des Pyrénées (100% laine) et aussi du linge basque.

COMPTOIR DES OCEANS   Place de la Mairie - VIEUX-BOUCAU ✆ 05 58 48 21 07. *Ouvert du 1er avril au 31 octobre.* Les Garcia sont des artisans céramistes et encadreurs. On trouve de tout dans cette petite boutique : des objets de décoration, d'artisanat, des articles de marine, de carterie… Un véritable nid à cadeau !

AGENDA

Tous les matins sauf le dimanche du 1er juin au 30 septembre, mardi et samedi matin hors saison : marché saisonnier.

Tous les matins sauf le dimanche du 1er juillet au 31 août : marché artisanal.

Chaque semaine en saison, au fronton, se déroulent des rencontres de pelote basque au Grand Chistera. Les échassiers landais se produisent en lever de rideau, suivis par les courses landaises, la force basque. Sur le Mail et place de la Mairie, tous les soirs, l'animation est dans la rue. Consulter le programme à l'Office de Tourisme.

Avril : arrivée des "Juniors des sables", épreuve en V.T.T.

Fin juin : fête de la mer. Une journée d'animations en milieu marin, avec expos, animation musicale et repas champêtre autour du feu de la Saint-Jean.

Juillet et août : tournois de volley sur la plage du Lac. Se renseigner à l'Office de Tourisme.

13 et 14 juillet : feux d'artifice sur le lac.

1er week-end de septembre : fête patronale. Championnat du monde des chioulayres. Concours hors du commun pendant lequel on peut écouter les meilleurs siffleurs d'alouettes.

La vigne, Haute-Landes © JL. TASTET

VILLENEUVE-DE-MARSAN

Bas Armagnac

Au cœur de l'Armagnac landais, Villeneuve de Marsan offre tous les loisirs révélateurs de son dynamisme retenu : commerces, artisans, foires, marchés et services.

OFFICE DE TOURISME **181, Grand-Rue © 05 58 45 80 90**

A VOIR

CHATEAU DE RAVIGNAN **Près de Perquie © 05 58 45 22 04.** *Ouvert de juillet à septembre samedi et dimanche à partir de 15h, et tous les jours du 14 juillet au 31 août de 16h à 17h30. Une heure de visite. Entrée : 5 €.* Un château classique du XVIIe, bien conservé, se révèle au fond des jardins. L'intérieur regorge de mobiliers de diverses époques, souvenirs de la présence de chacun des pensionnaires… Tapisseries, plafonds peints, collections de gravures d'Henri IV, et visite des chais.

L'EGLISE SAINT-HIPPOLYTE. La ville neuve construite au XIIIe siècle sur les ruines d'une cité antérieure ravagée par les invasions est le rendez-vous des gastronomes et la capitale du bas Armagnac. A l'origine du XIIe siècle, les remaniements profonds du XIVe siècle en ont fait une église gothique fortifiée. Derrière un clocher un peu étriqué, la nef spacieuse est éclairée par un vitrail moderne. A côté, une fresque de 1529 présente la vie de sainte Catherine. On remarque les chapiteaux de l'entrée et le tympan de l'ancien portail ainsi que les chapiteaux sculptés de la nef. Dans le chœur à chevet plat, une statue de saint Jean-Baptiste et celle de Notre-Dame-de-l'Assomption en bois doré, issue d'un ancien retable.

LA TOUR. En bordure de la rue face à l'église, se dresse au milieu de maisons modernes une haute tour cylindrique couronnée de créneaux : c'est le dernier vestige restauré des anciennes fortifications du XIVe siècle.

AUX ENVIRONS

Arthez d'Armagnac

La bastide d'Arthez a été fondée par acte de paréage entre Jeanne d'Artois, veuve de Gaston Ier de Foix, et Arnaud d'Ognoas, en 1320.

L'EGLISE. Elle a une maçonnerie entièrement en briques. Elle semble dater du XIVe siècle. A l'origine l'église avait une nef charpentée à chevet plat. Il semblerait qu'elle ait eu le même plan que l'église de Villeneuve de Marsan. Au XIXe siècle on a construit une abside semi-circulaire en perçant le mur est, et on a voûté l'édifice. A l'ouest s'élève un clocher qui doit dater du XVe ou XVIe siècle. A l'intérieur de l'église, deux peintures, l'une du XIVe siècle et l'autre du XVIe siècle, ont été mises à jour.

LE DOMAINE D'OGNOAS © 05 58 42 22 11. *Du lundi au vendredi, visites guidées de 9h à 12h et de 14h à 17h30. Du 1er mai au 1er octobre de 9h à 12h et de 14h à 17h30 + le week-end et jours fériés de 14h à 18h.* Le domaine d'Ognoas joue le rôle de vitrine du terroir landais. Ouvert à tous et gratuit, c'est une bonne occasion de découvrir comment se fabrique l'armagnac, des vignes aux chais de vieillissement, avec une dégustation d'eau-de-vie à la fin de la visite. Ce domaine possède le plus ancien alambic de Gascogne. Le domaine d'Ognoas fait partie de ces "sites remarquables du goût" sélectionné par le Conseil National des Arts Culinaires et accueille chaque année près de 9 000 visiteurs.

Bourdalat

A la limite des Landes et du Gers, ce site pittoresque et vallonné se situe au sommet d'un coteau. A voir l'église et sa curieuse tour-clocher de trois étages du XIIe siècle. Elle renferme une chaire, un maître-hôtel et des confessionnaux du XVIIIe. Egalement à découvrir la fontaine de Manégat.

Gaillères

Des petits étangs sont parsemés sur l'ancienne baronnie de Gaillères. Parmi eux celui de Massy, non loin des vestiges d'un castrum gallo-romain. Le chevet de l'église date du XIe siècle. Sa visite révèle deux ouvertures murées avec des restes de chapiteaux.

Hontanx

Ce village pittoresque respire la nature et la campagne. Les randonneurs vont à la rencontre des étangs, des animaux, des végétaux et d'admirables châteaux (Aon et Loubens). Dans un paysage vallonné, ils observent des canards sauvages, des poules d'eau, des hérons, des aigrettes et des chevreuils. En s'arrêtant dans la forêt, ils découvrent la flore de la lande : des aubépines, des bourdaines, des bruyères et des fougères aigles.

Saint-Gein

Une bastide du XIIIe siècle est partagée par la douceur océanique des landes forestières et la vigueur des collines et vignes de Gascogne. Baignée par le Luddon et non loin de Villeneuve de Marsan, cette contrée respire la nature et la tradition. Au cœur de l'Armagnac landais, un tourisme vert des plus chaleureux se développe dans d'authentiques fermes. Entre deux ballades on s'attarde facilement sur l'église paroissiale Saint-Pierre. Un large porche précède la tour carrée fortifiée surmontée d'un toit pyramidal. Ce sanctuaire, qui remonte au XIVe siècle, possède une magnifique porte d'entrée en bois sculpté et un chevet monumental du XVIIe. Non loin de l'église, de l'autre coté de la route, dans une propriété, une chapelle gothique de la fin du XIIe siècle. La voûte nervurée, ornée de belles clés ouvragées, est remarquable. Oour ceux qui ont la folie des grandeur, un tour s'impose au château de Luzan, des XVe et XVIe siècles et de type béarnais…

OU MANGER ET DORMIR

HOTEL RESTAURANT HERVE GARRAPIT Place de la Boiterie - VILLENEUVE-DE-MARSAN © 05 58 45 20 08. *Fax : 05 58 45 34 14. Huit chambres de 69 € à 138 €. Menus de 31 € à 58 €. Carte : 54 €. Petit déjeuner à 13 €.* C'est une maison de cocagne au luxe discret et romantique, un havre de douceur pour amoureux et une table majuscule. Chez Maïthé et Hervé Garrapit, le bon goût règne, les chambres sont ravissantes, vastes, stylées ou plus cosy, toutes d'un confort parfait, ouvrant sur le parc et la piscine. Le Chef dessine sa carte selon l'inspiration du moment et du marché, bases traditionnelles habillées avec esprit : terrine de foie gras et petite gelée de poires au pacherenc moelleux, filets de rougets coulis vanillé, suprême de volaille crème mijotée au blanc sec et cèpes, tourtière des landes aux pommes et confiture de pastèque.

AUX ENVIRONS

Chambres d'hôtes

FERME DE LARTCHE Bourdalat © 05 58 03 11 65. *E-mail : lartche@wanadoo.fr. Ouvert du 1er février au 30 novembre et du 28 décembre au 3 janvier. Chambres doubles à 33 € petit déjeuner compris. Table d'hôtes à 14 €. Deux épis.* Dans le Bas-Armagnac, voici une ferme rénovée du XVIIIe siècle. Danielle accueille les gens de passage dans trois chambres situées dans une annexe, dont une suite familiale, toutes avec salles d'eau et W.-C. privés. Pour plus de tranquillité, on accède aux chambres par une issue extérieure à la maison. Un petit étang sur place offre la possibilité de pêcher. Les petits déjeuners sont servis dans le patio ou chez les propriétaires. La table d'hôtes est préparée exclusivement avec des produits du terroir.

LA MENINGUERE Saint Gein. *E-mail : dominique.majourau@libertysurf.fr Ouvert toute l'année. Chambres doubles à 60 € petit déjeuner compris. Table d'hôtes à 15 € sur réservation. Trois épis.* La Méninguère est une ancienne ferme landaise restaurée autour d'un ancien chai par Dominique Majourau-Pouysus. On croirait sentir la bonne odeur des vignobles… Trois chambres d'hôtes habillées de bois coloré accueille les voyageurs, dont une accessible aux handicapés. Chacun possède ses sanitaires privés et une entrée indépendante. Côté extérieur, un superbe plan d'eau agrémente le séjour. Pour les gourmands, Dominique prépare des spécialités gasconnes comme des magrets aux pêches et au miel caramélisé…

EMPLETTES

DOMAINE DU BERDET Bourdalat © 05 58 03 10 51. Thierry Darrimajou a fait de l'Armagnac sa passion. Il fait visiter son chai de vieillissement en proposant une dégustation, ainsi que sa bergerie et son vignoble. Les connaisseurs repartent de la ferme avec de vieux armagnacs millésimés ou de la viande de brebis…

LES VERGERS DU MARSAN Lassus - GAILLERES © 05 58 93 94 32. *Réseau Bienvenue à la ferme.* A 10 km à l'est de Mont-de-Marsan, la ferme d' Isabelle Arsaut se situe juste après l'étang de Massy entre Gaillères et Sainte-Foy. Ici, on cultive des noix, des noisettes et des kiwis. Quoi de meilleur pour la santé que toutes ces vitamines ! L'occasion de faire le plein d'énergie pour le reste du séjour.

FERME BACOGE Hontanx © 05 58 03 23 34. Christian et Michèle Bergerot-Labarbe possède une ferme typique de 1760 et de la région. Pendant la visite on s'attarde aussi bien sur les chais de vieillissement que sur les vignes ou sur l'élevage d'oies et de canards gavés avec du maïs grain blanc et roux. Ce couple d'agriculteurs connaît tous sur les saveurs de l'Armagnac et du foie gras. Les visiteurs peuvent déguster sur place, ou acheter des produits tels que du foie gras entier de canard et d'oie, des confits, des rillettes, gésiers ou de vieux armagnacs millésimés. Egalement vente sur les marchés et par correspondance.

AGENDA

Mercredi matin toute l'année : marché traditionnel de Villeneuve de Marsan.
Mercredi matin du 17 octobre au 10 avril : marché au gras de Villeneuve de Marsan.
Mai : fête des fougères à Gaillères.
Mi-juin : fête de Villeneuve-de-Marsan.
Mi-septembre : fête de Saint Gein.

YCHOUX LES FORGES

Parc naturel des Landes

Dominique Larreillet fonde les Forges en 1825 et crée un lac artificiel pour alimenter les grandes roues de la fonderie. La fonte produite était de haute qualité et expédiée en grande partie en Angleterre pour la fabrication des canons de la marine.

INFORMATIONS MAIRIE ✆ 05 58 82 36 01

A VOIR

LE FOUR A PAIN. Construit en 1819 au centre d'un groupe de maisons habitées par les anciens ouvriers des forges détruites en 1960, le four et la maison de réception du camping municipal sont les seuls témoins de l'essor de l'acier.

FONTAINES. Trois sources coulent derrière une chapelle, Notre-Dame d'Ychoux (indiquée dès la rue des Fontaines) : la source de Saint-Jean, surmontée d'une croix en ciment, se tient dans une prairie marécageuse et sert à soigner les menus ennuis de peau ; à quelques pas la fontaine de Notre-Dame est surmontée d'un dôme et ornée d'une statue de la Vierge ; on y vient pour toutes sortes de maladies ; enfin la fontaine de Sainte-Rose apparaît le long du chemin de croix ; celle-ci soigne les maladies de peau. En 1999 fut célébré le centenaire de la chapelle.

OU MANGER ET DORMIR

AU PETIT CREUX 3, rue Brémontier - YCHOUX ✆ 05 58 82 38 38. *Fermé dimanche soir de fin octobre à fin avril. Menu du jour à 10 €. Menus de 14 € à 38 €. Chambre pour une personne à 36 € et pour 2 à 45 €.* Une belle bâtisse moderne légèrement en retrait de la route s'impose. Endroit accueillant et charmant. Un petit creux ? Ça tombe bien, vous y êtes ! Une cuisine régionale et traditionnelle est servie dans une grande salle fleurie. Les dix chambres sont dignes d'un deux étoiles. Etape idéale pour visiter la région.

SE DETENDRE

LOU GOUET Patrimoine et découverte - LES FORGES ✆ 05 58 82 32 68. Une envie de week-end ou de séjour original ? Lou Goueït, qui veut dire le guet en gascon, est l'endroit idéal pour observer et fait découvrir les Landes dans leur réalité culturelle, traditionnelle et économique. Des circuits découverte en 4x4 sont proposés pour partir à l'aventure entre pins et bruyères sur les pistes sablonneuses, au milieu d'une nature exceptionnelle, et découvrir faune et flore sauvages. En automne, laissez-vous séduire par le brame du cerf. A cette période, la forêt se transforme en salle de concert pour cervidés ! A la nuit tombante l'atmosphère devient alors toute particulière… Néanmoins, l'écoute du brame se faisant en soirée, les journées pourront être libres ou consacrées à d'autres activités.

AGENDA

Mi-août : fêtes.

Index général

La Collection des City Guides

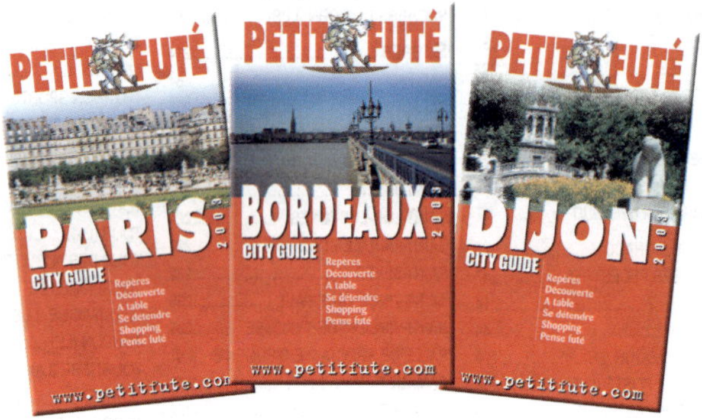

TITRES DISPONIBLES

Aix-en-Provence
Ajaccio
Amiens
Angers
Annecy
Arles
Auxerre
Avignon
Belfort
Besançon
Bordeaux
Bourg-en-Bresse
Bourges
Brest
Caen
Carcassonne
Chalon-sur-Saône
Chambéry
Chateauroux
Clermont-Ferrand
Colmar
Dijon
Dunkerque
Grenoble
Havre (Le)
Laval
Lille
Limoges
Lyon
Mans (Le)
Marseille
Metz
Montélimar
Montpellier
Mulhouse
Nancy
Nantes
Narbonne
Nîmes
Niort
Orléans
Paris
Perpignan
Poitiers
Quimper
Reims
Rennes
Rochelle (La)
Roanne
Rouen
Saint-Etienne
Saint-Malo
Strasbourg
Toulouse
Tours
Troyes
Valence

Je commande ...... exemplaires du Petit Futé de .... : ....x 7 €
Je commande ...... exemplaires du Petit futé de Paris .... : ....x 10 €
(Frais de port inclus) Total :..............

☐ Je joins à ce bon de commande un chèque de .... € TTC en règlement de ma commande, à l'ordre des Nouvelles Editions de l'Université 18, rue des Volontaires 75015 Paris.

☐ Je règle par carte bancaire la somme de .... € TTC

C.B. n° : .l...l...l...l...l...l...l...l...l...l...l...l...l...l...l...l...l Expire Fin : ..../.........
Fait à Le **Signature obligatoire**

Veuillez me livrer les guides à l'adresse suivante :

Nom .... E-mail : ....
Adresse ....
Code Postal .... Ville ....